Reitzig
Gesellschaftsvertrag, Gerechtigkeit, Arbeit

Jörg Reitzig, Dr. rer. pol., geb. 1966; nach Ausbildung zum Industriekaufmann und Tätigkeit als kaufmännischer Angestellter Studium der Wirtschafts-, Sozial- und Rechtswissenschaften in Hamburg und Dar-es-Salaam/Tansania; 2004 Promotion an der Hamburger Universität für Wirtschaft und Politik; wissenschaftlicher Angestellter am IMU-Institut für Medienforschung und Urbanistik in Berlin; Schwerpunkte: Arbeits- und Wirtschaftspolitik, Regionalökonomie, gewerkschaftspolitische Bildung.

Jörg Reitzig

Gesellschaftsvertrag, Gerechtigkeit, Arbeit

Eine hegemonietheoretische Analyse zur Debatte
um einen „Neuen Gesellschaftsvertrag"
im postfordistischen Kapitalismus

WESTFÄLISCHES DAMPFBOOT

gedruckt mit Unterstützung der Hans-Böckler-Stiftung

Bibliografische Information der Deutschen Bibliothek
Die Deutsche Bibliothek verzeichnet diese Publikation in der Deutschen
Nationalbibliografie; detaillierte bibliografische Daten sind im Internet über
http://dnb.ddb.de abrufbar.

1. Auflage Münster 2005
© 2005 Verlag Westfälisches Dampfboot
Alle Rechte vorbehalten
Umschlag: Lütke Fahle Seifert AGD, Münster
Druck: Rosch-Buch Druckerei GmbH, Scheßlitz
Gedruckt auf säurefreiem, alterungsbeständigem Papier.
ISBN 3-89691-611-4

Inhalt

1. Einleitung

Die Forderung nach einem 'Neuen Gesellschaftsvertrag' macht seit Anfang der 1990er Jahre verstärkt die Runde in sozialwissenschaftlichen und gesellschaftspolitischen Diskursen. Die konkreten Formen, in denen dieser 'Vertrag' zum Thema gemacht wird, sind dabei höchst unterschiedlich. Sie reichen von der Forderung nach einem Planetary Contract im Sinne eines globalen Marshall-Plans (vgl. George 2002: 425, ähnlich GL 1997: 149ff), über konzeptionelle Ansätze eines ökologisch-sozialen New Deal (vgl. Börner 1996, Crossover 1997) oder einer Demokratisierung der Geschlechterverhältnisse (vgl. Appelt 1995), bis hin zum Sozialkontrakt als reformpolitisches Synonym für gesellschaftlichen Nachholbedarf in Sachen Gerechtigkeit (vgl. Sommer 2002) und den konkreten Versuchen der Formierung nationaler und regionaler Modernisierungsblöcke im Rahmen sozialer Pakte (vgl. Hassel 1998).

Was die verschiedenen Beiträge eint ist ihr Rekurs auf tiefgreifende und krisenhafte gesellschaftliche Transformationsprozesse, in deren Verlauf die Beziehungen zwischen Individuum und Gesellschaft sowie Staat und Markt einschließlich ihrer politisch-institutionellen und politisch-moralischen Grundlagen neu vermessen werden. Diese sind in den westlichen Industrieländern über die vergangenen dreißig Jahre hinweg durch eine neoliberale Politik der „Rückbildung des Staates" (Bourdieu 1998: 42f) geprägt, in deren Gefolge die Balance zwischen dem Ausgleich divergierender kollektiver Interessen und der Realisierung sozialen Fortschritts aus dem Gleichgewicht geraten ist. Die Integrationsfähigkeit der modernen Arbeitsgesellschaft erodiert, sie zerfällt in ungleiche und immer ungleicher werdende Teile: Arme und Reiche, Modernisierungsgewinner und Modernisierungsverlierer, Alte und Junge, Rentner und Rentiers, Fremde und Inländer usw.. Es hat eine Welle der Umverteilung von Unten nach Oben eingesetzt, die die in der kapitalistischen Marktwirtschaft ohnehin bestehende Tendenz zu sozialer Spaltung auf das Äußerste verschärft.

Der Ruf nach einem 'Neuen Gesellschaftsvertrag' ist insofern „als Kritik an den bestehenden Verhältnissen zu begreifen" (Papcke 2003: 2) mit dem Ziel einer veränderten Regulierung der Relationen zentraler gesellschaftlicher Institutionen zueinander (vgl. Benhabib 1997: 59). Denn die Folgen dieser Renaissance der Ungleichheit sind nicht nur für die Menschen am unteren Ende der sozialen Wohlstandshierarchie, sondern auch im Hinblick auf das gesellschaftlich erreichte Niveau der demokratischen und zivilen Standards dramatisch. Bereits 1994 warnten SozialwissenschaftlerInnen in einer gemeinsamen Erklärung:[1] „Wenn Armutszonen von der 'normalen' Gesellschaft abgespalten und Bevölkerungsteile dauerhaft ausgegrenzt werden, nehmen auf der einen Seite die Konfliktthemen zu, wobei die Konflikte zugleich an Schärfe gewinnen. Auf der anderen Seite werden die Voraussetzungen ihrer demokratischen Bearbeitung schleichend abgetragen: In einer gespaltenen Gesellschaft brechen jene Gemeinsamkeiten zusammen, auf deren Basis öffentliche Meinungs- und Willensbildung ausgetragen und gesellschaftlich ausgehalten werden können" (ebd.: 676). Ein 'Neuer Gesellschaftsvertrag' sollte demgegenüber „die wechselseitige Verpflichtung, die gesellschaftliche Spaltung gemeinsam und nach persönlichem Leistungsvermögen anzugehen und zu überwinden" umfassen (ebd.: 683).

Die Gesellschaft als ein Vertragsverhältnis der in ihr versammelten Mitglieder zu interpretieren, war immer eine Idee der Vernunft bzw. eine Angelegenheit der moralischen Bewertung in der realen Welt bereits vorhandener (Zwangs-) Verhältnisse. Das hat sich im Kern bis heute nicht verändert. Unverändert ist aber auch der Umstand, dass diese Idee in reale gesellschaftliche und politische Verhältnisse gestellt ist, in denen nicht vernunftbemühte Philosophen regieren. Es sind vielmehr divergierende Interessen, konstitutive soziale Hierarchien und daraus resultierende Konfliktkonstellationen, die das Feld des Politischen und die konkrete Praxis von Herrschaft strukturieren – auch wenn die entsprechenden Akteure stets bemüht sind, sich durch Verweise auf allgemeine Interessen und Werte zu legitimieren. Normative Ideen kommen in diesem Prozess daher nie in idealer Form zur Geltung. Was jeweils konkret als Gemeinwohl akzepiert wird, „spiegelt die Palette der Gesichtspunkte, die sich im Streit um ideologische Hegemonie durchgesetzt haben" (Papcke 2003: 7). Insofern besteht ein stetes Spannungsverhältnis zwischen der Theorie des Vertrags bzw. seiner Begründung und den empirisch-analytisch nachzuzeichnenden gesellschaftlichen Realitäten und ihrer Entwicklung.

Dieses Spannungsverhältnis findet seinen Ausdruck auch in den verschiedenen Aspekten und Abschnitten dieser Arbeit. Sie verfolgt das Ziel, sowohl relevante Teilbereiche des diskursiven Umfelds der Debatte um einen 'Neuen Gesellschaftsvertrag' als auch Prozesse des sozialökonomischen Wandels, die heute die Rede von einem postfordistischen Kapitalismus begründen, in den Blick zu nehmen, um auf dieser Grundlage Schlüsselelemente für einen Prozess der gesellschaftlichen Zivilisierung zu identifizieren. Die Untersuchung ist als transdisziplinäre Arbeit angelegt. Sie verknüpft Ansätze der Politischen Soziologie mit Politischer Philosophie und der Kritik der Politischen Ökonomie. Einen gesellschaftlichen Meta-Diskurs wie die Debatte um einen 'Neuen Gesellschaftsvertrag' auf diese Weise analytisch einzuklammern, ist mit dem Anliegen verbunden, dort Zusammenhänge herzustellen, wo die disziplinäre Analyse bei der Untersuchung isolierter Erscheinungen verharrt, und dadurch ein Bild vom Ganzen zu erhalten. Das methodische Vorgehen ist folglich weniger darauf gerichtet, von einem bestimmten analytischen Ausgangspunkt disziplinär in die Tiefe zu dringen, sondern den Gegenstand, d.h. die Frage nach den Bedingungen und Möglichkeiten eines 'Neuen Gesellschaftsvertrags', von den unterschiedlichen Facetten her zu betrachten, die darin aufgehoben sind. Das erfordert das Erschließen unterschiedlicher theoretischer Zugänge ebenso, wie eine Betrachtung des Spannungsfelds von Normativem (etwa im Zivilisierungsbegriff) und Empirischem (etwa in der Diskursanalyse), was es an manchen Stellen, auch aus Gründen der inhaltlichen Beschränkung, erschwert, die jeweiligen Möglichkeiten der Einzeldisziplin vollends auszuschöpfen. Die Betrachtung des Gegenstands aus unterschiedlichen Perspektiven ermöglicht es aber, ein mehrdimensionales Oberflächenbild zu erhalten. Es ist insofern auch der Versuch, die Nebeneffekte eines hochgradig arbeitsteiligen Vorgehens in den heutigen Geistes- und Sozialwissenschaften auszugleichen und Tendenzen des Gesamtsystems zu isolieren, die aus der unvermittelten Betrachtung der Bewegungen seiner Teile allein nicht rekonstruiert werden können.

Im Einzelnen gliedert sich die Arbeit in vier Hauptteile. Der erste Teil ist auf einer begrifflich-historischen Metaebene zunächst der Entwicklung und Bedeutung der Idee vom Gesellschaftsvertrag gewidmet sowie ihrer kontextuellen Wandlung und dem Stellenwert der „neuen sozialen Frage" (Castel 2000) im Rahmen der Renaissance der Vertragsdebatte in der Gegenwart. Denn für das Verständnis aktueller Debatten um einen 'Neuen Gesellschaftsvertrag' ist es notwendig, zunächst die Geschichte der Vertragstheorie bzw. der Deutung des Gesellschaftsvertrags in knapper Form in Erinnerung zu rufen. Grob gesehen lassen sich in diesem Zusammenhang drei historisch-inhaltliche Kontexte unterscheiden. Der erste Kontext kann „Gesellschaftsvertrag über den Staat" genannt werden. Hierbei geht es um die geschichtlichen Wurzeln des Kontraktualismus, sowie seiner Bedeutung im Zuge der historischen Formierung und Durchsetzung des Kapitalismus und des bürgerlichen Staates. Die späteren Kritiken an der individualistischen Vertragstheorie leiten zum zweiten Kontext über, der als „Gesellschaftsvertrag im Staat" charakterisiert wird. Auf dieser Ebene geht es sozusagen um die (Rechts-) Ansprüche der Vertragspartner, die aus dem Ursprungsvertrag im Zuge seiner Verwirklichung resultieren. D.h. es geht hier letztlich um die konkrete politisch-institutionelle Form der Vermittlung des Verhältnisses von ökonomisch-technischer Expansion und von sozialer Integration im bürgerlichen Staat des 19. und 20. Jahrhunderts und um die Art und Weise, wie die Divergenzen der in einem Vertrag aufgehobenen Interessen zusammenwirken. Der dritte Kontext stellt eine Konkretisierung des zuvor genannten Zusammenhangs dar und wird unter dem Titel „Gesellschaftsvertrag und Gerechtigkeit" beschrieben. Dass es angemessen ist, diesem eine gewisse Eigenständigkeit zuzusprechen, legt die im Übergang zum 21. Jahrhundert signifikant gestiegene Häufigkeit nahe, mit der in öffentlichen Debatten der Begriff des Gesellschaftsvertrags bedient wird. Dabei wird von der These ausgegangen, dass diese Kontextverschiebung sowohl mit konkreten sozialökonomischen Transformationsprozessen und zunehmender sozialer Ungleichheit, als auch einem veränderten Bedarf gesellschaftlich-politischer Selbstkonstitution korrespondiert.

Der zweite Teil fokussiert den Begriff „Zivilisierung" anhand aktueller Interpretationen des sozialen Verhältnisses von Konsens und Konflikt. Dabei geht es auch um die Analyse der Entstehung und Erosion politisch-institutioneller Macht und um die Formierung des politischen Willens. Dieser Prozess der Formierung und Zielfindung wiederum korrespondiert mit politischen Theorien, die versuchen, die komplexe Realität abzubilden und dem Menschen handlungsorientierendes Wissen zu vermitteln. Zu einem zentralen Anliegen politik- und sozialwissenschaftlicher Analysen wurden seit den 1970er Jahren zunehmend Theorien, die die Strukturen und Potentiale gesellschaftlicher Selbststeuerung in den Mittelpunkt rücken. Die heutige politische Forderung nach einem 'Neuen Gesellschaftsvertrag' ist nur vor diesem Hintergrund tatsächlich zu verstehen. Sie korrespondiert mit Begriffen wie Reflexivität, Zivilgesellschaft oder dem im Verlauf der 1990er Jahre konstatierten Übergang vom Government zur (Self-) Governance. Deren gemeinsame Schnittmenge lässt sich als politisch-intellektuelles Bemühen interpretieren, im Angesicht der sich vollziehenden gesellschaftlichen Transformationsprozesse Bedingungen und Chancen einer zukunftsfähigen Zivilisierung der kapitalistischen Dynamik auszuloten.

In diesem Teil werden zunächst zwei gesellschaftstheoretische Ansätze näher betrachtet, die sich beide zentral auf Kommunikation als der Basis jedweder gesellschaftlicher Reflexion beziehen: Die Rede ist hierbei zum einen vom Ansatz der Selbstorganisation, der vor allem im Rahmen der soziologischen Systemtheorie entwickelt wurde. Zum anderen geht es um das Modell der deliberativen Demokratie. Diesen aktuellen Theorien der Rekonstruktion gesellschaftlicher Rationalität und ihrer Vermittlung wird in einem dritten Schritt die Theorie der Regulation zur Seite gestellt. Dabei geht es nicht nur um eine kritische Bewertung der einzelnen Ansätze. Ziel ist es vielmehr, die jeweiligen Erkenntnismöglichkeiten und -grenzen herauszustellen und für das eigene Verständnis gesellschaftlicher Regulation und die Entstehung von Hegemonie fruchtbar zu machen. Denn allen drei Ansätzen ist zumindest eines gemeinsam: sie begreifen die innere Konflikthaftigkeit der kapitalistischen Gesellschaft als ein Faktum, das nicht eine Strategie der einmaligen Konfliktbewältigung erfordert, sondern einen Modus der kontinuierlichen Bearbeitung von Widersprüchen.

Das Zusammenspiel von politischer Hegemonie und normativer Deutung stellt den Gegenstand des dritten Teils der Analyse dar. Hegemonie wird dabei als eine Verallgemeinerung der Interessen einer sozialen Klasse oder einer klassenübergreifenden Bündniskonstellation bestimmter Schichten interpretiert, die sich ihrerseits erst in sozialen Konflikten ausbildet und sich über die Alltagspraxen der Individuen als soziale 'Norm(alität)' vermittelt. Sie ist insofern das Resultat des Zusammenwirkens konkurrierender Strategien kollektiver gesellschaftlicher Akteure. Ziel dieses Abschnitts ist es, diese Dimension im historisch konkreten Kontext der aktuellen Debatte über einen 'Neuen Gesellschaftsvertrag' zu qualifizieren. Denn die Periode des Postfordismus ist nicht nur durch die Rückkehr der sozialen Frage oder eine sukzessive Entdemokratisierung (Stichwort: Finanzmärkte) geprägt. Sie stellt sich auch als eine Periode des 'Kampfes um gesellschaftliche Leitbegriffe' dar. Einer dieser umkämpften Leitmotive ist der Begriff „Gerechtigkeit", der hier im Zentrum der Betrachtung steht. Denn, wie bei kaum einem anderen Begriff, zeichnet der Gerechtigkeitsdiskurs die Konjunkturen des prozessierenden Postfordismus nach und ist dabei mehr und mehr zum Referenzpunkt politisch-programmatischer sowie öffentlich-zivilgesellschaftlicher Debatten um gesellschaftliche Entwicklungspfade geworden.

Zum einen wird an dieser Stelle daher der innere Zusammenhang der Begriffe Hegemonie, Gesellschaftsvertrag und Gerechtigkeit diskutiert. Angesprochen werden die normativen, moralischen und motivationalen Implikationen der Figur des Vertrags und die Bedeutung des Kriteriums der Gerechtigkeit im Hinblick auf die Anerkennungsfähigkeit eines Vertrags im Allgemeinen sowie der Legitimierung von Herrschaftsverhältnissen im Besonderen. Zum anderen werden die Konfliktlinien dieses Gerechtigkeitsdiskurses in ihren wesentlichen Grundzügen und anhand relevanter Vertreter der unterschiedlichen Theoriestränge skizziert. Dies betrifft zuerst die Auseinandersetzung mit Rawls' „Theorie der Gerechtigkeit" und die daran anschließenden Entgegnungen neoliberaler Theoretiker (Hayek, Nozick, Buchanan), die zu begründen versuchen, dass Gerechtigkeit nur das (natürliche) Resultat marktvermittelter freier Allokationsprozesse sein kann. Und das betrifft schließlich die Konzeption des „Dritten Wegs" im Ergebnis der kommunitaristischen Debatte (Etzioni, Walzer, Nussbaum). Abschließend wird die bisherige Diskussion zu einer Skizzierung der Konturen einer zeitgemäßen Konzeption eines 'Neuen Gesellschaftsvertrag' verdichtet.

Der vierte Teil ist schließlich dem Versuch gewidmet, die drei vorangegangenen allgemeinen Aspekte der Debatte um einen 'Neuen Gesellschaftsvertrag' – Soziale Frage und Vertrag, Politische Praxis und Hegemonie, Gerechtigkeit und Ideologie – auf einem spezifischen politischen Feld zu konkretisieren. Aufgrund seiner gesellschaftlichen Zentralität wird hier der Bereich der 'Politik um Arbeit' herangezogen. Denn die Frage nach der Zukunft der Arbeit(-sgesellschaft) ist einer der zentralen Schnittpunkte, in dem die übergreifende Debatte um Bedingungen und Möglichkeiten eines 'Neuen Gesellschaftsvertrags' zusammenläuft. Dies nicht nur, weil das Problem sich verstetigender Massenarbeitslosigkeit und damit einhergehender Prozesse sozialer und politischer Desintegration als quasi unübersehbares Faktum seit Mitte der 1970er Jahren die Phase der postfordistischen Formierung in Westeuropa von der vorangegangenen Phase des fordistischen Goldenen Zeitalters scheidet. In diesem Punkt kumulieren darüber hinaus unterschiedliche Spannungsverhältnisse der kapitalistischen Gesellschaftsformation. Diese Spannungsverhältnisse sind strukturell nicht unbedingt neu, aber sie werden in einer Art und Weise zum Gegenstand politischer und kultureller Auseinandersetzungen, in der sich die veränderten Verhältnisse gesellschaftlicher Selbstkonstitution reflektieren. Es scheint mitunter, als kündigten die sich auftürmenden Verwerfungen und Strukturbrüche geradewegs eine neue „great Transformation" (Polanyi 1978) der Gesellschaft an. In einer Gesellschaft, in der nach wie vor Erwerbsarbeit für den Großteil der Menschen die entscheidende Basis ist, um ihren Lebensunterhalt zu bestreiten und am gesellschaftlichen Wohlstand zu partizipieren, kommt es allerdings wohl nicht von ungefähr, dass die Debatte um die Zukunft der Arbeit in einer starken Wechselwirkung mit politisch-strategischen Konzeptionen, einer entsprechenden institutionell-vermittelnden Praxis der Regulation und gesellschaftlicher Hegemonie steht. Besonders im Rahmen der in den vergangenen Jahren forcierten Umstrukturierung des Arbeitsmarktes – sei es im Zuge der Formierung sozialer Pakte wie dem 'Bündnis für Arbeit' in Deutschland oder den Empfehlungen der Hartz-Kommission bzw. ihrer Einbettung in die Agenda 2010 und deren gesellschaftlicher Vermittlung – kommen veränderte hegemoniale Konzeptionen von Gerechtigkeit zum Tragen. Die in diesem Prozess durchgesetzten arbeitspolitischen Weichenstellungen werden analysiert und unter Rückgriff auf Elemente der zuvor entwickelten Konturen eines 'Neuen Gesellschaftsvertrags' kritisch hinterfragt bzw. alternativen Optionen und Perspektiven für die Entwicklung gesellschaftlicher Arbeit gegenüber gestellt. Eine Zusammenfassung zentraler Ergebnisse der vorgenommenen Betrachtungen und Diskussionen findet sich abschließend im fünften Teil dieser Arbeit.

Die Schwierigkeiten und Herausforderungen, die bei einer solchen transdisziplinären Vorgehensweise im Hinblick auf die unumgängliche Beschränkungen in der Tiefe der Analyse und Berücksichtigung einzelfachlicher Argumente auftreten können, sind allemal Anlass sich der Mahnung von Goethe zu besinnen: „Vor zwei Dingen kann man sich nicht genug in acht nehmen: beschränkt man sich in seinem Fache, vor Starrsinn; tritt man heraus vor Unzulänglichkeit." Ich hoffe, dass es mir auf den folgenden Seiten im Wesentlichen gelungen ist, das eine weitestgehend zu vermeiden, ohne in das andere zu verfallen.

Mein besonderer Dank für die wissenschaftliche Begleitung der Arbeit gilt Prof. Dr. Werner Goldschmidt. Für hilfreiche Kommentierungen und kritische Anmerkungen danke ich außerdem Peter Fuchs, Dr. Lars Kohlmorgen, Nicola Sekler, Dr. Markus Wissen und Georg Wißmeier. Darüber hinaus bedanke ich mich bei all denjenigen, die mich immer wieder ermutigt und mit Freundschaft, Liebe und Geduld durch den langen Entstehungsprozess getragen oder in manchen Phasen einfach auch nur ertragen haben. Ohne sie wäre das Durchhalten schwerlich gelungen. Dies gilt in besonderer Weise für Heinrich Betz, Dr. Bettina Lösch, Carla Meyer, Claudia Meyer, Karin Peters, Regina Richter, Kerstin Seifer sowie für meine Mutter Margarete Reitzig. Die Hans-Böckler-Stiftung und in der Schlussphase das IMU-Institut haben schließlich durch ihre Unterstützung dazu beigetragen die Rahmenbedingungen für das Zustandekommen dieser Arbeit und ihre Publikation maßgeblich zu verbessern. Auch dafür meinen Dank.

2. Kapitalismus und Gesellschaftsvertrag – Zwischen moralischer Legitimation und konfliktueller Zivilisierung

Eine allgemeine und doch zugleich verhältnismäßig prägnante Antwort auf die Frage, was eigentlich gemeint ist, wenn heutzutage in sozialwissenschaftlichen Beiträgen von einem 'Gesellschaftsvertrag' die Rede ist, lautet: „Man stelle sich vor, wie unsere Urväter (...) sich auf zwei Dinge einigten: Zum einen verständigten sie sich über die Bestände an gesellschaftlicher Solidarität und Gemeinschaftsverpflichtungen, auf die sie sich in Krisenzeiten verlassen können. Zugleich einigten sie sich über die institutionelle Gestalt ihres wirtschaftlichen und sozialen Lebens. Diese beiden Ebenen der sozialen Integration und der technisch-ökonomischen Integration müssen aufeinander abgestimmt sein. Man kann sagen, daß ein Gesellschaftsvertrag nur dann gut funktioniert, wenn diese beiden Ebenen sinnvoll miteinander vermittelt sind" (Dubiel 1995: S. 67). Eine andere und mithin aus einer gänzlich anderen Theorieperspektive formulierte Antwort könnte aber auch folgendermaßen ausfallen: „Ein Gesellschaftsprojekt ist zuerst eine soziale Vision, eine Vorstellung von den gesellschaftlichen Verhältnissen. Diese kann nicht schlicht implizit bleiben und die Reproduktion des Produktionssystems unterstellen. Sie muß explizit für den Eigenbereich der gesellschaftlichen Verhältnisse erklärt werden, die zum Teil (im Kern) Klassenverhältnisse auf der Basis der Produktionssysteme, aber darüber hinaus auch Sozialverhältnisse in verschiedenen Realitätsbereichen sind (wie die Geschlechterverhältnisse). Man kann diese Darstellung durchaus 'Gesellschaftsvertrag' nennen (...)" (Amin 1997: 122f). So unterschiedlich beide Begriffsdefinitionen auf den ersten Blick auch ausfallen, weisen sie bei genauerem Hinsehen doch einige Gemeinsamkeiten auf, die kennzeichnend sind für die Implikationen, die mit der Verwendung des Terminus Gesellschaftsvertrag heute verknüpft sind. Von zentraler Bedeutung ist in beiden Fällen zunächst der Begriff der „Vorstellung" bzw. der „Vision". Die Wortwahl offenbart, dass es sich bei einem Gesellschaftsvertrag um ein intellektuelles Konstrukt handelt. Darin geht es, auch hier weisen die beiden Aussagen keine nennenswerte Differenz auf, zum zweiten um die Verfasstheit des Gemeinwesens als dem Rahmen gesellschaftlicher Arbeit und der Verteilung ihrer Resultate bzw. um die konkrete Form der Vermittlung von Wirtschaft und Gesellschaft, von Ökonomie und Politik. Während sich in der zweiten Antwort der Autor jedoch darauf beschränkt, die 'Wirklichkeitstauglichkeit' einer solchen Vision gegenüber den konkreten Produktions- und Sozialverhältnissen als Bedingung ihrer Tragfähigkeit zu skizzieren, deutet die erste Erklärung darüber hinaus einen zusätzlichen Aspekt an. Denn, wenn unterstellt wird, dass diese Konzeption aus der Perspektive des Einzelnen – ob Ur- oder Ur-Urahn ist dabei nebensächlich – zustimmungsfähig sein soll, so kommt damit eine weitere und überdies höchst komplexe Ebene der Rechtfertigung ins Spiel.

Mit diesen Definitionsversuchen wäre vielleicht das Grundmuster gesellschaftsvertraglicher Argumentationen hinreichend beschrieben; für das Verständnis aktueller Debatten um einen 'Neuen Gesellschaftsvertrag' ist es allerdings hilfreich, die Geschichte der Metapher vom Gesellschaftsvertrag und der verschiedenen Verwendungen dieses Begriffs noch ein wenig näher und systematischer auszuleuchten. Grob gesehen lassen sich in diesem Zusammenhang drei inhaltliche Kontexte unterscheiden, die jeweils mit konkreten zeitgeschichtlichen Bezügen korrespondieren und auch ineinander greifen. Den ersten Kontext habe ich „Gesellschaftsvertrag *über* den Staat" genannt. Dabei geht es um die geschichtlichen Wurzeln des Kontraktualismus, d.h. um die klassischen Theorien vom Gesellschaftsvertrag und ihre Rolle und Bedeutung im 17. und 18. Jahrhundert im Zuge der Formierung und Durchsetzung des Kapitalismus und des bürgerlichen Staates. Hier finden sich relevante Grundlagen zur Begriffsentwicklung und Hinweise zum Verständnis der Debatten von heute. Dies betrifft sowohl die ideengeschichtliche Einordnung der Vertragstheorien als auch die späteren Kritiken daran. Letztere leiten unmittelbar zum zweiten Kontext über, den ich „Gesellschaftsvertrag *im* Staat" nenne. Auf dieser Ebene steht nun nicht mehr der Vertragsinhalt, also der Gegenstand, der zum gegenseitigen Nutzen mit einem Vertrag begründet werden sollte, zur Diskussion, sondern sozusagen die aus dem Ursprungsvertrag im Zuge der Entfaltung seiner Wirkungen resultierenden (Rechts-) Ansprüche der Vertragspartner. D.h. es geht hier letztlich um die konkrete politisch-institutionelle Form der Vermittlung des Verhältnisses von ökonomisch-technischer Expansion und von sozialer Integration im Kapitalismus des 19. und 20. Jahrhunderts und um die Art und Weise, wie die als conditio sine qua non seiner selbst existenten Divergenzen der in einem Vertrag aufgehobenen Interessen konkret zusammenwirken. Der dritte Kontext stellt genaugenommen eine Konkretisierung des zuvor genannten Zusammenhangs dar bzw. lässt sich nur vor diesem Hintergrund schlüssig erläutern. Dass es dennoch angemessen ist, letzterem – zumindest in analytischer Hinsicht – eine gewisse Eigenständigkeit zuzusprechen, legt jene „Renaissance des Vertragsdiskurses" (Deppe 1997: 80) nah, wie sie an der Schwelle zum 21. Jahrhundert zu beobachten ist, bzw. die signifikant gestiegene Häufigkeit, mit der in öffentlichen Debatten der Begriff des Gesellschaftsvertrags bedient wird. Ich beschreibe diesen Kontext mit dem Titel „Gesellschaftsvertrag und Gerechtigkeit".

2.1 Gesellschaftsvertrag über den Staat – Die klassischen Vertragstheorien und die Gleichheit der Individuen

„Wollt ihr dem Staat Bestand verleihen?", so fragt Jean J. Rousseau in seiner fragmentarischen Abhandlung über den Gesellschaftsvertrag von 1762, um im Anschluss sogleich selbst die Antwort zu geben: „Dann nähert die äußersten Rangstufen einander soweit wie möglich: duldet weder übermäßig Reiche noch Bettler. Diese beiden ihrem Wesen nach nicht voneinander zu trennenden Stände sind für das Gemeinwohl gleichermaßen verhängnisvoll; aus dem einen gehen die Förderer der Tyrannei und aus dem anderen die Tyrannen hervor; sie verschachern untereinander die öffentliche Freiheit; der eine kauft und der andere verkauft sie" (Rousseau 1989: 424). 27 Jahre nach der Veröffentlichung dieser Zeilen stürmen die Massen des 'vierten' Standes die Pariser Bastille und läuten damit den Beginn der Französischen Revolution und der bürgerlichen Moderne ein. Die sich daran anschließende Gesellschaftsgeschichte hat Rousseaus Mahnung vielfach auf das Schlimmste bestätigt und gibt ein anschauliches Beispiel dafür, wie viel Zeit und menschliche Mühen es mitunter braucht, einem vernünftigen Gedanken gesellschaftlich Geltung zu verschaffen. Die zitierte Passage illustriert jedoch auch, und darum soll es an dieser Stelle zunächst gehen, den zentralen Gegenstand der klassischen Vertragstheorie: die Frage nach der Begründung des Staates. Im Mittelpunkt stehen nichts weniger als die legitimatorischen Grundlagen des modernen Nationalstaats. Rechtfertigung nicht im Sinne der mittelalterlichen Umdeutung der Beziehung von Herrschenden und Beherrschten als ein Vertragsverhältnis (vgl. Bobbio[1] 1987: 132f), sondern im Sinne der Selbstgesetzgebung, der Begründung von Regeln der Herrschaft *durch* die Beherrschten selbst.

Der Begriff Gesellschaftsvertrag bezeichnet in der klassischen Vertragstheorie jenen hypothetischen Akt, mit dem die Individuen auf einvernehmlicher Grundlage den natürlichen Mangel an politischen Institutionen überwunden und ihr Miteinander den verbindlichen Regeln einer kollektiven Ordnung unterworfen haben. Ihren Höhepunkt erlebte die Vertragstheorie im Zuge der Aufklärung und des Aufstiegs der bürgerlichen Gesellschaft im Verlauf des 17. bzw. 18. Jahrhunderts. Der starren, 'gottgewollten' Ordnung feudaler Ständegesellschaften mit ihren statischen und nicht zuletzt mobilitätseinschränkenden Freiheitsgraden, setzte sie die Prinzipien des Eigeninteresses, der Vertragsfreiheit und der Vernunft der Individuen als Ursprung der öffentlichen Ordnung und des Rechts entgegen. Diese Hochphase der Gesellschaftsvertragstheorie ist u.a. verbunden mit den Namen von Thomas Hobbes (Leviathan, 1651), Baruch Spinoza (Tractatus politicus, 1677), John Locke (Two Treatises of Government, 1690), Jean-Jacques Rousseau (Du contrat social, 1762) sowie Immanuel Kant (Methaphysische Anfangsrunde der

Rechtslehre, 1797), um nur einige der wichtigsten Autoren und ihre Werke an dieser Stelle zu nennen (vgl. Klenner 1985: 34, Kersting 1996: 11ff). Dabei handelt es sich jedoch keinesfalls um Arbeiten, die in ihren Aussagen, Fragestellungen und Vorgehensweisen gleichartige wären. Sie unterscheiden sich vielmehr in mannigfacher Hinsicht: so etwa in der Frage, ob der Gesellschaftsvertrag im Zentrum der Argumentation steht oder eher ein argumentativer Nebenaspekt ist oder ob der Gesellschaftsvertrag als Akt der Vergesellschaftung der Individuen mit dem Abschluss eines Herrschaftsvertrag also der Etablierung staatlicher Regierungsgewalt, zusammenfällt. Ebenso gibt es Unterschiede in der Frage, ob der Naturzustand als ein rechtloser Zustand gedacht wird, der vom 'Krieg aller gegen alle' (Hobbes, Spinoza) beherrscht ist, oder als ein Moment, in dem die Einzelnen bereits mit 'natürlichen' Rechten ausgestattet existieren (Locke, Rousseau). Und auch der Grad der Abstraktion in Bezug auf den Realitätssinn der Vertragsidee fällt höchst unterschiedlich aus (vgl. Klenner 1985: 35ff, Althusser 1987: 45ff). Für Locke etwa entspricht die Vorstellung eines Naturzustands und dessen vertragliche Überführung in ein Gemeinwesen durchaus einer gewissen sozialgeschichtlichen Faktenlage und er verteidigt diese Vorstellung mit dem Argument: „Und wenn wir nicht glauben wollen, daß die Menschen jemals *im Naturzustand* gelebt haben, so können wir ebensogut glauben, daß die Soldaten des *Salmanassar* oder *Xerxes* nie Kinder gewesen sind, weil wir wenig von ihnen wissen, bevor sie Männer und zu Heeren vereinigt waren. Regierung ist den Urkunden überall vorausgegangen, und Aufzeichnungen kommen nur selten bei einem Volke vor, ehe es nicht schon lange vorher eine bürgerliche Gesellschaft gegeben hat, die durch andere, notwendigere Künste für Sicherheit, Ruhe und Wohlstand der Menschen gesorgt hat. Und sie beginnt erst dann, nach der Geschichte ihrer *Gründer* zu fragen und ihren *Ursprung* zu erforschen, wenn die Erinnerung daran schon längst überlegt ist. Denn mit den Staaten verhält es sich wie mit den einzelnen Menschen: von *ihrer eigenen Geburt und Kindheit wissen sie* in der Regel *nichts*" (Locke 1977: 262f/§ 101, Herv. i. Orig.). Für Kant hingegen ist ein solches Argumentieren gegen den Vorwurf der historischen Nicht-Nachweisbarkeit der vertraglichen Konstitution eines Gemeinwesens gar nicht erforderlich. Denn in seinen Augen ist der Gesellschaftsvertrag ein reines Gedankenexperiment, und als solches vielmehr Ausdruck einer „Koalition jedes besondern und Privatwillens in einem Volk zu einem gemeinschaftlichen und öffentlichen Willen" und er ist als solcher nicht „als eine Faktum vorauszusetzen nötig (ja als ein solches gar nicht möglich). (...) Sondern es ist eine bloße Idee der Vernunft, die aber ihre unbezweifelte (praktische) Realität hat: nämlich jeden Gesetzgeber zu verbinden, daß er seine Gesetze so gebe, als sie aus dem vereinigten Willen eines ganzen Volks haben entspringen können, und jeden Untertan, so fern er Bürger sein will, so anzusehen, als ob er zu einem solchen Willen mit zusammen gestimmt habe. Denn das ist der Probierstein der Rechtmäßigkeit eines jeden öffentlichen Gesetzes" (Kant 1977: 153).

Ich will an dieser Stelle nur auf zwei dieser klassischen Autoren näher eingehen, um im Ansatz den Spannungsbogen der Gesellschaftsvertragsdebatte und ihrer Rolle und Bedeutung im Übergang zur Moderne deutlicher zu skizzieren. Dem einen, Thomas Hobbes, kommt im Reigen der Vertragstheoretiker das Verdienst zu, tatsächlich als erster die traditionellen Autoritäten Gott, Kirche und König intellektuell entthront oder anders ausgedrückt, „die Gesellschafts-, Staats- und Rechtsphilosophie ausdrücklich, vollständig und systematisch von Theologie und Ethik abgekoppelt" zu haben (Klenner 1996: XVII). Der andere, der bereits zitierte Jean-Jacques Rousseau, steht mit seiner Arbeit über den Gesellschaftsvertrag gleichsam für einen Höhepunkt, zugleich aber auch für das Ende jener Ära der klassischen Theorien vom Gesellschaftsvertrag, um die es hier zunächst gehen soll.

Als Hobbes 1649 mit seiner Arbeit am „Leviathan" beginnt, ist sein Denken und auch seine persönliche Lage geprägt durch den englischen Bürgerkrieg, den er ab 1640 im Pariser Exil verfolgte und aus dem er erst 1652 zurückkehrte, sowie durch die Ereignisse des Dreißigjährigen Krieges, der zwischen 1618 und dem Westfälischen Frieden 1648 auf dem Kontinent wütete. Aufgrund seiner Schriften wurde er von Seiten weltlicher Herrscher als auch von kirchlichen Glaubenshütern mit Häresievorwürfen traktiert, was seinerzeit dem lebensbedrohlichen Vorwurf des Hochverrats gleich kam. Seine Bücher, insbesondere der „Leviathan", wurden über seinen Tod im Jahr 1679 hinaus mit Verboten belegt und öffentlich verbrannt (vgl. Klenner 1996: XXIff). Diese Reaktion der Mächtigen war insofern 'verständlich', als dass das Hobbessche Denken, das in der These kumuliert, das die staatliche Gewalt ihrem Ursprung nach auf das Volk gründet, zu seiner Zeit tatsächlich einem paradigmatischen Perspektivwechsel im Hinblick auf die Identifikation der legitimen Quellen staatlicher Macht gleichkommt. Einem Paradigmenwechsel, der die herrschende Ordnung infrage stellte (vgl. ebd.: XXV). Denn der Vertrag aller mit allen beendet bei Hobbes als ein Schritt der Vernunft den kriegerischen, da rechtlosen Naturzustand und ist als solcher zugleich die 'Gründungsurkunde' des bürgerlichen Staates. Hobbes Gesellschaftsvertrag lässt sich damit in gewisser Weise als erster Akt der Zivilisierung beschreiben. Damit der Frieden gewahrt bleibt, so seine Argumentation, sei es erforderlich, dass die Einzelnen ihre Macht vollständig und unwiderrufbar an einen Souverän übertragen, der fortan über die Menschen herrscht[2] und diese sich dessen Regelsetzung bedingungslos[3] unterwerfen. Denn, so Hobbes (1996: 120), „wenn ein Vertrag geschlossen ist, dann ist es *ungerecht* ihn zu brechen; und die Definition der *Ungerechtigkeit* ist nicht anderes als *die Nichterfüllung von Verträgen*" (Herv. i. Orig.). Damit dieses Kriterium der Gerechtigkeit seine Wirkung entfalten und Gültigkeit erlangen könne, so Hobbes weiter, müsse es „eine zwingende Macht geben, um sowohl die Menschen zur Erfüllung ihrer Verträge durch die Angst vor einer Strafe zu nötigen, die größer ist als der Vorteil, den sie vom Bruch ihrer Verträge erwarten, als auch um jenes Eigentumsrecht zu sichern, das die Menschen durch gegenseitigen Vertrag als Entschädigung für das allgemeine Recht erwerben, das sie aufgeben; und eine solche Macht gibt es nicht vor der Errichtung eines Gemeinwesens" (ebd.). Hier konstituiert also der Gesellschaftsvertrag vermittels der darin durch die Individuen vereinbarten Macht-Entäußerung einen Dritten, den Staat, der dann gleichsam außerhalb des Vertrags selber steht.

Vollkommen anders hingegen verhält es sich mit der Konzeption der Souveränität und den Pflichten der Herrschaft sowie den Bedingungen der Unterordnung in der Rousseauschen Lesart des „Contrat social", die dieser ein gutes Jahrhundert nach Hobbes vorlegt. Sein Ansatz der Legitimation des Staates ist im Hinblick auf die Radikalität mit der er darin die Demokratiegebundenheit von Herrschaft formuliert und im Vergleich zu anderen kontraktualistischen Vorstellungen nicht nur der weitgehendste, sondern wohl auch derjenige mit der längsten historischen 'Halbwertzeit', was sein kontroverses Potential angeht. Denn die Rousseausche Interpretation vom Gesellschaftsvertrag lässt sich bis in die Gegenwart sowohl als Basis der modernen Idee der rechtsstaatlichen Demokratie bemühen, wie auch für despotische Republikkonzepte. Möglicherweise, so Brandt/Herb (2000: 3ff), beruhe bereits seine Popularität im Zuge der Französischen Revolution, in der der „Contrat social" von nicht wenigen als eine Art Fahrplan der Revolution und Legitimation der Jakobinischen Repression gelesen wurde, auf einer Fehldeutung, die die Sympathie seines Autors wohl nicht gefunden hätte (vgl. Fetscher 1994: 888).[4] Die Erfindung des Staates kritisierte Rousseau zunächst als listigen Plan der Reichen: „'Wir wollen uns vereinen', sagte er (der Reiche, d. Verf.) ihnen (den Armen, d. Verf.), 'um die Schwachen vor der Unterdrückung zu beschützen, die Ehrgeizigen im Zaun zu halten und jedem den Besitz zuzusichern, der ihm gehört. Wir wollen Vorschriften über Gesetz und Frieden erlassen, denen jeder zu folgen verpflichtet ist, die kein Ansehen der Person gelten lassen und auf gewisse Weise die Launen des Glücks wiedergutmachen, indem sie den Mächtigen wie den Schwachen gleicherweise gegenseitigen Pflichten unterwerfen. Kurzum: statt unsere Kräfte gegen uns selbst zu wenden, wollen wir sie zu einer höchsten Gewalt vereinigen, die uns nach weisen Gesetzen regiert, alle Mitglieder der Gesellschaft schützt und verteidigt, die gemeinsamen Feinde zurückweist und uns in einer ewigen Eintracht erhält!'" (Rousseau 1978: 227f). Die mit diesem Schritt zugleich festgeschriebene Ungleichheit zerstöre letztlich die natürliche Freiheit und zwinge fortan „das gesamte Menschengeschlecht für den Gewinn einiger Ehrgeiziger zur Arbeit, zur Knechtschaft und zum Elend" (ebd.: 229).

Im Unterschied zu Hobbes entäußern sich in der Rousseauschen Konzeption des Gesellschaftsvertrags nun die Individuen nicht ihrer Macht, indem sie diese an einen souveränen Herrscher übertragen bzw. sich diesem unterwerfen, sondern bleiben als politische Gemeinschaft vielmehr selbst der Souverän. Auf dieser Grundlage der Volkssouveränität werden die Konditionen staatlicher Herrschaft gleichsam zum unmittelbaren und konstitutiven Element des Vertrags. Dieser Unterschied zu Hobbes, so Althusser (1987: 153), bewahre Rousseau vor der argumentativen Problemlage in die ersterer bezüglich der Frage gerate, wer im Falle eines realiter unterstellbaren Konfliktes zwischen Volk und Herrscher eigentlich entscheidet? Schließlich ist der Staat selbst schon als vermittelnder Dritter konzipiert. Doch diese außervertragliche Stellung bietet keine Garantie dafür, dass er nicht zum Despoten mutiert. Während Hobbes Lösung darauf ziele, das Problem zu unterdrücken, bestehe die Genialität Rousseaus „darin, zu bemerken, daß man ein Problem nicht dadurch löst, daß man es durch eine faktische *Übertragung* unterdrückt, sondern nur dadurch, daß man es real *überflüssig* macht" (ebd., Herv. i. Orig.). Denn der Rousseausche Gesellschaftsvertrag kennt genau genommen die Position eines Dritten nicht. Die Individuen gehen hier mit sich selbst einen Vertrag ein und werden, indem sie das tun, zugleich und mit dem Schritt der politischen Vergemeinschaftung selbst zum Souverän, ohne dabei ihre jeweilige Unabhängigkeit aufzugeben. Die allgemeine Aufgabenstellung der Gesellschaftsvertragstheorie formuliert Rousseau daher folgendermaßen: „Es ist eine Form der Assoziation zu finden, die mit der ganzen gemeinsamen Kraft die Person und die Habe jedes Assoziierten verteidigt und schützt und durch die jeder, mit allen vereint, dennoch nur sich selbst gehorcht und so frei bleibt wie zuvor" (Rousseau 1989: 391 f.). Der Gemeinwille (volonté générale)[5] sollte den Staat lenken, dessen Zweck er entsprechend in der Verfolgung des Gemeinwohls gegeben sah (vgl. ebd.: 400). D.h. die Legitimität staatlicher Macht stellt sich bei Rousseau nicht allein durch eine einmalige vertragliche Begründung her, sondern durch die Einhaltung der allgemeinen Interessen und ist insofern ein immer wieder sich notwendig erneuernder legitimatorischer kollektiver Akt. Dieses Denken ist zwar auch bei Rousseau mit der wenig realitätstauglichen Negation realer Interessengegensätze zwischen gesellschaftlichen (Partikular-) Gruppen und dem Verweis auf das Erfordernis einer (durch den Staat, die Erziehung etc.) starken aufklärerischen Moral verbunden. Und der Umstand, dass er seine Vorstellung von der Freiheit des Einzelnen und der Legitimation von Herrschaft durch die Formierung des Gemeinwillens mit der strikten Ablehnung von Formen der Delegation oder der Repräsentation als mögliche Modi der Artikulation dieses Gemeinwillens verknüpft, auferlegt dem kollektiven Handeln sogar normative Bedingungen, die im praktischen Widerspruch zur Bearbeitung komplexer sozialer Realitäten stehen (vgl. Brand/Herb 2000: 7f).[6] Hervorzuheben bleibt allerdings, dass er in seinen Überlegungen nicht wie andere Vertragstheoretiker auf die reine Rechtsgleichheit der Einzelnen vertraute, sondern die allseits erfahrbare gesellschaftliche Ungleichheit aufgreift und den Gegensatz von Armut und Reichtum zu einem Prüfstein der sozialen Ordnung macht. Um den verderblichen Einfluss der Privatinteressen auf das Gemeinwohl einzudämmen, dürfe daher kein Bürger des Staates über einen derartigen Reichtum verfügen, der es ihm gestattet, einen anderen Bürger zu kaufen, und andersherum dürfte niemand so arm sein, dass er gezwungen ist, sich zu verkaufen (Rousseau 1989: 424, vgl. auch Klenner 1999: 29).

Resümierend lässt sich festhalten, dass die Vertragstheorien des 17. und 18. Jahrhunderts, bei aller Unterschiedlichkeit, ja teilweisen Gegensätzlichkeit im Detail, allesamt als wesentliches Moment und Ausdruck eines Selbstverständigungsprozesses der antifeudalen Kräfte und Klassen über ihre eigenen Interessen zu verstehen sind. Und zum common sense dieser scientific community jener Zeit gehörte der Gedanke, dass, um als legitim gelten zu können, sowohl die Vergesellschaftung der Individuen als auch der Akt der Staatsgründung so darstellbar sein müssen, dass sie als Ergebnis eines Vertrags zu interpretieren sind, der auf Freiwilligkeit und Selbstbestimmung der Einzelnen, auf ihrer 'natürlichen' Rechtsgleichheit basiert (vgl. Klenner 1985: 34). Was diese Klassiker des Kontraktualismus und ihre verschiedenen Ansätze darüber hinaus eint, kann in folgenden Punkten zusammengefasst werden (vgl. zu nachfolgendem ebd.: 40ff, s.a. Althusser 1987: 45ff): Für alle Gesellschaftsvertragstheoretiker gilt *erstens*, dass sie den Staat und seine institutionelle Verfasstheit nicht als das vollzogene Ergebnis göttlicher Gebote konzipieren, sondern als Resultat der Umsetzung und des Zusammenwirkens von menschlichen Interessen in der realen Welt. Damit aber die Vernunft der Individuen zur Quelle der Legitimation von Staat und Gesellschaft werden konnte, mussten die Individuen *zweitens* mit einem gleichen Rechtsanspruch auf Freiheit und Herrschaft ausgestattet werden. Letztere konnte nicht mehr mit 'natürlicher' Ungleichheit aufgrund von höherer Weihe, größerer Vernunft, heiliger Berufung o.ä. begründet werden. Die Selbstbestimmung des Menschen als Ausgangspunkt zu nehmen, bediente *drittens* ein anthropozentrisches Weltbild, das in vollständiger Opposition zu dem alten Weltbild stand, in dem das Überirdische und daraus abgeleitete soziale Hierarchien dominierten. Während im mittelalterlichen Denken entsprechend dieser Gesellschaftsstruktur, der Einzelwille für die Formierung der sozialen Beziehungen eine geringere Rolle spielte, zeichneten sich die Vertragstheoretiker *viertens* durch einen radikalen Individualismus aus. Bei diesem ist der Einzelne der Ausgangspunk der Vergesellschaftung. Die Vertragstheorien des 17. und 18. Jahrhunderts heben die Trennung zwischen denjenigen, die regiert werden und denjenigen, die zum Regieren 'geschaffen' sind, auf. Die Demokratie erscheint daher *fünftens* tendenziell als die dem Grundgedanken des Gesellschaftsvertrags, der von freien und gleichen Individuen geschlossen wird, am ehesten entsprechende Staatsform. Der Rückgriff auf das kontraktualistische Argument und die Formierung des Eigeninteresses zur Begründung des Staates korrespondiert *sechstens* mit der Logik des Tauschs als der zentralen Verkehrsform der sich durchsetzenden Marktgesellschaft und reflektiert damit zugleich kritisch die noch bestehende Dissonanz von feudalen Machtstrukturen und sich bereits entwickelnder kapitalistischer Ökonomie. Wenngleich bei den verschiedenen Theoretikern unterschiedlich stark ausgeprägt, zeichnen sich ihre Ansätze *siebtens* durch einen

„tendenziellen Revolutionarismus" (Klenner 1985: 44) aus. Um die Notwendigkeit einer Überwindung der alten feudalen Gesellschaftsordnung zu unterstreichen, mussten sie zugleich im theoretischen Rekurs den Menschen von rückgewandten und überkommenen Bindungen und Verpflichtungen 'befreien'. Denn nur auf der Grundlage freier Individuen ließ sich begründen, dass Herrschaft ohne Zustimmung als Unrecht zu gelten hat. *Achtens* schließlich teilen sie im weitesten Sinne miteinander die methodischen Prinzipien. Diese sind letztlich identisch mit denen der Aufklärung selbst: „*Rationalismus* und *Empirismus* werden dem autoritär gemachten Glauben entgegengesetzt. Vernunft gegen Offenbarung, Erfahrung gegen Erleuchtung, Zweifel gegen Dogmen, intellektuelle Autonomie gegen klerikale Heteronomie, Selbstbefreiung statt Fremderlösung" (ebd.: 45).

Mit der Überwindung der feudalen Ordnung aber büßt das kontraktualistische Begründungsargument in der von Hobbes bis Rousseau vorgetragenen und variierten Erscheinungsform sein innovatives Potential in erheblichem Maße ein. Es ist schließlich Kant, der, angeregt durch Rousseau, dem Kontraktualismus jene Wendung im Sinne einer gedankenexperimentellen „Idee der Vernunft" gibt. Von trugbildhaften Realitätsdeutungen befreit, trennt er das Recht von der Tugend und schließt damit gleichsam die Ära der gesellschaftsvertraglichen Gründungsgeschichten „über den Staat" ab. An ihre Stelle tritt eine neuartige Theorie der Politischen Philosophie und der praktischen Vernunft. Diese weist in der Entfaltung ihrer Konsequenzen auch der politischen Öffentlichkeit eine neue Rolle zu. Statt für den Entwurf einer legitimen und guten Gesellschaft wie in den bisherigen Theorien, nutzte Kant den Vertragsgedanken für den Entwurf und die Begründung einer Anleitung zur Herstellung einer guten Rechtordnung, einer Methode, die dem Staat zeigen sollte „nach welcher formalen Idee er sich reformieren muß, im Prinzip in jedem Augenblick der Geschichtszeit" (Brandt 2000: 276). Er tat das nicht im Hinblick auf die rechtliche Zivilisierung der innerstaatlichen Verhältnisse, sondern bezog überdies auch die Hobbessche Konzeption einer auf die Vernunft gründenden stabilen Ordnung auf das Verhältnis zwischen den Völkern bzw. Staaten und schuf im Rahmen seiner Konzeption eines „Weltbürgerrechts" eine rechtsphilosophische Basis, die bis heute Ausstrahlung entwickelt (vgl. Klenner 1996: XXXVIIIf).

2.2 Gesellschaftsvertrag im Staat – Interessensgegensätze und konfliktueller Konsens

Der zentrale Einwand gegenüber der kontraktualistischen Heuristik der Klassiker, an den Althusser (1987: 49) unter Bezug auf Montesquieu erinnert, lautet: „Die Gesellschaft geht sich immer schon selbst voraus", oder anders formuliert, „die Individuen gingen immer von sich aus, natürlich aber von sich innerhalb ihrer gegebenen historischen Bedingungen und Verhältnisse, nicht vom 'reinen' Individuum im Sinne der Ideologen" (Marx/Engels, MEW 3: 75). Nicht die Vergesellschaftung der Individuen ist demnach der besondere Fall, den es historisch zu begründen gilt, sondern das Gegenteil, ihre Vereinzelung wäre begründungsbedürftig. Aus dieser Perspektive erscheinen die Theorien vom Gesellschaftsvertrag als eine durchweg „mythische Geschichte, die dem Zuhörer aber Freude bereitet; denn immerhin erklärt sie den im Staat lebenden, daß den Ursprung des Staates keinerlei Schrecken bildet, sondern die Natur und das Recht (...). Und was könnte wohl, da dieses Recht in der menschlichen Natur angelegt ist, natürlicher und menschlicher sein als der Staat?" (Althusser 1987: 23). Gegenüber diesem Mythos vom Vertrag aller mit allen traten nach dem erfolgreichen 'Gründungsakt' des bürgerlichen Staates und der (freilich unvollständigen aber gleichwohl als Basis seiner Legitimation behaupteten) Substitution des 'Rechts der Herrschenden' durch die 'Herrschaft des Rechts' mehr und mehr solche Art Verträge in den Vordergrund, die nicht Ergebnis abstrakter Überlegungen auf der Ebene des „Gedankenexperiments" (Kant) waren, sondern das Resultat der realen ökonomischen Dynamik und der sozialen Konflikthaftigkeit dieser Gesellschaftsformation selbst (vgl. Bobbio 1997: 120ff). Um das Jahr 1820 herum bringt Hegel diesen Zusammenhang auf den Punkt, als er, knapp anderthalb Jahrhunderte nach Hobbes, dessen Krieg der Individuen aus dem fiktiven Naturzustand herauslöst und in die bürgerliche Gesellschaft hinein verlagert, indem er diese als „Kampfplatz des individuellen Privatinteresses aller gegen alle" charakterisierte (Hegel 1979: 458/§ 289) und zugleich die darin angelegte Tendenz der Vertiefung sozialer Ungleichheit als das bestimmende Widerspruchsverhältnis deutet. Durch die Dialektik von Armut und Reichtum, so prognostizierte Hegel, „wird die bürgerliche Gesellschaft über sich hinausgetrieben" (ebd.: 391/§ 246) – wobei er jedoch weniger die Transformation der Eigentumsordnung vor Augen hatte, als vielmehr die räumliche Expansion der Produktionsweise.

Die Logik der Äquivalenz, als das eherne Gesetz der Tauschwirtschaft, wurde im Zuge der ökonomischen und politischen Entfaltung dieser Gesellschaftsordnung zu einem zentralen Moment der Entwicklung der sozialen Beziehungen. Die im Vertragsgedanken zum Ausdruck kommende formale Gleichheit der Individuen, war ja mitnichten die Folge ihrer natürlichen Gleichheit, sondern entstand aus der realen Ungleichheit. Erst die Verschiedenheit der Menschen, ihrer Vorlieben und Fertigkeiten, gibt „den Anlaß zum Austausch und zu ihrer sozialen Gleichstellung im Akt des Austauschs und dieser Beziehung überhaupt, worin sie zueinander als produktiv treten" (Marx, MEW 42: 168). Im Zuge der praktischen Formierung der sozialen Ordnung, des 'Gesellschaftsvertrags im Staat', kamen jedoch weniger die Interessenlagen oder -divergenzen der Einzelmenschen zum Tragen. Die Verhandlungspartner nahmen im Verlaufe der gesellschaftlichen Entwicklung und Ausdifferenzierung vielmehr als Repräsentanten gesellschaftlicher Gruppen – insbesondere von Kapital und Arbeit – eine kollektive Gestalt an und die Verhandlungsergebnisse schlugen sich nieder in der Ausgestaltung institutioneller Arrangements und der Ausweitung politisch-demokratischer Prozesse und zivilgesellschaftlich-öffentlicher Räume. Dabei ging es immer auch um die Begrenzung der Reichweite eines selbstregulierenden Marktes gegenüber den vitalen Interessen der Gesellschaft im Hinblick auf die Grundlagen ihrer Reproduktion: Arbeit und Natur. Karl Polanyi hat diesen Zusammenhang in seiner umfassenden Darstellung jener großen Transformation von der nicht-marktwirtschaftlichen zur marktwirtschaftlichen Gesellschaft als „Doppelbewegung" zwischen ökonomischem Laissez-faire und der Begrenzung der Marktkräfte im Sinne eines gesellschaftlichen Selbstschutzes beschrieben und als wesentliches Antriebsmoment in der Entwicklungsdynamik moderner kapitalistischer Gesellschaften herausgestellt (vgl. Polanyi 1978: 185). Dieser „implizite Gesellschaftsvertrag" (Moore 1982: 36) entfaltet seine Wirkung nicht nur auf der Ebene von Regierung und Regierten, sondern „[besteht] auf zahlreichen Autoritätsebenen innerhalb des modernen Staates [...]. Er liegt offensichtlich den Beziehungen zwischen Arbeitgebern und Arbeitnehmern ebenso zugrunde wie vielen anderen Beziehungen" (ebd.: 40).

Diejenigen Gruppen also, die noch Rousseau aus seiner Republik verbannt wissen wollte, da sie aus seiner Sicht nur ihr Eigeninteresse voranstellen, waren tatsächlich mitnichten verschwunden, sondern hatten sich sogar enorm vermehrt und an Einfluss gewonnen. Die kontinuierlichen Aushandlungsprozesse zwischen diesen Gruppen begannen vielmehr das reale Netz der Macht in der Gesellschaft zu konstituieren. Die Regierung, wiewohl sie im klassischen Sinne nach wie vor die Institution darstellt, die das Gewaltmonopol verkörpert, verkörperte nun nur noch eine – wenn auch nach wie vor bedeutende – Machtelite neben anderen (vgl. Bobbio 1987: 127). Vor allem nach dem ersten Weltkrieg (1914-1918) vollzog sich eine einschneidende Veränderung im Modell des Staates. Obgleich konservative Kritiker für den Fall eines Abrückens von dem vermeintlich homogenen und organischen Charakter von Staat und Volk den drohenden Zerfall der Gesellschaft in düsteren Bildern an die Wand malten, wurde die „fragmentierte Gesellschaft", d.h. die von organisierten Interessenspluralitäten auf einem sich ausdifferenzierenden Feld politischen Handelns, des Meinungskampfes und des Werbens um öffentliche Zustimmung geprägte Gesellschaft, zu einem Faktor der Normalität moderner Demokratien. Und, statt die Gesellschaft zu destabilisieren, stellte die sich entfaltende Pluralität im Gegenteil vielmehr ein Moment der Stabilisierung dar (vgl. ebd.: 122f, Dubiel 1994: 117f).

T. H. Marshall (1992) hat diesen Aspekt in seinem berühmten Vortrag über „Staatsbürgerrechte und soziale Klassen", den er gegen Ende der 1940er Jahre hielt, ausführlich hersausgearbeitet und begründet. Unter Rückgriff auf Henry S. Maine charakterisiert Marshall darin den Schritt von der vorkapitalistischen zur kapitalistischen Gesellschaft als Entwicklung von einer überwiegend auf dem Status zu einer überwiegend auf dem Vertrag basierenden Gesellschaft. Der moderne Gesellschaftsvertrag ist in seinen Augen daher „im wesentlichen eine Vereinbarung zwischen Menschen, die ihrem Status nach frei und gleich, nicht notwendig aber auch gleich mächtig sind" (Marshall 1992: 57). Waren Statusunterschiede zuvor an der Herkunft, dem Stand oder der Funktion festgemacht, so trat nun ein allgemeiner Staatsbürgerstatus an deren Stelle. Dieser normative Ansatz war die Basis der neuen 'Gleichheit' und zugleich aber auch die Quelle, aus der die Entstehung neuer Formen der Ungleichheit gespeist wurde. Der Status des Staatsbürgers in der heute gängigen Form ist insofern mit der Entwicklung des Nationalstaates ebenso untrennbar verbunden, wie mit der sukzessiven Demokratisierung der bürgerlichen Gesellschaft selbst. Er fußt Marshall zufolge auf drei Rechtssäulen, den Individualrechten (z.B. Presse- oder Religionsfreiheit, Vertragsfreiheit, freie Berufswahl etc.)[7], den politischen Rechten (z.B. allgemeines aktives und passives Wahlrecht) und den sozialen Rechten (z.B. Existenzsicherung, Recht auf Bildung). Diese Säulen entwickelten sich nicht gleichzeitig, sondern in verschiedenen historischen Phasen der Ausdifferenzierung der bürgerlich-kapitalistischen Gesellschaft und in gewisser Abhängigkeit voneinander. Ein formales Recht auf Eigentum war ebenso wenig gleichbedeutend mit der finanziellen Möglichkeit Eigentum zu erwerben, wie politische Rechte in Anspruch genommen werden konnten, ohne dass die Menschen über Möglichkeiten verfügten, ihre Fähigkeit dieses Recht auszuüben im Hinblick auf die bildungsmäßigen Voraussetzungen entsprechend zu entwickeln. Die aus solchen Bedingungen resultierende Ungleichheit war insofern nicht die Folge fehlender Individualrechte, sondern unzureichend entwickelter sozialer Rechte. Handelte es sich bei der Erweiterung politischer Rechte vor allem um einen Prozess der „Ausdehnung alter Rechte auf neue Bevölkerungsgruppen" (ebd.: 46), wie vor allem am Beispiel des Wahlrechts deutlich wird, vollzog sich die Durchsetzung sozialer Rechte weitaus widersprüchlicher. So stellte das Armenrecht als eine Ursprungsform sozialer Rechte zunächst eher das Gegenteil von Bürgerrechten dar. Denn es entfaltete seine Wirksamkeit erst dann, wenn die Betroffenen hinsichtlich ihrer persönlichen Lage bereits jenseits des Status eines Bürgers standen. Und seine Inanspruchnahme war gleichbedeutend mit dem offiziellen Verlust bürgerlich-politischer Freiheiten (vgl. ebd.: 50f). Auch spätere Maßnahmen der – zumeist in Gestalt privater Wohltätigkeit organisierten – Sozialpolitik waren nicht vordergründig von der Motivation getragen, die Schranken zwischen den sozialen Klassen zu überwinden. Sie zielten vielmehr darauf ab, das Klassensystem selbst zu immunisieren, indem die Existenzbedingungen der Subalternen erträglicher gemacht wurden, ohne aber die Lebensverhältnisse der Begüterten anzutasten. Die bürgerlichen Freiheitsrechte standen auch in dieser Perspektive nicht im Gegensatz zu den Bedingungen der marktwirtschaftlich-kapitalistischen Ordnung, sondern waren Grundlage ihrer Funktionsfähigkeit. Das Politische erhielt im Kapitalismus aufgrund des (stets und anhaltend unvollständig eingelösten) Gleichheitspostulats aber gleichsam eine innere Dynamik eingeschrieben, die auf die Ausweitung von Gleichheit und Freiheit auf immer weitere gesellschaftliche Sphären zielt. So veränderte die Ausdehnung der politischen Rechte im 19. Jahrhundert ihrerseits den Möglichkeitsraum des Politischen ebenso wie die Erwartungshorizonte der Subjekte und schuf die Voraussetzungen dafür, dass schließlich die soziale Frage zu einem zentralen Gegenstand der Politik des 20. Jahrhunderts wurde. Der 'Geschichtsschreiber' Marx hat die in diesem Prozess zum Tragen kommende Dialektik am Beispiel der sozialen und Klassenauseinandersetzungen in Frankreich, im Vorfeld der Revolution von 1848, recht prägnant beschrieben. „Die Klassen, deren gesellschaftliche Sklaverei sie [die Demokratie, der Verf.] verewigen soll, Proletariat, Bauern, Kleinbürger, setzte sie durch das allgemeine Stimmrecht in den Besitz der politischen Macht. Und der Klasse, deren alte gesellschaftliche Macht sie sanktionierte, der Bourgeoisie, entzieht sie die politischen Garantien dieser Macht. Sie zwängt ihre politische Herrschaft in demokratische Bedingungen, die jeden Augenblick den feindlichen Klassen zum Sieg verhelfen und die Grundlagen der bürgerlichen Gesellschaft selbst in Frage stellen. Von den einen verlangt sie, daß sie von der politischen Emanzipation nicht zur sozialen fort-, von den anderen, daß sie von der sozialen Restauration nicht zur politischen zurückgehen" (Marx, MEW 7: 43).

Diese Stärkung politischer Rechte als Element des Bürgerstatus ging ebenso einher mit solch widersprüchlichen und tendenziell gegensätzlich wirkenden Entwicklungen wie der Formierung eines nationalstaatlichen Patriotismus auf der einen Seite - ohne den das Gemetzel der auf den Schlachtfeldern des Ersten Weltkriegs vereinigten Proletarier aller Länder kaum möglich gewesen wäre - und einer sich im sozialen Raum entfaltenden (zivilgesellschaftlichen) Öffentlichkeit auf der anderen Seite. Und obgleich die demokratische Öffnung der Gesellschaft ohne Zweifel im Wesentlichen ein Resultat des politischen Drucks sozialer Bewegungen war, wurden die Instrumente der Demokratie doch „durch die oberen Klassen geformt und Schritt für Schritt an die unteren weitergegeben. Politischem Journalismus für die Intelligenz folgten Zeitungen für alle, die lesen konnten, öffentliche Versammlungen, Propagandafeldzüge und Vereinigungen für die Förderung öffentlicher Angelegenheiten" (Marshall 1992: 62). So wenig durch diese „relative Integration in die Unterordnung" (Castel 2000: 302) etwa die Möglichkeiten der Kriegführung beschränkt, sondern offenbar eher erweitert wurden, so wenig schien der Abbau von Ungleichheiten zwischen den sozialen Klassen durch die Angleichung von Statusdifferenzen zwischen den Individuen und die davon ausgehenden Einflüsse auf den Staat und das gesellschaftliche Leben zunächst eine ernsthafte Bedrohung des herrschenden Dogmas des Laissez-faire zu sein, sondern dessen Akzeptanz eher zu fördern (vgl. Marshall 1992: 63). Doch im Verlauf ihrer Entwicklung wurden die zunächst streng individualistisch konzipierten bürgerlichen Freiheits- und Vertragsrechte dann auch auf Körperschaften und mit der Anerkennung der Koalitionsfreiheit auch auf kollektive Organisationen wie die Gewerkschaften angewandt. Letztere verfügten mit ihrem zentralen Instrument, dem Tarifvertrag, der in seiner Rechtswirkung über dem individuellen Arbeitsvertrag stand,[8] über ein Mittel, auf dem Wege kollektiven Handelns eine deutliche Verbesserung der ökonomischen Lage der Arbeiterklasse durchzusetzen. Die Einkommen stiegen und erlaubten teilweise sogar die Bildung von kleinen Ersparnissen, mit denen wiederum Konsumgüter angeschafft werden konnten, die auf der Basis von Massenproduktion bereitgestellt wurden. Dieses bewirkte nicht nur eine Veränderung der Produktionsweise und der sozialökonomischen Lage abhängig Beschäftigter, sondern stützte zugleich die auf das Fundament der Staatsbürgerschaft gründenden Partizipationsansprüche letzterer. Tarifverträge anzuerkennen, so schreibt Marshall, habe deshalb nicht bloß eine inhaltliche Ausweitung der bürgerlichen Freiheitsrechte dargestellt, sondern in seiner Wirkung vielmehr eine inhaltliche Erweiterung des Begriffs der Staatsbürgerrechte selbst ausgelöst. Neben das System der politischen Rechte trat nunmehr ein System von wirtschaftlichen Rechten, die zusammen erst den vollen Status des Staatsbürgers ausmachen (vgl. ebd.: 64). Anders ausgedrückt: „Die Bestandteile eines zivilisierten und kultivierten Lebens, früher das Monopol weniger, wurde zunehmend in die Reichweite der Vielen gebracht, die dadurch ermutigt wurden, ihre Hände nach dem auszustrecken, was sich immer noch ihrem Zugriff entzog. Der Abbau der Ungleichheit stärkte die Forderung nach ihrer Abschaffung, zumindest hinsichtlich der Grundbestandteile sozialer Wohlfahrt" (ebd.: 66). Infolge dieser inhaltlichen Erweiterung des Konzepts staatsbürgerlicher Rechte wurde u.a. das Individualeinkommen durch die rechtliche Gewährleistung finanzieller Existenzsicherung bzw. eine staatlich garantierte Grundversorgung mit existentiellen Gütern und Dienstleistungen (etwa medizinischer Art), von der reinen Marktfähigkeit ein Stück weit entkoppelt. Sozialpolitik erschöpfte sich nicht mehr in der Bekämpfung absoluter Armut vermittels privater Wohltätigkeit, sondern transformierte das Gesamtgefüge sozialer Ungleichheit.[9] Eine Entwicklung, die Ulrich Beck (1986: 124) später verhältnismäßig unscharf als „Fahrstuhl-Effekt" bezeichnen sollte. Die Intention einer solchen Politik der Gleichheit bestand aber nicht darin, die Einkommen der Menschen einander anzunähern, sondern durch die Angleichung individueller Statusunterschiede eine „allgemeine Bereicherung der konkreten Substanz eines zivilisierten Lebens" (Marshall 1992: 73) zu bewirken.

Im Hinblick auf die Frage sozialer Ungleichheiten folgten aus der konzeptionell-rechtlichen Veränderung des Staatsbürgerstatus zwei prägende Entwicklungen. *Erstens*: In dem Maße, wie soziale Rechte selbst zum Bestandteil des Bürgerstatus und infolge dessen Bestandteil staatlicher Politik wurden, wie der Imperativ der Chancengleichheit die Bedeutung einer Privilegierung aufgrund von Herkunft oder Klasse schmälerte, veränderten sie zugleich die Determinanten sozialer Ungleichheit. Der Staatsbürgerstatus wurde selbst zum „Architekten sozialer

Ungleichheit" (ebd.: 77).[10] *Zweitens*: Die Entfaltung demokratischer Bürgerrechte unterwirft bestehende soziale Ungleichheiten einem gesellschaftlichen Rechtfertigungszwang. Diese können nur dann als legitim angesehen werden, wenn a) ein allzu extremes Gefälle innerhalb eines soziokulturellen Raums vermieden wird und b) sie nicht das Resultat durch Erbschaft erworbener Privilegien sind (vgl. ebd.: 87). Festzustellen, dass der Staat auf einem Gesellschaftsvertrag gründet, so formuliert es Bobbio, bedeutet daher das Prinzip zu verteidigen, dass Macht sich von unten nach oben bewegen sollte und nicht umgekehrt. Kurz gesagt: „it means establishing democracy to counteract autocracy" (Bobbio 1987: 133). Die Zugeständnisse an die Rechte abhängig Beschäftigter und deren Gewerkschaften, wie sie etwa im Rahmen des Arbeitsgemeinschaftsabkommens zwischen Arbeitgebern und Gewerkschaften im Deutschland des November 1918 vereinbart wurden, sind für diesen Typus verhandelter Verträge ebenso ein Beispiel wie die Politik des New Deal in den USA der 1930er Jahre. Der darin aufgehobene Modus der Bearbeitung sozialer Widersprüche und Interessensdivergenzen lässt sich in allgemeiner Form wohl am treffendsten als 'konfliktueller Konsens' beschreiben.[11] Wirtschaftliche Ungleichheit – als Bedingung des Marktes – und politisch-soziale Gleichheit – als Bedingung der demokratischen Gesellschaft – und die unterschiedlichen Gestaltungs- und Politikansätze, die aus diesen beiden unterschiedlichen Prinzipien resultieren, stehen hierbei nur in einer einfachen Betrachtung im vollständigen Gegensatz zueinander. „Tatsächlich", so Marshall (1992: 93), „sind die offensichtlichen Unvereinbarkeiten eine Quelle der Stabilität, die durch einen Kompromiß erreicht wurde, der nicht der [ökonomischen, d. Verf.] Logik gehorcht." Die aus der strukturellen Verfasstheit der Wirtschaftsordnung selbst resultierenden Konflikte und Spannungen werden zunehmend zum Bezugspunkt gesellschaftspolitischer Legitimation. Marshall hatte damit gegen Ende der 1940er Jahre nichts weniger als das soziologische Begründungsprogramm jener wohlfahrtsstaatlichen Ära formuliert, wie sie die kapitalistische Entwicklung insbesondere in Europa in der Zeit nach 1945 geprägt hat (vgl. Hirschman 1995: 122f). Diese vollzog sich vor dem Hintergrund veränderter politischer Mehrheits- und Machtverhältnisse in den meisten kapitalistischen Zentren zugunsten einer Politik der staatlichen Planung und Steuerung des Wirtschaftsprozesses, die selbst von konservativ-liberalen Regierungen praktiziert wurde. Die veränderten Kräfteverhältnisse waren das unmittelbare Resultat zweier Weltkriege und einer Weltwirtschaftskrise sowie der Erfahrungen des Elends und der Zerstörung, die der Faschismus und seine Verquickung mit dem Großkapital in bis dato unbekanntem Ausmaß über die Menschheit gebracht hatten. Die Durchsetzung des Wohlfahrtstaates war letztlich von der verbreiteten Überzeugung getragen, „daß die Wirtschaft des privaten Unternehmertums (...) vor sich selbst gerettet werden mußte" (Hobsbawm 1998: 345).

Während in den klassischen hypothetischen Konzeptionen des 'Gesellschaftsvertrags *über* den Staat' die in den ökonomischen Beziehungen begründete Ungleichheit im Wesentlichen ignoriert wurde, nimmt der 'Gesellschaftsvertrag *im Staat*', wie er in dem wohlfahrtsstaatlichen Konsens der Nachkriegsgeschichte zum Tragen kommt, diese Beziehungen also ausdrücklich und als konstitutives Moment in sich auf.[12] „Im Mittelpunkt dieses Sozialvertrags, der Demokratie und Kapitalismus vereinbar machen sollte, stand eine politische Vollbeschäftigungsgarantie. Nur wenn es den Nationalstaaten gelang, so die bis weit ins bürgerliche Lager hinein uneingeschränkt akzeptierte Prämisse, Vollbeschäftigung zu gewährleisten – und zwar zusammen mit freien Tarifverhandlungen und der Garantie eines sozialen Minimums für alle Bürger –, konnte eine Wiederholung der wirtschaftlichen und politischen Konflikte der Zwischenkriegszeit, mit ihren katastrophalen innen- und außenpolitischen Folgen, verhindert werden" (Streeck 1996: 2f). Seine Tragfähigkeit gründete letztlich darauf, dass es tatsächlich gelang, im Rahmen der wohlfahrtstaatlichen Entwicklung zwei wesentliche Elemente miteinander zu verbinden und institutionell zu vermitteln. Zum einen konnte die Akkumulation auf der Grundlage einer Stärkung der Binnennachfrage infolge steigender Einkommen, staatlicher Investitionen und Transferleistungen sowie vor dem Hintergrund einer Koordinierung der internationalen Finanz- und Währungsverhältnisse voranschreiten. Zum anderen wuchs zugleich der soziale Zusammenhalt der Gesellschaft, indem sowohl Kapital als auch Arbeit (wenn auch nicht gleichermaßen) an den Früchten wirtschaftlichen Wachstums teilhaben konnten ('Klassenkompromiß') (vgl. Deppe 1997: 63ff, ders. 2003: 144). Die Kennzeichen dieses wohlfahrtsstaatlichen Grundkonsenses, wie die Pflichtversicherung, eine antizyklische Wirtschaftspolitik des Staates und eine entsprechende Steuer- bzw. Einkommens- und Verteilungspolitik, der Ausbau des öffentlichen Sektors oder die Stärkung der Gewerkschaftsrechte (Tarifautonomie, Streikrecht), „ergaben sich unmittelbar aus der Logik eines Gesellschaftsvertrages, in dem die soziale Integration der Gesellschaft und die Steuerung der Ökonomie im Rahmen eines einheitlichen politischen Instrumentariums besorgt werden konnten" (Dubiel 1995: 67). Der französische Soziologe Pierre Bourdieu (1998: 8) beschreibt diesen Vertrag daher in etwas verallgemeinerter Form als ein „zivilisatorisches Modell (...), das auf einer zumindest teilweisen Zähmung der archaischen Kräfte des Marktes beruht und auf einer Art stillschweigendem und vorläufigem Pakt zwischen den verschiedenen gesellschaftlichen Gruppen".

Die Durchsetzung demokratischer und sozialer Partizipationsrechte, wie sie im Modell des Sozial- bzw. Wohlfahrtsstaats zur Geltung kommen, sind folglich weder als Voraussetzungen der kapitalistischen Marktwirtschaft noch als neutrale Elemente gegenüber der Dynamik des gesellschaftlichen Wandels zu begreifen, sondern gründen vielmehr auf einer jeweils unterschiedlichen, ja häufig sogar konträren Eigenlogik. Der Wohlfahrtsstaat konnte sich erst auf der Grundlage zunehmender Säkularisierung und einer fortschreitenden Demokratisierung des öffentlichen Raums, die von starken sozialen Bewegungen, insbesondere der Arbeiterbewegung, getragen wurde, entfalten. Er repräsentiert daher in seinen Institutionen nicht nur klassische Funktionen des (bürgerlichen) Staates, wie das Gewaltmonopol und insbesondere den Schutz des Privateigentums, sondern in einem Teil auch das von diesen Bewegungen getragene Leitbild sozialer Freiheit. „Soziale Freiheit bedeutet grundsätzlich Freiheit aller Menschen von Unterdrückung, Ausbeutung, materieller Not und Diskriminierung (...). Wirtschaftsfreiheit tritt unter kapitalistischen Verhältnissen in Gegensatz zur sozialen Freiheit und hebelt sie aus" (Zinn 1999b: 27). Auf der Grundlage dieses konfliktuellen Konsenses konnten soziale Errungenschaften also gesichert werden, indem sie zu einklagbaren Rechtsansprüchen der Einzelnen und der Willkür zufälliger Privilegierung entzogen wurden (vgl. Marshall 1992: 64, Benhabib 1997: 53).

2.3 Gesellschaftsvertrag und Gerechtigkeit – Die Rückkehr der sozialen Frage

> Im Zentrum der heutigen sozialen Frage stehen erneut die 'Nutzlosen', Überzähligen, und um sie herum ein diffuser Bereich von Situationen, die von Prekarität und der Ungewissheit über den jeweils nächsten Tag geprägt sind und vom Wiederauftreten massenhafter Verwundbarkeit zeugen.
> Robert Castel[13]

Im Bezug auf das konkrete politisch-institutionelle Modell staatlicher Vermittlung von ökonomischer Entwicklung und sozialer Integration von einem Gesellschaftsvertrag zu sprechen, ist allerdings, und damit ist der dritte Kontext der Begriffsverwendung berührt, eine verhältnismäßig neue Erscheinung. Eine Recherche unter dem Stichwort *Gesellschaftsvertrag* bei der Deutschen Bibliothek in Frankfurt am Main, dem zentralen Archiv deutscher und deutschsprachiger Literatur ab 1913, gibt hierzu ein aufschlussreiches Bild.[14] So finden sich bis in die 1970er Jahre hinein – von wenigen Kommentierungen oder Neuauflagen der Klassiker abgesehen – unter diesem Stichwort nahezu ausschließlich Titel verzeichnet, die sich mit wirtschaftsrechtlichen Aspekten befassen bzw. Dokumente von Unternehmensgründungen darstellen. Hierunter fallen beispielsweise Publikationen wie *„Gesellschaftsvertrag der Preußischen Elektrizitäts-Aktiengesellschaft zu Berlin"* (1927) und *„Die Regelung des Ausscheidens des Kommanditisten durch Tod im Gesellschaftsvertrag"* (1955) oder bestenfalls noch *„Das Verlöbnis als familienrechtlicher Gesellschaftsvertrag"* (1931). Das bleibt bis in die 1970er Jahre der bestimmende Kontext, in dem der Begriff verhandelt wird. Ab diesem Zeitpunkt ist dann eine leichte Veränderung bzw. zumindest eine signifikante Zunahme von Rousseau-Rezeptionen und Neuausgaben zu verzeichnen, sowie erste Veröffentlichungen etwa mit dem Titel „*Bereicherung ohne Rechtfertigung durch Gesellschaftsvertrag*" (1972), die auf einen nicht-privatrechtlichen bzw. -wirtschaftsrechtlichen Zusammenhang deuten. In den 1990er Jahren treten letztere dann sogar zahlenmäßig in den Hintergrund gegenüber einer steigenden Zahl von Veröffentlichungen, in denen der Bezug auf den Terminus Gesellschaftsvertrag ausschließlich im Rahmen gegenwartsbezogener politischer Analysen stattfindet. Hierzu zählen neben den bereits einleitend erwähnten Publikationen Titel wie „*Ein neuer Gesellschaftsvertrag? Wirtschaftliche Dynamik versus sozialer Zusammenhalt*" *(1995)* oder „*Wo stehen wir in der Frauenpolitik? Wie müsste ein neuer Gesellschaftsvertrag an der Schwelle zum 21. Jahrhundert aussehen?*" *(1998)* und „*Zukunft der Arbeit in einem neuen Gesellschaftsvertrag*" (2001). Von den in der Datenbank der Bibliothek unter dem Stichwort *Gesellschaftsvertrag* aufgeführten 40 Buchtiteln[15], deren Erscheinungszeitpunkt zwischen Sommer 2002 und 1990 liegt, befassen sich allein 25 Titel, mehr als die Hälfte also, mit politisch-philosophischen bzw. sozialwissenschaftlichen Gegenwartsfragen. Abzüglich der sieben Neuauflagen und -übersetzungen des Rousseauschen Werkes, die darin enthalten sind, bleiben dann immerhin noch 18 im weiteren Sinne politikwissenschaftliche Titel übrig. Dieses Verhältnis stellt sich bei den 40 Publikationen, die zuvor angegeben werden und deren Veröffentlichung zwischen 1989 und 1974 datiert, deutlich umgekehrt dar. Hier sind es insgesamt lediglich 15 Titel, die nicht im Bereich des Wirtschafts-, Steuer- und Unternehmensrechts angesiedelt sind. Zieht man von diesen wiederum die in dieser Zeit neu aufgelegten oder herausgegebenen Rousseau-Schriften ab, so bleiben tatsächlich ganze zwei Buchveröffentlichungen übrig.

Diese offenkundig veränderte Rezeption eines klassischen Terminus hat zwei wesentliche Ursachen. Sie ist *erstens* ein unmittelbares Ergebnis des anhaltenden Booms normativer Moral- und Gerechtigkeitstheorien im Gefolge jenes Werks, das John Rawls 1971 unter dem Titel „Eine Theorie der Gerechtigkeit" publizierte (vgl. Reese-Schäfer 1997: 16f, Deppe 1997: 84, Bobbio 1987: 131). Dieser griff darin auf die argumentative Figur des Gesellschaftsvertrags zurück, um – leicht modifiziert – darauf aufbauend seine Prinzipien der Gerechtigkeit als Orientierungsmaß kollektiven Handelns *im* Staat abzuleiten. Die darin angelegte Legitimation einer wohlfahrtsstaatlichen Wirtschaftspolitik zugunsten der am schlechtesten gestellten Mitglieder der Gesellschaft rief eine Vielzahl unterschiedlicher Entgegnungen und Ergänzungen hervor und mündete in eine breite Diskussion des Gerechtigkeitsbegriffs, die ebenso eine Wiederbelebung der politischen Philosophie wie der normativen Theoriebildung nach sich zog. Der Ökonom Joseph Stiglitz schreibt: „Wir erkennen heute, dass die Bürger eines Landes untereinander und mit dem Staat durch einen 'Gesellschaftsvertrag' verbunden sind. Wenn politische Maßnahmen der Regierung diesen Gesellschaftsvertrag außer Kraft setzen, dann werden die Bürger vielleicht auch ihre 'Verträge' miteinander oder mit der Regierung nicht mehr erfüllen. Gerade mitten in den sozialen Umwälzungen, die so oft die wirtschaftliche Entwicklung begleiten, ist es besonders wichtig, den Gesellschaftsvertrag aufrecht zu erhalten. (...) Ein wichtiges Element des Gesellschaftsvertrag ist 'Fairness': Die Armen werden an den Gewinnen beteiligt, wenn die Wirtschaft wächst, und die Reichen müssen mit für die Verluste einstehen, wenn die Gesellschaft Krisenzeiten durchmacht" (Stiglitz 2002a: 99). 'Fairness' steht in diesem Zusammenhang als Synonym für 'Gerechtigkeit'. Eine solche Interpretation von Gerechtigkeit aber, und hier schließt sich gewissermaßen der Kreis zu den Theorien vom 'Gesellschaftsvertrag *über* den Staat', wäre ohne die Klassiker der Aufklärung und die durch sie geleistete Befreiung des Gerechtigkeitsdenkens aus den Zwängen klerikal-feudaler Ordnungsvorstellungen nicht möglich. Es gäbe schlicht den heutigen Begriff der Gerechtigkeit als „Übereinkommensmaß zwischen dem tatsächlich geltenden und dem erforderlichen Recht" (Klenner 1999: 27), das der rationalen Überprüfbarkeit zugänglich ist, nicht. Erst auf der Grundlage dieses Paradigmenwechsels konnte das den bürgerlich-kapitalistischen Staat kennzeichnende Spannungsfeld zwischen der realen sozialökonomischen Ungleichheit der Individuen und ihrer rechtlich-politischen Gleichheit unter dem Aspekt der Gerechtigkeit thematisierbar und zu einem Ausgangspunkt im Prozess der Zivilisierung kapitalistischer Dynamiken werden (vgl. ebd.).

Die philosophische Gerechtigkeitsdebatte, die an anderer Stelle dieser Arbeit noch ausführlich zu behandeln sein wird, hat sich seit den 1970er Jahren sehr dynamisch entwickelt und Wirkungen entfaltet, die weit über den engen Rahmen akademischer Kreise hinausreichen. Indem sie Eingang in die Feuilletons und Kommentare der Zeitungen gefunden hat und zum Gegenstand einer breiten politischen Auseinandersetzung wurde, hat sie Reflektionen über das soziale Sein nachhaltig beeinflusst. Deutschland, so verkündete beispielsweise das Nachrichtenmagazin „Der Spiegel" im September 1999, stecke in einer „Gerechtigkeitsfalle". Nur wer die Deutungsmacht darüber erlange, was als gerecht und was als ungerecht gelte, habe Aussicht auf politische Gestaltungsfähigkeit (vgl. Fleischhauer u.a. 1999: 97). Die „Frankfurter Allgemeine Zeitung" kommentiert im gleichen Jahr auf ihrer Titelseite, Wirtschafts- und Sozialpolitik habe heute im Hinblick auf die Frage, was als legitim bzw. als gerecht oder modern gelte, im Wesentlichen mit der Beeinflussung des öffentlichen Meinungsklimas zu tun (vgl. FAZ vom 21.07.99). Wenige Wochen zuvor hatten die beiden sozialdemokratischen Regierungschefs Tony Blair und Gerhard Schröder in einem englisch-deutschen Diskussionsbeitrag zur Zukunft der Europäischen Sozialdemokratie formuliert: „In der Vergangenheit wurde die Förderung der sozialen Gerechtigkeit manchmal mit der Forderung nach Gleichheit im Ergebnis verwechselt. Letztlich wurde damit die Bedeutung von eigener Anstrengung und Verantwortung ignoriert und nicht belohnt und die soziale Demokratie mit Konformität und Mittelmäßigkeit verbunden statt mit Kreativität, Diversität und herausragender Leistung" (Blair/ Schröder 1999). Durch die Seitentür wurde so einem Grundverständnis von (relativer) Gleichheit der Gültigkeitszuspruch erteilt, das bislang als Kernbestandteil liberaler bzw. neoliberaler Leitvorstellungen galt: dem individualistischen Ideal leistungsbezogener Gleichheit (vgl. Döring 1994: 71ff). Ungleichheit wird hiernach als gerecht betrachtet, wenn sie auf Leistungsunterschieden beruht, die am besten durch das freie Spiel des Marktes zu ermitteln sind, der dann für die angemessene Zuteilung der Ergebnisse sorgt. Dieser radikale Bruch von Teilen der Sozialdemokratie mit der eigenen politischen Geschichte verweist auf die andere Ursache für die Renaissance der Vertragsdebatte: die Rückkehr der sozialen Frage.

Denn *zweitens* vollzieht sich der Aufschwung der Auseinandersetzung um den Gerechtigkeitsbegriff auch vor dem zeitlichen Hintergrund und im sachlichen Zusammenhang tiefgreifender Prozesse gesellschaftlichen Wandels. Dieser kann allgemein als Übergang vom Fordismus, mit einer im Kern wohlfahrtsstaatlichen Orientierung der Politik, zum Postfordismus, der sich durch eine politische Forcierung von Markt- und Wettbewerbsverhältnissen auszeichnet, beschrieben werden. So wie die klassischen Vertragstheorien ihre intellektuelle und politische Wirkmächtigkeit nur in Anbetracht eines sich transformierenden Produktionsverhältnisses und brüchiger werdenden Sozialstrukturen entfalten konnten, so kann dieser tiefgreifende sozialökonomische Transformationsprozess der Gegenwart als Motor der anhaltenden Auseinandersetzungen um den Begriff der Gerechtigkeit interpretiert werden. Zur Geltung kommen dabei ebenso veränderte Sozialisationsmuster (Individualisierung) wie Umbrüche im Geschlechterverhältnis oder die Überschreitung ökologischer Tragfähigkeitsgrenzen bei gleichzeitig zunehmenden ökonomischen Stagnationstendenzen des entwickelten Kapitalismus. Die nachlassende Wachstumsprosperität ging einerseits einher mit einem Bedeutungsgewinn von Kriterien der Verteilung und andererseits mit der Infragestellung geltender Spielregeln der Verteilung von Seiten der Einkommensmächtigen. Diese zunächst sukzessive Aufkündigung des wohlfahrtsstaatlichen Grundkonsenses hat sich ab Mitte der 1970er und vor allem in der Zeit nach dem Zusammenbruch des Sozialismus in Osteuropa 1989ff zu einer „konservativen Revolution" (Bourdieu 1998: 44) unter dem Banner des Neoliberalismus und seiner Politik der Restauration und Entstaatlichung formiert und verdichtet. Nachlassende Wachstumsraten, wachsende internationale Konkurrenz und eine sich verstetigende Arbeitslosigkeit beförderten einerseits den Vertrauensverlust der Menschen gegenüber ehemaligen Reformparteien und motivierten andererseits die Kapitalseite allerorten, massiven Druck in Richtung auf eine Politik der De-Regulierung, Privatisierung und des Abbaus staatlicher Leistungen sowie von Individual- und Kollektivrechten abhängig Beschäftigter auszuüben. Die mit der Stagnationsphase Anfang der 1970er Jahre einsetzende Substitution von Einkommenspolitik zugunsten einer vermehrten Staatsverschuldung, die den Verteilungskonflikt intertemporal und sachlich nur verschiebt, ist in diesem Zusammenhang auch Anhaltspunkt einer schwindenden Konfliktbereitschaft auf Seiten politischer Entscheidungsträger.

Zum Synonym für den völligen Verlust der Balance von sozialer Freiheit und Wirtschaftsfreiheit ist inzwischen der Begriff 'Globalisierung' geworden. Unter Hinweis auf den weltumspannenden Wettbewerb von Staaten, Regionen und Kommunen um Investoren wird jenes wohlfahrtsstaatliche Moment der Organisation gesellschaftlicher Arbeit wieder mehr und mehr zurückgedrängt, das „dem Kapital schon immer ein Dorn im Auge war, nämlich die Verbindung von Ausbeutung mit sozialen Verpflichtungen" (Gorz 1998). Die scheinbare Objektivität, die der Globalisierungsbegriff vermitteln soll, bestätigt sich bei näherer Betrachtung der damit bezeichneten Tatbestände aber keinesfalls. Denn nur auf einer ersten Ebene bezeichnet Globalisierung den schlichten Sachverhalt, dass sich Produktion, Handel, Information und Kommunikation im weltwirtschaftlichen Zusammenhang immer mehr verdichten und komplexere Formen der Arbeitsteilung hervorbringen (vgl. Hobsbawm 1998: 117f). Die Erkenntnis über die Eigenschaft von Märkten, ihre Aktivitäten in Raum und Zeit auszudehnen und dabei auch die konkreten Räume gewachsener Gesellschaften zu überwinden ist keinesfalls neu. Bereits Marx verwies auf die historische Tendenz des Kapitalismus zur „Verschlingung aller Völker in das Netz des Weltmarktes" (Marx, MEW 23: 790). Neu ist aber die Qualität der transnationalen Verflechtung von Unternehmen. Dies betrifft die stärkere internationale Ausrichtung und Koordination von Unternehmensbereichen wie Marketing, Forschung oder Finanzierung sowie die zunehmende Kooperation von Unternehmen in Form hierarchischer Produktionsnetzwerke und strategischer Allianzen (vgl. Narr/Schubert 1994: 49ff).[16] Der größte Teil des Verwertungsprozesses auf den Weltmärkten spielt sich jedoch innerhalb oder zwischen den industriellen Zentren des nordamerikanischen, japanischen und europäischen Raums ab (NAFTA, ASEAN, EU) und berührt somit nur knapp ein Fünftel der Weltbevölkerung. Hier ist es daher tatsächlich zutreffender eher von Triadisierung als von Globalisierung zu sprechen (vgl. Altvater/Mahnkopf 1999: 45). Einzig die Finanz- und Kapitalmärkte entwickelten sich nach der Auflösung des Bretton-Woods-Systems, das bis 1973 die internationalen Wirtschaftsbeziehungen stabilisierte, zu einem tatsächlich globalen Markt im Sinne einer weltweiten Verflechtung der Marktplätze und der Transaktionsprozesse. Während sich die Umsätze im Welthandel vom Ende der 1970er bis Ende der 90er Jahre annähernd verdreifachten, wuchs der Devisenumsatz um rund das Zehnfache – pro Börsentag sind es heute mehr als 1,2 Billionen US-Dollar. Weniger als ein Zehntel davon entfallen allerdings auf konkrete Außenhandels- oder Investitionsvorgänge und sind also ausschließlich spekulativer Natur. Wie bei dem Gros der Warenströme fließen allerdings auch die Devisenströme an der Mehrheit der armen Länder zum Großteil vorbei (vgl. BIZ 2001: 44, Zinn 2000: 16, Huffschmid 2000b: 28ff, Hirst/Thompson 1998: 97ff). Diese Entwicklung ist aber kaum rein ökonomisch zu erklären. Sie ist vielmehr das Ergebnis entsprechender politischer Weichenstellungen. Steueroasen in Form von so genannten Offshore-Zentren wie z.B. auf den europäischen Kanalinseln können ihre Funktion als Netzknoten im System der internationalen Finanzmärkte im heutigen Ausmaß nur wahrnehmen, weil die Aufhebung von Beschränkungen im Kapitalverkehr eines der ersten Groß-projekte einer marktradikalen Politik der De-Regulierung war – gefolgt von der Etablierung weiterer internationaler Regelwerke, mit denen zum Teil nationale Praxen auf supra- oder internationaler Ebene institutionell-rechtlich überformt wurden. Die insofern politisch durch die Regierungen der führenden Industrie-länder geschaffene Kapitalmobilität liefert heute nach dem Modus einer Politik des self-fulfilling wiederum den Anlass, die eingeschränkte politische Handlungs-fähigkeit der Demokratie in Zeiten der Globalisierung zu behaupten.

Inzwischen ist der Umbau des Wohlfahrtsstaates zum Wettbewerbsstaat (Hirsch) weit vorangeschritten. Diese Neudefinition des Verhältnisses von Wirtschaft und Politik hat eine Zunahme der Ungleichheit im globalen wie im lokalen Raum hervorgebracht, in deren Ergebnis sich heute die soziale Frage erneut und mit Nachdruck als Aufgabe einer Politik der Zivilisierung des Kapitalismus stellt. „Die große Herausforderung, vor der der Kapitalismus in der heutigen Welt steht, betrifft das Problem der Ungleichheit, der drückenden Armut in einer Welt nie gekann-ten Wohlstands, und der 'öffentlichen Güter', also jener Güter, die Menschen sich teilen, wie etwa die Umwelt. Sicherlich werden wir diese Probleme nur auf dem Weg von Institutionen in den Griff bekommen, die jenseits der kapitalisti-schen Marktwirtschaft angesiedelt sind" (Sen 2000: 317). Und die Ausmaße, die diese Ungleichheit inzwischen angenommen hat, sind in der Tat frappierend. Während bis 1975 die Schere zwischen dem reichsten und dem ärmsten Fünftel der Weltbevölkerung geringer wurde, wird sie seit den 1980er Jahren wieder grö-ßer (vgl. Petrella 1998). Und obgleich in den 1990er Jahren das Welteinkommen um ungefähr 2,5 Prozent pro Jahr zugenommen hat, nahm die Zahl der Armen keinesfalls ab. Im Gegenteil, sie nahm sogar noch um rund 100 Millionen zu (vgl. Stiglitz 2002a: 20). Die Rede ist heute scheinbar zurecht von einem „Triumph der Ungleichheit" (Ziebura 2001). Dass es sich hierbei mitnichten um eine Tendenz handelt, die sich vor allem in den internationalen Beziehungen zwischen Indus-trie- und Entwicklungsländern niederschlägt, was ja bereits dramatisch genug und Anlass zur Veränderung wäre, sondern die soziale Fragmentierung und Polarisie-rung auch innerhalb der entwickelten kapitalistischen Länder greift, verdeutlichen entsprechende Untersuchungen zur Verteilungsentwicklung etwa in Deutschland. Dem Anwachsen der Zahl der Vermögensmillionäre zwischen 1973 und 1998 um rund das Siebenfache auf 1,5 Mio. steht im gleichen Zeitraum eine Vervierfachung der Zahl der Empfänger von staatlicher Hilfe zum Lebensunterhalt gegenüber (1998: 2,9 Mio.). Darunter waren Ende 1998 1,1 Mio. Kinder, womit die Sozialhilfe-quote in dieser Gruppe der Minderjährigen nochmals doppelt so hoch war wie im Hinblick auf den Durchschnitt der Gesamtbevölkerung. Jeder zehnte Haushalt in Deutschland gilt als arm[17], während die oberen zehn Prozent der Gesellschaft über 50 Prozent des gesamten Geldvermögens unter sich aufteilen (vgl. Butterwegge 2002: 326, BMA 2001: 61, 67ff, Pfeiffer 2001). Steuerpolitisch hat sich der Anteil der Lohnsteuern und der Verbrauchssteuern an den staatlichen Einnahmen deutlich erhöht, bei gleichzeitigem Rückgang der Besteuerung von Unternehmen und ihren Gewinnen.[18] Vergleichbares spiegelt die Einkommensentwicklung wider. Lagen im Jahr 1970 die Jahresgehälter der Firmenchefs der 100 größten Unternehmen im Mutterland des Marktkapitalismus, den USA, noch um rund das 39fache über dem durchschnittlichen Arbeitseinkommen, ist diese Einkommensdifferenz der Manager 30 Jahre später, am Übergang ins 21. Jahrhundert, geradezu explosionsartig auf mehr als das 1000fache gestiegen (vgl. Krugman 2002: 25).[19]

Die politische Gesamtentwicklung der letzten zwei Dekaden lässt sich insofern letztlich auch als ein anschauliches Beispiel dafür lesen, dass eine wachsende Polarisierung von Arm und Reich auch zu einer wachsenden Ungleichheit im Hinblick auf die Möglichkeiten der öffentlichen Einflussnahme führt. Paul Krugman benennt dieses Problem sehr deutlich. Er verweist auf die Bedeutung finanzstarker privater Medien, Stiftungen oder Denkfabriken für die Prägung des Meinungsklimas und kommt zu dem Ergebnis: „Konservative Anschauungen, die gegen Steuern für Reiche kämpfen, sind nicht zufällig so verbreitet. Geld kann nicht nur direkten Einfluss kaufen, sondern man kann es auch verwenden, um die öffentliche Wahrnehmung zu verändern. (...) Weil die Reichen immer reicher werden, könnten sie sich außer Gütern und Dienstleistungen auch eine Menge anderer Sachen kaufen (...), selbst Unterstützung aus intellektuellen Kreisen, wenn man es geschickt anstellt" (ebd.: 28). Die steuerpolitischen Trends, ebenso wie die höchst unterschiedlichen Steigerungsraten der Einkommen von Managern und Lohnempfängern ist insofern ein Ausdruck der ungleich größer gewordenen Verhandlungsmacht transnationaler Konzerne gegenüber den zu 'Standorten' geschrumpften Nationalstaaten und der Masse der abhängig Beschäftigten und scheinunabhängigen Ich-AGen.

Den Finanzmärkten kommt dabei eine Doppelfunktion zu. Sie sind vor dem Hintergrund der anhaltenden Stagnationstendenzen und mangelnder Investitionsanreize zum einen der Ort und das Mittel eines spekulativen Einsatzes von Kapitalüberschüssen, die dort mit hohem Risiko aber der Aussicht auf ebenso hohe „Wettgewinne" (Renditen) eingesetzt werden. Zum anderen wirken sie gleichzeitig gesellschaftlich disziplinierend. Letzteres sowohl im Hinblick auf Unternehmenspolitiken und deren Bewertung aus Shareholder-Perspektive durch Banken und institutionelle Anleger, als auch infolge der Abwälzung der Risiken auf immer breitere Teile der Gesellschaft (Kleinaktionäre, Pensionsfonds etc.) und des Staates. Insofern war die Liberalisierung des Kapitalverkehrs „eine ideale Waffe gegen den Gesellschaftsvertrag" (Chomsky 1998). Der Armutsforscher Ernst-Ulrich Huster (2001: 19) stellt in diesem Zusammenhang fest: „Auf lokaler und regionaler Ebene sichtbar werdende Prozesse sozialer Ausgrenzung ordnen sich so globalen Entwicklungen zu, sie sind nicht ohne weltweite und übernationale Ungleichgewichte denkbar, wie sie umgekehrt auf diese Rückwirkungen haben".

Der neoliberale Wettbewerbskult, aus dessen Perspektive soziale Ungleichheit gleichsam eine Bedingung ökonomischer Effizienz und diese wiederum das Letztbegründungsargument kollektiven politischen Handelns überhaupt darstellt, ist hier um Erklärungen nicht verlegen. Für Herbert Giersch, ehemaliges Mitglied der so genannten „Wirtschaftsweisen", ist Globalisierung ein Schlüsselbegriff unserer Epoche, denn „der Markt verspricht Freiheit; er zeigt uns, dass zweitbesten Menschen manchmal mit zweitbesten Lösungen am besten gedient ist" (Giersch 1997). Die massive Zunahme sozialer Ungleichheit auf der Basis derartiger Gewissheiten nicht mehr in erster Linie als ein Anzeichen von Ungerechtigkeit, Abhängigkeit, einer falschen Wirtschaftspolitik oder gar als Herausforderung an die Organisation von Gesellschaft gedeutet, sondern als „Konsequenz eines Mißerfolges, der auf eigener Entscheidung, auf Unfähigkeit, Apathie oder Interessenlosigkeit beruht. Die kollektive Ausschließung bestimmter Schichten und Gruppen wird ersetzt durch die Ausschließung von Individuen" (Lepenies 1994: 25). Und zunehmend, das erkennen auch politische Mandatsträger wie der Sozialdemokrat Wolfgang Thierse, mündet die allgegenwärtige Wettbewerbsorientierung in „eine Art 'Sozialneid' nach unten, gegenüber Bedürftigen oder Schwachen". Setze sich diese Tendenz weiter durch, warnt er, wäre das nicht nur eine Wende in der Konzeption von Sozialpolitik, sondern auch eine Abkehr „von der modernen Verfassungstradition, die soziale Bürgerrechte an der Bedürftigkeit und nicht an der Nützlichkeit des Menschen orientiert" (Thierse 2000). So erlebt die Menschheit augenblicklich die paradoxe Situation, dass sie auf der einen Seite ein geschichtlich einzigartiges produktives Potential zur Schaffung von Wohlstand geschaffen hat, während sich auf der anderen Seite dieser Produktionsapparat gegenüber der menschlichen Gesellschaft verselbständigt und soziale Exklusion[20] hervorbringt statt kollektive Wohlfahrtsmehrung. Verfolgt man heute die nationale oder internationale Wirtschaftspresse, lässt sich tatsächlich der Eindruck gewinnen, als sei die Gesellschaft eine Veranstaltung im Dienste der Wirtschaft und nicht umgekehrt. Das inzwischen erreichte Ausmaß sozialer Desintegration steht ebenso wie die fortgesetzte Degradation der natürlichen Lebensgrundlagen für jenen Entfremdungsprozess, dessen inneren Mechanismus Marx (MEW 40: 511, Herv. i. Orig.) durchaus treffend beschrieb, indem er prognostizierte: „Mit der *Verwertung* der Sachwelt nimmt die *Entwertung* der Menschenwelt in direktem Verhältnis zu".

Aus der Perspektive der Arbeit betrachtet, kristallisiert sich für Robert Castel (2000: 357ff) diese Renaissance der sozialen Frage an drei zentralen Aspekten. Zum einen in einer Art Gegenbewegung zum Prozess sozialer Inklusion seit der

Industrialisierung, in deren Ergebnis heute ganzen Teilen einst erfolgreich integrierter sozialer Schichten wieder die Re-Exklusion, also der gesellschaftliche Abstieg droht. Diese „Destabilisierung des Stabilen" (ebd.: 357), so Castel, entfaltet ihre desintegrative Wirkung jedoch nicht, wie man meinen könnte, vor allem an den oberen und unteren Einkommens-Rändern der Gesellschaft, sondern in den für die soziale Stabilität besonders relevanten Mittelschichten, die aufgrund bedrohter oder blockierter persönlicher Zukunfts- und Entwicklungsoptionen zunehmend verunsichern. Der zweite Aspekt ist die Zunahme prekärer Beschäftigungsverhältnissen auf dem Arbeitsmarkt, d.h. Teilzeit, befristete Beschäftigung oder Leiharbeit u.ä.. Für viele der hiervon betroffenen Menschen verliert die Lebensplanung im Kontext einer anhaltend hohen Massenarbeitslosigkeit und wachsender Unsicherheit bei der Bewältigung individueller Statuspassagen ihren Horizont. Sie bricht sich an den perspektivbeschränkenden Mängeln der Gegenwart im überschaubaren Jetzt und generiert auf diese Weise eine Kultur, in der das Prinzip des Zufalls die individuellen Lebenswege dominiert. „So hält auf der Bühne der Gesellschaft erneut eine sehr alte Notwendigkeit für diejenigen, die man früher das Volk nannte, Einzug: 'Von der Hand in den Mund zu leben'" (ebd.: 358). Prekarisierung und Arbeitslosigkeit schaffen drittens Anerkennungspathologien.[21] Die hohe Zahl derer, die im Leben nur ihre Überzähligkeit und Nicht-Nützlichkeit erfahren, wird diese Erfahrungen von Degradation in Haltungen umsetzen, die auch auf andere Bereiche des gesellschaftlichen Lebens, wie die Sphäre des Öffentlichen oder der Politik, ausstrahlen. Fehlt erst die auf Teilhabe an der Erwerbsarbeit gründende soziale Identität, so Castel, dann wird es schwer, die eigene Stimme zu erheben oder sich abzugrenzen. Die Betroffenen erleben Anomie[22], verfallen in Resignation und tendenzielle selbstzerstörerische Aggression. Die aus der neuen sozialen Frage erwachsenden Herausforderungen bergen für den gesellschaftlichen Zusammenhalt letztlich nicht weniger Risiken und Sprengstoff als die Bewältigung der „alten" sozialen Frage (vgl. ebd.: 359f/384). Michael Vester (2001: 88f) verweist über diese Aspekte hinaus noch auf die „Verzeitlichung der sozialen Ungleichheit" als eine weitere Erscheinungsform, die die soziale Frage heute annimmt. Er charakterisiert damit vor allem die zunehmenden Diskontinuitäten in den Lebensläufen und Erwerbsbiografien, in deren Ergebnis immer mehr Menschen zumindest temporär von sozialen Risikolagen betroffen sind.[23]

Diese skizzierten sozialökonomischen Umbrüche und veränderten politischen Machtverhältnisse bilden zusammengenommen den Hintergrund für jenen gegenhegemonialen Diskurs über die Möglichkeiten eine neue Stufe der Zivilisierung des Kapitalismus durchzusetzen, der sich in der Forderung nach einem 'Neuen Gesellschaftsvertrag' Geltung verschafft. Denn die mit dieser Entwicklung einhergehende Tendenz, „daß immer mehr Menschen aus sozialen Gründen aus dem demokratischen Konsens ausgegliedert werden" (Dubiel 1995: 66) erschien gegen Mitte der 1990er Jahre vielen als eines der „Hauptprobleme des gegenwärtigen

Gesellschaftsvertrags" (ebd.). Wurde das Recht auf Teilhabe am materiellen Reichtum der Gesellschaft nach und nach zu einem entscheidenden Element der Definition sozialer Gerechtigkeit und erhielt schließlich mit der Durchsetzung des Wohlfahrtsstaates einen demokratisch gestaltbaren Rahmen, so vollzieht sich heute eine Art Refeudalisierung der Ungleichheit durch die Vermarktlichung der Partizipationschancen und Individualisierung der Lebensrisiken. Insofern ist es ein treffender Rückschluss, wenn Rhodes/Mény (1998: 14f) feststellen: „Beyond the problem of the social contract there emerges the wider question of the state."

Bei weitgehender Übereinstimmung in der Analyse der Bruchstellen des 'alten' Sozialvertrags und Ablehnung des Allgemeingültigkeitsanspruchs neoliberaler Marktideologie kommen in der Debatte um einen 'Neuen Gesellschaftsvertrag' sehr verschiedene Vorstellungen von den Möglichkeiten und Bedingungen der Zivilisierung kapitalistischer Dynamiken zum Tragen. So wird etwa in der Perspektive rot-grüner Modernisierung die Bewahrung der „Solidarität zwischen Mittel- und Unterschicht" zum „entscheidenden Punkt einer solidarischen Alternative zum Neoliberalismus" (Fischer 1998: 170f) erhoben. Und der Rekurs auf die reale Komplexität von Gesellschaft gerät zum entscheidenden Argument für die These, dass die Problematiken der neuen sozialen Frage sich heute „nicht einfach in politische Mobilisierung umsetzen" lassen (ebd.: 166). Konsequenterweise kommen daher soziale Bewegungen, außer als historischer Bezugspunkt, etwa in den Überlegungen Joschka Fischers zum 'Neuen Gesellschaftsvertrag' auch gar nicht vor.[24] Ein erneuerter Sozialvertrag müsse vielmehr „in den Arenen des demokratischen Streits und Wettbewerbs der Tarifpartner und sozialen Interessensgruppen" verhandelt werden (ebd.: 268). Auch bei Anthony Giddens (2001), dem Vordenker der „neuen" Sozialdemokratie, finden sich äußerst ambivalente Antworten auf die Frage nach der Ungleichheit. Während er einerseits eine Zunahme der Schieflage konstatiert und diese in einen Zusammenhang mit der zunehmenden „Macht großer Konzerne" (ebd.: 38) setzt, plädiert er am Ende überraschend für einen 'Neuen Gesellschaftsvertrag', der der individuellen Verantwortung mehr Gewicht verleiht, indem er - insbesondere in der Arbeitsmarktpolitik und gegenüber Arbeitslosen - „Rechte an Verpflichtungen knüpft" (ebd.: 18). Diesen modernisierungstheoretisch inspirierten Versuchen, das diskursive Terrain 'Gesellschaftsvertrag' zu besetzen, wird aus einer anderen Perspektive entgegengehalten, dass ein 'Neuer Gesellschaftsvertrag', auch im Hinblick auf entsprechende institutionelle Arrangements, nur das Resultat sozialer und politischer Kämpfe sein kann, deren „Voraussetzungen (...) in den deformierten Alltagserfahrungen der Menschen selbst (liegen)" (Deppe 1997: 102) und die sich nicht unbedingt mit theoretisch-programmatischen Analysen decken. Der Konsens ist in diesem Verständnis dem sozialen Konflikt nicht entgegengesetzt, sondern er fasst ihn ein und öffnet Räume der Kompromissbildung. Nicht die geteilten Sichtweisen bilden den Treibstoff für die Integrationskraft moderner demokratisch-rechtsstaatlicher

Systeme, sondern der öffentlich veranstaltete Dissens (vgl. Dubiel 1997: 427). Die Aufgabe zivilgesellschaftlicher Organisationen bestünde in diesem Sinne dann darin, diese Auseinandersetzungen – die ja im Prinzip nichts anderes sind als die jeweils konkrete Form des von Polanyi als Doppelbewegung beschriebenen Prozesses gesellschaftlichen Selbstschutzes – mit der Idee eines 'Neuen Gesellschaftsvertrags' politisch zu vermitteln.

2.4 Schlussfolgerungen: Unterschiedliche Politikbegriffe

In der Debatte um einen 'Neuen Gesellschaftsvertrag' verbinden sich unterschiedliche Diskurse, verschiedene thematische Zugänge und unterschiedliche Ansätze, Gesellschaft zu denken. Dieser Umstand macht die hohe Unübersichtlichkeit aus, die die neue Vertragsdebatte seit Jahren kennzeichnet. Im Unterschied zu den klassischen Theorien vom Gesellschaftsvertrag des 17. und 18. Jahrhunderts, die mit ihren Ideen von Selbstbestimmung und Rechtsgleichheit der Individuen als Basis staatlicher Herrschaft tatsächlich ein Moment der Überwindung der feudalen Herrschaftsordnung sind, umfasst die Forderung nach einem 'Neuen Gesellschaftsvertrag' keine systemtransformierende Perspektive, sondern verbleibt im Rahmen der bestehenden „Gesellschaft des Privatinteresses" (Marx, MEW 40: 475) und ihrer Widersprüche und Interessensdivergenzen. Sie schließt dabei zum einen an den Prozess der quantitativen und qualitativen Ausweitung des Bürgerstatus um soziale und wirtschaftliche Partizipationsrechte sowie der Institutionalisierung von Formen des 'collective bargaining' an, wie sie im Modell des demokratischen Wohlfahrtsstaates im 20. Jahrhundert Geltung erlangten. Zum anderen werden in der Debatte um einen 'Neuen Gesellschaftsvertrag' die materiellen Konditionen sozialer Kohäsion sowie die Frage moralisch legitimer oder illegitimer Ungleichheiten zwischen Individuen, sozialen Gruppen und Klassen vor dem Hintergrund der sozialökonomischen und politischen Umbrüche im entwickelten Kapitalismus seit den 1970er Jahren thematisiert. Sie ist insofern ebenso Ausdruck eines Kampfs um Begriffe, d.h. um die Hoheit darüber, wie die gegenwärtigen Umbrüche zu interpretieren sind. Maßstab der Herausforderung eines 'Neuen Gesellschaftsvertrags' wird letztlich aber sein, ob es gelingt, den sich dynamisch entwickelnden Zentrifugalkräften einer sich ihrer Sozialverpflichtungen sukzessive entledigenden Ökonomie eine praktische Politik der Zivilisierung entgegen zu setzen, die es gestattet, die sich vollziehenden Transformationen dergestalt zu bewältigen, dass gesellschaftliche Fortschritte weiterhin möglich sind. In der Debatte kommen dabei allerdings unterschiedliche Gesellschafts- und Politikbegriffe zum Tragen (vgl. Deppe 1997: 74ff). In einer groben Kategorisierung lassen sich zwei Linien differenzieren. Während die eine Politik mehr als einen regelgebundenen rational-systemischen Prozess von Problemdiagnose, Interessenausgleich und Verhandlungsbeziehungen auf der Grundlage eines kommunikativ vermittelten Basiskonsenses fasst, begreift die andere die Formierung dieser Regeln selbst als Resultat gesellschaftlich-politischer Kämpfe, in denen divergente Klassen- und Gruppeninteressen, asymmetrische Machtverhältnisse und deren Wandelbarkeit zum Tragen kommen. Es scheint vor diesem Hintergrund sinnvoll, im folgenden Kapitel einige ausgewählte Theorien über die Art und Weise gesellschaftlicher Selbstreflexion in Bezug auf die Vorstellungen und Möglichkeiten einer Politik der Zivilisierung des Kapitalismus hin zu befragen. In diesen Theorien werden sowohl die Konstitution der Gesellschaft selbst und ihre (potentiellen) Konfliktfelder rekonstruiert, als auch die Art und Weise der Ausbildung von Integrationsformen und der Erschließung weiterführender Entwicklungshorizonte.

3. Zivilisierung des Kapitalismus heute – Politisches Denken zwischen Selbstorganisation, Deliberation und Regulation

Die Umbrüche innerhalb jener Periode zwischen 1914 und 1991, die Eric Hobsbawm (1998: 7) als das „Kurze 20. Jahrhundert" beschreibt, haben nicht nur die politische Landkarte Europas und der Welt oder die Lebensbedingungen der Menschen gewaltig verändert, sondern auch das politische Denken. Wurde Politik entstehungsgeschichtlich weitgehend mit der Sphäre staatlichen Handelns im Sinne der Schaffung eines Zustands gesellschaftlicher Ordnung gleichgesetzt, so findet der Begriff des Politischen inzwischen Anwendung auf ein erheblich breiteres Feld von Institutionen, gesellschaftlichen Akteuren und unterschiedlichen nationalen, supra- und internationalen Handlungs- bzw. Interaktionsebenen. Im Zuge der Entwicklung und Ausdifferenzierung der marktwirtschaftlich-kapitalistisch verfassten Gesellschaften und vor allem infolge der Demokratisierungsprozesse in jenem „kurzen" 20. Jahrhundert, hat sich mehr und mehr ein Verständnis des Politischen als eigenständige gesellschaftliche Sphäre durchgesetzt, die mit der des Staates keinesfalls deckungsgleich ist (vgl. Deppe 1999: 12). „Die Ergründung der Eigenständigkeit (Autonomie) des Politischen wird zum zentralen Thema der Politikwissenschaft (...)" (ebd.).

Unverändert geht es dabei auch um die Analyse der Entstehung und der Erosion politisch-institutioneller Macht und in diesem Zusammenhang auch um die Formierung des politischen Willens. Da Menschen, wie Wolfgang Abendroth es formulierte, „Wesen sind, die das Resultat ihres Handelns im Kopf vorwegnehmen, steht diese Willensbildung in engem Zusammenhang mit den politischen Theorien, in denen sie sich jeweils des politischen Willensbildungsprozesses bewusst werden und ihm Ziele zu setzen versuchen" (Abendroth 1968: 9f). Als politisch sollte dabei „jede gesellschaftliche Aktivität gelten, die die *Struktur der Gesellschaft* (und also die Machtverteilung der sozialen Gruppen in der Gesellschaft) sei es verändern, sei es durch Machtgebrauch stabilisieren will" (ebd.). Verändert haben sich aber die Art und Weise, in der moderne kapitalistische Gesellschaften sich selbst, ihre Konflikte und ihre Perspektiven thematisieren. Dies betrifft die Formen, wenn man beispielsweise an die heutige Rolle der Medien oder so genannter ExpertInnenkommissionen denkt, ebenso wie die sozialwissenschaftlichen Theorien und Deutungsmuster, mit denen und durch die sich gesellschaftliche Selbstreflexion vollzieht. Insbesondere innerhalb der letzten drei Dekaden, also den 1970er bis 1990er Jahren, wurden Theorien zu den Strukturen und Potentialen gesellschaftlicher Selbststeuerung zu einem zentralen Anliegen sozialwissenschaftlicher Analysen. Die Debatte um einen 'Neuen Gesellschaftsvertrag' im Sinne des Anspruchs, Bedingungen und Chancen einer zukunftsfähigen

Zivilisierung der kapitalistischen Dynamik gegenüber der zunehmenden sozialen Polarisierung und Desintegration auszuloten, ist nur vor diesem Hintergrund in ihrem Sinngehalt zu verstehen. Sie korrespondiert mit Begriffen wie Reflexivität, Zivilgesellschaft oder dem im Verlauf der 90er Jahre konstatierten Übergang vom Government zum (Self) Governance. Diese Schlagworte lassen sich als Ausdruck politisch-intellektueller Versuche interpretieren, das gesellschaftliche Selbstbild vor dem Hintergrund der sich vollziehenden gesellschaftlichen Transformations- prozesse und der neoliberalen Gegenrevolution zu rekonstruieren.

In diesem Kapitel werden zunächst zwei theoretische Deutungsansätze näher betrachtet, die innerhalb der Sozialwissenschaften eine prominente Stellung als diskursive Bezugspunkte einnehmen. Es geht hierbei zum einen um den Ansatz der Selbstorganisation, der vor allem im Rahmen der soziologischen Systemtheorie durch Niklas Luhmann entwickelt wurde und dessen Reichweite mittlerweile längst den engen Rahmen der Scientific Community verlassen und in fragmentarischen Versatzstücken Eingang in das Alltagsbewusstsein der Menschen gefunden hat. Zum zweiten geht es um das Modell der deliberativen Demokratie, das unter diesem Begriff erst innerhalb der letzten ca. 10 Jahre insbesondere von Jürgen Habermas popularisiert wurde, gleichsam aber die demokratietheoretische Fort- führung seiner früheren Arbeiten zu den Prozessen gesellschaftlicher Moderni- sierung darstellt (vgl. Lösch 2000: 224f). Beiden Ansätzen ist die Annahme ge- meinsam, dass sich Gesellschaft über kommunikative Prozesse selbst konstituiert, beiden geht es um Möglichkeiten und Blockaden gesellschaftlicher Vernunft zwischen sozialen Konsensen und/oder Konflikten. Die Unterschiede liegen in der Perspektive: während der Systemtheoretiker die Stellung eines Beobachters und Interpreten systemischer Konflikte einnimmt, geht es beim Ansatz der Deli- beration um das Ziel der kommunikativ-konsensualen Konfliktbewältigung in- nerhalb einer von Pluralitäten und divergierenden Interessen geprägten Gesell- schaft. Diesen aktuellen Theorien oder Modellen der Rekonstruktion gesellschaft- licher Rationalität und ihrer Vermittlung wird dann in einem dritten Schritt der Ansatz der Regulationstheorie zur Seite gestellt. Dabei soll es am Ende um eine kritisch-vergleichende Bewertung der einzelnen Ansätze gehen, nicht jedoch dar- um, diese gegeneinander aufzuheben. Zweckmäßiger erscheint es mir, die darin enthaltenen Erkenntnisgewinne und -grenzen herauszustellen und für das eigene Verständnis von 'Zivilisierung des Kapitalismus' fruchtbar zu machen. Denn al- len drei Ansätzen ist zumindest eines gemeinsam: sie begreifen die innere Konflikt- haftigkeit der kapitalistischen Gesellschaft als ein Faktum, das nicht eine Strategie der einmaligen Konfliktbewältigung erfordert, sondern einen Modus der konti- nuierlichen Bearbeitung von Widersprüchen.

3.1 Selbstorganisation und System

Die Beschäftigung mit der Frage, wie Gesellschaft sich selbst thematisiert, ist ein Kennzeichen schon der frühen systemtheoretischen Arbeiten in der Soziologie, deren Ergebnisse heute insbesondere in Konzeptionen von gesellschaftlicher Reflexivität und Selbstorganisation einmünden (vgl. Reese-Schäfer 2000: 114). Dabei geht es ebenso um Einsichten in die Bedingungen der Reproduktion und Veränderung sozialer Strukturen oder den Ursachen von (Integrations-) Krisen, wie um mögliche Schlussfolgerungen für die Korrektur von Entwicklungspfaden. Das Grundmuster der systemtheoretischen Soziologie lässt sich wie folgt zusammenfassen: Die Systemtheorie löst die Frage nach den Bedingungen gesellschaftlichen Zusammenhalts aus dem Kontext einer normativen Verankerung auf der Ebene der Individuen und ihres Handelns, indem sie diesen durch ein funktionales Äquivalent ersetzt. Aus der Gesellschaft der Individuen wird auf diesem Wege ein operativ geschlossenes, selbstreferentielles Gesellschafts-*System*, in dessen Perspektive Individuen nur noch als Umweltbedingung existieren (vgl. Luhmann 1997: 316). Diese Modellierung der Theorie basiert letztlich auf der Einschätzung, dass die grundlegenden Charakteristika der modernen Gesellschaft nicht mehr durch soziale Stratifikation, also der Herausbildung von Schichten (etwa nach Religion, Stand/Herkunft, Klasse, Geschlecht, Vermögen etc.) geprägt werden, sondern vielmehr durch die innere Differenzierung unterschiedlicher Funktionssysteme (etwa Recht, Politik, Wirtschaft etc.), die sich ihrerseits ausdifferenzieren im Hinblick auf ihre Funktion innerhalb des gesamten Gesellschaftssystems (vgl. ebd.: 743ff).[1] Die funktional differenzierten gesellschaftlichen Teilsysteme basieren nun nicht mehr auf einem gemeinsamen Differenzschema – etwa der „gottbefohlenen" Ordnung des Feudalismus – und sind also nicht länger in einer streng hierarchischen Weise zueinander angeordnet, sondern müssen stattdessen die eigene „Identität", d.h. das Verhältnis zu anderen Teilsystemen bzw. zu ihrer Umwelt, auf dem Wege der Reflexion und vermittelt über ihre jeweiligen Bezugsprobleme selbst bestimmen (vgl. ebd.: 745). „Die Ausdifferenzierung jeweils eines Teilsystems für jeweils eine Funktion bedeutet, daß diese Funktion für dieses (und nur für dieses) System Priorität genießt und allen anderen Funktionen vorgeordnet wird. Nur in diesem Sinne kann man von einem funktionalen Primat sprechen. So ist zum Beispiel für das politische System der politische Erfolg (wie immer operationalisiert) wichtiger als alles andere, und eine erfolgreiche Wirtschaft ist hier nur als Bedingung politischer Erfolge wichtig. Das heißt zugleich: auf der Ebene des umfassenden Systems der Gesellschaft kann keine allgemeingültige, für alle Teilsysteme verbindliche Rangordnung der Funktionen eingerichtet werden. Keine Rangordnung heißt auch: keine Stratifikation" (ebd.: 747f).

3.1.1 Autopoiesis und strukturelle Kopplungen – Selbstorganisation als Form sozialer Integration

In seiner soziologischen Verortung der Systemtheorie grenzt sich Luhmann zunächst gegen vier gesellschaftstheoretische Annahmen ab, die seines Erachtens ursächlich sind für die Blockierung von Erkenntnisfortschritten im Hinblick auf die Analyse von Gesellschaft. Dabei handelt es sich *erstens* um die Annahme, dass eine Gesellschaft aus konkreten Menschen und deren Beziehungen besteht, und dass daher *zweitens* der Konsens dieser Menschen für Gesellschaft konstitutiv ist sowie dass Gesellschaft *drittens* ein regional und räumlich begrenztes Phänomen darstellt und daher in vielfältiger Gestalt existiert, weshalb es *viertens* schließlich möglich ist, Gesellschaft – etwa die deutsche – von außen zu beobachten (vgl. ebd. 24f). Die ersten drei dieser Annahmen verhindern angesichts ihres anthropozentrischen Blickwinkels, so die Argumentation, eine präzise Begriffsbestimmung dessen, was unter Gesellschaft selbst eigentlich zu verstehen ist und verstellen den Blick dafür, dass Gesellschaft nicht gleich der Summe der Individuen ist. Den auf das Individuum rekurrierenden Theorien und den daran anschließenden Konsenstheorien mangele es demnach an der Fähigkeit, die Verbindlichkeit sozialer Regeln und die Aktualisierung des Konsenses über diese Regeln in Anbetracht fortschreitender sozialer Differenzierung erklären zu können, ohne analytisch-begrifflichen Substanzverlust zu erleiden. Was schließlich das Konzept von Gesellschaft als territoriale Einheit angeht, so werde dieser Theorieansatz schon von der Realität zunehmender globaler Interdependenzen überholt (vgl. ebd.: 26ff). Die Systemtheorie stellt demgegenüber die Frage nach den Voraussetzungen sozialer Ordnung unter der Bedingung zunehmender Komplexität, wie sie für die entwickelten Gegenwartsgesellschaften prägend ist, in den Mittelpunkt (vgl. Bonacker 1997: 67). Dem Begriff der Komplexität wird hierbei eine zweiseitige Konnotation eingeschrieben. Er soll „die Einheit einer Vielheit" (Luhmann 1997: 136) bezeichnen und zum Ausdruck bringen, dass es sich bei diesen beiden Sachverhalten, obgleich sie Differenz vermuten lassen, eben nicht um etwas differierendes, sondern um etwas untrennbares handelt.

Wie sooft in den Sozialwissenschaften entlehnt auch die Theorie sozialer Systeme die Grundbegriffe ihrer Modellierung aus den Naturwissenschaften, die sich seit längerer Zeit mit der Erforschung selbstreferentieller Systeme befasst. Zu ihren zentralen Kategorien gehören die Begriffe *Autopoiesis* und *strukturelle Kopplung* (vgl. Luhmann 1984: 60ff, ders. 1985, ders. 2000: 388). Diese Grundkategorien sind nicht darauf angelegt, empirische Fakten zu liefern. Sie setzen vielmehr auf einer analytischen Metaebene an und haben das Ziel, funktionelle Zusammenhänge zu vermitteln (vgl. Reese-Schäfer 2000: 115). Der Begriff *Autopoiesis* stammt aus der Biologie und steht im ursprünglichen Sinn für die Eigenschaft organischer Systeme, etwa von Zellen, ihre eigenen Strukturen selbst zu erzeugen und zu erhalten. *Strukturelle Kopplungen* hingegen beschreiben die Interaktion bzw.

Kooperation zweier oder mehrerer Systeme (vgl. z.B. Maturana 1993: 21). Was bedeutet dies nun in der Übertragung auf soziale Systeme bzw. für das Verständnis von Gesellschaft? Luhmann selber hat hierzu innerhalb seiner Texte zahlreiche Vorschläge für quasi Merksätze gemacht. Die kürzeste Antwort auf die Frage, was ist Gesellschaft, könnte demnach so ausfallen: Gesellschaft ist „Autopoiesis der Kommunikation" (Luhmann 1997: 804). Oder, um eine etwas umfassendere Definition zu wählen, die „Gesellschaft [ist] ein auf der Basis von Kommunikation operativ geschlossenes Sozialsystem" (ebd.: 205). Sie ist demzufolge also nicht zuerst Bedingung und Ergebnis (kollektiven) menschlichen Handelns, sondern wird als kommunikatives System definiert, das seine Dynamik aus den Wechselwirkungen und Widersprüchen unterschiedlicher Kommunikationen innerhalb seiner Systemgrenzen gewinnt. Der Begriff der Autopoiesis steht hier für die „Einheit der Reproduktion der Einheiten des Systems" (ders. 1984: 61). Unter Kommunikation wird in diesem Zusammenhang allerdings nicht die regelkonforme Praktizierung von Sprache verstanden, sondern vielmehr „ein jeweils historisch-konkret ablaufendes, also kontextabhängiges Geschehen" (ders. 1997: 70).

Das Verhältnis von Kommunikation und Gesellschaft stellt sich letztlich als ein zirkuläres dar. Beide stehen in einem gegenseitigen Verweisungszusammenhang, sind für sich ohne den konnotativen Gehalt des jeweils anderen Begriffs nicht denkbar (vgl. ebd.: 13). Insofern steht gleichsam ein Paradox am gedanklichen Ausgangspunkt der Systemtheorie. Aber auch damit ist der systemtheoretische Gesellschaftsbegriff noch nicht erschöpfend ausgeleuchtet. Denn Gesellschaft ist, im Unterschied zu anderen sozialen Systemen, zugleich ein umfassendes soziales System, „das alle anderen sozialen Systeme in sich einschließt" (ebd.: 78). Wenn das Gesellschaftssystem dasjenige System ist, das den Rahmen der funktionalen Ausdifferenzierung aller anderen sozialen Systeme wie Wirtschaft, Politik, Recht oder Wissenschaft abgibt, so ist folgerichtig von einem einzigen Gesellschaftssystem, von dem System der Weltgesellschaft auszugehen (vgl. ebd.: 145). Wird ferner Kommunikation als zentraler Modus der Reproduktion von Gesellschaft behauptet, so ist folglich „in *jeder* Kommunikation Weltgesellschaft impliziert, und zwar ganz unabhängig von der konkreten Thematik und der räumlichen Distanz zwischen den Teilnehmern. (...) Weltgesellschaft ist das Sich-ereignen von Welt in der Kommunikation" (ebd.: 150). Im Unterschied etwa zu Norbert Elias, für den der Prozess der Zivilisation letztlich nicht nur in einer wachsenden institutionellen Verflechtung der Welt sondern perspektivisch auch in einer weltgesellschaftlichen Identität der Individuen mündet (vgl. Elias 1991: 209ff), begreift Luhmann die Entwicklung der Weltgesellschaft nicht als Folge habitueller oder institutioneller Veränderungen, sondern als Resultat systemischer Ausdifferenzierung. Weltgesellschaft, darunter ist dann nicht etwa ein Staaten- oder staatenähnliches globales Gebilde zu verstehen, sondern eben ein „Gesamthorizont von miteinander vernetzten Kommunikationen" (Reese-Schäfer 2000: 130).

Der Unterschied zwischen der natur- und der gesellschaftswissenschaftlichen Auslegung von Autopoiesis lässt sich dann folgendermaßen zusammenfassen: „In der biologischen Fassung bedeutet Autopoiesis Selbstreproduktion des Lebens, in der soziologischen Fassung dagegen handelt es sich um die Selbstreproduktion des Sinngeschehens – Leben ist nur noch eine ermöglichende Voraussetzung" (ebd.: 113). Da Sinngebung an Bedeutungszuweisung und diese hinsichtlich ihres Vollzugs wiederum an Kommunikation gebunden ist, vollzieht sich die Reproduktion des autopoietischen Systems Gesellschaft letztlich durch Kommunikation (vgl. Luhmann 1997: 90). Diese Kommunikation nimmt in Systemen die Form einer spezifischen Codierung an, die zugleich die Basis der Selbstreferentialität des Systems ist. Denn aus der Perspektive selbstreferentieller Systeme existiert eine Welt bzw. eine Umwelt an sich nicht. Sie existiert nur für sich, d.h. in einer für das System relevanten und beobachtbaren Weise. Der Begriff der Beobachtung ist hierbei in einem hochgradig abstrakten Sinne verwendet: „Mit dem Begriff Beobachten wird darauf aufmerksam gemacht, daß das ‚Unterscheiden und Bezeichnen' eine einzige Operation ist; denn man kann nichts bezeichnen, was man nicht, indem man dies tut, unterscheidet, so wie auch das Unterscheiden seinen Sinn nur darin erfüllt, daß es zur Bezeichnung der einen oder der anderen Seite dient (aber eben nicht: beider Seiten)" (ebd.: 69). Die Begriffe *Selbstreferentialität* und *Fremdreferentialität* stehen in der Systemtheorie für dieses dichotomische Verhältnis von System und Umwelt. Dieses zeichnet sich dadurch aus, dass Systeme keinen anderen Bezug zu ihrer Umwelt haben, als sich selbst. Systeme sind Beobachter ihrer Umwelt, aber sie können nur „sehen", was sie durch ihren eigenen binären Code der Kommunikation (z.B. Recht/Unrecht im Rechtssystem, Haben/Nichthaben im Wirtschaftssystem Wahr/Unwahr in der Wissenschaft etc.) als Sinnhaftes[2] zu erkennen vermögen. Nur durch diesen Filter wird das Außen wahrgenommen und wahrgenommen wird nur, was entsprechend dem Code in verstehbare Kommunikation übersetzbar ist. Kurz gesagt: „Die Welt ist für Systeme nicht einfach alles, was der Fall ist, sondern alles, was ökonomisch, politisch, religiös, medizinisch, pädagogisch, wissenschaftlich oder rechtlich zum Fall wird" (Bonacker 1997: 83). Sie nehmen die Position eines Beobachters des für sie beobachtbaren Außen, ihrer „Umwelt", ein (Beobachtung erster Ordnung), wobei sie darin – etwa aus der Perspektive des Systems Wissenschaft – in ihren Auslassungen und Filterprozessen wiederum – in zweiter Ordnung – beobachtbar sind (vgl. Luhmann 1997: 60ff).

Geht man von der Autopoiesis im Hinblick auf die Kommunikation der Systeme aus, so ist es nur naheliegend dem Prinzip des Konsenses gesellschaftstheoretisch keinen allzu hohen Stellenwert einzuräumen. Er erscheint vielmehr als ein fragiler Zustand, dem bestenfalls die Eigenschaft zukommt, Wegmarken für die weitere Kommunikation zu setzen. Nicht die Fähigkeit zur Konsensbildung ist es, die einem System (dynamische) Stabilität verleiht, sondern diese resultiert vielmehr erst aus der Fähigkeit zur – kommunikativen – prozesshaften Integration des Widerspruchs. „Jeder Konsens (...) bezeichnet einen Zustand, der nicht dauern kann. Er treibt aus sich Dissens hervor, weil kein Konsens auf Dauer dem Anbranden neuer Informationen standhalten kann" (Willke 1989: 106). Wenn obendrein unterstellt wird, dass die verschiedenen gesellschaftlichen Teilsysteme ob ihrer jeweils eigenen sprachlichen Codiertheit und operativen Geschlossenheit unfähig sind, untereinander zu kommunizieren, so ist auch dieser Umstand eher dem Dissens, denn dem Konsens förderlich. In diesem Spannungsverhältnis zwischen (systemischem) Konsens und Dissens liegt letztlich die Dynamik moderner Gesellschaften begründet (vgl. ebd.: 110). Und mehr noch: diese Konflikte sind es, die dem System erst Flexibilität, Kontingenzsteigerung und Lernfähigkeit, also die Hinterfragung von Sinn infolge enttäuschter Erwartungen (das ist in diesem Kontext der Kern von Konflikt), und darüber letztlich die systemische Evolution ermöglichen (vgl. Bonacker 1997: 74ff).

Im Zusammenhang mit der Bewältigung und Kanalisierung der systemischen Konflikthaftigkeit wird allerdings dem Rechtssystem eine besondere Stellung zugeschrieben. Luhmann selbst bezeichnet das Recht als Immunsystem der Gesellschaft, das gegenüber den Instabilitätsrisiken der dissensträchtigen Kommunikation stabilisierend wirkt. „Das Rechtssystem tastet mit rechtseigenen Sensoren (...) seine gesellschaftliche Umwelt ab, rekonstruiert diese Konflikte in eigener Regie als Erwartungskonflikte, prozessiert diese über rechtseigene Normierungen, Verfahren und Dogmatiken und produziert verbindliche Entscheidungen des Konflikts als 'Fallnorm', an die wiederum neue Rechtskommunikation anschließen können" (G. Teubner zit. nach Bonacker 1997: 80). Die Funktion, die das Recht verkörpert, besteht dann nicht (mehr) primär darin, durch die Rechtsgleichheit der Individuen Bedingungen sozialer Integration herzustellen, sondern darin, potentielle Konflikte zu identifizieren und zu operationalisieren. Diese Ausweitung der Fähigkeit des Gesamtsystems zur Selbstbeschreibung wird als Faktor der Stabilisierung durch kommunikative Integration interpretiert (vgl. Luhmann 1997: 468, Reese-Schäfer 2000: 141).

Hier stellt sich allerdings grundsätzlich die Frage, wie bei aller Autopoiesis das umfassende System Gesellschaft überhaupt existieren kann und sich nicht in einzelne selbstreferentielle Teilsysteme auflöst. Systemtheoretisch ausgedrückt ist es die Frage danach, wie operativ geschlossene soziale Systeme die Beziehung zu ihrer Umwelt gestalten bzw. auf diese reagieren können, wenn sie zugleich doch unfähig sind, mit dieser direkten Kontakt aufzunehmen / zu kommunizieren. Um dieses Problem zu bewältigen, greift die Systemtheorie auf die verbindende Kategorie der *strukturellen Kopplung* zurück. Strukturelle Kopplungen sind sozusagen der „Kitt" zwischen den autopoietisch-selbstreferentiellen Teilsystemen innerhalb der Gesellschaft, also das, was den Zusammenhalt des Gesellschaftssystems als Ganzes sichert (vgl. Luhmann 2000: 373, ders. 1997: 138/776ff, Reese-Schäfer 2000:

133f).[3] Aus der Perspektive des jeweiligen Systems selbst erscheinen strukturelle Kopplungen als Irritationen bzw. Störungen im Hinblick auf bereits entwickelte Strukturen und ausgebildete Erwartungen, die nach dem Muster eines inneren Vergleichs ablaufen. Der darauf mögliche Umgang mit solchen Irritationen besteht darin, ihre Ursprünge entweder im System selbst oder in der Umwelt zu verorten und entsprechend zu bearbeiten. Hält eine bestimmte Irritation an, so Luhmann weiter, resultiert daraus eine Lenkungswirkung bezüglich der weiteren Strukturenwicklung (oder -differenzierung). Illustrativ wird hier auf das Beispiel des Einflusses veränderter klimatischer Verhältnisse auf die Entwicklung(soptionen) agrarischer Gesellschaften verwiesen (vgl. Luhmann 1997: 119). Andere Beispiele für solche strukturellen Kopplungen sozialer Systeme wären etwa Steuern und Abgaben als Kopplungen von Wirtschaft und Politik, die Kopplung von Politik und Recht durch die konkrete Gestalt der Verfassung, indem diese zum einen das politische System an das Recht bindet (Recht/Unrecht) und zum anderen der Politik Wege der Rechtssetzung eröffnet oder aber die Kopplung von Recht und Wirtschaft durch Eigentum und Vertrag, usw.. Zugleich werden strukturelle von *operativen Kopplungen* unterschieden. Diese setzten demnach strukturelle Kopplungen voraus, werden im Gegensatz zu diesen jedoch als Formen im systemischen Innenverhältnis zum Zwecke der Interaktion zwischen unterschiedlichen Systemen, d.h. im Anschluss daran ausgebildet. Dies gilt insbesondere für bestimmte politische Verhandlungssysteme (Runde Tische, Bündnisse, Sozialpakte etc.), die die Aufgabe der Informationsgewinnung und Vermittlung zwischen unterschiedlichen Interessen verschiedener Funktionssysteme erfüllen (vgl. ebd.: 781ff, s.a. Willke 1989: 46).[4]

Letztendlich treten Autopoiesis und strukturelle Kopplung in diesem Kontext hinsichtlich ihrer soziologischen Bedeutung an die Stelle des klassischen Schemas von sozialer Differenzierung und Integration (vgl. Luhmann 1997: 778). Letztere realisiert sich nicht mehr in den Partizipationsmöglichkeiten von Individuen, Klassen oder Schichten, sondern in der abstrakten Fähigkeit des Gesamtsystems seine Einheit durch Selbstbeschreibung herzustellen (vgl. Reese-Schäfer 2000: 141). Denn wenn von der Dominanz funktionaler Differenzierung ausgegangen wird, bedeutet dies schließlich auch, dass man „Menschen den Funktionssystemen [nicht] derart zuordnen [kann], daß jeder von ihnen nur einem System angehört (...). Das führt letztlich zu der Konsequenz, daß man nicht mehr behaupten kann, die Gesellschaft bestehe aus Menschen; denn die Menschen lassen sich offensichtlich in keinem Teilsystem der Gesellschaft, also nirgendwo in der Gesellschaft mehr unterbringen. (...) Die Konsequenz ist, daß die Menschen dann als Umwelt des Gesellschaftssystems begriffen werden müssen (...)" (Luhmann 1997: 744).

3.1.2 Nichthierarchische Steuerung – Selbstorganisation und Demokratie

Die von mir als Zivilisierung destruktiver Dynamiken beschriebene Zielperspektive der Forderung nach einem 'Neuen Gesellschaftsvertrag' würde in systemtheoretischer Übersetzung vor allem wohl als Plädoyer für eine nicht-hierarchische Steuerung von Gesellschaft im Sinne eines auf die Potentiale dezentraler Selbstorganisation komplexer Systeme setzenden evolutorischen Politikbegriffs daherkommen (vgl. Willke 1989: 120ff). Die Evolutionstheorie bildet gleichsam die Basis des systemtheoretischen Geschichtsbildes. Dessen Anspruch ist nicht eine aus der Vergangenheit abgeleitete Prognose von Zukunft, sondern die Erklärung von Variation und Selektion innerhalb komplexer sozialer Systeme und unter Berücksichtigung des Wirkungsmoments des (historischen) Zufalls (vgl. auch Luhmann 2000: 407ff). Anders und kürzer gesagt: „Es geht (...) um die Frage, wie zu erklären ist, daß in einer Welt, die immer auch alles andere bietet und beibehält, komplexere Systeme entstehen, und eventuell: woran sie scheitern. Es geht, sehr vereinfacht gesagt, um die Erklärung von Strukturveränderungen" (ders. 1997: 249f).

Die zentrale Botschaft systemtheoretischer Arbeiten zu den politischen Problemen der Gegenwart lautet daher im Prinzip: Die Gesellschaft, genauer gesagt das politische System, muss lernen mit der evolutionären Offenheit der Geschichte umzugehen. „Die Gegenwart hält sich eine Zukunft offen, die transformierende Reproduktion oder Destruktion in Aussicht stellt" (ders. 2000: 432). Zu diesem Zweck wird der Abschied von einem gesellschaftlichen Steuerungsoptimismus angemahnt sowie die Transformation der Demokratie von einem Prinzip der Herrschaft zu einem Modus des Risikomanagements in einer Gesellschaft, die aus einem Netzwerk selbstreferentieller autopoietischer Teilsysteme besteht. Dabei werden der Demokratie aus systemtheoretischer Sicht zunächst zwei Qualitäten zugeschrieben. Verbunden mit dem politischen Begriff des Wohlfahrtsstaates ist sie demzufolge in den vergangenen Jahrzehnten einerseits zu der prägenden Formel geworden, vermittels derer das politische System im allgemeinen sich selbst beschreibt (vgl. ebd.: 356). Demokratie ist der Modus der Regelbindung des politischen Systems, bestätigt und stärkt dessen Selbstorganisation und wirkt insofern als „Form in der Form" (ebd.: 375). Andererseits fungiert Demokratie aber auch als Formel, vermittels derer Herrschaft sich (selbst) transformiert. Aus der Beherrschung durch Vereinheitlichung des Vielfältigen (wie es etwa am Anfang der Nationenbildung steht) entsteht eine Praxis, in der zunehmend „Herrschaft als Selbstwiderspruch inszeniert" wird (ebd.: 358). Infolge dieser Entwicklung gerät nunmehr die Frage nach der Legitimation (des Vereinheitlichenden) innerhalb des politischen Systems bzw. dessen Operationen gegenüber der Repräsentation (der Vielheit) zunehmend in den Vordergrund. Nach der Logik autopoietischer Systeme kann diese Legitimation natürlich nur in Gestalt der Selbst-Legitimation stattfinden. Ihre zentralen Bezuggrößen sind dabei Werte wie Freiheit oder Gerechtigkeit einschließlich ihrer impliziten Antinome (also Unfreiheit, Ungerechtigkeit etc.). Diese erzeugen ob ihres negativen Gehalts, der im Konkreten dann neu ausgedeutet und gewichtet wird, die Illusion von Kontinuität, die die tatsächlichen Dimensionen gesellschaftlicher Strukturveränderungen und Brüche verschleiert bzw. Kontinuität suggeriert und von der Selbstbezüglichkeit von Politik ablenkt (vgl. ebd.: 359). Zugleich wirken sie, etwa als politisch-programmatische Aussagen und Bekenntnisse, im Sinne der Dichotomie von Fremd- und Selbstreferenz: „Mit der Unterscheidung von Wert und Gegenwert formuliert man die Fremdreferenz des politischen Systems. Hier bekennt sich das politische System zur Gesellschaft. Mit der Unterscheidung der Werte voneinander (...), mit dem Offenhalten der Entscheidung von Wertekonflikten bringt es dagegen Selbstreferenz ins Spiel. In dieser Hinsicht bewahrt es die (Reproduktion seiner) Entscheidungsfreiheiten, deren Ausnutzung dann konkret als Politik erscheint" (ebd.: 362).

Die Systemtheorie hat hierbei natürlich auch den sozialen Bewegungen, oder, wie Luhmann sie nennt, den Protestbewegungen ihre Funktion in Bezug auf die Art und Weise gesellschaftlicher Selbststeuerung zugedacht. Soziale Bewegungen werden jedoch nicht als Teil des politischen Systems, des Staats im engeren Sinne also, begriffen, sondern als eigene Systeme, die in kommunikativer Form an Kommunikation anschließen. Im Zuge dieser Konstruktion wird der klassische Begriff des sozialen Konflikts systemisch umgedeutet. Der Protest wird zu einem Akt gesellschaftlicher Selbstbeobachtung, bei der die Bewegungen unter Rückgriff auf die Medien bzw. Medienerwartungen den Widerstand der Gesellschaft gegen sich selbst im Sinne der Orientierung auf Alternativen organisieren bzw. im Zentrum des politischen Systems vernachlässigte Themen von der Peripherie her zu thematisieren versuchen (vgl. Reese-Schäfer 2000: 139f, Luhmann 2000: 315). Die Gesellschaft, so die Argumentation, hat „eine Form der Autopoiesis gefunden, um sich selber zu beobachten: in sich selbst *gegen* sich selbst. Widerstand gegen etwas – das ist ihre Art, Realität zu konstruieren. Sie kann als operativ geschlossenes System ihre Umwelt nicht kontaktieren, also Realität auch nicht als Widerstand der Umwelt erfahren, sondern nur als Widerstand von Kommunikation gegen Kommunikation" (Luhmann 1997: 864f). Streng systemtheoretisch gedacht können diese Protestbewegungen die gesellschaftliche Umwelt zwar nicht besser oder trefflicher erfassen als andere Teilsysteme, Luhmann zufolge gibt ihnen die Illusion, dass sie diese Fähigkeit dennoch besitzen, die Möglichkeit der Gesellschaft Wirklichkeitsdeutungen zu liefern, die diese auf keinem anderen Weg herstellen könnte. Umweltbezüge treten als Fremdreferenz neben die selbstreferentielle Kommunikation, ermöglichen als solche die Realisierung von bzw. Verständigung über konfliktuelle Entwicklungen und Verhältnisse und tragen somit zur Stabilität des Gesamtsystems Gesellschaft bei, indem sie den Prozess der weiteren Differenzierung vorantreiben. Jedoch ist Fremdreferenz nicht etwas von außen

Herangetragenes, sondern eine Differenzierung, die das System selbst leistet bzw. aus der Selbstbeobachtung heraus konstruiert (vgl. ebd.: 87).

Da die Gesellschaft in diesem Sinne kein Zentrum mehr hat, ist es heute zu einer unbrauchbaren Fragestellung geworden, so Willke im Anschluss an Luhmann, um das Problem zu kreisen, ob die Politik die Ökonomie oder ob die Ökonomie die Politik determiniert oder welchem von beiden das Primat zukommt (vgl. Willke 1989: 114). Die Entwicklung von der stratifizierten zur vorwiegend funktional differenzierten Gesellschaft und ihre Beschleunigung insbesondere in der Zeit nach 1945 habe zu einer grundsätzlichen Veränderung der Möglichkeiten gesellschaftlicher Steuerung bzw. der Anforderungen an die Ausgestaltung von Demokratie geführt. Die Vorstellung einer zentral durch das politische System induzierten Zivilisierung der die Gesellschaft transformierenden Kräfte, etwa im Sinne des 'embedded market' Polanyis, gerate heute an Komplexitätsgrenzen. Keines der Teilsysteme entwickelter Gesellschaften sei als solches in der Lage, die komplexen gesellschaftlichen Integrations- und Steuerungsaufgaben zu übernehmen. Die eigentliche Herausforderung bestehe vielmehr darin, die Prinzipien der Selbstorganisation im Sinne der parallelen Zunahme von Differenz und Interdependenz der gesellschaftlichen Funktionssysteme und deren Bedeutung für gesellschaftliche Ordnung zu erfassen, ohne den Begriff der Ordnung dabei in eine hierarchische Struktur fassen zu müssen (vgl. ebd.: 114ff, ders. 2001: 21ff, Luhmann 2000: 429ff). Will man gesellschaftliche Entwicklung demgegenüber aber auch nicht dem Modell des Laissez-faire überlassen, bleibt letztlich nur die weitere Option, im Netzwerk der Systeme dezentral kontextsteuernd zu wirken (vgl. Willke 1989: 128f). Der Kontext selber, oder wie Willke das etwas deutlicher nennt, die „Weltsicht", müsse dabei „aus dem *Diskurs* der autonomen Teile konstituiert werden" (ebd.: 58). Dieser wiederum wird gespeist aus unterschiedlichen Praxen und Verfahren, die von ihrer Form her als strukturelle Kopplungen zu bezeichnen wären (also diverse Kommissionen, Bündnisse, Räte usw.). In diesen können die „relevanten gesellschaftlichen Akteure als Repräsentanten der Subsysteme" (ebd.: 58f) der systemischen Selbststeuerung eine Richtung geben und eine kontextuelle Selbstbindung herstellen. Die Herausforderung der Zivilisierung destruktiver sozialer Dynamiken konkretisiert sich damit in dem Ziel, die Selbstbezüglichkeit gesellschaftlicher Teilsysteme zu begrenzen (vgl. ebd.: 120ff).[5] Die Folgerung, die daraus für die Zukunft der Demokratie abgeleitet wird, lautet schließlich: Um ihre Selbstüberlastung im Angesicht einer exterritorialisierten Ökonomie und der Zunahme weltgesellschaftlicher Komplexität zu vermeiden, muss die Demokratie sich nunmehr auf Kernaufgaben und -kompetenzen (selbst-) beschränken. Denn „nur wenn die Politik ihre Verantwortung auf den Bereich der Politik beschränkt und ihren imperialen Gestus gegenüber den anderen gesellschaftlichen Funktionssystemen aufgibt, reduziert sie die Belastung der Demokratie auf ein erträgliches Maß" (ders. 2001: 65). Auf dieser Ebene fungieren die Kategorien Autopoiesis und strukturelle Kopplung faktisch als methodische Gegensätze zu Konzepten direkter Rahmensetzung und Steuerung (vgl. etwa Luhmann 2000: 388).[6]

3.1.3 Kompetenzen und Aporien – Selbstorganisation als Verdinglichung und die Dimensionen des Raumes

Die Theorie sozialer Systeme und das mit dieser Theorie verbundene Verständnis gesellschaftlicher Selbstorganisation gehört zweifelsohne zu jenen Theorieinnovationen der vergangenen drei Jahrzehnte, von denen ob der Möglichkeiten, verschiedenste gesellschaftliche Phänomene und Probleme mittels ihres kategorialen Analyserahmens zu interpretieren, eine beträchtliche Attraktivität ausgeht. Mit der Eigendynamik selbstreferentieller Systeme und ihrer wachsenden Komplexität lässt sich in einer Welt, in der scheinbar die Anonymität von Sachzwängen zunehmend über die Bedarfe und Bedürfnisse der in ihr versammelten Menschen herrscht, und in der eine historisch ungekannte Verfügbarkeit von Informationen für viele Menschen die Transparenz ihrer Wirklichkeit dennoch nicht erhöht, wohl vieles begründen. Ob es damit auch zu rechtfertigen ist, ist eine Frage, der sich die Systemtheorie freilich entzieht bzw. allenfalls als Wertekonflikt im Zuge der Selbstlegitimierung des Politischen zu reflektieren vermag. Das Verdienst Luhmanns theoretischer Arbeit besteht dennoch gerade darin, mit seinem Werk einen profunden Beleg dafür geliefert zu haben, wie sich im Zuge der fortschreitenden funktionalen Ausdifferenzierung der „modernen" kapitalistischen Gesellschaften mehr und mehr der „stumme Zwang der (...) Verhältnisse" (Marx, MEW 23: 765) oder eben der Systeme „hinter dem Rücken der Individuen" Geltung verschafft, indem er sich zu einem komplexen Netzwerk ineinandergreifender und vermeintlich überindividueller Axiome der Vergesellschaftung des Menschen und der Verdinglichung sozialer Beziehungen verdichtet. Davon abgesehen lassen sich allerdings zwei Problembereiche der Theorie sozialer Systeme identifizieren, die sowohl bezüglich ihrer Konsistenz als auch vor dem Hintergrund aktueller gesellschaftlicher Wandlungen und konkreter Zivilisierungsbedarfe die Erklärungskompetenz dieses Modells der Selbstorganisation begrenzen. Dies betrifft zum einen die Kategorie der strukturellen Kopplungen und zum anderen den Raumbegriff.

Der Kategorie der strukturellen Kopplung kommt innerhalb des Analyserahmens der soziologischen Systemtheorie eine Sonderstellung zu. Während die Theorie sich im Allgemeinen bemüht, vor allem die Autopoiesis sozialer Systeme, die Art und Weise ihrer Ausdifferenzierung, die Bedeutung von Konflikten in diesem Prozess und den Stellenwert von Kommunikation sowie ihren Vollzug zu erläutern, haben strukturelle Kopplungen die Funktion, den Zusammenhalt des Ganzen zu erklären. Sie funktionieren theoretisch nur, wenn sie eine konsistente Form (des Ein- und Ausschlusses) haben und sie können nicht in irgendeiner Weise freischwebend zwischen den Systemen existieren, sondern sind nur zu begreifen als „Einrichtungen, die von jedem System in Anspruch genommen werden, aber von jedem in unterschiedlichem Sinne" (Luhmann 1997: 787), da es anderenfalls nicht zu Irritationen kommen könnte. Sie entfalten also keinesfalls selbst autopoietische Qualitäten bzw. können nicht als Systeme definiert werden.[7] Tatsächlich scheint es sich bei dem Konstrukt der strukturellen Kopplungen und ihrer Anlage um eine der markantesten Schwachstellen der Systemtheorie Luhmannscher Prägung zu handeln. Denn genaugenommen wird mit dem Modell struktureller Kopplungen der Rahmen des engen Kommunikationsbegriffs, auf dem der Erklärungsgehalt der Autopoiesis wesentlich basiert, weitestgehend verlassen (vgl. Reese-Schäfer 2000: 134). Somit stellt die Kategorie der strukturellen Kopplung so etwas wie einen methodisch-theoretischen Kunstgriff dar, mit dem eigentlich eine andere, für den Realitätsbezug gleichwohl unumgängliche, Erklärungsebene betreten wird. Denn, was treibt ein System zur strukturellen Kopplung mit anderen Systemen, wenn es doch eigentlich in letzter Instanz keine Referenz außer sich selbst hat, da ja – streng genommen – auch jede Fremdreferenz nur (zugelassene) Irritation der Selbstreferenz ist? Warum entstehen systemübergreifende Bündniskonstellationen unterschiedlicher gesellschaftlicher Akteure, die bestimmten Perioden ihren 'Stempel aufdrücken' und obendrein nachhaltige Auswirkungen auf die Strukturierung der Weltgesellschaft haben?

Hier ist der bereits erwähnte zweite Problembereich der Theorie systemischer Selbststeuerung angeschnitten: die Vernachlässigung der Raumdimension – einem Aspekt, der angesichts der mit dem Begriff der *Globalisierung* umschriebenen Momente aktueller Transformationsprozesse nicht unwesentlich ist. Zwar schreibt Luhmann über territorial bestimmte Gebilde, wie etwa nationalstaatliche oder regionale Einheiten, gleichzeitig spricht er ihnen implizit jede räumliche Bedeutung ab. Zum einen, indem er sie in einem umfassenden System von Weltgesellschaft aufhebt, das aber über einen Begriff von Region(en) als solches explizit nicht verfügt (vgl. Filippov 2000: 389). Phänomenen räumlicher Veränderung, wie sie im Begriff der Globalisierung und dessen Komplement der Regionalisierung zum Ausdruck kommen, und die zugleich markante Veränderungen von Interaktionsbeziehungen beschreiben, steht damit in der Systemtheorie ein letztlich unräumlicher – da territorial undifferenzierbarer – Begriff von (Welt-) Gesellschaft einschließlich der darin befindlichen Elemente des Sozialen gegenüber (ebd. 2000: 392). Zum anderen steht das zugrundegelegte Verständnis von Kommunikation in Kontrast zu einem entwickelten Raumbegriff. Denn Kommunikation, das also, was nach Luhmann das Substrat der Weltgesellschaft darstellt, ist als Ereignis eine durch Zeit und nicht durch Raum bestimmte Kategorie. Illustrative Bezüge, etwa auf die Realität moderner, grenzüberschreitender Kommunikation und Konkurrenz als Beleg für die „Abschwächung von Raumschranken" (Luhmann 1997: 809) insbesondere im Sinne territorialer Grenzen, bedienen zwar die vorherrschende Interpretation der Schwächung nationalstaatlicher Souveränität in Zeiten der

Globalisierung, sind aber kein wirklicher Beitrag zur Klärung der Kategorie 'Raum', deren vorgebliche Transzendenz sie belegen sollen. Denn wenngleich die Reduktion des „restringierenden Charakters" (ebd.: 315) bestimmter Raumwiderstände (Distanzen und Staatsgrenzen) in historischer Sicht unbestreitbar ist, so ist es ebenso unbestreitbar, dass es nach wie vor Raumwiderstände gibt und diese einen – obendrein im Raum eben sehr ungleich verteilten – restringierenden Einfluss ausüben.[8] Wo diese tatsächlichen Unterschiede und die Unterscheidbarkeit großer und kleiner Räume unberücksichtigt bleibt und Raum nur als Totalität gedacht wird, geht gerade in Anbetracht realer sozialökonomischer Prozesse der räumlichen Differenzierung bzw. der Zunahme räumlicher Ungleichheit analytische Tiefenschärfe in einem wichtigen Segment verloren.

Im Hinblick auf die Potentiale des Politischen ist schließlich Habermas beizupflichten, wenn dieser kritisch anmerkt, die Systemtheorie eigne sich zwar analytisch nachzuzeichnen, dass und wie die Demokratie zunehmend unter den Druck funktionaler Zwänge gerate. Jedoch biete sie „keinen Raum für eine *eigene* Theorie der Demokratie, weil sie Politik und Recht auf verschiedene rekursiv geschlossene Funktionssysteme aufteilt und den politischen Prozeß wesentlich unter Gesichtspunkten der Selbststeuerung administrativer Macht analysiert" (Habermas 1994: 406). Da darüber hinaus die Funktionssysteme als verdinglichte, überindividuelle Strukturen begriffen werden und deren Vermittlung durch menschliches Handeln ausgeblendet wird, neigt der systemische Begriff von Selbststeuerung dazu, die Rolle kollektiver Akteure bzw. „das gegenseitige Koordinierungs- und Integrationspotential sowohl von Individuen als auch von Organisationen" (Reese-Schäfer 2000: 151) systematisch zu unterschätzen und die Bedeutung von Steuerungsproblemen vor dem Hintergrund sozialer Komplexität zu überhöhen. Hier liegen die Stärken des Deliberationsansatzes.

3.2 Deliberation und Demokratie

Ziel des Modells der deliberativen Demokratie ist es, für die komplexen, rechtsstaatlich organisierten Gesellschaften der Gegenwart, also die entwickelten kapitalistischen Staaten, Bedingungen zu formulieren, unter denen institutionelle Verfahren der Entscheidung kollektiver Angelegenheiten trotz des in diesen Gesellschaften erreichten Grades funktionaler Ausdifferenzierung und gesellschaftlicher Rationalisierung sowohl die Zustimmung der betroffenen Individuen finden, als auch eine subjektive Verbindlichkeit erreichen können. Der Begriff der Deliberation kann dabei in knapper Form als Methode des „gemeinsamen vernünftigen Argumentierens" (Walzer 1999: 41) skizziert werden. Die zentralen Annahmen dieses Demokratiemodells im Hinblick auf die innere Verfasstheit der Gegenwartsgesellschaften und dem daraus abgeleiteten Zweck deliberativer Verfahren lässt sich wie folgt zusammenfassen (vgl. Benhabib 1995: 13ff): Hiernach zeichnen sich moderne Gesellschaften – jenseits spezifischer Eigentums-, Macht- und Verteilungsverhältnisse – *erstens* durch einen *Pluralismus der Werte* aus, der als eine Vorbedingung auf dem Wege kollektiver Entscheidungsfindung zu akzeptieren ist. Die darin angelegten Kontroversen können nicht zwangsbefriedet, sondern nur in geregelten Verfahren ausgetragen werden. Ihnen ist *zweitens* eine *Pluralität von Interessen* und entsprechenden Interessenkonflikten immanent. Deliberative Verfahren ermöglichen die Artikulation und Vermittlung solcher Konflikte bei gleichzeitiger Kontinuität sozialer Kooperationen. Je vielfältiger die Interessenlagen und folglich das Potential sozialer Konflikte desto notwendiger werden prozedural-demokratische Methoden der Austragung. In Anbetracht der Komplexität der Gegenwartsgesellschaften ist in diesem Zusammenhang die demokratietheoretische Fiktion einer beratenden und beschließenden Vollversammlung kein wirklich hilfreiches Modell. Vielmehr ist *drittens* von einer *Pluralität zivilgesellschaftlicher Assoziationen* auszugehen. Die zivilgesellschaftliche Öffentlichkeit ist in der Perspektive der deliberativen Demokratie jener Ort der Beratung von Themen und der Abwägung von Argumenten im Sinne eines „öffentlichen Gespräches" (ebd.: 16). Demokratie wird vor diesem Hintergrund letztlich als eine Gesellschafts- bzw. Staatsform begriffen, „in welcher die Grundinstitutionen, die die Verteilung der materiellen als auch der geistigen Güter unter den Menschen regeln, immer wieder in Frage gestellt werden müssen" (dies. 1997: 50) und in der folglich dem Aspekt der Legitimation eine entscheidende Bedeutung zukommt.

3.2.1 System und Lebenswelt – Deliberation als Modus der Konfliktbearbeitung

Dass der Begriff und das Modell der deliberativen Demokratie im Verlauf der 1990er Jahren begonnen hat, „einige Ausstrahlung zu entwickeln" (Reese-Schäfer 1997: 161), ist, und das gilt nicht nur für den deutschen Sprachraum, wesentlich verbunden mit den Arbeiten von Jürgen Habermas. Für das Verständnis dieser Konzeption der deliberativen Demokratie ist es – ohne den Anspruch zu erheben, die komplexen Grundlagen des Habermasschen Theoriegebäudes und die Schritte seiner Entwicklung über die verschiedenen Arbeiten seit dem Erscheinen von „Strukturwandel der Öffentlichkeit" im Jahr 1962 nachzeichnen zu wollen – unumgänglich, einen kursorischen Überblick über einige zentrale Aspekte seiner theoretischen Rekonstruktion von Gesellschaft zu geben.

Ausgangspunkt ist dabei zunächst Habermas' *„zweistufiges Gesellschaftsmodell".* Bei diesem werden einerseits Markt und Staat als komplementäre (Sub-) Systeme gefasst, die sich auf der Basis systemischer Codes entfalten. Dieser *Systemwelt* wird auf der anderen Seite die *Lebenswelt* gegenübergestellt, in der bestimmte Praxen vor allem auf (alltags-) sprachlich vermittelten solidaritätsstiftenden Übereinkünften basieren. Dieses Gesellschaftsmodell entspricht somit im Prinzip einer Überführung des klassischen Spannungsverhältnisses von Markt und Staat in ein innersystemisches, das durch die Konzeption der kommunikativ formierten und strukturierten Lebenswelt ergänzt wird. Übernimmt der Konsens in der Lebenswelt die Aufgabe, das Zusammenleben der Menschen sicherzustellen, so kommen in den systemischen Sphären Markt und Staat zwei andere Medien zum tragen. Hier sind Geld und Macht die Gegenstände bzw. Ziele instrumentellen oder zweckrationalen Handelns. Nur deren Akzeptanz durch die Menschen gewährleistet zugleich die Verankerung der Systemwelt innerhalb der Lebenswelt. Der Sprache des Rechts kommt dabei eine zentrale Vermittlungsfunktion zu, indem diese als Transformator der Umgangssprache fungiert, der lebensweltliche Kommunikation in entsprechende systemadäquate Codes umformt (vgl. Habermas 1994: 429). Die aus der Perspektive der Lebenswelt entscheidende Frage ist hierbei, ob die beiden Medien Geld und Macht in ihrer konkreten (rechtlich) institutionalisierten Form Anerkennung finden oder ob es zu Loyalitätsverlusten infolge wachsender Legitimationskrisen kommt, die u.U. sogar in soziale Proteste münden können (vgl. Bonacker 1997: 36). Den Institutionen wird im Rahmen dieser Theoriemodellierung eine Doppelfunktion zugeschrieben. Sie „kanalisieren entweder die Einflußnahme der Lebenswelt auf die formal organisierten Handlungsbereiche oder umgekehrt die Einflußnahme des Systems auf kommunikativ strukturierte Handlungszusammenhänge. Im einen Fall fungierten sie als der institutionelle Rahmen, der die Systemerhaltung den normativen Restriktionen der Lebenswelt unterwirft, im anderen Fall als die Basis, die die Lebenswelt den systemischen Zwängen der materiellen Reproduktion unterordnet und dadurch mediatisiert" (Habermas 1988 Bd. 2: 275f). In jedem Fall jedoch widerspricht diese Konzeption jener Vorstellung von Recht als einem autopoietischen und operativ geschlossenen System.

Als zentraler Widerspruch zwischen System und Lebenswelt gilt dabei, dass zweckrationales Denken und Handeln, das vor allem durch wirtschaftliche und/oder politische Ziele geprägt ist, im Verlauf des Prozesses gesellschaftlicher Modernisierung zunehmend dominierend wird, d.h. in Bereiche der Lebenswelt eindringt. Aus der Mediatisierung, also der Unterordnung der lebensweltlichen Domäne unter die systemische Hoheit, wird letztlich ein Prozess der Kolonialisierung, bei dem die für die Strukturierung der Lebenswelt maßgebliche kommunikative Rationalität sukzessive durch die im systemischen Zusammenhang dominierende instrumentelle Rationalität blockiert wird. Die Folge ist schließlich eine entsprechende Vereinseitigung gesellschaftlicher Entwicklungspfade im Sinne einer „systemisch induzierten Verdinglichung der kommunikativen Alltagspraxis" (Bonacker 1997: 37) und, damit einhergehend, ein Verlust sozialer Integrationsfähigkeit, wie er gegenwärtig im Zuge der zunehmenden Unterordnung von Vergesellschaftungsprozessen unter die Imperative von Markt und Wettbewerb zum Ausdruck kommt.

Alternativ hierzu wird auf das Potential der Mobilisierung jener Ressourcen verwiesen, das in der Herstellung sprachlich vermittelter Übereinstimmungen liegt, dem „kommunikativen Handeln" (vgl. van der Loo/van Reijen 1992: 249f).[9] Denn, so die Gegenthese, Steuerungsmedien wie Geld und Macht können als solche nicht den sozialen Kitt moderner Gesellschaften liefern – jedenfalls dann nicht, wenn diese noch als menschliche identifizierbar sein sollen. Nicht das strategisch-zweckrationale Handeln konkreter Akteure innerhalb komplexer gesellschaftlicher Subsysteme gewährleistet den gesellschaftlichen Zusammenhalt, sondern dieser resultiert in erster Linie aus jenem normativen gesellschaftlichen Konsens, der sich im lebensweltlichen Zusammenhang diskursiv artikuliert und entwickelt (vgl. Habermas 1992a: 18f). Dieser Hintergrundkonsens der Individuen wirkt als steuerndes und handlungskoordinierendes Medium bzw. repräsentiert die normativen Kontexte innerhalb der Lebenswelt, deren Entwicklung im Sinne von aufgeklärter Fortschrittlichkeit an ein spezifisches Rationalisierungsverständnis gekoppelt ist. „Die Lebenswelt als ein intersubjektiv symbolisch vermittelter Lebenszusammenhang erfährt in dem Maß eine Rationalisierung, wie unhinterfragt gültiges Wissen und gültige Normen problematisiert und kritikfähig werden. Entscheidend für eine rationalisierte Lebenswelt ist daher die Legitimationsform des Gültigen, die nach Habermas auf *sprachlicher Begründung* beruhen muß" (Bonacker 1997: 18, Herv. i. Orig.). Die Sprache bzw. das kommunikative Handeln, so Habermas (1994: 34), wird daher selbst „primäre Quelle der sozialen Integration" und folglich zum Medium der Zivilisierung des Kapitalismus.

Der Begriff der Macht ist in diesem Kontext zuvorderst ein „Produkt verständigungsorientierten Handelns" (ders. 1989: 548), das, wie Habermas in Anlehnung an Hannah Arendt ausführt, letztlich der Eigenschaft des Menschen entspringe, seine Fähigkeit zur tätigen Auseinandersetzung mit seiner Um- und Mitwelt mit derjenigen zum gemeinschaftlichen und einvernehmlichen Handeln verbinden zu können (vgl. ders. 1994: 184). Werden beispielsweise bestimmte Normen der Rechtsprechung seitens der Bürger nicht oder nicht mehr akzeptiert (was ja häufig der Ausgangspunkt sozialer Bewegungen ist, wenn man etwa an die Rechte von MigrantInnen, oder die Rechte von Frauen und die Rolle des § 218 etc. denkt), so entsteht nach Habermas eine kommunikative gesellschaftliche Macht, die sich, im Unterschied zu administrativer Macht, über Diskurse vermittelt und letztlich das Rechtssystem bzw. die Politik zu einer entsprechenden Neufassung veranlasst. Dabei wird zwischen theoretischen und praktischen Diskursen unterschieden. Theoretische Diskurse sind solche zwischen ExpertInnen, wie sie insbesondere in den Wissenschaften stattfinden, wohingegen der praktische Diskurs sich dadurch auszeichnet, dass es darin um die Geltung moralisch-praktischer Fragen des sozialen Miteinanders bzw. der Gewährleistung der gesellschaftlichen Integrationsfähigkeit geht, wie das z.B. in der Auseinandersetzung um die Frage nach der inhaltlichen Bestimmung und dem Stellenwert sozialer Gerechtigkeit zum Ausdruck kommt (vgl. Bonacker 1997: 44). Der praktische Diskurs als Modus der (deliberativen) Konfliktbearbeitung steht in diesem Sinne nicht nur alternativ zur Ausübung oder Androhung von Gewalt, sondern wird im Hinblick auf die Fähigkeit sozialen Zusammenhalt zu stiften auch als die überlegene Form betrachtet. Anders gesagt: Infolge der Ausdifferenzierungen und Komplexitätssteigerungen, die der Prozess gesellschaftlicher Modernisierung, d.h. die interdependente Entwicklung der verschiedenen gesellschaftlichen Funktionssysteme, der gesellschaftlichen Produktivkräfte, der Formen politischer Herrschaft oder der Stellung des Rechts und der Religion etc. seit dem 18. Jhd. hervorgebracht hat, können entwickelte kapitalistische Gesellschaften der Gegenwart ihre Stabilität nur dann wirklich sichern, wenn sie gegenüber ihren Mitgliedern – nach Maßgabe demokratischer Regeln – Gestaltungsmöglichkeiten im Prozess der öffentlichen Kommunikation gewährleisten. Dieser Prozess stellt das zivile Forum der Bewältigung gesellschaftlicher Konflikte dar und fungiert als Richtungsweiser gegenüber dem administrativen System politischer Regelsetzung. Die zentrale Vorbedingung dieser Diskursethik besteht letztlich darin, dass als gültige Regel nur anerkannt werden kann, was auf freiwilliger Grundlage durch alle Betroffenen zustimmungsfähig ist. Diese „Metanorm" (Benhabib 1999: 59) wiederum setzt zweierlei voraus: Erstens die allgemeine Anerkennung der Gleichwertigkeit unterschiedlicher Standpunkte (universelle Achtung) und zweitens die wechselseitige Akzeptanz der Fähigkeit, einen eigenen Standpunkt zu beziehen, einschließlich einer umfassenden Förderung derselben (egalitäre Reziprozität) (vgl. ebd.).[10] Der soziale Ort solcher diskursiven Macht bzw. Einflussnahme, die letztlich den Kern des Deliberationsbegriffs bildet, ist die Öffentlichkeit.

3.2.2 Öffentlichkeit und Zivilgesellschaft – Deliberation als normative Theorie der Demokratie

Konstitutiv ist dabei zunächst die Unterscheidung zweier Formen der Öffentlichkeit. Die eine ist die demokratisch verfasste und rechtsstaatlich organisierte Öffentlichkeit, d.h. die Institutionen der parlamentarischen Demokratie. Hier wird Öffentlichkeit im Zuge von Beratungs- und Beschlussfassungsverfahren veranstaltet, die im Wesentlichen auf standardisierten Prozeduren basieren, die an das Ideal des Diskursprinzips angelehnt sind. Die andere ist die allgemeine politische Öffentlichkeit, in der der Kommunikationsfluss nahezu unbegrenzt und tendenziell anarchisch strukturiert ist (vgl. Habermas 1994: 372ff). Diese allgemeine politische Öffentlichkeit ist nach Habermas neben der „Privatsphäre", d.h. die „von produktiven Funktionen entlastete, auf Sozialisationsaufgaben spezialisierte Kleinfamilie" (ders. 1988 Bd. 2: 471), die zugleich das Publikum „als Träger der Öffentlichkeit" (ders. 1994: 429) stellt, eine von zwei institutionellen Ordnungen innerhalb der Lebenswelt, die er differenziert, um die Wechselwirkungen zwischen System und Lebenswelt präziser fassen zu können. Ihren institutionellen Kern repräsentieren „jene durch Kulturbetrieb, Presse und später Massenmedien verstärkten Kommunikationsnetze, die die Teilnahme (...) des Staatsbürgerpublikums an der durch öffentliche Meinung vermittelten sozialen Integration ermöglichen" (ders. 1988 Bd. 2: 472f). In den ausdifferenzierten Gesellschaften des entwickelten Kapitalismus stellt sich diese politische Öffentlichkeit als eine „intermediäre Struktur" (ders. 1994: 451) dar, die in einer vielfältigen räumlichen und thematisch-sachlichen Ausprägung unterschiedlicher Arenen zwischen lebensweltlicher Privatsphäre und systemischen Handlungssphären vermittelt (vgl. ebd.). Die Akteure, die in diesem Rahmen agieren, können zwar keine Entscheidungen fällen, aber sie können Einfluss auf die öffentliche Meinung nehmen und strukturieren ein Kommunikationsnetz, das von Habermas als „Entdeckungszusammenhang" charakterisiert wird (ebd.: 373). Hier muss sich letztendlich zeigen, ob bestimmte soziale Normen tatsächlich einen Konsens repräsentieren. Und hier ist das Handlungsfeld der Zivilgesellschaft, jenem Netzwerk aus „mehr oder weniger spontan entstandenen Vereinigungen, Organisationen und Bewegungen (...), welche die Resonanz, die die gesellschaftlichen Problemlagen in den privaten Lebensbereichen finden, aufnehmen, kondensieren und lautverstärkend an die politische Öffentlichkeit weiterleiten" (ebd.: 443).

Der Begriff der *deliberativen Politik* beschreibt das Zusammenwirken dieser beiden Formen von Öffentlichkeit aus einer demokratietheoretischen Perspektive, in der sich beide wechselseitig durchdringen: die öffentliche Meinung(sbildung) wirkt letztlich ebenso auf den Prozess politischer Entscheidungen zurück, wie umgekehrt (vgl. ebd.: 374/448). Politische Öffentlichkeit lässt sich m.a.W. als ein auf der Basis kommunikativen Handelns geöffneter gesellschaftlicher Raum beschreiben, innerhalb dessen sich die Beteiligung der Einzelnen am politischen Geschehen vollzieht und der zugleich als „ein Warnsystem mit unspezialisierten, aber gesellschaftsweit empfindlichen Sensoren" funktioniert (ebd.: 435). Diese theoretische Konzeptualisierung des Ansatzes deliberativer Demokratie, bei dem der informellen Meinungsbildung die gleiche Bedeutung zugemessen wird, wie dem Prozess der administrativen Entscheidung, wird als der Versuch beschrieben, „einen normativen Begriff von Öffentlichkeit als Grundlage von Demokratietheorie zu entwerfen" (Reese-Schäfer 1997: 158), der über den Raum abstrakter Aufklärung hinausgeht.

Die Öffentlichkeit ist in diesem Sinne keine statische oder systemisch codierte Institution, sondern vielmehr ein durch die sprachlich-kommunikative Struktur der Lebenswelt getragener Resonanzboden gesellschaftlicher Entwicklungen. „Ihre Offenheit besteht gerade in der Verwendung der natürlichen Sprache und der weitgehenden Allgemeinverständlichkeit ihrer Debatten. Sie enthält deshalb in einem Teil ihrer Ausprägungen eine gewisse Laienhaftigkeit oder, systemtheoretisch ausgedrückt, Entdifferenzierung. Im anderen Teil wirkt sie, weil nicht die Öffentlichkeit sondern das politische System handelt, auch entscheidungsentlastet und dadurch als Spielfeld von Intellektualisierungen" (ders. 2000: 23, s.a. Habermas 1994: 436). Normativ ist darin die Begründung und Darlegung von Prozeduren, deren Anwendung im politischen Prozess der Entscheidungsfindung im Zusammenspiel von Administration und Zivilgesellschaft, also von System und Lebenswelt, dabei einerseits als Ausweis ihres demokratischen Charakters und andererseits zugleich als Indikator ihrer Legitimität gelten kann. Diese kann dabei auf einer „Ebene der Quasi-Objektivität" (Reese-Schäfer 2000: 11) erfolgen, d.h. ohne, dass die der einzelnen Entscheidung zu Grunde liegenden Motive und Werte jeweils im Einzelnen zu prüfen wären (vgl. ebd.). Die Legitimität politischer, d.h. dem Gemeinwohl verpflichteter Entscheidungen wird hier vielmehr als Resultat eines öffentlichen Verfahrens der Meinungsbildung und -artikulation gedacht. Die Realisierung einer solchen Form von Legitimität ist allerdings an Bedingungen gebunden, die Benhabib folgendermaßen zusammenfasst: „Legitimität und Rationalität können dem deliberativen Modell zufolge in bezug auf einen kollektiven Entscheidungsfindungsprozeß in einem Gemeinwesen dann und nur dann erreicht werden, wenn die Institutionen dieses Gemeinwesens und ihre ineinandergreifenden Beziehungen so angeordnet sind, daß das, was als Gemeinwohl (...) aufgefaßt wird, sich aus einem rational und fair geführten Prozeß der kollektiven Deliberation unter freien und gleichen Individuen ergibt" (Benhabib 1995: 9). Dass ein in diesem Sinne deliberativ durchgeführtes Verfahren dann ein geeignetes Vorgehen ist, um das Moment praktischer Rationalität im Prozess kollektiver Entscheidungen zu stärken, hat Benhabib zufolge drei Ursachen. Erstens übersteigt das Spektrum der bei einem deliberativen Verfahren in den Abwägungsprozess einfließenden relevanten ethischen und politischen Informationen die individuellen Möglichkeiten der Abwägung der beteiligten Einzelnen. Zweitens ist es – im Unterschied zu der Fiktion, dass die Individuen a priori mit einer kohärenten Präferenzenstruktur ausgestattet sind, wie im Ansatz des 'methodologischen' Individualismus implizit unterstellt –, realitätsnäher davon auszugehen, dass eine solche Struktur im Prozess der Deliberation selbst erst entsteht. Sie ist demnach die Folge individueller Reflexion, in deren Ergebnis auch konfligierende Interessen deutlich werden. Darüber hinaus zwingt drittens das Verfahren der Deliberation die Einzelnen zu einer stärkeren Reflexion über die Präferenzen der beteiligten Anderen, da deren Zustimmung letztlich nur gewonnen werden kann, wenn es gelingt, diese davon zu überzeugen, dass ein Vorschlag auch von ihrem Standpunkt aus zweckmäßig ist (vgl. ebd.: 11f). Da Einsichten und Erkenntnisse sich verändern besteht das Prinzip deliberativer Rationalität letztlich aber darin, nach der demokratischen Mehrheitsregel zustande gekommene Entscheidungen als „Ergebnisse auf Zeit" zu betrachten, die grundsätzlich reversibel sind und „deren Anspruch auf Rationalität und Gültigkeit öffentlich überprüfbar ist" (ebd.: 13).

Obgleich sich das Modell der Deliberation sowohl vom liberal-rechtsstaatlichen, als auch vom bürgerrepublikanischen Demokratieverständniss abhebt, knüpft es jedoch an zentrale Elemente von beiden an. Im Hinblick auf den Vollzug von Entscheidungsprozessen übernimmt es vom liberalen Ansatz den Gedanken der konstitutionellen Regelsetzung und Institutionalisierung. Dieser wird jedoch mit einem stärkeren normativen Anspruch ausgestattet, der gleichwohl schwächer bleibt als in der bürgerrepublikanischen Konzeption. Von letzterer übernimmt es aber die Einschätzung einer hohen Bedeutung der Öffentlichkeit im Prozess der Willensbildung (vgl. Habermas 1992a, ders. 1994: 359ff). Die (rousseausche) Gleichsetzung von Volk, Souverän und Herrschaft wird dabei transformiert in ein Modell der Volkssouveränität, die auf diskursivem Weg über Machtressourcen verfügt und sich Geltung verschafft, dabei jedoch nur mittelbar auf das politische System einwirkt und damit theoretisch anschlussfähiger scheint an die komplexe Wirklichkeit ausdifferenzierter moderner Gesellschaften. „An die Stelle eines festen Ortes der Souveränität, wie er in vordemokratischen Gesellschaften existierte und wie er in einer Art Selbstmißverständnis anfangs auch für Demokratien für notwendig erachtet wurde, tritt der Meinungsstreit" (Reese-Schäfer 1997: 161).

Aus diesem Verständnis von Demokratie wird letztlich die Forderung nach Verschiebung der Gewichte zwischen den drei o.g. gesellschaftlichen Steuerungsmedien zu Lasten der systemischen Ressourcen Geld und Macht abgeleitet. „Die sozialintegrative Gewalt der Solidarität, die nicht mehr allein aus Quellen des kommunikativen Handelns geschöpft werden kann, soll sich über weit ausgefächerte autonome Öffentlichkeiten und rechtstaatlich institutionalisierte Verfahren der demokratischen Meinungs- und Willensbildung entfalten und gegen die beiden anderen Gewalten, Geld und administrative Macht, behaupten können" (Habermas 1992a: 23). Die Wirkmächtigkeit gesellschaftlicher Rationalität wird hierbei an die Chancen der individuellen Einflussnahme infolge der (rechtstaatlich gesicherten) Möglichkeit zur Partizipation an öffentlichen Diskursen gekoppelt. Die konkrete Ausgestaltung des gesellschaftlichen Raums der politischen Öffentlichkeit ist daher sowohl Ausdruck der aktuellen Reichweite bzw. der verwirklichten Gültigkeit des demokratischen Prinzips, als auch Anknüpfungspunkt weiterer Schritte gesellschaftlicher Demokratisierung (vgl. Bonacker 1997: 55).[11] Auf diesem Wege der Öffnung kommunikativer Räume schließlich „tritt [die Gesellschaft] als Ganzes in ein reflexives Verhältnis zu sich selbst" (ebd.: 63). Da im Ergebnis eines solchen Prozesses die systemischen Funktionsmechanismen allenfalls indirekt neu programmiert, nicht jedoch deren Codierungen als solche transformiert werden, bleibt die Reichweite gesellschaftlicher Selbstorganisation systemisch begrenzt. Die Transformationsfähigkeit der Zivilgesellschaft beschränkt sich in erster Linie auf sich selbst und vermag nur über diesen indirekten Weg auf das politisch-rechtstaatliche System verändernd einzuwirken. D.h. sie übernimmt nicht den theoretischen Status eines historisch-gesellschaftsverändernd handelnden Subjekts. Prozesse individueller Emanzipation sind folglich nicht das unmittelbare Resultat zivilgesellschaftlicher Interventionen, jedoch können sie im Ergebnis von Demokratisierungsprozessen durch diese befördert werden (Habermas 1994: 450).

Den in der Lebenswelt verankerten zivilgesellschaftlichen Kommunikationsnetzen kommt in der deliberativen Demokratie also sowohl die Funktion eines Sensors für die Identifikation von Legitimationsdefiziten zu als auch die eines Motors diskursiver Abwägungsprozesse. In ihrer Wirkung auf das politische System, also dem Ort der Legislative und Exekutive, der Setzung und Durchsetzung kollektiver Regeln, befördern sie die Rationalisierung von Entscheidungen. Die Zivilgesellschaft kann durch diese Kommunikationsnetze zwar nicht selber unmittelbar Herrschaft ausüben, sie verfügt jedoch über die Macht einer gewissen Lenkungswirkung gegenüber dem System politischer Herrschaft, indem sie wenig oder gar nicht reflektierte Probleme und Missstände von der Peripherie in das Zentrum der Gesellschaft rücken kann (vgl. ebd.: 364/460). Macht steht in diesem Sinne als Kategorie für die Fähigkeit, Themen, Inhalte oder Werte auf die gesellschaftliche Agenda zu setzen, deren Rezeption im Sinne der Herbeiführung bindender kollektiver Entscheidungen letztlich an deren Durchsetzung bzw. Sanktionierung durch das Herrschaftssystem der politischen Administration gebunden bleibt. Jene drei Bereiche, die die Gesellschaft strukturieren, also Staat/Politik, Markt/Wirtschaft und Zivilgesellschaft/Öffentlichkeit, korrespondieren jeweils mit den entsprechenden Ressourcen (administrative) Macht, Geld und Solidarität, deren Zusammenwirken letztlich die Prozesse sozialer (Des-) Integration und sonstiger Abstimmungs- und Steuerungsbedarfe entwickelter kapitalistischer Gesellschaften vermitteln.

3.2.3 Kompetenzen und Aporien –
Deliberative Demokratie als Aufwertung des Politischen

Der dem Modell deliberativer Demokratie zugrunde liegende gesellschaftstheoretische Ansatz greift nicht zuletzt jene verbreitete Kritik an der Marxschen Theorie auf, die auf die Unterbewertung des Politischen gegenüber der Determinationskraft des Ökonomischen verweist. Die Dichotomie von System und Lebenswelt erscheint vor diesem Hintergrund gleichsam als Substitut des klassischen Schemas von (ökonomischer) Basis und (politischem) Überbau, mit dem Ziel, die reale Komplexität moderner kapitalistischer Gesellschaften und ihres Konfliktpotentials abbilden zu können (vgl. Habermas 1988 Bd. 2: 504f). Was letzteres betrifft, so wird zwar auch hier eine abnehmende Bedeutung des Konflikts zwischen Kapital und Arbeit konstatiert, im Unterschied zu anderen zeitgenössischen Diagnosen nicht jedoch das Verschwinden großer sozialer Konflikte an sich. Vielmehr wird auf die Formierung neuer Konfliktfelder verwiesen, die sich in der Ausdrucksform der sozialen Bewegung etwa „an Fragen der *Grammatik von Lebensformen*" (ebd.: 576) oder, seit dem Ende der Systemkonfrontation im Verlauf der 1990er Jahren, in sehr unterschiedlichen Erscheinungsformen zunehmend an Fragen von Identität und Differenz (z.B. im Bereich des Ethnischen, Nationalen, Kulturellen oder Geschlechtlichen) entzünden. Entgegen früheren Interpretationen dieser Entwicklung als eine Verschiebung von Konflikten auf eine Ebene jenseits von Verteilungskämpfen (vgl. ebd.), wird mittlerweile auf die vielfältige Verknüpfung jener neuen Probleme mit Fragen der Umverteilung hingewiesen. „Obwohl die politische Grammatik, nach der diese Konflikte formuliert werden, momentan eher mit dem Vokabular der Anerkennung gekoppelt zu sein scheint als mit dem der Umverteilung, kämpfen alle von Identität/Differenz bestimmten Bewegungen auch um die Verteilung von Ressourcen, seien es nun Land, Macht, politische Vertretung, kultureller Raum oder sprachliche Selbstbestimmung" (Benhabib 1999: 34).

Vor dem Hintergrund, dass das deliberative Modell zugleich auch eine Theorie demokratischer Politik darstellt, erscheint allerdings die mangelnde institutionenanalytische Rückbindung als eine auffällige Schwäche. Das Konzept der „Kolonialisierung der Lebenswelt" erklärt die Entstehung von Institutionen aus dem systemischen Imperialismus heraus. Wie aber, um eine aktuelle Formel aufzugreifen, ließe sich ein unter die Imperative der Lebenswelt gestelltes Re-Embedding (Polanyi) der Systemwelt denken bzw. welche Rolle könnte den Institutionen aus dieser Perspektive der De-Kolonisierung im Rahmen deliberativer Prozesse zukommen (vgl. ähnlich Reese-Schäfer 1997: 147)? Auch andere Autoren weisen darauf hin, dass beispielsweise in Anbetracht von Reformen der Bürokratie, also eines Elements der dem System zuzurechnenden Institutionenwelt, die als Ergebnis gesellschaftlichen Drucks auf eine den Bedürfnissen der Menschen gerechter werdende Praxis zielen (Bürgerfreundlichkeit, angepasste Öffnungszeiten etc.), der „Offensivkraft der Lebenswelt" mehr Beachtung geschenkt werden müsse (van der Loo/van Reijen 1992: 143).

Positiv herauszustellen bleibt jedoch die konzeptionelle Erweiterung des Demokratiebegriffs, die in dem deliberativen Ansatz zum Tragen kommt. Demokratie steht in diesem Modell letztlich nicht mehr nur als Synonym der Chancengleichheit im Hinblick auf die Ausübung von Macht bzw. die Erlangung von Ämtern, sondern wird darüber hinaus zum Modus diskursiver Konsensbildung und der Sicherung sozialer Kohäsion durch Partizipation (vgl. Habermas 1976: 317ff). Insofern dabei gesellschaftliche Reformprozesse nicht nur aus der Perspektive der Administration bzw. als durch diese angestoßen gedacht werden, sondern überdies die breite Arena der politischen Meinungsbildung einbezogen ist, stellt es zugleich aber auch eine theoretisch-konzeptionelle „Wiederaufwertung des Politischen" (Reese-Schäfer 1997: 161) dar.

Michael Walzer (1999: 39ff) hat darüber hinaus allerdings darauf hingewiesen, dass es im Prozess demokratischer Politik eine ganze Reihe von erforderlichen Angelegenheiten, ja sogar notwendiger Bedingungen gibt, die sich mit dem Begriff der Deliberation nicht fassen lassen. Er hat dies ausdrücklich nicht mit dem Ziel getan, die Bedeutung der Deliberation zu bestreiten, sondern um deutlich zu machen, dass im politischen Prozess – wenn man ihn nicht allein durch die normative Brille betrachtet – neben dem Wert des vernünftigen Abwägens auch noch ganz andere Werte, wie z.b. Leidenschaft, Engagement oder Konkurrenz, eine Rolle spielen und dass dieser außerdem durch zahlreiche Aktivitäten getragen wird, die durchweg nicht deliberativer Natur sind. Zur Veranschaulichung hat Walzer eine Liste derartiger Aktivitäten erstellt, die ich an dieser Stelle jedoch nicht im Einzelnen rekapitulieren will. Es mag genügen, einige Beispiele herauszugreifen, um einen Eindruck davon zu geben, welche Art von Aktivitäten gemeint sind. Angeführt werden z.B. verschiedene Formen der politischen Bildung, in deren Folge politische Haltungen und Positionen von Menschen erst ausgebildet werden oder die – um ein weiteres Beispiel zu nennen – das Ziel verfolgen, durch die Festigung kollektiver Interessen Menschen zu organisieren. Auch die Mobilisierung von Menschen oder die Durchführung von Demonstrationen, Kampagnen oder gar Wahlen und die aus ihnen resultierende Regierungsbildung und erst das Regieren selber lassen sich nicht als Deliberation begreifen und sind gleichwohl Formen, ohne die eine reale Demokratie schwer vorstellbar ist. Viele dieser Formen haben mit dem antagonistischen Charakter verschiedener Interessen zu tun. Wenngleich dieser Umstand an sich im Modell der deliberativen Demokratie nicht bestritten, sondern im Gegenteil sogar als charakteristisches Moment der Pluralität moderner Gesellschaften herausgestellt wird, kommt bei dem Aufeinanderprallen dieser Interessen keinesfalls nur die Vernunft und das beste Argument zur Geltung. Machtungleichheiten sind in der kapitalistischen Gesellschaft nicht nur konstitutiv, sondern sie sind auch probate Mittel im Meinungsstreit. So gehört es zum Standardrepertoire großer Unternehmen, mit dem Abbau von Arbeitsplätzen oder dem Entzug von Kapital zu drohen, wenn ihnen unliebsame politische Entscheidungen oder Gesetze auf den Weg gebracht werden. Und selbst in Bezug auf das Rechtssystem oder Teile davon ist es doch durchaus nicht abwegig zu behaupten, dass die Verfügung über Geld den Rechtsbruch wenngleich zwar nicht „erlaubt" im Wortsinn, so doch erleichtert.[12] Bei antagonistischen Interessenkonflikten geht es oftmals nicht um Deliberation und um das bessere Argument, sondern darum, das Gegenüber durch das Ausspielen von Machtreserven in der Defensive zu halten. Der deliberative Prozess, so unersetzlich eine Argumentationskultur für die Demokratie ist, kann den mit verschiedenen o.g. Mitteln zu führenden Kampf um die Beseitigung sozialer Ungleichheit nicht ersetzen und ist, um zu einer prägenden Kultur zu werden, doch mehr und mehr auf die Einebnung sozialer Ungleichheiten, auf Menschen, die sich als Gleiche begegnen, angewiesen. Mit dem Blick auf die Geschichte, auf die Art und Weise, in der sich die Zivilisierung kapitalistischer Destruktion, Transformation und Dynamik bislang tatsächlich vollzogen hat, ist Walzer daher nur zuzustimmen, wenn er resümierend feststellt: „Diejenigen unter uns, die die Idee einer egalitären Gesellschaft verteidigen wollen, müssen schließlich begründen, daß eine solche Gesellschaft möglich ist, und müssen ein Bild dieser Gesellschaft entwerfen, das so plausibel (und inspirierend) wie möglich ausfallen sollte: Das ist unsere Utopie. Aber die Argumente und Entwürfe werden im schlechten Sinne utopisch sein, nämlich gefühlsselige und selbstbeweihräuchernde Beschreibungen eines 'Nirgendwo' – solange wir nicht auch die Männer und Frauen mobilisieren, die die Kränkungen der Klassenzugehörigkeit und die Traumata der Unterordnung wirklich erleben (oder mitempfinden)" (ebd.: 63f).

3.3 Regulation und Hegemonie

In der Perspektive der Regulationstheorie sind die aus den konkreten Bedingungen kapitalistischer Dynamik und sozialer Ungleichheiten resultierenden Interessenkonflikte der Motor von Veränderung im gesellschaftlich-politischen Institutionen- und Machtgefüge. Im Unterschied zu den beiden zuvor dargestellten Ansätzen stellt die Theorie der Regulation ein weniger in sich geschlossenes Modell dar, um Vorgänge in der gesellschaftlichen Realität analytisch zu strukturieren oder zu dechiffrieren. Sie ist treffender beschrieben als „ein empirisch und methodisch-theoretisch unabgeschlossenes Forschungsprogramm bzw. eine heuristische Konzeption" (Bieling/Deppe 1996: 482). Die Theorieentwicklung vollzog sich in ihren Anfängen vor allem in der Auseinandersetzung mit den aufbrechenden Krisenerscheinungen der durch die Regulationstheorie als Fordismus gekennzeichneten Periode des wohlfahrtsstaatlichen Kapitalismus insbesondere nach 1945, die in den entwickelten Zentren im Verlauf der 1970er Jahre einsetzten (vgl. Röttger 2003: 21). Ökonomische Stagnationstendenzen in Gestalt nachlassender Wachstumsraten und einer steigenden Arbeitslosigkeit wurden ebenso zu Indikatoren dieses Umbruchs wie der sich krisenhaft vollziehende Paradigmenwechseln von einer keynesianisch-wohlfahrtsstaatlichen zu einer neoliberal-individualistischen Wirtschafts- und Gesellschaftspolitik, der in Wechselwirkung stand mit einer zunehmenden Internationalisierung der Produktionsverhältnisse. Die Theorie der Regulation bewegte sich dabei jenseits der in dieser Zeit aufkommenden Mode, gesellschaftliche Verwerfungen und Fehlentwicklungen am Ende jener Prosperitätsphase nach 1945 vermittels zumeist recht eindimensionaler „Versagenstheorien" (z.B. Staat*versagen* in der Steuerpolitik oder Markt*versagen* im Umweltschutz etc.) oder gar der Verletzung von ökonomischen Gleichgewichtsbedingungen erklären zu wollen. Ihr Anspruch bestand und besteht vielmehr darin, entgegen solchen Verkürzungen die maßgeblichen Konditionen, Rhythmen und Formen sozialer Transformationen des sich ebenso dynamisch entwickelnden wie in soziale Gegensätze gespaltenen Kapitalismus in räumlichen und zeitlichen Bezügen herauszuarbeiten. Im Mittelpunkt steht dabei zum einen die Frage nach den

Voraussetzungen von Systemkohärenz und den Möglichkeiten der Identifikation entsprechender Stadien der aufgrund ihrer inneren Transformationsdynamik potentiell instabilen kapitalistischen Gesellschaftsformation. Zum anderen geht es um das Ziel, die verschiedenen Gesetzmäßigkeiten und Kräfte, die diesen Prozess intern vorantreiben, und ihr Verhältnis zueinander im Sinne einer sozialen Topografie zu bestimmen (vgl. Aglietta 1979: 187).

3.3.1 Kohärenz und Krise – Regulation als Theorie sozialer Transformation

Der Begriff der Regulation selber ist ebenfalls naturwissenschaftlichen Modellen systemischer Selbstreproduktion entlehnt und bezeichnet in seiner sozialwissenschaftlichen Lesart ein historisch spezifisches Set von „'Spielregeln' und Normen, die soziale Handlungen und auch Strukturen im Rahmen eines Reproduktionszusammenhangs kanalisieren" (Hübner 1989: 29). Das soziale Handeln gesellschaftlicher Akteure steht im Unterschied zur Luhmannschen Systemtheorie dabei nicht außerhalb, sondern im Mittelpunkt des Konzepts von Selbststeuerung, die sich dann über die Herausbildung und Veränderung politisch-institutioneller Arrangements vermittelt (vgl. ebd.: 28). Das Vorhaben, die Regulation eines Systems in Veränderung zu definieren, führt, so Michel Aglietta, dessen „Theory of Capitalist Regulation" (1979) häufig als „Pionierarbeit" der Regulationsschule bezeichnet wird (vgl. ebd. 54, Bieling/Deppe 1996: 483), daher zu einem veränderten Konzept des Systems. Der Kern des systemisch definierten Bereichs ist ein Verständnis des Kapitalverhältnisses „als sich selbst verwertender Wert" (Marx, MEW 23: 329). Der Fokus richtet sich dabei allerdings nicht nur auf die Struktur funktionaler Abhängigkeiten, sondern auf die Hierarchie zwischen den das System konstituierenden Relationen (vgl. Aglietta 1979: 12). „A social system constitutes a morphology, in other words a space structured by relationships subject to the principles of qualitative difference and unequal influence. Such system develop in a way that reproduces a basic invariant element in each of their component parts, that is a determinant relationship whose presence is what assures the system its integrity and cohesion" (ebd.: 19). Neben systemtheoretischen Elementen greift die Theorie der Regulation hierbei auf zwei weitere Quellen zurück. Zum einen auf die ökonomische Theorie im Allgemeinen bzw. die Kritik der politischen Ökonomie im Besonderen und zum zweiten auf die (anthropologische) Theorie des Strukturalismus[13] französischer Prägung. Auf dieser Grundlage analysiert der Regulationsansatz den Kapitalismus „als komplexes System gesellschaftlicher Verhältnisse und er betrachtet diese Verhältnisse als durch gesellschaftliche Handlungen produziert" (Jessop 2001b: 36).

Ihre logische Fundierung findet die Regulationstheorie dabei in der Methode der Abstraktion als einem analytischen Ansatz der Untersuchung konkreter, historisch determinierter sozialer Beziehungen. Die Historizität ist dabei konzipiert als integraler Bestandteil eines gedanklich-experimentellen Prozesses der Forschung nach den Kräften der Systemtransformation und der -kohäsion (vgl. Aglietta 1979: 15f). Ziel ist es, strukturbildende Gesetzmäßigkeiten des Kapitalismus in ihrer Bedeutung für aktuelle Formierungs-, Wandlungs-, Integrations- und Desintegrationsprozesse – nicht zuletzt im Hinblick auf das Handeln und die Handlungsoptionen gesellschaftlicher Akteure – zu erfassen. „Das Instrument der Abstraktion ist (...) idealerweise nicht die Rückkehr des Denkens zu sich selbst, es ist ausschließlich als experimentelles Verfahren zur Untersuchung des Konkreten angelegt. Der Untersuchungsbereich der gesellschaftlichen Verhältnisse in jeweiliger historischer Konkretionsebene bewirkt, daß Begriffe nicht für alle Zeit auf einer Abstraktionsebene eingeführt werden. Sie verändern sich auf dem Wege vom Abstrakten zum Konkreten, und das Konkrete soll so Bestandteil von Theorie werden können" (Timpf 2000: 240f). Im Mittelpunkt der Analyse stehen dabei vier Problembereiche: Erstens, die Frage nach den Kräften, die das Gesellschaftssystem prägen und seine Kohärenz sichern. Zweitens, die Frage nach der Evolutionsfähigkeit dieser Konstellation. Drittens, die Frage nach den Ursachen qualitativer Transformationen in den Produktionsverhältnissen. Und viertens, die Frage nach der Möglichkeit der Identifizierung spezifischer Perioden kapitalistischer Entwicklung im Zusammenhang mit dem Aufbrechen oder der Bewältigung struktureller Krisen der Produktionsweise (vgl. ebd).

Aglietta hat in einer seiner spärlichen Anmerkungen zum methodischen Vorgehen betont, dass regulationstheoretische Arbeiten hinsichtlich ihrer empirischen Bezüge nicht auf reiner Faktenerhebung basieren können, sondern sich vor allem auf die Aufarbeitung vorliegender Ergebnisse stützen müssen. Das Anliegen ist dabei nicht die Verifizierung oder Falsifizierung einer abgeschlossenen Theorie, sondern eine Form der Konzeptualisierung, die das Hinterfragen von Fakten und darauf basierenden Deutungen einschließt. Fakten werden in diesem Zusammenhang nicht als isolierte Erscheinungen betrachtet, sondern als Ausdruck von sich prozesshaft verändernden und ineinander übergreifenden Beziehungen und Verhältnissen. Das Konkrete, so Aglietta, kann nur am Ende eines ganzheitlichen Prozesses der Interaktion von deduktiven und kritischen Momenten erfasst werden (vgl. Aglietta 1979: 66). Im Unterschied zu den verschiedenen Varianten des 'methodologischen Individualismus' geht der regulationstheoretische Ansatz von der Fähigkeit der Menschen aus, kollektive Interessen auszubilden und zu verfolgen, wodurch zugleich das Feld des Politischen konstituiert wird und Politik im Sinne der Schaffung von Institutionen in jedem Fall nicht das Ergebnis einer individuellen Praxis ist (vgl. ders.: 25).

Der regulationstheoretische Ansatz beschränkt sich folglich nicht auf das Studium abstrakter ökonomischer Gesetze, sondern bezieht darüber hinaus auch die Transformation sozialer Verhältnisse ein und will diese in ihren konkreten räumlichen und zeitlichen Bezügen im Sinne einer Ungleichgewichts- oder Diskontinuitätstheorie herausarbeiten (vgl. ders. 1979: 16, Hübner 1989: 16ff). „The study of a movement, moreover, is the study of changes of state. If a system is described as dynamic, then the constitutive relationships of this system must have a logic of internal transformation" (Aglietta 1979: 12).[14] Der Anspruch der Regulationstheorie, die dem Kapitalismus eigene Dynamik und die daraus resultierenden Entwicklungsprobleme und -barrieren bzw. die Art und Weise ihrer Bewältigung in der jeweils historisch bestimmten Formen zu rekonstruieren, macht ein entsprechendes begrifflich-analytisches Instrumentarium erforderlich. Diesem liegt zunächst ein besonderes Verständnis von Zeit in Bezug auf Gesellschaft und ihre Entwicklung zugrunde. Denn die Systementwicklung in ihrer zeitlichen Dimension zu erfassen, setzt einen Begriff von Zeit voraus, der sich nicht unbedingt aus dem linearen Zeitverlauf selbst ergibt. Zeit ist vielmehr eine Kategorie, die durch die Theorie erst konstruiert werden muss und dort als Periodisierung, als Bestimmung spezifisch abgrenzbarer Phasen sozialökonomischer Entwicklung auftritt. Ihre Substanz wird durch die Veränderungen in den sozialen Beziehungen bestimmt.[15] Um das Neue darin identifizieren zu können ist es notwendig, die Brüche in der gesellschaftlichen Evolution und die Genese neuer sozialer Formen in Rechnung zu stellen. Dann erst ist es möglich zu zeigen, wie diese den konkreten Ausdruck fundamentaler Gesetze des Kapitalismus verändern (vgl. ebd.: 23f). Von besonderer Bedeutung sind in diesem Zusammenhang die von Aglietta als intermediär charakterisierten Konzepte des Akkumulationsregimes und der Regulationsweise (vgl. ebd.: 68/187, Hirsch 1995: 48).

Das Akkumulationsregime kennzeichnet den konkreten Modus sozialer Transformation in Bezug auf die Produktionsbedingungen und der Verwendung des gesellschaftlichen Produkts. Dabei trägt es dem Umstand der tendenziellen Instabilität des kapitalistischen Reproduktions- und Verwertungsprozesses Rechnung und rekurriert darüber hinaus auch auf die sozialen Widersprüche kapitalistischer Vergesellschaftung (vgl. Demirović 1992: 132). Die besondere Qualität eines Akkumulationsregimes besteht darin, dass es eine dynamische Konstellation darstellt, die in makroökonomischer Hinsicht über eine längere Zeit hinweg einen Ausgleich bzw. eine Entsprechung zwischen der Entwicklung der Produktion, einschließlich der organisatorisch-technischen Entwicklung des Arbeitsprozesses (des technologischen bzw. industriellen Paradigmas) und der gesellschaftlichen Konsumtion gewährleistet (vgl. Jessop 2001b: 20, Hirsch 1995: 49). Es repräsentiert damit „ein bestimmtes Entsprechungsverhältnis zwischen den Veränderungen der Produktionsbedingungen (dem Volumen des eingesetzten Kapitals, der Distribution zwischen den Branchen und den Produktionsnormen) und den veränderten Bedingungen des Endverbrauches (Konsumnormen der Lohnabhängigen und anderer sozialer Klassen, Kollektivausgaben, usw.)" (Lipietz zit. nach Bieling/Deppe 1996: 483). Aglietta schärft diese Kategorie in drei Untersuchungsschritten: *Erstens*, anhand der Art und Weise der Nutzung der Arbeitskraft. Dieser Aspekt beinhaltet beispielsweise sowohl die Länge eines normalen Arbeitstages, die Bedingungen von Einstellung und Kündigung für die Unternehmen, wie auch die Regelung des Mindestalters oder den Rahmen legitimer Gewerkschaftspraktiken. *Zweitens*, in der Analyse der Bestimmungsgrößen des Arbeitslohns, d.h. der üblichen Aushandlungsverfahren sowie der Schieds- und Schlichtungsverfahren im Konfliktfall. *Drittens*, in der Betrachtung der konkreten Formen der Regulation der Reproduktionskosten der abhängig Beschäftigten, etwa im Hinblick auf die Schaffung von hinreichenden Bedingungen der Mobilität individueller Arbeitskraft durch staatliche Maßnahmen der Arbeitslosenunterstützung oder auf die Standardisierung der Risiken temporärer Arbeitsunfähigkeit durch Versicherungssysteme (auf freiwilliger oder zwangsweiser Grundlage) etc. (vgl. Aglietta 1979: 69).

Stabilität erlang ein Akkumulationsregime aufgrund der „konstitutiven Unvollkommenheit des Kapitalverhältnisses" (Jessop 2001b: 29), allerdings nicht allein durch die Kompatibilität ökonomischer Strukturen und Prozesse. Schließlich ist es nicht zuerst das Gesetz des Tauschs, das eine Gruppe von Individuen zusammenhält, sondern vielmehr die Verteilung von Aufgaben. Diese erst ermöglicht es, von Gesellschaft zu sprechen. Unter den Bedingungen des Kapitalismus allerdings wird der gesellschaftliche Zusammenhalt durch diejenigen Formen der Bestätigung privater Arbeit verwirklicht, die aus der Verwandlung der Arbeitsprodukte in Waren resultieren (vgl. Aglietta 1979: 187). Um eine Zivilisierung der kapitalistischen Dynamiken zu erreichen, bei der die Arbeitskraft bzw. das produktive Potential einer Gesellschaft nicht vernutzt wird (im Sinne sowohl von Über-, als auch von Unterbeanspruchung), muss die ebenso gigantische wie richtungslose Produktivkraftentwicklung nach den Gesetzen der Akkumulation gesellschaftlich eingebettet, also durch die Gesellschaft an die Bedingungen ihrer selbst angepasst werden. Für ein solch kohärentes Modell ist es erforderlich, dass das Akkumulationsregime mit einer spezifischen Regulationsweise korrespondiert, d.h. mit strukturellen, institutionellen und rechtlichen „Spielregeln" der Absicherung der gesellschaftlichen Reproduktion, die das Ergebnis des Handelns konkreter gesellschaftlicher Akteure sind. „Eine Regulationsweise ist eine Gesamtheit von Vermittlungen, die die von der Kapitalakkumulation hervorgerufenen Verwerfungen so eingrenzt, dass sie mit dem sozialen Zusammenhalt innerhalb der Nation vereinbar sind. Dieses Phänomen der Vereinbarkeit ist stets in Kontexten wahrnehmbar, die mit bestimmten geschichtlichen Momenten verbunden sind" (ders. 2000: 11).[16] Die Regulationsweise ist dann die konkrete, in raumzeitlichen Bezügen definierte Artikulation abstrakter Gesetze des Kapitalismus. Diese existieren nicht an sich, sondern müssen „rekursiv als Tendenzen durch gesellschaftliche Praxen reproduziert werden – gesellschaftliche Praxen, die immer (und unvermeidlich) *bestimmte* meinen, die sich mehr oder weniger eng als Momente einer spezifischen Regulationsweise artikulieren" (Jessop 2001b: 31).

3.3.2 Institutionelle Formen und Hegemonie – Regulation als Artikulation sozialer Widersprüche

Akkumulationsregime und Regulationsweise stehen also in einem wechselseitigen Ermöglichungs- bzw. Wirkungsverhältnis. Der Akkumulationsprozess weist dann eine relative Stabilität auf, wenn er mit einem System gesellschaftlicher Regulation verbunden ist, d.h., wenn die Arbeits- und Lebensweisen sowie die Formen der Wahrnehmung von Interessen mit den Akkumulationsbedingungen korrespondieren (vgl. Hirsch 1995: 49). Beide, Akkumulationsregime und Regulationsweise, sind nicht die Folge des Wirkens anonymer Gesetzmäßigkeiten des Kapitalismus, sondern Resultate kollektiven gesellschaftlichen Handelns – freilich im Rahmen der für die Existenz des Kapitalismus konstitutiven Bedingungen. Die Regulationsweise ist daher keine aus den gesetzten Bedingungen des Akkumulationsregimes abgeleitete Größe. Umgekehrt gilt gleiches. Beide umreißen Felder sozialen Handelns, was Aglietta dazu veranlasst in Bezug auf deren Verhältnis von einem Modus der Artikulation zu sprechen (vgl. z.B. Aglietta 1979: 117/189, Demirović 1992: 136). Der Regulationsbegriff verweist folglich nicht auf die Herstellung oder Durchsetzung bestimmter, sich quasi sachzwanghaft ergebender Anforderungen an die (politische) Absicherung von Reproduktion, sondern auf die prägende Rolle sozialer Macht- und Kräfteverhältnisse, „deren Ausgestaltung grundsätzlich offen ist" (Röttger 2001: 39).

Das regulationstheoretische Konzept der Artikulation basiert auf einer spezifischen Definition unterschiedlicher sozialer Räume. Aglietta differenziert zwischen dem abstrakten gesellschaftlichen Raum (der Wertsphäre) und dem konkreten Raum von Aktivitäten bzw. zwischen den generellen und spezifischen Determinanten von Arbeit. Um diese beiden Räume ins Verhältnis zu setzen schlägt er die Konstruktion eines intermediären, theoretischen Raums vor, den der *sozialen Form* (vgl. Aglietta 1979: 187). Das Gesetz der Reproduktion des Lohnverhältnisses im theoretischen Raum der sozialen Form ist zugleich das Prinzip der organischen Einheit all derjenigen verschiedenen Formen, die seine Komplexität bestimmen. Diese bezeichnet die Regulationstheorie als *strukturelle oder institutionelle Formen*. Sie stellen einen Modus der sozialen Vermittlung verschiedener Formen dar, die aus der Entwicklung derselben sozialen Basisverhältnisse entstehen (vgl. ebd.: 188, ders. 2000: 20). Als zentrale institutionelle Formen gelten: das Waren- bzw. Geldverhältnis (u.a. Geldsteuerung und -zirkulation), das Lohnverhältnis (u.a. Arbeitsorganisation und -zeit, Konsumnormen etc.), das Konkurrenzverhältnis (u.a. Art und Umfang von Konzentrations- und Zentralisierungsprozessen), Internationale Regime (u.a. Handelsabkommen u.ä.) und staatliche Formen (u.a. rechtliche und ökonomische Interventionspraktiken) (vgl. Demirović 1992: 132, Röttger 2003: 25). Strukturelle bzw. institutionelle Formen entwickeln sich mit der materiellen Transformation der Produktion und sind in theoretischer Hinsicht zugleich Ausdruck der Artikulation sozialer Verhältnisse. Sie repräsentieren die konkrete Formgestalt von Akkumulation und Regulation, von Ökonomie und Politik (vgl. Röttger 2001, Aglietta 1979: 189). Besondere Aufmerksamkeit widmete die Regulationstheorie in ihren Anfängen dem Lohnverhältnis, das als abstrakter Begriff den Warencharakter der Arbeit und ihren Charakter als integraler Bestandteil des Kapitals als gesellschaftlichem Verhältnis umfasst.[17] Hübner hat drei Ebenen herausgearbeitet, auf denen das Lohnverhältnis innerhalb der Regulationstheorie thematisiert wird. *Erstens*, die Ebene der konstitutiven Bedingungen und der Organisation von Lohnarbeit. *Zweitens*, die Ebene der Lohnzusammensetzung im Hinblick auf direkte leistungsbezogene und indirekte sozialpolitische Lohnbestandteile. Und *drittens*, die Ebene der Reproduktion der Arbeitskraft im Hinblick auf den Grad der Einbindung in das Kapitalverhältnis durch Qualifikationsformen, Lebensweise, Konsumnorm etc. (vgl. Hübner 1989: 24).

Um zu zeigen, dass die Schaffung bzw. Ausformung sozialer Vermittlungen im Sinne politisch-institutioneller Arrangements unter Bedingungen der Konflikthaftigkeit von Gesellschaft den zentralen Prozess der Reproduktion sozialer Verhältnisse darstellt bzw. wie sich dieser Prozess vollzieht, nimmt Aglietta Bezug auf das Konzept der Hegemonie bei Gramsci. Dieser hatte, wie Laclau/Mouffe (1991: 39ff) in ihrer Genealogie des Hegemoniebegriffs nachzeichnen, an der Entwicklung dieser Kategorie einen entscheidenden Anteil. Wurde der Begriff zunächst, wie etwa im Rahmen der Klassenbündnisorientierung bei Lenin, in dem sehr eingeschränkten Sinn einer strategisch-politischen Perspektive verwendet, so fand er durch Gramsci eine inhaltliche Erweiterung, die in einem durchaus klassenübergreifenden Sinne auch die intellektuellen und moralischen Leitbilder und Werte der Gesellschaft in den Blick nimmt (vgl. Gramsci 1991ff: 1264). Diese Faktoren sind es, die Gramsci zu folge die Basis für „einen 'Kollektivwillen' formen, der durch die Ideologie zum organischen Zement wird, der einen 'historischen Block' vereinheitlicht" (Laclau/Mouffe 1991: 110). Der Begriff der Ideologie hat in diesem Zusammenhang nicht die Konnotation des Weltbildes, der Idee o.ä., sondern wird als materieller Ausdruck der konfliktiven „politisch-ideologischen Artikulation verstreuter und fragmentierter historischer Kräfte" (ebd.: 111) verstanden. Er ist in den Institutionen und der Bürokratie verkörpert und weist ob der in ihm versammelten heterogenen ökonomischen, sozialen und politischen Einflüsse über vereinfachende Basis-Überbau-Schemata hinaus.

Hegemonie ist insofern das Resultat des Zusammenwirkens unterschiedlicher und konkurrierender Strategien kollektiver gesellschaftlicher Akteure, die in der Verfolgung ihrer Interessen, da sie diese nicht durch Zwang allein durchsetzen können, auf Anknüpfung an andere Interessenlagen gesellschaftlicher Klassen und Schichten auf unterschiedlichen intermediären Feldern innerhalb der Zivilgesellschaft (società civile) angewiesen sind. Der Begriff ist konzeptionell weiter gefasst als der Begriff der (Handlungs-) Strategie. Defizite anderer kritischer Theorien, insbesondere in Bezug auf ihr instrumentelles Politik- bzw. Staatsverständnis, sollen durch den gramscianischen Gedanken, „daß selbst elementare kapitalistische Verhältnisse sich niemals vom Konsens und den Alltagsgewohnheiten der Individuen ablösen können" (Demirović 1992: 148), überwunden und das Feld der sozialen Auseinandersetzungen im Hinblick auf die Optionen kollektiven Handelns neu erschlossen werden (vgl. Aglietta 1979: 29, Bieling/Deppe 1996: 482f). Hegemonie entsteht also nicht als abstraktes Konzept, sondern ist als eine Verallgemeinerung der Interessen einer sozialen Klasse oder einer klassenübergreifenden Bündniskonstellation bestimmter Schichten zu begreifen, die sich ihrerseits erst in sozialen Konflikten ausbildet und sich über die Alltagspraxen der Individuen als soziale „Normalität" vermittelt. Der Staat übernimmt dabei keine die Regulation steuernde Funktion, sondern ist selbst Teil der Formierung einer konkreten Regulationsweise. Die konkreten Aufgaben des Staates, seine institutionelle Ausgestaltung oder die praktischen Formen der Ausübung seines Gewaltmonopols u.a. sind zugleich immer Felder sozialer und politischer Auseinandersetzungen konkurrierender Interessen, Ideologien und Strategien. Weder Form noch Inhalt staatlicher Interventionen noch die Art und Weise der Institutionalisierung gesellschaftlicher Beziehungen sind festgeschrieben, sie selbst „verändern sich mit den Bedingungen der Regulation" (Hirsch 1995: 52). Ist die Artikulation von Akkumulationsregime und Regulationsweise so ausgeprägt, dass sie einen im Zeitverlauf relativ stabilen Rahmen[18] für die Dynamik kapitalistischer Entwicklung ermöglicht, so kann diese Phase als spezifisches Entwicklungsmodell unter den Vorzeichen der Hegemonie eines historischen Blocks beschrieben werden. Obgleich der Begriff dazu verleitet, ist ein solcher historischer Block nicht gleichzusetzen mit einer reinen Bündniskonstellation politischer Subjekte, sondern muss vielmehr als ein durch die Verknüpfung identitätsrelevanter Themenfelder diskursiv strukturierter sozialer Raum verstanden werden.[19] „In diesem übernehmen diejenigen sozialen Kräfte die Führung, die das Akkumulationsregime und die Regulationsweise strategisch und politisch-ideologisch in ihrem Sinne gestalten und Bündnisse formieren. Die Art und Weise, in der sich damit Ideologien, soziale Identitäten und Interessen formieren und legitimieren, nennt die Regulationstheorie soziales Paradigma" (Bieling/Deppe 1996: 484). Dieses soziale Paradigma eines spezifisch-historischen Blocks repräsentiert zugleich jenes Set konsensstiftender Begriffe, „in denen die Individuen ihre Gewohnheiten als allgemein akzeptierte und von allen geteilte wiedererkennen; und diese Begriffe werden von großen und kleinen Intellektuellen systematisch ausgearbeitet und in der Gesellschaft verbreitet" (Demirović 2001: 61). Umgekehrt markiert das Auseinanderfallen der Kohärenz von Akkumulationsregime und Regulationsweise einen Zustand krisenhafter sozialökonomischer Umbrüche. Regulation und Hegemonie stehen also in Wechselwirkung zueinander, sie bedingen sich gegenseitig, schaffen einander ihre Voraussetzungen. So wie

Akkumulationsregime und Regulationsweise für ihre Durchsetzung eines hegemonialen Fundaments bedürfen, auf dessen Basis erst Kohärenz möglich ist, so stellen sie zugleich den gesellschaftlich-institutionellen Bezugspunkt jeglicher Hegemoniebildung dar (vgl. Hirsch 1995: 58).

Kontinuität und Bruch werden in diesem Zusammenhang nicht als antithetischer Gegensatz, als sich ausschließende Zustände verstanden, sondern als sich bedingende und teilweise sogar überlagernde Bewegungsmomente im Prozess gesellschaftlicher Evolution. Der Evolutionsbegriff wird in der Regulationstheorie – darin durchaus dem Anliegen von Luhmann ähnlich – verwendet, um erstens zu verdeutlichen, dass die Gesellschaftsgeschichte ein offener Prozess ist, wobei zweitens die jeweils historisch-konkreten Resultate die Ausgangslage für den evolutorischen Fortgang oder aber auch das Münden in gesellschaftlichen Sackgassen bilden. Die Möglichkeiten strategischen Handelns gesellschaftlicher Akteure im Sinne der Durchsetzung bestimmter Ziele sind demnach begrenzt bzw. die sich letztlich auf der Basis der vorhandenen systemischen Zwänge verwirklichenden Strukturen werden in sozialen Konflikten gestaltet. „Es existiert", so Hirsch (2001: 33f), „kein Subjekt, das in der Lage wäre, Akkumulationsstrategien, Regulationsmechanismen oder hegemoniale Projekte zu planen und ihre erfolgreiche Implementierung zu garantieren". Oder, um es in den etwas abstrakteren Worten von Aglietta auszudrücken: „We can act in history, but we can not calculate it" (Aglietta 1979: 68) – hierin wird das regulationstheoretische Grundverständnis gesellschaftlicher Evolution auf den Punkt gebracht. Vor diesem Hintergrund ist auch die Frage der Periodisierung kapitalistischer Entwicklung letztlich eine Frage hegemonialer Konflikte und strategischer Auseinandersetzungen um Legitimität, Plausibilität und Kritik auf der Ebene der theoretischen Rekonstruktion gesellschaftlicher Wirklichkeit (vgl. Hirsch 2001: 46f).

Die Leistungsfähigkeit regulationstheoretischer Analysen liegt folglich nicht zuvorderst in der Analyse kurzfristiger konjunktureller Ungleichgewichte, sondern darin, zwischen diesen zyklischen Krisen des Wirtschaftsprozesses innerhalb einer bestimmten „Betriebsweise" des Kapitalismus bzw. einer bestimmten Periode kapitalistischer Entwicklung und den großen Transformationskrisen, den Umbrüchen zwischen diesen Perioden zu unterscheiden.[20] Deren Entstehung kann allein aus den Schwankungen des Akkumulationsprozesses nicht zufriedenstellend erklärt, sondern muss vielmehr als Infragestellung des Regulationsmodus selbst und der mit diesem jeweils verbundenen technischen und sozialen Paradigmen interpretiert werden. Konkreter Bezugspunkt der Fundierung der regulationstheoretischen Analyse ist die den entwickelten Kapitalismus in der die Zeit nach dem Zweiten Weltkrieg prägenden Periode des Fordismus bzw. die gegen Mitte der 1970er Jahre manifest werdende Krise dieser Formation und die Herausbildung postfordistischer Strukturen der Regulation, in deren Zusammenhang auch die Rückkehr der sozialen Frage steht. Ursprünglich wurde der Begriff des „Fordismus" ebenfalls von Gramsci (1991ff: 2063) eingeführt. Er bezeichnete in den 1920er Jahren damit das System der seinerzeit überdurchschnittlich hohen Löhne in den us-amerikanischen Fabriken des Autoherstellers Ford. Dieses Lohnsystem war für ihn „ein Phänomen, das abgeleitet ist von einer objektiven Notwendigkeit der modernen Industrie, die einen bestimmten Entwicklungsgrad erreicht hat" (ebd.: 2093), womit er vor allem auf den dort realisierten Grad an tayloristisch organisierter fließbandgestützter Massenfertigung zielte. Diese richtete nicht nur höhere Anforderungen an die Qualifizierung und Zuverlässigkeit der Beschäftigten, sondern bedurfte der Gewährleistung einer entsprechenden Massennachfrage auf Seiten der Konsumenten, was in einem steigenden Einkommensniveau zum Ausdruck kam. Ford's hohe Löhne waren insofern kein Akt der Menschenfreundlichkeit eines aufgeklärten Fabrikherren, sondern Bedingung des Funktionierens der konkreten Produktionsweise. Im Rahmen der Regulationstheorie erfährt der Fordismusbegriff allerdings eine entscheidende innovative Erweiterung. Denn während Gramsci tatsächlich nur auf das Ford-Modell Bezug nimmt, d.h. die Lohnhöhe als Element von Kaufkraft identifiziert, schließt die Regulationstheorie auch die wohlfahrtsstaatliche Flankierung des Akkumulationspfads durch Steuer-, Fiskal- und Einkommenspolitik in die Bestimmung des Fordismus ein. Massenproduktion und Massenkonsum werden durch eine Gestalt des Lohnverhältnisses vermittelt, das durch eine Umverteilungskomponente auf der Ebene wohlfahrtsstaatlicher Politik flankiert ist.[21] Es war daher auch kein Zufall, dass die Krise des Fordismus mit einem massiven Angriff des Kapitals auf die staatliche Sozialpolitik zusammenfiel. Denn zum einen war die Vergesellschaftung des Konsumtionsprozesses immer auch eine Erweiterung des Felds sozialer Kämpfe. Zum anderen konnte es aber nur so lange gelingen gleichzeitig die sozialen Kosten der Reproduktion der Lohnarbeit stabil zu halten und eine steigende Rate des Mehrwerts, also den entsprechenden Akkumulationsanreiz aus Sicht der Unternehmen zu gewährleisten, wie der tayloristische arbeitssparende technische Fortschritt (Steigerung der technischen Kapitalzusammensetzung) und das Wachstum des Konsums sich im Einklang miteinander befanden. Als die Grenzen der im vorherrschenden technologischen Paradigma gesetzten Möglichkeiten der Steigerung von Arbeitsproduktivität durch weitere Mechanisierung erreicht waren, stiegen auch die sozialen Kosten (vgl. Aglietta 1979: 165ff).[22]

Dieser Übergang vom Fordismus zum Postfordismus ist die gegenwärtige Form jener großen (säkularen) Krisen, die das konkrete Gesicht des Kapitalismus im Verlauf seiner Geschichte immer wieder verändert haben und den eigentlichen Focus der Regulationstheorie darstellen. Sie gehen einher mit dem Aufbrechen von tiefen politischen, ökonomischen und ideologischen Konflikten, in deren Verlauf sich das äußere Erscheinungsbild der gesamten Gesellschaft ebenso verändern kann, wie die gesellschaftlichen Kräfteverhältnisse im Innern. Erprobte gesellschaftliche Praxen und soziale Kompromisse, von der Gestaltung der Arbeitsverhältnisse über die konkreten Ziele und Aufgaben staatlicher Politik bis zu den Grundsätzen der sozialen Gerechtigkeit werden hinsichtlich ihrer Praktikabilität und vor allem ihrer Legitimität infrage gestellt oder aufgekündigt und es kommt zu Erosionen und Deformationen damit zusammenhängender politisch-institutioneller Arrangements und gesellschaftlicher Integrationsfähigkeit (vgl. Hirsch 1995: 63). Raumdimensionen und Zeithorizonte sind hierbei keine konstanten, sondern variable Faktoren, deren Bedeutung sich ändert und die gerade deshalb „eine Schlüsselvariable für die strukturelle Kohärenz bestimmter Akkumulationsregimes und Regulationsweisen" darstellt (Jessop 2001a: 21). So sehr die Diskussion über den Charakter dieser Übergangsepoche unabgeschlossen und kontrovers ist, so sehr sind einige zentrale Ebenen des Transformationsprozesses unstrittig: a) die Veränderung der industriellen Lohnarbeit infolge und im Zusammenspiel mit den weitreichenden Entwicklungen im Bereich von Informations- und Kommunikationstechnologien; b) die Einbeziehung neuer Schlüsselbereiche der gesellschaftlichen Reproduktion, etwa im Bereich öffentliche Güter und Dienstleistungen oder des menschlichen Körpers, in das Kapitalverhältnis (Kommodifizierung) bei gleichzeitig wachsendem Einfluss von Finanzkapital und institutionellen Anlegern im Akkumulationsprozess; c) der Umbau des Staates vom binnenorientierten und politisch-regulierenden Wohlfahrts- zum weltmarktorientierten politisch-deregulierten Wettbewerbsstaat; d) eine neue Dimension der Internationalisierung von Produktion, Handel und Kapitalmobilität (vgl. Deppe 2003b: 80ff). Freiwillig oder unfreiwillig spiegeln sich diese Veränderungen zumeist auch in den Handlungen und (veränderten) Handlungsoptionen der Individuen wider. Inwiefern diese akzeptiert oder abgelehnt werden kann den konkreten Krisenverlauf maßgeblich prägen (vgl. Hirsch 1995: 65). Dementsprechend vollziehen sich solche Formationskrisen nicht auf der Grundlage von konstanten Regelmäßigkeiten, sondern in Abhängigkeit von der historisch konkreten Gestalt des Akkumulationsregimes und der Regulationsweise.[23] Beide haben jeweils eigene Entwicklungslogiken und -dynamiken, die ihr Zusammenwirken früher oder später destabilisiert. Eine konstante Stabilität wäre nur denkbar, wenn entweder die relative Trägheit politisch-institutioneller und kultureller bzw. gesellschaftlich-evolutionärer Prozesse im Ganzen an die transformative Dynamik des Akkumulationsprozesses angepasst[24] oder umgekehrt eine radikale Entschleunigung der Ökonomie verwirklicht würde, wobei letzteres – unter gegebenen Rahmenbedingungen – wohl nur ein Gedankengang sein kann, der von kapitalistischen Konkurrenz- und Verwertungszwängen abstrahiert oder darüber hinaus weist (vgl. ebd.: 62).

Unter den widersprüchlichen, von der Verfolgung konkurrierender Zielstellungen geprägten und strukturierten Verhältnissen kapitalistischer Gesellschaften bedeutet Regulation letztlich, die (kollektiven) Interessen sozialer Klassen, Gruppen und Schichten dergestalt zu kanalisieren und miteinander zu verbinden, dass der gesellschaftliche Zusammenhalt ebenso gewährleistet ist wie die Vereinbarkeit struktureller Formen mit den Bedingungen der Kapitalverwertung innerhalb des Akkumulationsregimes (vgl. ebd.: 50). „The conditions for such a canalization of the class struggle involve the totality of social relations at any given time, and it is their study that forms the theory of capitalist regulation" (Aglietta 1979: 67). Hegemonie enthält insofern „als intermediärer Bereich umfassender Wissenspraktiken, Auseinandersetzungen um Lebensweisen und ihre Verallgemeinerung und ihre kompromißhafte Verschmelzung" (Demirović 1992: 155) immer auch das Moment des Konsenses. Darin einbezogen kann der soziale Konflikt zugleich zur Grundlage sozialer Kohäsion werden, indem er innovative Prozesse der Demokratisierung, der Institutionalisierung des Ausgleichs - d.h. der Zivilisierung -, vermittelt, die durch die Veränderung der Öffentlichkeit und konkrete Handlungsarenen ebenso auch auf die Kompetenzen der kollektiven Akteure und die Formen der Auseinandersetzung zurückwirkt (vgl. Hirsch 1995: 56).

3.3.3 Kompetenzen und Aporien –
Regulation und Handlungsperspektiven

Nach wie vor können Kritiker vor allem auf die Heterogenität des regulationstheoretischen Forschungsprogramms und die daraus resultierenden methodischen Probleme und analytischen Differenzen verweisen. Was beim Versuch der Grundlegung von Elementen einer gegenüber der dominanten Neoklassik alternativen Makroökonomie in den 1970er Jahren begann, dient heute als theoretische Referenzfolie für wesentlich umfassendere gesellschaftspolitische Fragen. Die Anwendungsbezüge reichen von der Analyse grundlegender Strukturveränderungen im Sinne globaler Arbeitsteilung und hegemonialer Einflüsse (vgl. Lipietz 1997), über Arbeiten, die sich insbesondere auf den Funktionswandel des Staates (vgl. Hirsch 1995, Jessop 1997) oder die Potentiale regionaler Strukturpolitik konzentrieren (vgl. Wissen 2000), bis zu Auseinandersetzungen, die die Entwicklung industrieller Beziehungen vor dem Hintergrund produktions- und arbeitsorganisatorischer Veränderungen untersuchen (vgl. Leborgne 1997) oder gar versuchen, das regulationstheoretische Instrumentarium für die Analyse transnationaler Integrationsprozesse (vgl. Bieling/ Deppe 1996, Röttger 1997) und internationaler Beziehungen (vgl. Brand/Brunnengräber u.a. 2000) fruchtbar zu machen. Es ist naheliegend, dass sich mit dieser Ausdifferenzierung des regulationstheoretischen Forschungsprogramms auch die Ebenen der Kritik verändert haben. In den 1980er und frühen 1990er Jahren richteten sich kritische Anmerkungen vorwiegend auf Modellierungsinkonsistenzen und die Identifikation empirischer Schwächen der Regulationstheorie in Bezug auf die Qualität und Stichhaltigkeit der Analyse der spezifischen fordistischen Periode des Kapitalismus - dem Gegenstand also, an dem sich die Theorie ursprünglich entwickelte. Im Zuge der politischen Entwicklung nach 1989 bis 1991 und den daran anschließenden gesellschaftlichen Entwicklungen rücken demgegenüber heute zunehmend solche Kritiken in den Vordergrund, die sich auf der Ebene bislang wenig oder unzureichend reflektierter gesellschaftstheoretischer Fragestellungen im Hinblick auf die allgemeine Natur des Kapitalismus bewegen. Kritiken und Fragen, die zugleich auch die Reichweite der Theorie in den Blick nehmen.[25]

So sind etwa die durch Hübner (1989) herausgearbeiteten Unterschiede hinsichtlich der zugrunde gelegten ökonomie-theoretischen Ansätze – zwischen marxistisch argumentierenden, werttheoretisch basierten Arbeiten (wie z.b. Aglietta und Lipietz) oder solchen, die sich eher an Keynes bzw. Kalecki orientieren und sich auf einer preistheoretischen Basis bewegen (wie z.b. Boyer) – und die daraus resultierenden Probleme theoretisch-analytischer Konsistenz damit keinesfalls irrelevant. Sie verlieren aber gegenüber solchen Kritiken zunehmend an Bedeutung, die grundlegende gesellschaftstheoretische Interpretationsmuster hinterfragen. Kritisiert wird hierbei insbesondere eine ungenügende Fundierung der Grundkategorien, die für die Analyse des dualen Verhältnisses von Struktur und Handlung in der Gegenwartsgesellschaft erforderlich ist. Beispielsweise konstatieren Esser/Görg/Hirsch (1994: 214), dass es der regulationstheoretischen Schule an einer hinreichenden Fundierung ihrer analytischen Grundkategorien mangele. Die Annahme etwa, dass in den Strukturen der kapitalistischen Gesellschaft zwar bestimmte Gesetzmäßigkeiten angelegt sind, diese aber ebenso wenig die Geschichte dieser Gesellschaften, d.h. ihre Entwicklungslogik, vorbestimmen wie sie als Bedingung sozialen Handelns die Akteure daran hindern, strukturtransferierend zu wirken, markiert aus ihrer Sicht einen zentralen Klärungsbedarf im Hinblick auf Fragen des Verhältnisses von Struktur und Handlung. Dieser erstrecke sich zum einen auf das Problem, wie es im Hinblick auf die beteiligten Akteure und ihre Handlung(smöglichkeit)en zur Herausbildung stabiler kapitalistischer Formationen kommt, und zum zweiten auf die Frage, „was die Voraussetzungen der Möglichkeit eines Bruchs mit der scheinbar ewigen Selbstreproduktion der grundlegenden Strukturprinzipien dieser Gesellschaftsformation sind" (ebd.: 215).

Andere Autoren kritisieren den Krisenbegriff der fordismusortientierten Regulationstheorie, demzufolge die Krise scheinbar zum gesellschaftlichen Dauerstadium seit den 1970er Jahren und der Begriff als solcher daher fraglich geworden ist (vgl. Candeias 2000). Röttger hingegen stellt die These auf, dass die Regulationstheorie zu sehr der Systematik des fordistischen Kapitalismus und der Spezifik seiner Krise verhaftet ist, um die tatsächliche Topografie des nachfordistischen Kapitalismus zu dechiffrieren. Auch Versuche, theoretische Lücken zu identifizieren – etwa im Hinblick auf die Rezeption des Geschlechterverhältnisses, des Naturverhältnisses oder soziologischer Defizite – und auszufüllen, haben dieses Problem nicht aufheben können, sondern teilweise durch methodische Beliebigkeiten eher noch verstärkt. Die Regulationstheorie, so der Vorwurf, habe „ihre Maßstäbe für die Bewertung der kapitalistischen Entwicklung eingebüßt" (Röttger 2001: 40). Allerdings münden auch diese Kritiken letztlich in der Anerkennung dessen, was im

Prinzip allen regulationstheoretischen Arbeiten als Zielstellung gemein ist, näm-lich dem Versuch, zu erklären, wie sich der Kapitalismus als ein widersprüchliches und hegemonial strukturiertes soziales Verhältnis vermittels der Artikulation ei-ner dominierenden Akkumulationsweise und institutioneller Formen reproduziert.

Zu den komplexeren Schwächen des Regulationsansatzes gehört allerdings, insbe-sondere was seine empirische Untermauerung betrifft, der weit gefasste Begriff der Hegemonie. Obgleich er innerhalb des Analyserahmens eine relativ prominente Stellung einnimmt und – gerade in Anbetracht der Frage nach Chancen und Be-dingungen der Zivilisierung kapitalistischer Dynamiken – wesentlich für das Interpretationsvermögen ist, unterliegt er einer relativ ungenauen Bestimmung (vgl. auch Demirović 1992: 133).[26] Dabei verweist das Hegemoniekonzept zwei-fellos auf Phänomene, die, wie etwa die derzeit scheinbar umfassende Definitions-macht neoliberaler Konzeptionen in der Wirtschaftspolitik, im Einzelfall durchaus der empirischen Überprüfung zugänglich sind. Die Frage ist daher nicht, ob sich hegemoniale Konstellationen nachweisen lassen, sondern vielmehr wie und wo-durch sie entstehen, wodurch sie erodieren bzw. was die Verallgemeinerung von Partikularinteressen ermöglicht und welche Rolle in diesem Zusammenhang gesellschaftstheoretisch-normativen Konzeptionen zukommt, die ja gerade seit dem Beginn der Krise jener fordistischen Formation des Kapitalismus einen un-übersehbaren Aufschwung erfahren. Denn das Handeln kollektiver Akteure, die Entwicklung sozialer Bewegungen ist letztlich nicht nur abhängig von der Wahr-nehmung und Lokalisierung von Entwicklungsbrüchen und -blockaden im streng ontologischen Sinne, sondern es erfordert – insbesondere als politisch-gestalten-des Handeln – auch Ideen und Vorstellungen davon, wie etwas sein sollte – die Beziehungen zwischen den Menschen oder auch zu ihrer natürlichen Mitlebewelt, das Verhältnis zwischen den Individuen und dem Staat oder eben auch die Orga-nisation gesellschaftlicher Arbeit und die konkrete Form der Arbeitsverhältnisse. Die Auseinandersetzung um 'das Gute' wiederum hängt eng mit der Frage nach 'dem Gerechten' zusammen (vgl. Goldschmidt 2000b). Aus der regulations-theoretischen Betrachtung heraus können normative Theorien der Gerechtigkeit als eine „wichtige Dimension der Vermittlung zwischen den kapitalistischen In-teressen und dem sozialen Fortschritt in der Arbeitsgesellschaft" (Aglietta 2000: 39) interpretiert werden. D.h. auch die Frage, was als sozial fortschrittlich und anerkennungsfähig gilt, wird zum diskursiv umkämpften Feld hegemonialer Aus-einandersetzungen. In Anbetracht der Gleichzeitigkeit von Erosion und Rekom-position sozialökonomisch-politischer Strukturen und Regeln, die mit der Trans-formation vom fordistischen zum postfordistischen Kapitalismus einhergingen und gehen, ist insofern erklärbar, dass und warum es zu den wichtigsten Aufga-ben der Gegenwart gehört, die Normen sozialer Gerechtigkeit neu zu definieren (vgl. ebd.: 78).[27] Antworten auf die Frage nach 'dem Guten' oder 'dem Gerechten' im Sinne von Maßstäben ergeben sich indes nicht allein aus der Analyse der gesellschaftlichen Praxis, sondern müssen vielmehr zunächst von dieser abstrahieren, um letztlich wieder darauf angewandt werden zu können.

Insgesamt mag der Rückbezug auf verschiedene theoretische Grundlagen und deren Kombination, der in den regulationstheoretischen Arbeiten zum Ausdruck kommt, den Eindruck erwecken, dass dabei wenig substantiell Neues hervorgebracht wird oder gar, wie Hübner (1989: 223) es zugespitzt formuliert hat, „mit der Rekombination von Theorieversatzstücken analytische Schärfe verloren geht". Diese Kritik übersieht jedoch leicht, dass gerade diese Kombination auch die Stärke des Ansatzes ausmacht. Denn, wie so oft bei interdisziplinären Ansätzen, liegt auch bei der Regulationstheorie das innovative Moment weniger in den möglichen Beiträgen zur Ausdifferenzierung und Operationalisierung der Instrumente der einzelwissenschaftlichen Disziplinen, derer sie sich bedient. Ihre Stärke besteht vielmehr darin, dass sie Zusammenhänge zwischen den von diesen isoliert betrachteten Einzelphänomenen herstellt. Und gerade vor dem Hintergrund der Komplexität und Reichweite der gesellschaftlichen Umbrüche am Beginn des 21. Jahrhunderts stellt sich dieses integrative Moment heute als eine wesentliche Qualität der Regulationstheorie dar. Denn die mit diesen Umbrüchen im Zusammenhang stehenden Veränderungen auf der Ebene hegemonialer Konzeptionen der intellektuellen Rekonstruktion und Legitimation gesellschaftlicher Wirklichkeit kennzeichnen einen Bedarf an sozialwissenschaftlichen Ansätzen, vermittels derer es ermöglicht oder erleichtert wird, in der Gleichzeitigkeit vermeintlich zusammenhangsloser Einzelerscheinungen Elemente eines umfassenden Vorganges zu erkennen. Die innovative Herausforderung regulationstheoretischer Arbeiten ist wohl tatsächlich die analytische Integration systemisch-struktureller Momente und solcher, die durch interessengeleitetes politisches Handeln gesellschaftlicher Akteure geprägt werden. Dafür liefern die vorhandenen analytischen Kategorien durchaus Anknüpfungspunkte. Denn, während das Verhältnis von Kapital und Arbeit im klassischen Sinne in der Beschreibung des Akkumulationsregimes aufgehoben ist, fließt die Analyse von Prozessen der politischen Willensbildung und der Entwicklung der Kräfteverhältnisse in die komplexe Kategorie der Regulationsweise ein. Beides zusammen beschreibt dann die spezifischen Konstellationen der Entwicklung einer Produktionsweise.

3.4 Schlussfolgerungen: Zivilisierung des Systems braucht Handeln im System

Welche Einsichten lassen sich nun aus dem Voranstehenden für die sozialwissenschaftliche oder politiktheoretische Bestimmung der Bedingungen eines 'Neuen Gesellschaftsvertrags' im Sinne gesellschaftlicher Zivilisierung gewinnen? Jede der drei dargestellten Theorien kann für sich zweifellos einen gewissen Erklärungswert im Hinblick auf die von ihr in besonderem Maße fokussierten Ausschnitte der sozialen Wirklichkeit beanspruchen und von keiner der beiden anderen ließe sich behaupten, dass sie dem betreffenden Ansatz in seiner speziellen Perspektive überlegen wäre. Die Theorie der systemischen Selbstorganisation Luhmannscher Prägung beschreibt mit bestechender Logik und einer verfänglichen Modellästhetik die Art und Weise der Autopoiesis sozialer Systeme, ihrer Codierung und Kommunikationsstruktur. Sie ist auf dieser Ebene m.E. letztlich eine Theorie der Verselbständigung der Dinge und ihrer Funktionslogik gegenüber den Menschen, die sie geschaffen bzw. ins Werk gesetzt haben. Gleichzeitig geraten die Potentiale menschlichen Handelns in einem entindividualisierten Begriff von Weltgesellschaft aus dem Blick. Mit dem Konzept des in der Lebenswelt angesiedelten Raums der zivilgesellschaftlichen Öffentlichkeit als alltagssprachlich-kommunikativem Gegenpol zur Sphäre systemisch-codierter Rationalität, versucht das Habermas'sche Modell der Deliberation hier einen anderen Akzent zu setzen. Einen Akzent, der die Erfordernis demokratischer Verfahren öffentlicher Beratung und des Meinungsstreits hervorhebt und damit zugleich das politische Handeln nicht nur – und im Unterschied zur Systemtheorie, in der Politik und Staat im Prinzip gleichgesetzt werden – breiter fasst, sondern diesem auch erheblich weitere Gestaltungshorizonte eröffnet.

Die reale Pluralität der Gegenwartsgesellschaft, auf die das Modell der deliberativen Demokratie rekurriert, ist ebenso wenig zu bestreiten, wie ihre Komplexität, auf die die Theorie der Selbstorganisation sozialer Systeme verweist. Und es ist unbestritten, dass einerseits keine Sozialwissenschaft ohne Formen der Reduktion von Komplexität auskommen kann, wie auf der anderen Seite unzweifelhaft ist, dass sie an deren Ausformung (mindestens im Sinne der begrifflichen Bestimmung) selbst beteiligt war und ist. Dies gilt, wo sie gesellschaftliche Verhältnisse transparent machen will ebenso, wie für das Ziel, Entwicklungsblockaden oder Entwicklungspfade aufzuzeigen. Denn selbst eine Theorie, die von sich behauptet, nur beobachtend zu sein, wirkt keinesfalls gesellschaftlich neutral. Je nach Blickwinkel verändert sich der Fokus auf das, was jenseits des Bekenntnisses, dass Markt und Tausch keine hinreichenden Grundlagen gesellschaftlichen Zusammenhalts sind, den Kern zukünftiger Zivilisierung des Kapitalismus ausmacht. Und dies ist keine nur theoretische Frage, denn die verschiedenen Konzepte von Selbstkonstitution finden auf der Ebene gesellschaftlicher Praxis durchaus reale Entsprechungen, die in der Vermittlung über den politischen Prozess mehr oder weniger zum Gegenstand theoretischer Selbstbestätigung werden können. Das Bild, welches Menschen sich von der Gesellschaft machen, fungiert letztlich als Referenz, auf deren Basis sie zukünftige Entwicklungen antizipieren und soziales Handeln geplant wird. Im Hinblick auf die Reflexion dieser Doppelbedeutung von Theorie geraten die Modelle der Selbstorganisation und der Deliberation jedoch an Grenzen. Was Narr (1994a/b) in einer kritischen Auseinandersetzung mit den jeweiligen rechtstheoretischen Positionen von Luhmann und Habermas herausgearbeitet hat, lässt sich m.E. in verallgemeinerter Form auch auf dieses Feld übertragen. Das systemtheoretische Konzept der Selbstorganisation als auch das kommunikationstheoretisch fundierte Modell der Deliberation zeichnen sich in Bezug auf die darin zum Ausdruck kommende Praxis der Theorieentwicklung durch zwei Eigenschaften aus, die ihren Nutzen für das Verständnis aktueller Prozesse des sozialen Wandels und folglich auch für deren Bewältigung begrenzen. Zum einen laufen beide Ansätze teilweise Gefahr, die gedanklich-abstrakte Reflexion über das soziale Sein zu sehr mit der Wirklichkeit selbst gleichzusetzen und damit gegenüber den konkreten Seins-Problemen – obgleich beide diese (ex post) dann zumeist in ihr Konstrukt zu integrieren vermögen – wenig erkenntnis- oder gar handlungsleitende Hilfestellungen geben zu können, sondern eher Ratlosigkeit zu verbreiten (vgl. Narr 1994b: 336). Zum zweiten sind beide mit ihrem Duktus der Großtheorie teilweise blind gegenüber der realen Bedeutung, die Theorie (gerade auf sich selbst angewandt) für die Selbstkonstitution und damit auch für den Prozess der Zivilisierung von Gesellschaft hat.

Demokratie wird in der systemtheoretischen Deutung zwar und in dieser Hinsicht sehr überzeugend als Modus des Selbstwiderspruchs von Herrschaft gefasst. Eingeschlossen in die systemtheoretische Kommunikations- und Funktionslogik entfaltet sich dieses Widerspruchsverhältnis jedoch nur begrenzt. Denn das Konzept von kommunikativer Selbstirritation ist auf einer Ebene angesiedelt, in der all diejenigen alltäglichen Kämpfe und sozialen Auseinandersetzungen um Demokratie – von der Beschränkung polizeilicher Gewalt oder einer verselbständigten Geldpolitik der Europäischen Zentralbank bis hin zur Ausweitung der Mitwirkungsrechte von Beschäftigten in den Unternehmen oder von Nichtregierungsorganisationen innerhalb der Welthandelsorganisation – außerhalb des Blickfelds bleiben. Das Zusammenspiel von funktionaler Logik und z.B. politischer Überzeugung oder interessengeleitetem Handeln, das in der gesellschaftlichen Realität allenthalben feststellbar ist und das die Alltagsstrukturen maßgeblich prägt, ist in diesem Rahmen nicht erfassbar. Ganz abgesehen davon, dass die Empfehlung, die Politik habe sich auf sich selbst zu beschränken, in Anbetracht ihrer sich gegenwärtig vollziehenden Beschränkung durch eine sich transnational organisierende Ökonomie für die Identifizierung von Zivilisierungspotentialen wenig hilfreich ist.

Demgegenüber setzt das Modell der deliberativen Demokratie auf die Erweiterung öffentlicher Räume als zivilgesellschaftliche Aktionsarenen (auch in transnationalen Beziehungen) im Sinne eines Gegengewichts zu den Tendenzen der systemischen Kolonialisierung der Lebenswelten. Dieser Ansatz stärkt den Aspekt menschlicher Gestaltungsmöglichkeiten, er bleibt jedoch unvollständig im Hinblick auf die Reflexion seiner praktischen Voraussetzungen: ohne engagierte und handlungsfähige Menschen kein Abbau sozialer Ungleichheiten und ohne diesen kein Mehr an sozialer Demokratie. Erst die Bereitschaft von Individuen subalterner Klassen und Schichten, die Bedingungen ihrer Subalternität infrage zu stellen, kollektive Interessen auszubilden und sich kooperativ zu vernetzen, bildet letztlich die Grundlage, auf der der Imperativ der Gleichheit der Menschen unter den Bedingungen ihrer natürlichen und strukturellen Ungleichheit in einem solchen Maße zu einem materiellen Anspruch wird, dass eine gedeihliche Grundlage für die Verwirklichung ideal-demokratischer Diskursbeziehungen in der Gesellschaft entsteht. Ohne diese Voraussetzungen entsprechend zu reflektieren, läuft Theorie Gefahr, die demokratischen Praxen in der realen Gesellschaft normativ zu idealisieren und den Blick für eine herrschaftskritische – und das heißt immer auch, die illegitimen Momente von Herrschaft identifizierende – Analyse zu verstellen.

Die Degradation von Menschen zu Umweltbedingungen des Systems oder die Dichotomie von System und Lebenswelt trennen gleichermaßen etwas, das eigentlich untrennbar ist, da das systemisch-dingliche sich nur über die Handlungen der Individuen reproduzieren kann und in diesem Prozess gleichzeitig zur lebensweltlichen Determinante wird. Wenn etwa der Markt, also ein relevanter Teil des ökonomischen Systems, überhaupt nur als Resultat menschlichen Handelns zu begreifen und seine Fortexistenz – oder gar sozialräumliche Expansion – nur infolge der kontinuierlich bestätigenden Praxis auf der Ebene des lebensweltlichen Alltagshandelns der Menschen denkbar ist, wie ist dann die Trennung von Mensch und System oder von System und Lebenswelt zu verstehen? Genaugenommen verschleiert diese analytische Trennung einen Zusammenhang der gleichsam systemimmanent und eine notwendige Funktionsbedingung ist. Diese Trennung, so Narr, ist gerade deshalb nicht aufrecht zu erhalten, „weil eben diese ‚Systeme‘ dynamisch notwendig in die ‚Lebenswelt‘ eindringen und immer schon eingedrungen sind – nicht erst in ‚kolonialisierender‘ Abweichung von ihrem funktionalen Sinn – und weil sich ‚Lebenswelt‘ in den ‚Systemen‘ dehnt oder verkürzt. Die monoman verfolgte, eng verschlungene Sequenz von Zielen, die vom Konkurrenzmechanismus angetrieben wird und ihn in Schwung hält, lautet: Profit-Macht, Wachstum, Produktivität, Innovation, Wohlstand und erneut Profit-Macht, Wohlstand, Herrschaft...“ (ebd.: 339).

Die Regulationstheorie stellt demgegenüber in ihrer Orientierung auf die Analyse der Artikulationsverhältnisse von Ökonomie und Politik, von Interessen und sozialen Konflikten und die historisch-spezifische Veränderung von Räumlichkeiten gerade vor dem Hintergrund der gegenwärtigen Transformationsprozesse, der darin zum Tragen kommenden (ökonomischen) Systemdynamiken und neuen (sozialen) Ungleichheitsrelationen einen innovativen Ansatz dar – zumindest dann, wenn ein Verständnis von Wissenschaft in der Absicht eingreifender Forschung zugrunde gelegt wird. Unbenommen ihres Charakters als ‚Theory in Progress‘ werden sowohl systemische (Verwertungs-) Zwänge in den Blick genommen als auch Konflikte um Macht und Herrschaft und um soziale Hegemonie im umfassenden Sinne einer intellektuellen und praktischen Definitionsgewalt. Im Unterschied zu anderen Ansätzen geht die unvermeidliche Komplexitätsreduktion bei der Regulationstheorie nicht zu Lasten der Identifikation konkreter Handlungs- und Gestaltungsoptionen der gesellschaftlichen Akteure oder Akteursgruppen. Weder werden sie durch die Konstruktion autopoietischer und selbstreferentieller Subsysteme analytisch ausgegrenzt, noch verschwimmen die Voraussetzungen der Bewältigung realer sozialer Ungleichheiten und ihrer strukturellen Bedingungen hinter einer normativ aufgeladenen Konzeption von Selbstreflexion, bei der die „Selbstwahrnehmung und Selbsteinwirkung kollektiver Akteure [der] 'Selbstan- wendung' systemischer Mechanismen" (Habermas 1998a: 82f) dichotomisch ge- genübergestellt wird. Regulation, verstanden „als Prozess der gesellschaftlichen Selbstkonstitution" (Bieling/Deppe 1996: 485), umfasst nicht nur die Art und Weise, in der Gesellschaft sich heute selbst thematisiert. Auch die in diesem Pro- zess zum Tragen kommenden Ideologien, sozialen Identitäten, Interessen und Kräfteverhältnisse fließen in die Analyse ein, um auf dieser Grundlage Perspekti- ven für die Zivilisierung der richtungslosen Transformationsdynamik des Kapita- lismus zu gewinnen. In Anbetracht der Allgegenwärtigkeit, die die „soziale Kon- struktion von Wirklichkeit" (Berger/Luckmann zit. nach Narr 1994a: 334) entfal- tet, besteht das primär Politische intellektueller Arbeit, so Narr (1994a: 334) in Anlehnung an Foucault, gerade darin, die in den dominierenden Begriffen und Kategorien enthaltene Definitionsmacht gegenüber den konkreten sozialen Ver- hältnissen in die Verantwortung zu nehmen. Theorie darf weder, wie bei Luhmann, als endgültiges Begriffssystem allein aus dem Kopf des Theoretikers entspringen, noch, wie bei Habermas, in immer luftigeren Höhen begrifflicher Abstraktion zur Form einseitiger Auseinandersetzungen mit anderen Positionen werden. Vielmehr muss es im Prozess der Theoriebildung darum gehen, zu verdeutlichen, wovon abstrahiert wird und welche Momente das gewählte Verfahren der Abstraktion ausblendet (vgl. ders. 1994b: 335).

Zusammenfassend lassen sich die unterschiedlichen Kompetenzen der darge- stellten Theorien am ehesten so beschreiben: Während in der systemtheoretischen Konzeption von Selbstorganisation die Stärke des Systemgedankens hervorsticht, betont das kommunikationstheoretische Modell der Deliberation die Chancen von Subjektivität und Handeln jenseits systemischer Zwänge. Der Ansatz der Regulationstheorie hingegen öffnet den Blick für die Möglichkeiten gestaltenden Handelns im System. In diesem Moment liegt ihre besondere Leistungsfähigkeit und dieser Moment verdient in Anbetracht der sich entfaltenden Dominanz der Ökonomie über die Gesellschaft und dadurch ausgelöster Prozesse sozialer Des- integration als zentralem Charakteristikum gegenwärtiger Umbrüche besondere Aufmerksamkeit. Die Identifikation unterschiedlicher Stadien und Brüche in der Entwicklung der kapitalistischen Gesellschaft ist ein Element dieser Leistungsfä- higkeit, denn es geht dabei „nicht nur um empirisch-analytische Fragen, sondern um politische Diagnose, die Kritik an der herrschenden Hegemonie, die Bestimmung ihrer Widersprüche und Bruchstellen und um das Aufzeigen neuer politischer Konfliktfronten, Akteure und Handlungsmöglichkeiten" (Hirsch 2001: 46f). Insofern hat die theoretische Rekonstruktion von Perioden sozialökonomischer Entwicklung immer auch die Eigenschaft politisch-theoretischer Intervention. In der regulationstheoretischen Perspektive bleibt die vielbeschworene Zivilgesellschaft nicht nur normative Ikone, sondern kann als konkretes, von (ungleichen) Macht- und Herrschaftsstrukturen durchzogenes Widerspruchsverhältnis betrachtet werden, das als solches auch die Bedingungen gesellschaftlicher Selbstreflexion prägt. Gleichzeitig eröffnet die Auseinandersetzung mit dem Hegemoniekonzept bzw. der Frage der Entstehung von Hegemonie analytische Zugänge, die es gestatten, gesellschaftliche Diskurse um normative Leitbegriffe und ihre Interpretation in einen Zusammenhang mit Kräfteveränderungen und Verschiebungen (z.B. räumlicher Art, wie im Prozess der Globalisierung) innerhalb dieser Strukturen zu setzen. Dies ist deshalb wichtig, da mit dem Bedeutungsgewinn des Politischen auch die Fragen der Legitimation an Gewicht gewinnt. Denn so sehr Politik vordergründig auf die Stabilisierung oder Herstellung bestimmter (Herrschafts-) Ordnungen zielt und wesentlich durch widerstreitende kollektive Interessen geprägt ist, ist sie im Hinblick auf die soziale Vermittlung auch auf Sinngebung angewiesen, „denn der Anspruch auf legitime Macht bewegt sich stets in den Unterscheidungen von gut und schlecht, von gerecht und ungerecht" (Deppe 1999: 15). Entscheidend ist daher auch für die Frage nach der Zivilisierung des postfordistischen Kapitalismus in einem 'Neuen Gesellschaftsvertrag' ein dialektisches Verständnis der Beziehung von Norm und Faktizität im Hinblick auf den Begriff des Politischen. Entgegen der vorherrschenden Vereinseitigung entweder zugunsten normativer oder zugunsten soziologisch-empirischer Betrachtungen und Analysen des Zivilisierungsbegriffs kommt es darauf an, „zivile Gesellschaftsverhältnisse als Verkörperung der Spannung beider Dimensionen zu begreifen" (Dubiel 2001). Unsere Vorstellungen von Gesellschaft entstehen so wenig außerhalb ihrer Möglichkeitshorizonte wie sie zugleich auf unser Verhalten in derselben zurückwirken, da zu unterstellen ist, dass die Aneignung von Strukturen durch die sozialen Praxen der Menschen sich nicht ohne gedankliche Vorwegnahme vollzieht. Insofern kann davon ausgegangen werden, dass auch Theorien „zur Formierung neuer Regelmäßigkeiten beitragen (...). Nicht sog. objektive Strukturen werden von den sozialen Akteuren angeeignet. Vielmehr entwerfen diese (...) eine Konstellation von sozialen Relationen, in denen sie sich bewegen müssen" (Demirović 1992: 153). Dieses Moment präsentiert sich in der Regel immer auch als ein Moment der Erzeugung von Hegemonie und kann als solches in den Blick genommen werden.

4. Hegemonie, Gesellschaftsvertrag und Gerechtigkeit

„Vorwissenschaftliche Erklärungen, in Begriffen von Religion, Geschichte und 'Rasse', haben bei der Ausbildung von Ideologien eine sehr wichtige Rolle gespielt, indem sie die Ordnung der Gesellschaft aufrechterhielten und den Patriotismus förderten, um ein Volk gegen das andere stark zu machen. Das war gesellschaftliches Selbstverständnis auf der ersten Stufe.
Heute besteht die Aufgabe der Sozialwissenschaften darin, das Selbstverständnis auf die zweite Stufe zu heben, um die Ursachen, die Funktionsweisen und die Folgen der Übernahme von Ideologien zu erkennen, das heißt sie der rationalen Kritik zu unterwerfen. Nur zu oft operieren sogenannte Wissenschaftler noch auf der ersten Stufe, indem sie Ideologien propagieren, die ganz bestimmten Interessen dienen, so wie die Doktrin des laissez faire dem Interesse der kapitalistischen Gesellschaft diente."
Joan Robinson[1]

Das Besondere an dem vorangestellten Zitat der britischen Ökonomin Joan Robinson ist weniger ihr Optimismus bezüglich den Kompetenzen einer eingreifenden Sozialwissenschaft. Es ist vielmehr der Umstand, dass für sie der Bezug auf die Doktrin des Laissez-faire tatsächlich eine Angelegenheit des geschichtlichen Rückblicks war, während heute, kaum drei Jahrzehnte später, dieselbe Doktrin zu den hegemonialen Leitmotiven für eine einschneidende politische Umgestaltung von Wirtschaft und Gesellschaft gehört. Hegemonie ist, wie im vorangegangenen Abschnitt bereits herausgestellt wurde, das Resultat des Zusammenwirkens unterschiedlicher und konkurrierender Strategien kollektiver gesellschaftlicher Akteure. Diese sind bei der Verfolgung ihrer Interessen, da sie nicht mittels Zwang allein durchsetzbar sind, auf Anknüpfung an andere Interessenlagen gesellschaftlicher Klassen und Schichten auf unterschiedlichen intermediären Feldern innerhalb der Zivilgesellschaft (società civile) angewiesen. Hegemonie entsteht folglich nicht als abstraktes Konzept, sondern ist als eine Verallgemeinerung der Interessen einer sozialen Klasse oder einer klassenübergreifenden Bündniskonstellation bestimmter Schichten zu begreifen, die sich ihrerseits erst in sozialen Konflikten ausbildet und sich über die Alltagspraxen der Individuen als soziale 'Norm(alität)' vermittelt.

Ziel dieses Kapitels ist es, diese allgemeinen Aussagen im historisch konkreten Kontext der aktuellen Debatte um einen 'Neuen Gesellschaftsvertrag' zu qualifizieren. In der regulationstheoretischen Perspektive stellt sich dieser Kontext als krisenhafter Übergang vom Fordismus zum Postfordismus dar oder gar – in der zugespitzteren These – als vollzogene Formierung eines neuen historischen Blocks, einer neoliberalen Entwicklungsweise des Kapitalismus am Anfang des 21. Jahrhunderts (vgl. Candeias/Deppe 2001). Neben der Renaissance der sozialen Frage in Gestalt zunehmender sozialer Ungleichheit, dem wachsenden Ausmaß, in dem sich transnationale Konzerne ihren Sozialverpflichtungen entziehen oder dem unkontrollierten Wachstum der Finanzmärkte jenseits demokratischer Einflussnahme, stellt sich der Postfordismus auch als eine Periode des 'Kampfes um gesellschaftliche Leitbegriffe' dar. Dies betrifft Begriffe wie Solidarität, Freiheit, Vollbeschäftigung oder Nachhaltigkeit, um nur einige Beispiele zu nennen. Ein weiteres dieser umkämpften Leitmotive ist der Begriff der *Gerechtigkeit*. Er steht im Zentrum der nachfolgenden Betrachtungen. Wie bei kaum einem anderen Begriff markiert der philosophische Gerechtigkeitsdiskurs in seinen Ausprägungen die Konjunkturen des prozessierenden Postfordismus und gerät dabei mehr und mehr auch zum steten Referenzpunkt politisch-programmatischer sowie öffentlich-zivilgesellschaftlicher Debatten um die Grundlagen und Perspektiven gesellschaftlicher Entwicklungspfade.

Im ersten Schritt geht es nachfolgend zunächst um eine argumentative Verknüpfung zwischen dem regulationstheoretischen Verständnis gesellschaftlicher Selbstkonstitution und der Diskussion um den Gerechtigkeitsbegriff. Die theoretische Schnittstelle ist dabei der Begriff der Hegemonie. Der erste Abschnitt widmet sich daher der Frage nach dem inneren Zusammenhang der Begriffe Hegemonie, Gesellschaftsvertrag und Gerechtigkeit. Dabei geht es *erstens* um das Verhältnis von Hegemonie und Vertrag, d.h. um die normativen, moralischen und motivationalen Implikationen der Figur des Vertrags und deren gesellschaftstheoretische und -politische Interpretation im Rahmen der Entwicklung der kapitalistischen Gesellschaft, als auch um die darin liegenden, hegemoniebegründenden und/oder -stabilisierenden Eigenschaften. Im Anschluss daran wird *zweitens* die Bedeutung des Kriteriums der Gerechtigkeit im Hinblick auf die Bewertung der Anerkennungsfähigkeit eines Vertrags näher beleuchtet bzw. in einen Zusammenhang gesetzt mit der Legitimierung von Herrschaftsverhältnissen. *Drittens* wird schließlich die Frage näher untersucht, in welchem Zusammenhang die zentralen Legitimitätskrisen des 20. Jahrhunderts mit der Renaissance moral- und gerechtigkeitstheoretischer Diskurse seit den 1970er Jahren stehen.

Im zweiten Schritt werden dann die Konfliktlinien dieses Gerechtigkeitsdiskurses in ihren wesentlichen Grundzügen und anhand einiger relevanter Vertreter der unterschiedlichen Stränge skizziert. Dies betrifft *erstens* die Auseinandersetzung mit Rawls' „Theorie der Gerechtigkeit", der das Verdienst zukommt, Impulsgeber dieses Diskurses zu sein. Im Anschluss daran werden *zweitens* die Entgegnungen der neoliberalen Theoriebildung dargestellt und deren Versuche zu begründen, dass Gerechtigkeit nur das (natürliche) Resultat marktvermittelter freier Allokationsprozesse sein kann. Exemplarisch werden an dieser Stelle die Theorie der sozialen Evolution bei Hayek und deren Deutung im Hinblick auf die Frage der sozialen Gerechtigkeit betrachtet, die Rawls-Kritik im Rahmen der Minimalstaatskonzeption von Nozick sowie des Plädoyers für eine konstitutionelle Revolution bei Buchanan. Einen weiteren allerdings weniger homogenen Strang in der Gerechtigkeitsdebatte stellt *drittens* die Konzeption des „Dritten Wegs" im Ergebnis der kommunitaristischen Debatte dar. Eingehender betrachtet werden hier die Konzeption von Gerechtigkeit als soziale Reziprozität bei Etzioni, das Modell der Sphärengerechtigkeit von Walzer und der Fähigkeiten-Ansatz bei Nussbaum.

4.1 Zum Zusammenhang der Grundbegriffe

Wie verhalten sich Hegemonie, (Gesellschafts-) Vertrag und Gerechtigkeit zueinander? In welchem Zusammenhang lassen sich diese abstrakten Bergriffe denken und in welcher Reihenfolge stehen sie? Welche Rolle und Bedeutung spielen sie im Hinblick auf aktuelle gesellschaftliche Umbruchs- und Transformationsprozesse?

4.1.1 Hegemonie und Vertrag

Was den regulationstheoretischen bzw. gramscianisch inspirierten Hegemoniebegriff von dessen 'klassischen' oder auch neueren Verwendungsarten, etwa im Rahmen von Theorien internationaler Beziehungen,[2] unterscheidet, ist dessen inhaltliche Erweiterung. Hiernach ist Hegemonie nicht nur durch dominante Macht- und Gewaltverhältnisse gekennzeichnet, sondern sie muss sich – jedenfalls kann dies für die repräsentative Demokratie im Sinne eines durch zivilgesellschaftliche Akteure ergänzten pluralistischen Systems gesellschaftlich-politischer Institutionen unterstellt werden –, um als hegemonial gelten zu können, auch auf dem Feld des Ideologischen, der Werte und Normen, die das soziale Handeln prägen, reproduzieren. Demokratische Systeme müssen sich mit anderen Worten auf einen von der Mehrheit ihrer Bürger getragenen „Grundkonsens über die Akzeptabilität ihres Staates und ihres Gesellschaftssystems" (Hobsbawm 1998: 177) stützen können bzw. sind hinsichtlich der Aufrechterhaltung bestimmter materieller Verhältnisse auf einen solchen in fundmentaler Weise angewiesen. Das diesem Pluralismus-Ansatz zugrundeliegende Bild des Menschen „ist das von freien und mündigen Bürgern, die (über Gruppen und Verbände) ihre Interessen in Konkurrenz mit den Interessen der anderen Bürger und Bürgerinnen vertreten und durchsetzen, ohne allerdings die gesellschaftliche Vielfalt auf Dauer einzuschränken, zu unterdrücken oder gar abzuschaffen. Ziele des 'Konkurrenzkampfes' sind also nicht – oder nicht a priori – Unterdrückung und Unterwerfung, sondern Ausgleich und Kompromiss" (Lutz 2002). Zugleich basiert Hegemoniebildung aber auch auf der diskursiven Durchsetzung von Sicht- und Deutungsweisen durch die Marginalisierung konkurrierender Positionen – beispielsweise durch finanzstarke Netzwerke, die die publizistische Verbreitung unterstützen oder indem etwa etablierte Intellektuelle Vertretern von neuen oder anderen Sichtweisen den Zugang zur Institution Wissenschaft, auf Lehrstühle, an Institute u.ä. erschweren.[3] Hegemonie ist in diesem Sinne „eine philosophische Tatsache" (Haug 1996: 29), ist „Wirklichkeitsbedingung einer Philosophie" (ebd.) im konkreten historischen Kontext, „weil sie sich gar nicht bilden kann, ohne eine bestimmte Weltauffassung mit einer politischen Ethik zu verbinden" (ebd.). Um nun zu einer Vorstellung davon zu gelangen, wie sich dieses Konzept von Hegemonie mit dem des (Gesellschafts-) Vertrags zusammendenken lässt, ist auch in Bezug auf letzteres zunächst ein kursorischer Überblick zu den Dimensionen und Implikationen des Begriffs zweckmäßig.

Das Institut des Vertrags, obwohl zweifellos keine Erfindung der bürgerlichen Revolution oder der kapitalistischen Produktionsweise, ist mit beiden dennoch untrennbar verbunden. Erst auf der Basis der damit gelegten Grundverhältnisse zwischen den Menschen, der 'Freiheit' des Individuums, konnte es zur vollen Entfaltung seiner normativen und rechtlichen Implikationen gelangen. Für Hegel war der Vertrag als ein der Vernunft entspringendes „Verhältnis des objektiven Geistes (Hegel 1979: 153/§ 71) vor diesem Hintergrund aber nicht nur ein impliziter Ausdruck wechselseitiger Anerkennung selbständiger Personen. Er war für ihn darüber hinaus ein widersprüchlicher Prozess der „Vermittlung des Willens, ein und zwar einzelnes Eigentum aufzugeben, und des Willens, ein solches, hiermit das eines anderen, anzunehmen, und zwar in dem identischen Zusammenhange, daß das eine Wollen nur zum Entschluß kommt, insofern das andere Wollen vorhanden ist" (ebd.: 157/§ 74). Marx hatte demgegenüber darauf verwiesen, dass die Rolle, die dem Vertrag im Kapitalismus zukommt, die Anerkennung der Gleichheit der Individuen voraussetzt. In der Auseinandersetzung mit Aristoteles hebt er hervor, dass dieser „die Gleichheit und gleich Gültigkeit aller Arbeiten, weil und insofern sie menschliche Arbeiten sind", nicht erkennen konnte, „weil die griechische Gesellschaft auf der Sklavenarbeit beruhte, daher die Ungleichheit der Menschen und ihrer Arbeitskräfte zur Naturbasis hatte" (Marx, MEW 23: 74). Diese historische Schranke habe, so urteilt Marx, Aristoteles daran gehindert, das tatsächliche in den Waren und ihrem Geldwert aufgehobene, auf der Arbeit beruhende Gleichheitsverhältnis zu erkennen. Denn dies zu dechiffrieren wird erst möglich, „sobald der Begriff der menschlichen Gleichheit bereits die Festigkeit eines Volksvorurteils besitzt", und dies wiederum ist „erst möglich in einer Gesellschaft, worin die Warenform die allgemeine Form des Arbeitsprodukts, also auch das Verhältnis der Menschen zueinander als Warenbesitzer das herrschende gesellschaftliche Verhältnis ist" (ebd.).

Doch nicht nur bei den Klassikern wird die Figur des Vertrags hinsichtlich ihrer Rolle, Bedeutung und Symbolik unterschiedlich weit gefasst. Schlägt man beispielsweise eine zeitgenössische juristische Abhandlung auf, in der der Vertrag als solcher zum Thema gemacht wird, so finden sich dort nicht zufällig zwei Sichtweisen auf den Gegenstand (vgl. Graf 1997: 1). Zum einen wird der Vertrag in seiner eher schlichten Bedeutung als formalisierter Ausdruck zweier übereinstimmender Willenserklärungen gefasst. Er ist hiernach ein zentrales Instrument der Rechtsordnung, vermittels dessen die Individuen ihre Interaktion miteinander organisieren, insofern sie bei der Verfolgung ihrer Ziele auf Kooperation angewiesen sind. Unabhängig von seinem konkreten Gehalt ergeben sich für die vertragschließenden Parteien wechselseitige Verpflichtungen. Quelle dieser Verpflichtungen sind die sich aus dem Abschluss eines Vertrags ergebenden Beziehungen der Vertragspartner, die in allgemeinster Form als Verpflichtung zur Rücksichtnahme qualifiziert werden (vgl. ebd.: 262f). Zum zweiten wird der Vertrag in einer eher sozialphilosophisch erweiterten Perspektive aber auch als eine Form der Ermöglichung bzw. als konstitutive Bedingung kooperativen menschlichen Handelns begriffen. Dies sei insofern der Fall, als er „die Möglichkeit zur Selbstbindung (schafft)" (ebd.: 3) und hierdurch die erforderliche Sicherheit erst institutionalisiert, ohne die ein für das Zusammenwirken hinreichendes Vertrauen nicht gegeben wäre.

Hier schließt im Prinzip auch Wolfgang Kersting (1996: 19ff) an, der in seinen Metabetrachtungen über den Vertragsbegriff den Versuch einer systematischen Darstellung seiner verschiedenen Dimensionen unternimmt, indem er diesen nach den Aspekten Normativität, Moralität und Rationalität folgendermaßen differenziert. *Erstens Normativität:* Der normative Kern besteht darin, dass ein Vertrag ein wechselseitiges Versprechen, eine freiwillige Verpflichtung darstellt und insofern normbegründend wirkt. Diese Eigenschaft kann natürlich nur dort zum Tragen kommen, wo nicht bereits Normen oder normativ regulierte Praxen bzw. Verpflichtungen existieren oder, allgemeiner gesagt, wo soziale Verhältnisse eine gewisse Kontingenz aufweisen. Und eben auf diesem Feld hat die Entwicklung der kapitalistischen, funktional differenzierten Gesellschaft einen mannigfachen Bedarf geschaffen. Denn, wie Kersting hervorhebt, wenn Gott und die Natur aufhören die gesellschaftlichen Quellen von Normativität, von Rechten und Pflichten zu sein und die Verhältnisse sich nicht mehr als durch diese Quellen vorbestimmt vermitteln lassen, dann müssen die Menschen notwendig selber zur Quelle von Normativität werden, indem sie dieser durch ihren Willen Ausdruck verleihen. *Zweitens Moralität:* Das Interesse allein bzw. dessen wechselseitig erfolgreiche Geltendmachung schafft noch keine Grundlage regelmäßiger und erfolgreicher sozialer Kooperation, sondern bedarf, um überhaupt als solches Verbindlichkeit beanspruchen und entfalten zu können, eines Sets außervertraglicher sozialer (d.h. überindividueller) Voraussetzungen in Gestalt etwa von Werte- und Sanktionssystemen. Dieses Fazit jener klassischen, ebenfalls von Kersting in diesem Zusammenhang rezipierten Replik E. Durkheims auf H. Spencer, die ersterer 1893 in seiner berühmten Studie „Über soziale Arbeitsteilung" gegen die Überfrachtung der Erklärungskompetenz des Vertragsarguments bzw. des vertragsförmig artikulierten (Privat-) Interesses für die Begründung der Kohärenz der Gesellschaft als Ganzer vorbringt, kann ohne Zweifel auch heute noch Gültigkeit beanspruchen. Denn nach wie vor liegen die Voraussetzungen der reglementierenden Wirkung(en) eines Vertrags außerhalb seines eigentlichen Gegenstandsbereichs. Ein Vertrag kann nur dann eine bindende Wirkung entfalten, wenn die Gesellschaft ihm einen sozialen Wert zuspricht, ihn an sich als gerecht beurteilt (vgl. ebd.: 40). Ein Vertrag etwa, bei dem offenkundig der Stärkere dem Schwächeren infolge und durch Einsatz seiner Überlegenheit eine Einwilligung in einen Versklavungsvertrag abpresst, würde von der Gesellschaft als ungerecht und insofern nicht legitim beurteilt, da einerseits die Gleichheitsbedingung fundamental verletzt wäre und andererseits die Kündbarkeit des Vertrags (dem Wesen der Sklavenposition nach) nicht gegeben wäre. Ein solcher Vertrag wäre nichts anderes als der Versuch, ein Gewaltverhältnis durch die legitimierende Form des Vertrags zu verkleiden. D.h. die Gesellschaft ist nicht nur der Rahmen, innerhalb dessen ein Vertrag ausgeführt wird, sondern sie entscheidet auch über die Bedingungen seiner Rechtsgültigkeit. Die Dimension der Moralität des Vertrags ist letztlich zugleich die seiner Gültigkeit, genauer gesagt, die der Gültigkeit seiner Normen. *Drittens Rationalität:* Dieser Aspekt betont vor allem die strategische Dimension des Vertrags. Hinsichtlich der Motivation vertraglicher Kooperation wird hierbei auf die Ermöglichung einer wechselseitigen Besserstellung abgehoben. Rational ist der Vertragsabschluss demnach für eine Person, wenn sie erstens erwarten kann, dass sie einen Vorteil aus ihm zieht, zweitens dem Vertragspartner gleiche Nützlichkeitserwägungen unterstellt werden können, drittens die Norm des Vertrags gesellschaftlich anerkannt, viertens dem (den) Vertragspartner(n) die Einhaltung des Vertrags unterstellt werden kann sowie fünftens ggf. entsprechende Mittel oder Systeme der Vertragsdurchsetzung vorhanden sind. Die zugrunde liegenden Interessen können dabei komplementär oder identisch sein. Ersteres wäre gegeben, wenn etwa A zur Realisierung seiner Interessen auf B angewiesen ist bzw. A über etwas verfügt, das B benötigt und umgekehrt. Letzteres ist der Fall, wenn Kooperation gleichsam die Ermöglichungsbedingung für das Erlangen eines Gutes bzw. die

Verwirklichung von Interessen aller Vertragsbeteiligten darstellt. „Fragt man nach der Rationalität eines bestimmten Vertrags, dann will man wissen, ob es für die Vertragsparteien vernünftig war oder wäre, unter den von ihnen vorgefundenen Bedingungen und bei den für sie geltenden Interessenlagen und Zielvorstellungen einem Vertrag mit den Eigenschaften A, B, C zuzustimmen, dann will man wissen, ob der so und so bestimmte Vertrag zu der Erwartung berechtigt oder prinzipiell berechtigen würde, den als verbesserungswürdig angesehenen Ausgangszustand zu beenden und das erwünschte Resultat hervorzubringen" (ebd.: 48).

Für die Bestimmung des Verhältnisses von Hegemonie und Vertrag ist hierbei vor allem jene von Kersting als Dimension der Moralität bezeichnete Betrachtungsebene von Bedeutung. Denn wenn jeglicher Vertrag – auch der in Gestalt eines gesellschaftlichen Konsenses unterstellbare Gesellschaftsvertrag – als Bedingung seiner selbst das Vorhandensein akzeptierter Normen auf dieser Ebene voraussetzt, so kann Hegemonie als ein Faktor interpretiert werden, der die normativen Gültigkeitsbedingungen maßgeblich prägt. Der implizite Gesellschaftsvertrag, die in historisch und räumlicher Hinsicht spezifische Art und Weise der Regulation, der sich über politisch-institutioneller Arrangements und sozialer Praxen vermittelt – so ließe sich der Zusammenhang weiter deuten – stellt demnach die konkrete Form gesellschaftlicher Hegemonie dar, vermittels derer sich abstrakte Werte oder 'Weltbilder' in sozialen Alltagspraxen materialisieren bzw. verwirklichen. Die Frage nach der Hegemonie ist in diesem Zusammenhang die Frage danach, was als anerkennungsfähig gilt. Hegemonie muss sich – unbenommen grundlegender Macht- und/oder Gewaltfaktoren der Hegemonie ausübenden Klassen – über Sinngebung reproduzieren, d.h. zu einem wesentlichen Teil über Sprache bzw. Schrift, und prägt in dieser Weise auch das Feld politischer Konflikte (vgl. Noetzel 1999: 8).

4.1.2 Hegemonie und Gerechtigkeit

Seit den Anfängen der kapitalistischen Moderne wird in der Beurteilung von Herrschaftsverhältnissen – und diese nicht nur im Sinne des Verhältnisses von Individuum und Staat – auf die „Logik der Reziprozität von Verträgen" (Noetzel 1999: 9) zurückgegriffen. Die Frage nach der Gültigkeit eines Vertrags ist im Kern mit der Frage der Gerechtigkeit verbunden. Denn sie ist letztlich die Frage danach, ob er *gerecht*fertigt werden, also Legitimität beanspruchen kann (vgl. Sandkühler 1998: 70). Marx (ebenso wie bürgerliche Theoretiker seiner Zeit) vertritt die Ansicht, dass auf Freiheit und Gleichheit der Individuen beruhende Gerechtigkeit erst mit der ökonomischen Gesellschaftsformation des Kapitalismus zu einer Selbstverständlichkeit wird. Im Unterschied zu anderen führt er jedoch diesen Umstand nicht auf einen irgendwie gearteten, etwa weltanschaulichen Siegeszug des Humanismus zurück, sondern auf die Durchsetzung der neuen ökonomischen Verhältnisse, die auf dem Prinzip des Warenverhältnisses und des Tauschs von Äquivalenten beruhen.[4] Es ist diese Dominanz der Tauschwerte gegenüber den Gebrauchswertswerten, die Freiheit und Gleichheit der Einzelnen zur Bedingung macht. „Wenn also die ökonomische Form, der Austausch, nach allen Seiten hin die Gleichheit der Subjekte setzt, so der Inhalt, der Stoff, individueller sowohl wie sachlicher, der zum Austausch treibt, die Freiheit. Gleichheit und Freiheit sind also nicht nur respektiert im Austausch, der auf Tauschwerten beruht, sondern der Austausch von Tauschwerten ist die produktive, reale Basis aller Gleichheit und Freiheit. Als reine Ideen sind sie bloß idealisierte Ausdrücke derselben (...)" (Marx, MEW 42: 170). Oder an anderer Stelle: „Die Gerechtigkeit der Transaktionen, die zwischen den Produktionsagenten vorgehn, beruht darauf, daß diese Transaktionen aus den Produktionsverhältnissen als natürliche Konsequenz entspringen. Die juristischen Formen, worin diese ökonomischen Transaktionen als Willenshandlungen der Beteiligten, als Äußerungen ihres gemeinsamen Willens und als der Einzelpartei gegenüber von Staats wegen erzwingbare Kontrakte erscheinen, können als bloße Formen diesen Inhalt selbst nicht bestimmen. Sie drücken ihn nur aus. Dieser Inhalt ist gerecht, sobald er der Produktionsweise entspricht, ihr adäquat ist. Er ist ungerecht, sobald er ihr widerspricht" (ders., MEW 25: 351f). Marx hob jedoch, wie bereits erwähnt, ebenso hervor, dass Verträge, wie etwa der Arbeitsvertrag,[5] obgleich sie der Form nach rechtliche Gleichheit suggerieren, inhaltlich doch auf der ökonomischen oder natürlichen Ungleichheit der Vertragschließenden basieren. Die Individuen müssen sich zwar als Freie und Gleiche wechselseitig anerkennen, damit überhaupt ein Tausch zustande kommen kann, sie müssen aber diese Gleichheit nur ihrer rechtlichen Form nach anerkennen. Doch so wahr diese einschränkende Feststellung und so notwendig sie ist, so wenig bestreitet sie die Existenz solcher Verträge und ihre stete Erneuerung. Und ebenso wenig ist damit eine endgültige Aussage über den Charakter des Kriteriums der Gerechtigkeit als Kriterium der Legitimität von Verhältnissen getroffen, außer auf dessen Kopplung mit den realen Möglichkeiten und Grenzen dieser Verhältnisse bzw. ihre stete Unvollkommenheit hinzuweisen. Es ist aber die Begründung dafür, dass in warenproduzierenden Gesellschaften die Rechtsgleichheit den Kern aller Gerechtigkeitsvorstellungen darstellt.[6]

In einer Auseinandersetzung um den Gesellschaftsvertrag betrifft die Frage der Legitimität natürlich zuvorderst die Ebene der Bewertung kollektiver Ordnungen (Polity) und kollektiver Handlungen (Politics). Und die Behauptung oder Bezweiflung von Legitimität kann in dieser Hinsicht verstanden werden, als „das Behaupten oder Bezweifeln der Anerkennungswürdigkeit von Hoheitsakten bzw. Herrschaftsordnungen aufgrund ihrer Übereinstimmung oder Unvereinbarkeit mit allgemein anerkannten Prinzipien" (Kaufmann 1999: 762). Bei näherer Betrachtung können drei Kriterien von Legitimität unterschieden werden. Das *erste Kriterium* ist das der *funktionalen Legitimität*. Die Beurteilung von Herrschaft bezieht sich hier auf deren Funktion, dem Schutz der Beherrschten zu dienen bzw. dem Umstand, dass sich die Einzelnen freiwillig kollektiven Regeln unterwerfen, weil sie darin eine Verbesserung ihrer Lebenschancen sehen. Das *zweite Kriterium*, das der *affirmativen Legitimität*, verweist auf den Aspekt der aktiven oder passiven Zustimmung bzw. Ablehnung ('Voice-Exit-Option'). Herrschaft bzw. einzelne Herrschaftsakte oder Regelsetzungen werden durch konkrete Zustimmungsakte, wie etwa Abstimmungen oder Wahlen, die in der Regel auf dem Mehrheitsprinzip beruhen oder aber durch Schweigen (das Vorhandensein von Exit-Optionen vorausgesetzt bzw. die Fähigkeit, diese wahrzunehmen) anerkannt. Umgekehrt können dann Massenproteste oder Fluchtbewegungen bzw. die autoritäre Unterdrückung derselben als Indikator von Legitimationsmängeln betrachtet werden. Das *dritte Kriterium* schließlich ist das der *moralischen Legitimität*. Im Zuge der mit der Entfaltung der bürgerlich-kapitalistischen Gesellschaft ebenfalls fortschreitenden Säkularisierung wird neben den Kriterien der funktionalen und der affirmativen Legitimität immer stärker die Einhaltung allgemein akzeptierter Kriterien der Gerechtigkeit zur Bedingung von Legitimität. Diese beziehen sich überwiegend auf die Gleichheit der Menschen (rechtlich, politisch, geschlechtlich u.ä.), sie beziehen sich aber auch auf die gesellschaftlichen Verhältnisse im Sinne der intra- und intergenerativen Verteilung von Lebenschancen – Einkommens- und Vermögensverteilung, Erhalt der Ökosphäre u.ä. (vgl. ebd.). Dieser Säkularisierungsprozess und der mit der Entwicklung des Kapitalismus einhergehende Prozess der Individualisierung ist, wie an anderer Stelle dargestellt, nicht nur verbunden mit der Hervorbringung neuer Formen von Öffentlichkeit, sondern korreliert ebenso mit einer signifikanten Ausweitung der Staatätigkeit. Die Ursachen dafür liegen nicht zuletzt in den Erfordernissen einer aufgrund wachsender Kontingenz in den individuellen Lebensbedingungen ebenfalls gewachsenen Erfordernis sozialer Integrationsleistungen. Hierdurch entsteht eine Quelle von Legitimität staatlichen Handelns, die aus der Gewährleistung einer effizienten Versorgung und erfolgreicher sozialer Inklusion gespeist wird und die die „soziale Frage" im Sinne der Gewährleistung positiver Rechtsansprüche in das Zentrum der Politik rückt (vgl. Noetzel 1999: 45f). Eine Demokratie, die an diesem Kriterium zu messen ist, „steht und fällt unter den Bedingungen des Kapitalismus mit ihrer Entwicklung zur *sozialen Demokratie* (Sandkühler 1998: 78, Herv. i. Orig.).

Die Formierung der repräsentativ-demokratischen Rechtsstaatlichkeit, die die Arbeitsgesellschaften in den entwickelten kapitalistischen Ländern im Zuge der fordistischen Periode geprägt hat, ermöglichte es erstmalig Verhältnisse zu schaffen, unter denen die Kapitalakkumulation tendenziell mit den Bedingungen des sozialen Zusammenhalts der Gesellschaft vereinbar bzw. ihre Destruktivkraft politisch zu bearbeiten und damit zu dämpfen war (vgl. Aglietta 2000: 25ff).[7] Der institutionelle Rahmen, innerhalb dessen sich dieser Bearbeitungsprozess vollzog, war der demokratische und soziale Wohlfahrtsstaat. Und eine der Grundlagen seiner Rechtfertigung basiert auf jener von T. H. Marshall (1992) beschriebenen Transformation des Staatsbürgerstatus, die ich an anderer Stelle nachgezeichnet habe (vgl. Kap. 2.2), bei der neben die grundlegenden individuellen und politischen Freiheitsrechte nun auch soziale Rechte treten.[8] Massenproduktion ging mit Massenkonsum einher und diese gestiegene Partizipation der großen, eigentumslosen Masse an den Früchten des gesellschaftlichen Reichtums fand ihr Komplement in Gestalt der modernen Massendemokratie bzw. der Entwicklung neuer Formen der sozialen Integration dieser Massen (Verrechtlichung sozialer Beziehungen).[9] Infolge dieser zunehmenden Vergesellschaftung des Staates entwickelte sich letztlich ein erhöhter Legitimationsdruck gegenüber der Politik im Sinne der Einhaltung moralisch akzeptierter, gerechter Kriterien. Zustimmungsfähig sind für die mit diesen Rechten ausgestatteten Bürger nur solche kollektiven Regeln, denen sie freiwillig und aus rationalen Gründen folgen können. Und die Erfüllung dieser Kondition ist zugleich die entscheidende Bedingung der Legitimität solcher Regeln. Die Form der Auseinandersetzung lässt sich in der Theorie als Deliberation beschreiben, ihre praktische Gestalt sind demokratische Bewegungen, die die Aufgabe der Vermittlung in der rechtsstaatlich verfassten Öffentlichkeit übernehmen und dem Prozess der gesellschaftlichen Selbstkonstitution das erforderliche Selbstbewusstsein verleihen (vgl. Habermas 1994: 460ff). Bei der Auseinandersetzung mit dem Gesellschaftsvertrag geht es daher nicht um einen allgemeinen Begriff des Gerechten, sondern um den Aspekt der sozialen Gerechtigkeit im Besondern.

Hegemonietheoretisch kann das Postulat der potentiellen Zustimmungsfähigkeit von Herrschaft(sakten) zwar nicht zu der Feststellung führen, dass sich in jedem Fall das tatsächliche „Wollen der Individuen [...] im Allgemeinen der politischen Herrschaft wiederfinden [muß]" (Noetzel 1999: 11), wohl aber dazu, dass Herrschaft die Interessen der hegemonialen Konstellation als allgemeine und daher legitime darstellen muss. Die hohe Bedeutung des Ideologischen für die Konstitution und den Erhalt von Macht (in diesem Sinne ist das zu übersetzen mit Deutungshoheit) wird von Noetzel (1999: 43f), in Anlehnung an Michael Mann, als eine von vier zentralen Machtressourcen neben der Ökonomie, Militär und Politik klassifiziert. Sie bedient sich Mann zufolge zweier verschiedener Mittel: dem der Transzendenz und dem der Immanenz. Transzendente ideologische Macht verweist in der Regel auf übergeordnete Visionen des menschlichen Wesens, wohingegen Immanenz das Gefühl von Besonderheit im inneren bestehender sozialer Gemeinschaften normativ steigert, um Loyalität zu erzeugen (vgl. Mann 1994: 426f). Insofern kann es nicht verwundern, dass der Legitimitätsbegriff in der jüngeren Vergangenheit nicht nur immer auch ein Kampfbegriff, sondern immer auch ein umkämpfter Begriff auf der Ebene von Sinngebung war. Man mag in Anbetracht der Geschichte und der politischen Realitäten heute demgegenüber zwar mit guten Begründungen zu dem Ergebnis kommen, dass demokratische Legitimation zu einem unverzichtbaren (Teil-) Element des Politischen geworden ist, dass aber die existierenden sozialen Machtasymmetrien ebenso wie die Eigendynamiken in institutionellen Strukturen selbst in den europäischen Staaten gleichzeitig die Reichweite von Prozessen demokratischer Selbstkonstitution begrenzen. Daraus ist jedoch kein Argument gegen das Demokratieprinzip zu machen. Vielmehr verweisen solche Tatbestände auf einen Grundwiderspruch liberaler Demokratien und sind eine Aufforderung für die Zukunft, Bereiche, in denen sich bislang der Einfluss von Partikular- und Sonderinteressen jenseits öffentlicher Legitimation Geltung verschaffen kann, durch Formen erweiterter Repräsentation dem Prozess der demokratischen Selbstkonstitution zugänglich zu machen.

Je weniger sich jedenfalls Hegemonie – etwa im Rahmen eines supranationalen Staatenbundes wie der EU – auf die Instrumentalisierung ethischer oder religiöser Motive oder auf das staatliche Gewaltmonopol in Gestalt bürokratischer Macht- und Unterdrückungsapparate stützen kann (wohlgemerkt: diese Instrumente sind keinesfalls verschwunden, allein ihre relative Bedeutung im Kontext der Gewährleistung von sozialer Kohärenz schwindet), desto mehr ist sie auf Formen aktiver oder auch passiver Loyalität angewiesen. Diese Loyalität herzustellen bedeutet – sieht man einmal von Erscheinungsformen staatsbürgerlicher Lethargie ab –, zu einem wesentlichen Teil die Zustimmungsfähigkeit zu den Bedingungen und Verhältnissen von Herrschaft zu sichern. Diese Zustimmungsfähigkeit lässt sich auf einer abstrakten Ebene als Grundkonstellation eines Vertrags beschreiben, dessen rationale Logik zugleich als Legitimationsfolie dient. Insofern ist die Frage nach dem Verhältnis von Hegemonie und Gerechtigkeit nicht nur eng mit der Frage nach dem Verhältnis von Kapitalismus und Demokratie verknüpft, beide weisen auch mindestens eine Wesensähnlichkeit auf: sie bilden ein stetes Spannungsfeld, das sich wechselseitig immer wieder neu auflädt. Und wenn der Vertrag also als eine abstrakte Form verstanden werden kann, in der Hegemonie gesellschaftlich Gestalt annimmt, so lässt sich die Frage der sozialen Gerechtigkeit als der Kern seiner gesellschaftlichen Legitimierbarkeit beschreiben.

4.1.3 Hegemonie, Gerechtigkeit und Krisen gesellschaftlicher Legitimation

Herrschaft, demokratische Herrschaft und Politik einmal mehr, muss sich legitimieren, d.h. sie muss vermitteln können, dass sie zu einem Mehr an Gerechtigkeit beiträgt. Das ist letztlich die Substanz jener von Max Weber mit dem Begriff des „spezifischen Glauben(s)" bezeichneten Dimension von moderner (d.h. 'rationaler') Herrschaft als subjektive Zuschreibung von Legitimität/Sinn seitens der Beteiligten/Beherrschten (vgl. Weber 2001: 207f). Gelingt ihr das nicht, so gerät sie in die Krise, verliert ihre Glaubwürdigkeit und ihre Unterstützung. Ein solcher

Legitimitätsverlust kann einzelne politische Akteure oder Handlungsfelder betreffen und damit von geringer Tragweite bzw. im Rahmen der Normalität des demokratischen Meinungsstreits, des Gewinnens und Verlierens von Mehrheiten bzw. politischer Akzeptanz in pluralistischen Gesellschaften bleiben. Er kann aber auch, und dem kommt hier die Aufmerksamkeit zu, eine umfassende Qualität annehmen und sich über eine Krise auf einzelnen Feldern der Politics hinaus auf das gesamte Ensemble sozialer Arrangements, die Art und Weise der Regelsetzung und die kollektive Ordnung als solche erstrecken. Die Krise ist in diesem Sinne „ein Prozess, der die Deutungsmuster der Akteure, soweit sie in die Institutionen eingegangen sind, zueinander und zu bestimmten Funktionsimperativen des ökonomischen Systems in Widerspruch bringt" (Görg 1994: 124). Derartige gesellschaftliche Legitimationskrisen vollziehen sich als säkulare Krisen der Hegemonie im Kontext sozialökonomischer Transformationen. Sie entfalten ihre Dynamik nicht im Sinne eines erdrutschartigen Einbruchs, sondern als längerfristiger Prozess der Veränderung gesellschaftlicher Normen und Werte. Der Umbau institutioneller Arrangements oder gar der politische Erdrutsch sind allenfalls ihr äußerer Ausdruck, der, wenn er eintritt, erst mit einer gewissen zeitlichen Verzögerung eintritt, nicht jedoch die Ursache selbst. Hobsbawm hat diese Zusammenhänge im Rahmen seiner historischen Betrachtung der Periode zwischen dem Beginn des Ersten Weltkriegs und dem Ende der globalen Blockkonfrontation zwischen Kapitalismus und Sozialismus exemplarisch und anschaulich beschrieben. Ihr Anfang und ihr Ende ist von umfassenden und nur im spezifisch-historischen Kontext der jeweiligen Verhältnisse rekonstruierbaren Legitimations- bzw. Hegemoniekrisen geprägt. „In der Perspektive der neunziger Jahre", so Hobsbawm (1998: 20f), „erschien das Kurze 20. Jahrhundert auf dem Weg von einer Krise durch ein kurzes Goldenes Zeitalter in eine andere (...)".

Die erste Krise der Legitimation wird durch jene Entwicklungen bestimmt, die Hobsbawm in ihrer Summe als „Kollaps der Werte und Institutionen der liberalen Zivilisation" (ebd.: 143) charakterisiert. Sie nimmt ihren Anfang 1914 mit dem Ausbruch des Ersten Weltkriegs, vertieft sich infolge der Erschütterungen, die die Oktoberrevolution in Russland 1917 in der kapitalistischen Welt auslösten, und mündet schließlich über das Elend der großen Depression in den Zweiten Weltkrieg, der mit der Niederschlagung des Faschismus endet (vgl. auch Deppe 2003a: 14ff). Die Elemente, die in dieser ersten Krise zum Tragen kommen, sind höchst unterschiedlich. Prägend war aber insbesondere der Widerstand konservativ-restaurativer Kräfte gegen jene gesellschaftlichen Veränderungen, die die umwälzende Dynamik des Kapitalismus selbst hervor gebracht hatte. Dies galt im Hinblick auf jene Prozesse gesellschaftlicher Demokratisierung, die mit der Entfaltung des Gesellschaftsvertrags 'im Staat', also der Erweiterung des Staatsbürgerstatus um soziale und wirtschaftliche Ansprüche, sowie mit der Durchsetzung kollektiver Freiheits- und Vertragsrechte einhergingen. Den antidemokratischen und antiliberalen Kräften dieser Zeit war diese Entwicklung Anlass genug für eine Kampfansage an die moralischen Werte der Aufklärung (vgl. ebd.: 25). Dies betraf die individuellen Freiheitsrechte ebenso wie den Stellenwert der Vernunft als Grundlage für die Gestaltung der öffentlichen Ordnung und das Prinzip der Demokratie. Allesamt Werte, die die aufstrebende Arbeiterbewegung mit dem politischen Liberalismus ebenso teilte, wie die Gegnerschaft zu den traditionalistisch-konservativen Kräften etwa der dogmatischen römisch-katholischen Kirche, die zu bekämpfen Bürgertum und Besitzlose schon während der französischen Revolution miteinander verband. Ideengeschichtlich markiert die Zeit um 1920 aber auch den Ausgangspunkt der Bewegung des Neoliberalismus, die Ende der 1930er Jahre diesen Begriff selbst zur Beschreibung ihres Ansatzes wählte (vgl. Walpen 2000: 1071). Ludwig von Mises, einer der Gründerväter der neoliberalen Bewegung, fasst seine Besorgnis über das politische Klima vier Jahre nach dem Ende der Erschütterungen des Ersten Weltkriegs folgendermaßen zusammen: „Sozialismus ist die Losung unserer Tage. Die sozialistische Idee beherrscht heute die Geister. Ihr hängen die Massen an, sie erfüllt das Denken und Empfinden aller, sie gibt der Zeit ihren Stil. (...) Eine grundsätzliche Gegnerschaft findet der Sozialismus nirgends. Es gibt heute keine Partei, die es wagen dürfte, frank und frei für das Sondereigentum an den Produktionsmitteln einzutreten" (v. Mises, zit. nach Walpen 2000: 1068).[10] Und eben diese Verhältnisse wieder zu ändern, war der Neoliberalismus angetreten. Die Formierungs- und Sammlungsphase dieser Bewegung sollte jedoch rund 40 bis 50 Jahre dauern. Verbindend zwischen den unterschiedlichen Schulen der Theoriebildung wirkte nicht nur der so genannte 'methodologische' Individualismus, sondern vor allem das gemeinsame Ziel einer Re-Definition des Staates und seiner Aufgaben in Richtung eines „liberalen Interventionismus" (Mises), der nicht gegen die Gesetze des Marktes wirken, sondern diesen zu umfassender Geltung verhelfen sollte. Hierzu war es langfristig erforderlich, die Idee einer mit den Mitteln der kollektiven Vernunft gestalteten Wirtschaftsgesellschaft, einschließlich ihrer demokratischen Organisation und damit verbundener kollektivvertraglicher Rechte umfassend zu bekämpfen und durch einen gesellschaftlichen Ökonomismus zu ersetzen (vgl. Walpen 2000: 1067, Goldschmidt 2000a: 179ff, Schui/Blankenburg 2002: 83ff).

Unter den Bedingungen der Zeit hatte sich das System des Laissez-faire-Kapitalismus jedoch zunächst so gründlich delegetimiert, dass selbst neoliberale Ökonomen, wie der Deutsche Alexander von Rüstow (2001: 27), noch Ende der 1930er Jahre nicht umhin kamen, von einer „Entartung der freien Wirtschaft" zu sprechen und zu verkünden, dass „der Wettbewerb als solcher, der tatsächlich allein an den Eigennutz als motivierende Kraft appelliert, [...] weder die Moral einzelner heben, noch der gesellschaftlichen Integration dienen [kann]" (ebd.). Der schwache „Nachtwächterstaat", der sich der wirtschaftsliberalen Theorie nach idealerweise auf die Wahrung der inneren und äußeren Sicherheit zu beschränken hatte (vgl. ebd.: 35), blockierte aber nicht nur die Möglichkeiten sozialer Integration, sondern auch die wirtschaftliche Prosperität. Inhärente Entwicklungsbarrieren lagen in den Hindernissen der Kapitalverwertung, die durch die mangelnden Möglichkeiten der Transformation des Lohnverhältnisses, der „inneren Landnahme" (B. Lutz), selbst gesetzt wurden. Deren Wirkung als Hemmschuh für die ökonomische Akkumulation ebenso wie für die soziale Kohäsion wurde schließlich mit dem Platzen der Spekulationsblase 1929 und der folgenden Weltwirtschaftskrise unübersehbar.

Doch erst nach der Niederschlagung des Faschismus, jenes „Triumph(es) des Antiliberalismus" (Hobsbawm 1998: 155), der die Menschheit in einen Zweiten Weltkrieg stürzte und Europa mit Terror, Barbarei und Verwüstung überzog, waren die Kräfte- und Mehrheitsverhältnisse offenbar so aufgestellt und der politische Druck von unten groß genug, dass es möglich wurde, die bereits in der Theorie, insbesondere durch die Arbeiten des Ökonomen John Maynard Keynes, gut begründeten Konsequenzen aus den Erfahrungen der Periode des Laissez-faire-Kapitalismus nun auch auf der Ebene der politischen Praxis zu ziehen. In allen westlichen Industrieländern konnte vor dem Hintergrund dieser Geschichte nach 1945 eine wohlfahrtsstaatliche Politik durchgesetzt werden, die ihren Ausdruck u.a. in einer progressiven Besteuerung der Einkommen, zahlreichen öffentlichen Unternehmen sowie einer konjunkturstabilisierenden Geld- und Fiskalpolitik fand. Unabhängig von nationalen Variationen in der konkreten Gestaltung der Institutionen und spezifischen Ausprägungen der Instrumente beruhte die öffentliche Legitimation des wohlfahrtsstaatlichen Modells letztlich auf drei Faktoren. Zum einen sollte der Staat fortan verpflichtende Verantwortung für die kollektive Wohlfahrt seiner Bürgerinnen und Bürger und die Angleichung der Lebenschancen übernehmen, zweitens auf den gesamtwirtschaftlichen Prozess steuernd und gestaltend Einfluss nehmen, um ein möglichst hohes Niveau dieses Wohlstands zu sichern – bei Bedarf auch gegen den Markt – und drittens war er die Basis für die Entwicklung des parlamentarisch-demokratischen Systems der nationalstaatlich organisierten Massendemokratie (vgl. Schui u.a. 1997: 27). Die Veränderungen des 'Gesellschaftsvertrags im Staat', die mit der Durchsetzung dieser Produktionsweise zum Tragen kamen, skizziert Aglietta auf einer makropolitischen Ebene als „the *development of contractual relations* between capitalist managements and working-class organizations, and the *sozialization of one section of the expenses involved in reproducing labour-power* as the necessary condition for the reign of the commodity to florish" (Aglietta 1979: 95, Herv. i. Orig). Hier verband sich das aufgeklärte Eigeninteresse zumindest eines dominierenden Teils der Vertreter des Kapitals[11] mit den das Klima nach 1945 prägenden politischen Forderungen der Massen nach Demokratie und sozialer Partizipation. Die hervorstechenden Merkmale der ersten zwei Jahrzehnte der Nachkriegsentwicklung, die letztlich dazu veranlassen, in ökonomischer Hinsicht von einem Goldenen Zeitalter[12] zu sprechen, waren eine relative Krisenbeständigkeit dieser Periode, ein enormes wirtschaftliches Wachstum bei Vollbeschäftigung und steigenden Einkommen sowie der damit verbundene soziale und politische Wandel der Gesellschaft als Ermöglichungsbedingung zunehmender biografischer Kontingenz in den Lebensläufen der Individuen. Das wohlfahrtsstaatliche Konzept der makroökonomischen Steuerung, die demokratisch-rechtsstaatliche Regierungsform und die größere soziale Teilhabe der auf abhängige Arbeit angewiesenen waren nicht nur tragfähig, sondern „geradezu schicksalhaft schienen sie einander zu verstärken" (Hirschman 1995: 122f) und wurden vor dem Hintergrund der bisherigen Kapitalismusgeschichte zurecht als „eine neue Phase in der industriellen Zivilisation angesehen" (Robinson 1971: 78).

Die sich ab den 1970er Jahren dann aber verdichtenden Krisenerscheinungen[13] dieser fordistischen Formation bilden schließlich den Ausgangspunkt der zweiten großen Hegemonie- bzw. Legitimationskrise, die in ihren Wirkungen bis in die Gegenwart anhält. Die Rückkehr der sozialen Frage in Gestalt wachsender Armut als Kehrseite der individuellen Reichtumsanhäufung einiger weniger, ist ihr schärfster Ausdruck. Mit dem Abschwung jener 'langen Welle' der Prosperität, der das Ende des Goldenen Zeitalters und das Auseinanderfallen der Kohärenz von Akkumulation und Regulation markiert, begann der eigentliche Siegeszug des Neoliberalismus und die Erosion jenes historischen Blocks der Nachkriegsgeschichte, in dem aufgeklärte Teile des Kapitals ihr Eigeninteresse in der Kooperation mit reformerischen Kräften zu wahren suchten. Die neoliberale Parole 'Free Economy and a Strong State' (in den 1990er Jahren dann zur Forderung nach einem 'schlanken Staat' umgeformt) wurde – zuerst unter den Bedingungen der chilenischen Militärdiktatur in den 1970er Jahren und dort im wahrsten Sinne des Wortes – zur materiellen Gewalt. Die krisenhaften Erscheinungen des fordistisch-wohlfahrtsstaatlichen Gesellschaftsvertrags, die einsetzenden sozialen Transformationsprozesse und eine geringe Konfliktbereitschaft der politischen Klasse[14] waren die Chance des Neoliberalismus und seines individualistischen Gesellschaftsbildes, die dieser erfolgreich und interessenbewusst nutzte. Aber nicht der Neoliberalismus war es, der diese Krise ausgelöst hatte, sondern er war nur – abgesehen von den durch ihn Begünstigten – ihr wohl erfolgreichster Trittbrettfahrer. Die krisenauslösenden Momente lagen zum einen in der Struktur der Formation selbst und den Grenzen und Erfordernissen ihrer inneren Logik[15] in Anbetracht zunehmender ökonomischer Stagnationstendenzen bzw. einer strukturellen Überakkumulation des Kapitals (vgl. Deppe 2001: 51). Und sie waren zum anderen in den politischen und gesellschaftlichen Transformationen jener Zeit begründet (Individualisierung, Auflösung tradierter Milieus, kulturelle Revolutionen etc.), die der vollzogene Zivilisierungsprozess selbst hervorgebracht hatte. Hobsbawm (1998: 32) fasst diese Entwicklung folgendermaßen zusammen: „Der Kapitalismus war die Kraft der permanenten, ununterbrochenen Revolution. Logischerweise mußte er auch jene Teile der vorkapitalistischen Vergangenheit zerstören, die für seine Entwicklung notwendig und vielleicht sogar entscheidend gewesen waren. Früher oder später mußte er mindestens einen der Äste absägen, auf denen er selbst saß. Ebendas geschah seit Mitte des Jahrhunderts. Unter dem Einfluß der so überaus starken wirtschaftlichen Explosion des Goldenen Zeitalters und später, während der von ihr bewirkten sozialen und kulturellen Veränderungen – der tiefgreifendsten gesellschaftlichen Revolution seit der Steinzeit –, begann der Ast zu knacken und zu brechen. Am Ende dieses Jahrhunderts war es zum ersten Mal möglich, sich eine Welt vorzustellen, in der die Vergangenheit (auch die Vergangenheit der Gegenwart) keine Rolle mehr spielt, weil die alten Karten und Pläne, die Menschen und Gesellschaften durch das Leben geleitet haben, nicht mehr der Landschaft entsprachen, durch die wir uns bewegten, und nicht mehr dem Meer, über das wir segelten".

In der Folge dieser Entwicklungen gerieten das Gefüge der gesellschaftlichen Normen und Institutionen, der Staat und das staatliche Handeln unter Druck, der sich in den folgenden Jahrzehnten unter den Bedingungen einer sich sukzessive durchsetzenden Politik der neoliberalen Deregulierung und Liberalisierung von Märkten, der beschleunigten Internationalisierung der Produktion unter der Federführung transnationaler Unternehmen, der Entwicklung globalisierter Finanzmärkte sowie der fortgesetzten Degradation der menschlichen Umwelt und schließlich beflügelt durch den Zusammenbruch der realsozialistischen Staatenwelt zu der zweiten Legitimationskrise des „kurzen" Jahrhunderts auswuchs, der Krise des demokratischen Nationalstaates bzw. der Demokratie an sich (vgl. Sandkühler 1998: 71f). Es überrascht aus heutiger Sicht nicht, dass der Beginn dieser komplexen Krise zugleich der Auslöser jener Konjunktur von Moral- und Gerechtigkeitstheorien war, die bis heute nahezu ungebrochen anhält. Der Fordismus begünstigte eine relativ gleichartige bzw. verhinderte eine allzu große Spreizung der Einkommensentwicklung, indem er das Gesamtniveau des Wohlstands anzuheben und auf dieser Grundlage neue Märkte und Wachstumsbereiche zu erschließen ermöglichte. Gerechtigkeit war in diesem Sinne, wie Aglietta (2000: 39) hervorhebt, „eine wichtige Dimension der Vermittlung zwischen den kapitalistischen Interessen und dem sozialen Fortschritt in der Arbeitsgesellschaft". Dieser Vermittlungsprozess vollzog sich wesentlich unter dem Dach des Nationalstaates, wodurch auch die Ausprägung nationaler Spezifika innerhalb der fordistischen Entwicklungsweise möglich wurde. Gemeinsam war ihnen jedoch die Erkenntnis, dass eine rein individualistische Gesellschaft keinen Bestand haben kann, sondern einen praktischen Begriff von sozialer Gerechtigkeit benötigt, der auch eine Umverteilung durch den Staat in Gestalt der Sicherung von Grundbedürfnissen, d.h. der Inklusion, und eine restriktive Steuerpolitik einschließen muss (vgl. ebd.: 36ff). Obgleich die institutionellen Arrangements, die im Prozess der Durchsetzung des Wohlfahrtsstaates entstanden sind, als geronnene Konzeptionen von Gerechtigkeit verstanden werden können, so waren diese eben nicht einem klar definierten oder gar einem einheitlichen Gerechtigkeitsbegriff verpflichtet (vgl. Nullmeier/ Vobruba 1994: 11f). Dies war auch insofern nicht erforderlich, als die Möglichkeiten wirtschaftlichen Wachstums zunächst unbegrenzt schienen und darüber hinaus vermittels der Arbeiten von J. M. Keynes das Erfordernis einer Steigerung des Massenwohlstands zunächst auch unabhängig von spezifischen Gerechtigkeitsüberlegungen zu begründen war.[16] Indem sowohl Kapital als auch Arbeit an den Ergebnissen wirtschaftlichen Wachstums teilhaben konnten (wenn auch nicht gleichermaßen!), wuchs zugleich der soziale Zusammenhalt der Gesellschaft ('Klassenkompromiss'). Zwar ist die ökonomische Grunderkenntnis über den Zusammenhang von steigenden Masseneinkommen und wirtschaftlicher Prosperität in Bezug auf die Potentiale der Wirtschaftspolitik nach wie vor bedeutend, unter den Bedingungen struktureller Überakkumulation, daraus resultierender Stagnationstendenzen, aber auch der zunehmend tangierten Grenzen des Umweltraums hat die Verteilungsfrage gegenüber der Wachstumsfrage jedoch an Bedeutung gewonnen. Mit dem Aufbrechen der fordistischen Konstellation, dem Beginn der zweiten großen Legitimationskrise, wird die Auseinandersetzung um Begriff und Inhalt sozialer Gerechtigkeit schließlich zum „Schlüsselbegriff in der gesellschaftspolitischen Auseinandersetzung der Gegenwart" (Lepenies 1994) und somit zu einem zentralen Gegenstandsbereich der Hegemoniebildung im Sinne der Durchsetzung von Kriterien der Legitimität eines 'Neuen Gesellschaftsvertrags'. Die Skizzierung maßgeblicher theoretischer Positionen bzw. Strömungen, die in dieser Auseinandersetzung zum Tragen kamen und kommen, ist das Ziel und das Anliegen des folgenden Abschnitts.

4.2 Gerechtigkeit als umkämpfter Begriff

„Das Gesellschaftssystem ist keine für Menschen unveränderliche Ordnung, sondern ein menschliches Handlungsmuster. Bei der Gerechtigkeit als Fairness kommen die Menschen überein, natürliche und gesellschaftliche Zufälle nur hinzunehmen, wenn das dem gemeinsamen Wohl dient."
John Rawls[17]

„Natürlich irren wir uns keineswegs, wenn wir empfinden, daß sich die Auswirkungen der wirtschaftlichen Prozesse einer freien Gesellschaft auf die Geschicke der verschiedenen Individuen nicht nach irgendeinem erkennbaren Prinzip der Gerechtigkeit verteilen. Wir irren uns nur dort,

wo wir daraus schließen, daß sie ungerecht seien und daß irgendjemand dafür verantwortlich sei und getadelt werden müsse. In einer freien Gesellschaft, in der die Stellung der verschiedenen Individuen und Gruppen nicht das Ergebnis irgendjemandes Entwurf ist, - noch, im Rahmen einer solchen Gesellschaft, in Übereinstimmung mit einem allgemein anwendbaren Prinzip geändert werden könnte - können die Einkommensunterschiede nicht sinnvollerweise als gerecht oder ungerecht bezeichnet werden."
Friedrich A. von Hayek[18]

„Wie viele Menschen auch von dem Wunsch besessen sein mögen, materielle Güter anzuhäufen (...), letzten Endes handelt es sich doch nur um eine bloße Ansammlung von Dingen. Zwar eine nützliche Ansammlung, aber dennoch eine Ansammlung, die nur dann einen Wert hat, wenn die Güter in den Dienst des Lebens und Handelns von Menschen gestellt werden. So können wir die interessanten Fragen bezüglich ihrer Verteilung (...) erst dann beantworten, wenn wir erkennen, was sie für das Leben des Menschen leisten, welche wichtigen Tätigkeiten der Menschen durch sie gefördert oder blockiert werden und wie sich verschiedene Verteilungskonzepte auf diese Tätigkeiten auswirken."
Martha C. Nussbaum[19]

„Wir wenden uns gerade dann der politischen Philosophie zu", schreibt John Rawls (1998: 116f), „wenn unsere gemeinsamen Überzeugungen (...) nicht mehr tragen, und ebenso, wenn wir mit uns selbst uneins sind". So wenig aber die politisch-philosophische Debatte um Gerechtigkeit im Hinblick auf die gesellschaftliche Wirkung und Verbreitung einzelner Ideen aus dem konkreten Kontext sozialökonomischer Krisen- und Transformationsprozesse herauszulösen ist, so sehr ist sie - darüber herrscht, was eine Ausnahme auf diesem Feld ist, Einigkeit - ganz wesentlich durch jene Publikation von Rawls angestoßen und beeinflusst worden, die bis in die Gegenwart hinein einen steten Bezugspunkt darstellt. Seit der Erstveröffentlichung dieses Werkes im Jahr 1971, das schon in seinem Titel „*Eine* Theorie der Gerechtigkeit" (Herv. J.R.) mit der bewussten Setzung des relativierenden Adjektivs eine implizite Aufforderung zum Diskurs enthält, führt auch für die schärfsten Opponenten kein Weg an der Auseinandersetzung mit ihm vorbei. Vor allen anderen kommt Rawls daher das Verdienst zu, der entscheidende Impulsgeber jener breiten Renaissance der normativen Gerechtigkeits- bzw. Legitimationstheorie im allgemeinen und der Rückkehr der Denkfigur des Gesellschaftsvertrags in die politische Diskussion im Besonderen zu sein, die in den zurückliegenden drei Jahrzehnten wohl an argumentativer Vielfalt gewonnen aber nicht an Intensität verloren hat (vgl. u.a. Bobbio 1987: 136, Kersting 1997: 12f, Deppe 1997: 80ff).

4.2.1 Gerechtigkeit als Fairness –
Die Legitimation wohlfahrtsstaatlicher Umverteilung durch den politischen Liberalismus

Es ist eine Herausforderung, nach einer nunmehr dreißigjährigen Debatte etwas zu den Rawlsschen Prinzipien der Gerechtigkeit anzumerken, das in der einen oder anderen Form nicht bereits von irgendwem irgendwo formuliert wäre. Der Aspekt, dem ich mich in diesem Abschnitt nähern will, ist jedoch bislang zumindest wenig beachtet. Dies betrifft die Frage, in welches Staatsverständnis aus ökonomischer Perspektive die Gerechtigkeitsgrundsätze bei Rawls eingebettet sind. Dabei gehe ich von der These aus, dass es zum einen zweckmäßig ist, Rawls „Theorie der Gerechtigkeit" in dem zuvor beschriebenen historischen Entstehungskontext zu betrachten und dass zum anderen diese Theorie vor diesem Hintergrund ganz wesentlich auch als ein – in der gewählten Form für die damalige Zeit völlig neuartiger – Beitrag zur Legitimation und Verteidigung der Grundzüge des Wohlfahrtsstaates zu verstehen ist. Letzteres ist im Kern zweifellos keine neue These. Jedoch wird diese Annahme in jüngerer Zeit auch von sich liberal gebenden Theoretikern u.a. mit der Begründung zurückgewiesen, Rawls Theorie beschränke den „Aufgabenkatalog der sozialen Gerechtigkeit (...) auf die Verteilungsinteressen der Arbeitsplatzbesitzer" (Kersting 2000: 162) und liefere insofern keine Rechtfertigung für solidarisches Teilen, was den Wohlfahrtsstaat angeblich erst als solchen auszeichne (vgl. ebd.: 161ff). Ich halte, um es vorweg zu nehmen, diese Argumentation nicht für schlüssig, da sie am Kern der ökonomisch-philosophischen Begründung einer wohlfahrtsstaatlichen Politik vorbei geht.[20]

4.2.1.1 Prinzipien der Gerechtigkeit als Grundlage des Gesellschaftsvertrags

Rawls ist der erste Theoretiker, der im Anschluss an Rousseau und Kant die Idee vom Gesellschaftsvertrag erfolgreich wieder aufnimmt, sie dabei in seiner Darlegung fairer Grundsätze der Gerechtigkeit aber gleichzeitig, wie er selbst sagt, „verallgemeinert und auf eine höhere Abstraktionsebene hebt" (Rawls 1975: 19). Er bleibt dabei zwar ebenso wie die Klassiker der Vertragstheorie einer individualistischen Perspektive verhaftet, erweitert den Anwendungsbereich jedoch über den der Soll-Konstitution des Gemeinwesens hinaus, indem er das Problem der Verteilungsgerechtigkeit als Gegenstand politischer Prozesse aufgreift.[21] Am Anfang der Rawlsschen Theorieentwicklung steht die Frage, welche Grundprinzipien der Gerechtigkeit für rational handelnde Individuen konsensfähig und also die Basis einer „wohlgeordneten Gesellschaft" (vgl. ebd.: 21) wären, wenn diese Individuen darüber als freie und gleiche, in einer niemanden bevorzugenden oder benachteiligenden und in diesem Sinne fairen, quasi vorgesellschaftlichen Ausgangssituation entscheiden könnten. Die Metapher der „wohlgeordneten Gesellschaft" bezeichnet jenen Referenzzustand, in dem die Grundsätze der Gerechtigkeit von allen Gesellschaftsmitgliedern anerkannt und im Sinne einer „öffentlichen politischen Gerechtigkeitskonzeption", eines „übergreifenden Konsenses" (ders. 1998: 105/219ff) zu den wesentlichen Kriterien für die vernunftgeleitete Gestaltung der grundlegenden Institutionen der Gesellschaft gemacht werden. Diese Beschaffenheit der hypothetischen gesellschaftlichen Grundstruktur, innerhalb derer die Individuen gerecht handeln, ist es, die Rawls in seinen späteren Arbeiten schließlich zur Basis seines Plädoyers für einen „politischen Liberalismus" macht, der Bedingungen sozialer Stabilität in pluralistisch-demokratischen Gesellschaften zu identifizieren sucht (vgl. ebd.: 67, ders. 1975: 24/78). Das Problem der Gerechtigkeit behandelt er dabei zunächst nicht in einem erkenntnistheoretischen Sinne, also beispielsweise derart, dass es nur gewisse Grundzüge der menschlichen Natur zu belegen gälte, aus denen sich dann Konsequenzen für die Gerechtigkeit ableiten ließen, sondern diskursiv. Konsensfähige Prinzipien resultieren dabei aus der breit angelegten Reflexion und Diskussion herrschender Grundüberzeugungen, und er betrachtet es als praktische Aufgabe der politischen Philosophie, diese zu begründen und darzustellen (vgl. Kley 1989: 77). Rawls selbst formuliert an einer Stelle seines Werkes im Hinblick auf seinen Realitätsanspruch: „Eine Gerechtigkeitsvorstellung muß aufgrund der uns bekannten Bedingungen des menschlichen Lebens gerechtfertigt sein, oder sie ist es überhaupt nicht" (Rawls 1975: 494).

Inhaltlich erfährt der Begriff der Gerechtigkeit seine Konkretisierung in der Definition der individuellen Rechte und Pflichten sowie den Regeln der Verteilung gesellschaftlicher Grundgüter. Letztere sind im Unterschied zu natürlichen Grundgütern – wie etwa Gesundheit, Intelligenz, Phantasie etc. – insbesondere Rechte, Freiheiten, Chancen, Einkommen und Vermögen, deren Verteilung durch die gesellschaftliche Grundstruktur bzw. die darin eingebetteten Prinzipien der Gerechtigkeit direkt beeinflusst wird (vgl. ebd.: 27/83).[22] Die gesellschaftliche Grundstruktur, das sind anders ausgedrückt die gesellschaftlichen Institutionen bzw. öffentlichen Regelsysteme und die Art und Weise, in der diese zusammenwirken.[23]

Zur Identifikation dieser Prinzipien bedient er sich als methodischem Instrument des sog. 'Schleiers des Nichtwissens' (veil of ignorance), der gewissermaßen das Pendant zum Naturzustand in der klassischen Vertragstheorie bei Hobbes, Locke u.a. darstellt.[24] Dieser 'Schleier des Nichtwissens' versetzt die Menschen in einen hypothetischen Urzustand (original position), in dem sie – abgesehen von dem Bewusstsein ihrer gemeinsamen Gegenwärtigkeit – über keinerlei Informationen hinsichtlich ihrer späteren gesellschaftlichen Stellung und ihrer persönlichen (physischen, psychischen, die Intelligenz oder die Begabung betreffenden) Ausstattung verfügen und ebenso wenig über den Entwicklungsstand der Gesellschaft als solche (vgl. ebd.: 28f/36). Auch kennt niemand die eigenen Vorstellungen über das Gute, die Ausprägung der eigenen Risikobereitschaft, weshalb keine Konkretion der eigenen Lebensplanung existiert. Als bekannt vorausgesetzt werden hingegen diejenigen Wissensbestände, die für die Festlegung von Grundsätzen der Gerechtigkeit relevant sind, d.h. Wissen zu den Bereichen Politik, Ökonomie und Psychologie. Die für die Festlegung der Gerechtigkeitsgrundsätze praktische Folge dieses Nichtwissens besteht darin, dass es niemandem möglich ist, diese Grundsätze gemäß seinem Vorteil zu gestalten, da dieser Vorteil letztlich niemandem bekannt ist und Verhandlungen (als Ausdruck des Versuchs, eigene Vorteile gegenüber anderen zu wahren) im eigentlichen Wortsinn daher gar nicht möglich sind. Das Ergebnis dieser Urzustandskonstruktion ist, dass die Individuen gezwungen sind, zeitlose und für alle Menschen geltende Gerechtigkeitsgrundsätze festzulegen (vgl. ebd.: 159ff). Diese Grundsätze werden allerdings vor dem Hintergrund der original position nicht axiomatisch nach dem Muster 'Wenn-Dann' abgeleitet, sondern in Form eines theoretischen, d.h. gedankenexperimentellen, rationellen Prüfverfahrens, einer „ideal demokratischen Entscheidung" (ebd.: 325).

Rawls verortet sich selbst in expliziter Opposition zum Utilitarismus. Würde allein das Nutzenprinzip das Leitmotiv menschlicher Handlungen abgeben, so seine Argumentation, wäre eine wohlgeordnete Gesellschaft, die auf der Grundlage gesellschaftlicher Kooperation zum gegenseitigen Vorteil „die Summe der Annehmlichkeiten für alle zusammen genommen erhöht" (ebd.: 31), undenkbar. Jeder Mensch wäre stattdessen damit beschäftigt, seine private Vorstellung vom Guten zu maximieren und es gäbe für ihn keinen hinreichenden Grund, sich mit irgendeinem Zustand unterhalb der Realisierung des eigenen Maximums abzufinden. Die utilitaristische Perspektive einer Mehrung des gesellschaftlichen Gesamtnutzens setzte daher genau genommen die durch das Nutzenargument eigentlich bestrittene Existenz altruistischer Motive im menschlichen Handeln voraus. Rawls argumentiert demgegenüber, die Menschen würden sich unter den Bedingungen des 'Schleiers des Nichtwissens' dafür entscheiden, dass zunächst alle mit gleichen Grundrechten und -pflichten ausgestattet und „soziale und wirtschaftliche Ungleichheiten (...) nur dann gerecht sind, wenn sich aus ihnen Vorteile für jedermann ergeben, insbesondere für die schwächsten Mitglieder der Gesellschaft" (ebd.: 31f). Den Nutzengewinn der Einen mit dem Nutzen- bzw. Freiheitsverlust der Anderen aufzurechnen ist danach ebenso nicht mit Gerechtigkeit vereinbar wie die Gesellschaft als Ganze nach den gleichen Kriterien wie den Einzelnen zu behandeln. Letzteres würde de facto bedeuten, die tatsächlichen Unterschiedlichkeiten der Einzelnen zu negieren. Die Verfolgung der Bedürfnisse und der persönlichen Ziele der Individuen sind daher a priori durch das Modell der Gerechtigkeit als Fairness eingehegt (vgl. ebd.: 45ff). Dieser Vorrang des Gerechten vor dem Guten ist eine deutliche Differenz zu utilitaristischen oder anderen, auf die Nutzenmaximierung fokussierenden legitimationstheoretischen Ansätzen.

Die Begründung der Grundsätze der Gerechtigkeit ist dann, nach der Begründung der Ausgangsbedingungen hinter dem 'Schleier des Nichtwissens', der zweite Schritt im Aufbau der Theorie. Für den Gegenstand dieser Arbeit erscheint es ausreichend, mich im Folgenden auf die Darstellung der Ergebnisse zu beschränken. Diese bündelt Rawls in konzentrierter Form in seinen beiden Grundsätzen der Gerechtigkeit. Diese Grundsätze besagen erstens, dass jedem ein individuelles Recht auf möglichst umfangreiche gleiche Grundfreiheiten zugesprochen wird. Zweitens sollen wirtschaftliche und soziale Ungleichheiten derart beschaffen sein, dass sie zum einen denjenigen zum größtmöglichen Vorteil gereichen, die am wenigsten begünstigt sind (Unterschieds- oder auch Differenzprinzip), zum anderen aber auch Chancengleichheit hinsichtlich der Erlangung von Ämtern und Positionen gewährleisten. Bei möglichen Widersprüchen gelte schließlich, dass – bezogen auf das Verhältnis von erstem und zweitem Grundsatz – die Wahrung von Freiheit Vorrang vor der Herstellung von Gleichheit und – bezogen auf die beiden Ebenen des zweiten Grundsatzes – Gerechtigkeit Vorrang vor Nutzenmaximierung hat (vgl. ebd.: 336f, ders. 1998: 69f). Die Aufstellung dieser Grundsätze folgt einem hierarchischen Prinzip, das Rawls als lexikalische Ordnung bezeichnet, der zufolge der nachfolgende Grundsatz erst zur Anwendung kommen kann, wenn der vorangehende erfüllt ist (vgl. ders. 1975: 82). Im Hinblick auf die Gestaltung der Gesellschaft bedeutet der Vorrang der Freiheit beispielsweise, „daß die Grundstruktur der Gesellschaft mit Unterschieden des Reichtums und der Macht auf solche Weise fertig werden muß, daß die von dem vorgeordneten Grundsatz geforderten gleichen Freiheiten unangetastet bleiben" (ebd.: 62). Er unternimmt allerdings nicht den Versuch, dieses Prinzip universell, etwa in einem anthropologischen Sinne, zu begründen, sondern verweist vielmehr auf vorherrschende Präferenzen in den europäischen Gesellschaften bzw. spricht von einer intuitiven Vorstellung (vgl. ebd.: 60ff, ders. 1998: 404ff).

Doch welche Freiheiten sind es, die Rawls mit dieser Vorrangregelung vor allem geschützt wissen will? Um dies näher zu skizzieren hat er eine Liste derjenigen Freiheiten entworfen, die seines Erachtens am Bedeutendsten sind und daher für alle Bürger gleich sein sollten. Hierzu zählen: die politische Freiheit (das aktive und das passive Wahlrecht), die Rede- und Versammlungsfreiheit, die Gewissens- und Gedankenfreiheit, die persönliche Freiheit (Recht auf psychische und physische Unversehrtheit) sowie das, was wir heute als Rechtsstaatlichkeit bezeichnen würden, d.h. die Herrschaft des Rechts als Garantin des Schutzes der Person und des persönlichen Eigentums vor staatlicher oder anderer Willkür (vgl. ders.

1975: 82). Freiheiten jenseits dieser Liste, so heißt es darüber hinaus „- etwa das Recht auf bestimmte Arten des Eigentums (z.B. an Produktionsmitteln) oder die Vertragsfreiheit im Sinne der Theorie des laissez faire -, sind eben keine Grundfreiheiten und genießen nicht den Schutz, den der Vorrang des ersten Grundsatzes gewährt" (ebd.: 83). Schlussendlich bedeutet diese Gewichtung jedoch vor allem, dass Eingriffe in die Besitzstände der gesellschaftlich Privilegierten dann legitim sind, wenn die Bedingungen des Unterschiedsprinzips nicht, oder nicht mehr gegeben sind. Dass es sich dabei nicht nur um eine „Vertrags"-Klausel zur Verhinderung 'absoluter Armut' handelt, wie das zuweilen dargestellt wird (vgl. etwa Huber 1995: 91f), sondern um die Begründung von Legitimität oder Illegitimität des Fortbestands oder der Vertiefung sozialer Ungleichheiten und damit eben auch der Beschränkung von absolutem Reichtum, lässt sich anhand eines Beispieles verdeutlichen, dass Rawls selber wählt, um die Bedeutung seines Prinzips zu illustrieren. Dabei scheint zugleich auch ein Ausschnitt des der Rawlsschen Philosophie zugrunde liegenden Bildes der Gegenwartsgesellschaft und ihrer Sozialstruktur auf, die er schließlich als Adressaten seiner Theorie begreift: „Zur Veranschaulichung des Unterschiedsprinzips betrachte man die Einkommensverteilung zwischen gesellschaftlichen Klassen, denen repräsentative Personen entsprechen mögen, deren Aussichten eine Beurteilung der Verteilung ermöglichen. Nun hat jemand, der etwa in einer Demokratie mit Privateigentum als Mitglied der Unternehmerklasse anfängt, bessere Aussichten als jemand, der als ungelernter Arbeiter anfängt. Das dürfte auch dann noch gelten, wenn die heutigen sozialen Ungerechtigkeiten beseitigt wären. Wie ließe sich nun eine solche anfängliche Ungleichheit der Lebenschancen überhaupt rechtfertigen? Nach dem Unterschiedsprinzip ist sie nur gerechtfertigt, wenn der Unterschied in den Aussichten zum Vorteil der schlechter gestellten repräsentativen Personen (...) ausschlägt. Die Ungleichheit der Aussichten ist nur dann zulässig, wenn ihre Verringerung die Arbeiterklasse noch schlechter stellen würde. Vermutlich werden die Unternehmer angesichts der Bedingung bezüglich der Offenheit der Positionen im zweiten Grundsatz und des Freiheitsgrundsatzes im Allgemeinen durch die ihnen gewährten größeren Aussichten zu Handlungen veranlaßt, die die Aussichten der Arbeiterklasse verbessern" (Rawls 1975: 98f). Man beachte, dass Rawls den letzten Satz im Hinblick auf die hypothetische Ausgangssituation und Bedingungen des 'Schleiers des Nichtwissens' formuliert und damit gleichsam als kategorischen Imperativ, nicht als Voraussage hinsichtlich der Tendenzen in der sozialen Realität. Darüber hinaus macht er an anderer Stelle deutlich, dass die Beschreibung dessen, was die am wenigsten begünstigten Mitglieder der Gesellschaft auszeichne, sich zwar auf verschiedene Indikatoren von Schlechterstellung beziehen könnte (Klassen- und Schichtenzugehörigkeit, körperliche und psychische Beeinträchtigungen etc.), dass sich aber vor allem die Verteilung von Einkommen und Vermögen als Indentifikationskriterium eigne – insbesondere auch unter dem

Aspekt der Praktikabilität.[25] Er schlägt in diesem Zusammenhang vor, alle diejenigen der Gruppe der am wenigsten Begünstigten zuzurechnen, die weniger als die Hälfte dessen an Einkommen und Vermögen aufweisen, als der gesellschaftliche Durchschnitt (vgl. ebd.: 118f).

Sicherlich lässt sich das methodische Vorgehen an dieser Stelle nicht als ein ökonomisches Bekenntnis der einen oder anderen Provenienz deuten. Er verweist jedoch auf den prominenten Stellenwert, den Rawls, neben der Frage der Chancengleichheit, der Frage der Verteilung von Einkommen und Vermögen auf der – wenn man so will – Ebene der sozialökonomischen Operationalisierung seiner Theorie beimisst. Und genaugenommen besteht die Eigenschaft dieser volkswirtschaftlichen Größe dann andersherum auch darin, dass sie ein mögliches Maß der Beurteilung von Wirklichkeit unter dem Aspekt sozialer Gerechtigkeit darstellt. Letztlich widmet Rawls der Verteilungsfrage ein eigenständiges und ausführliches Kapitel. Dieses ist auch der Ort, an dem die (im- oder explizite) ökonomische Sichtweise bzw. das dem Rawlsschen Denken zugrunde liegende Verständnis der Politischen Ökonomie deutlicher hervortritt.

4.2.1.2 Verteilungsgerechtigkeit und Politische Ökonomie – Zur Rolle des Staates bei Rawls und das Verhältnis zum Keynesianismus

Der systematische Ort innerhalb der Entwicklung der Theorie der Gerechtigkeit, an dem die Erörterung von Verteilungsfragen zur Diskussion steht, ist die nähere Auslegung des zweiten Gerechtigkeitsgrundsatzes zur Bewertung wirtschaftlicher und sozialer Ungleichheiten, das Unterschiedsprinzip. Das übergeordnete Ziel von Rawls ist es hierbei, die Eignung der Gerechtigkeitsgrundsätze als Maßstäbe für die Bewertung ökonomischer Verhältnisse oder Programmatiken zu überprüfen, sie also gleichsam als Grundkonstanten einer Theorie der Politischen Ökonomie zu begreifen (vgl. Rawls 1975: 291). Dieser Zielstellung entspricht dann auch seine Formulierung der Anforderungen, die die Politische Ökonomie zu leisten habe: „Eine Theorie der politischen Ökonomie muß eine Bestimmung des öffentlichen Wohls auf der Grundlage einer Gerechtigkeitsvorstellung enthalten. Sie soll die Überlegungen des Bürgers über Fragen der Wirtschafts- und Sozialpolitik anleiten" (ebd.: 292). Diese Formulierung kann in gewisser Weise auch als eine abstrakte (Teil-) Bestimmung des praktisch-politischen Zwecks der Gerechtigkeitstheorie im Alltag einer pluralistischen Demokratie gelesen werden, deren Mitglieder für sich das Recht beanspruchen, sich über die Ziele ihrer sozialen Kooperation, d.h. die Konkretisierung des Guten in einem bestimmten Fall, kollektiv zu verständigen.

Das Wirtschaftssystem gehört für Rawls zur gesellschaftlichen Grundstruktur, also zum Ensemble derjenigen Verhältnisse, vermittels derer die in der Gesellschaft versammelten Menschen darüber entscheiden, „was für Menschen sie sein wollen und was für Menschen sie sind" (ebd.: 292). Der Wirtschaft kommt dabei, so Rawls weiter, als institutioneller Rahmen sozialer Kooperation nicht nur die Funktion zu, die Bedürfnisse der Menschen zu befriedigen, sondern ihre konkrete Ausgestaltung hat ebenso Auswirkungen auf die Struktur und die Horizonte dieser Bedürfnisse selbst wie auf den Grad der Zivilisiertheit der Menschen in ihrem Umgang miteinander. Der in den Gerechtigkeitsgrundsätzen dargelegte Vorrang von Gerechtigkeit vor Effizienz und Nutzenmaximierung, bedeutet auf dieser Ebene dann ebenso, dass sich die für die Gestaltung des Systems der Wirtschaft notwendige erforderliche Vorstellung vom Guten nicht in reinen Effizienzkriterien erschöpfen kann. Diesen kommt gemäß der lexikalischen Ordnung nur eine nachgeordnete Bedeutung zu. Das Verhältnis von Gerechtigkeitsgrundsätzen und der Ökonomie stellt sich vielmehr so dar, dass erstere als „Teilideal des Menschen" (ebd.: 294) die Vorgaben definiert nach denen letztere dann zu gestalten wären.

Im Hinblick auf die Rolle des Staates im Wirtschaftsprozess thematisiert Rawls zunächst zwei verschiedene Ebenen. Erstens die Bedeutung des öffentlichen Sektors und zweitens die Struktur der Basisinstitutionen, d.h. der Eigentumsordnung, der Steuergesetzgebung etc., die das wirtschaftliche Geschehen regeln. Bezüglich des öffentlichen Sektors differenziert er zwischen privatem und kollektivem Eigentum an Produktionsmitteln, oder allgemeiner gesagt, zwischen dem Anteil des Staates am Wirtschaftsprozess auf der einen Seite und dem Aspekt der allgemeinen Aufgabe der Bereitstellung und Sicherung öffentlicher Güter auf der anderen Seite (vgl. ebd.: 299). Was den ersten Aspekt betrifft, so bemüht Rawls sich entweder darum nachzuweisen, dass seine gerechtigkeitstheoretische Argumentation oberhalb derjenigen Ebene liegt, auf der Fragen der Eigentumsordnung, des Verhältnisses von privatem und öffentlichem bzw. kollektivem Eigentum an den Produktionsmitteln verhandelt werden, oder aber, dass ein klarer Zusammenhang zwischen Eigentumsordnung und der gerechtigkeitstheoretisch zu verhandelnden Frage nicht vorhanden oder nicht eindeutig nachweisbar ist.[26] Letzteres ist für ihn etwa bei der Frage öffentlicher Güter der Fall. Öffentlichen Gütern kommt in den Wirtschaftswissenschaften stets eine besondere Aufmerksamkeit zu. Dies liegt an ihren besonderen Eigenschaften, die sie von anderen Gütern unterscheiden. Das betrifft vor allem den Umstand, dass von ihrer Nutzung niemand ausgeschlossen werden kann (Unteilbarkeit), weshalb diese Güter auch nicht durch den Markt bzw. durch privates Unternehmertum bereitgestellt werden, obgleich ihr Vorhandensein im Interesse einer großen und im Extremfall (wie z.B. bei der Gewährleistung innerer und äußerer Sicherheit) der gesamten Öffentlichkeit liegt. Ihre Bereitstellung muss daher in jeglicher Hinsicht (Qualität, Quantität, Finanzierung etc.) im Rahmen des politischen Prozesses und der Gesetzgebung geregelt werden. Denn marktfähig sind in einer Marktökonomie per se nur solche Güter, die dem Kriterium der Knappheit genügen. Da es bei letzteren aber auch zum Auftreten von Externalitäten in Form von sozialen Kosten kommen kann, die sich einzel-wirtschaftlich und folglich in den Preisen nicht widerspiegeln, gehört es nach Rawls ebenfalls zu den öffentlichen Aufgaben, seitens der Regierung entsprechen-de Ausgleiche zu schaffen (vgl. ebd.: 300ff).

Dies sind allerdings noch weitgehend allgemeine Aussagen zu den Aufgaben des Staates, die in dieser Allgemeinheit innerhalb der Wirtschaftswissenschaften von keiner Seite Widerspruch ernten würden. Dies ändert sich jedoch, wo Rawls, obgleich er auch dort äußerst abstrakt bleibt, illustrativ Bezug nimmt auf die Aufgaben des Staates bzw. der Regierung im Verhältnis zur Wirtschaft. Hier wird deutlich, dass er sich mit seinen Überlegungen im Kern auf der Basis des durch den wirtschaftswissenschaftlichen Mainstream seiner Zeit – den Keynesianismus – geprägten Grundverständnisses der Wirtschaftsgesellschaft bzw. des Verhältnisses von Markt und Staat bewegt. Die Quintessenz dessen, was diese Theorie von der klassisch-liberalen Theorie und was folglich das keynesianisch-wohlfahrtsstaatliche Modell vom Laissez-faire-Kapitalismus unterschied, war – ausgedrückt in allge-meinster Form – die Erkenntnis, dass unter Bedingungen des entwickelten Kapi-talismus die Voraussetzung eines Goldenen Zeitalters (vgl. Robinson 1972: 155ff), d.h. die Ausschöpfung der möglichen Akkumulationsrate des Kapitals, nicht als Folge der autonomen Handlungen der einzelnen Unternehmen am Markt erwar-tet werden kann. Um die einzelwirtschaftlichen Interessen mit den Bedingungen des Gesamtsystems in Übereinstimmung zu bringen, wurde vielmehr öffentliches Handeln für notwendig erachtet – was Staat im engeren Sinne heißen kann aber nicht heißen muss. Begründet wurde diese theoretische Position im Übrigen wesentlich von Menschen, die sich wie Rawls selbst als Liberale und nicht als Gegner des Kapitalismus begriffen. Im Ansatz des Keynesianismus, so die zusam-menfassende Charakterisierung bei Mattfeld (1985: 31), tritt „ein Primat der Po-litik (der Gesamtökonomie unter den gesellschaftlichen 'Nebenbedingungen' etwa einer parlamentarisch-pluralistischen Demokratie und einer starken Arbeiterbe-wegung) neben ein Primat der Ökonomie, neben die Profitlogik eine politische Logik". Rawls seinerseits formuliert nun an einer Stelle seines Werkes einen Satz, der, obgleich er sich hier zuvorderst mit den Vorteilen bzw. den von „bürgerli-chen Wirtschaftswissenschaftlern" vorgetragenen Vorteilen der Marktwirtschaft befasst, in gewisser Weise ein wirtschaftspolitisches Grundsatzprogramm in Kurz-form darstellt. Nachdem er zunächst die Verträglichkeit des Marktsystems mit den Möglichkeiten der freien Berufswahl und die Vorteile dezentraler, marktlicher Konkurrenz, dort wo sie gegeben ist, bezüglich der Verhinderung von Preis- und Machtkämpfen betont, heißt es dann weiter: „Gemäß der demokratisch zustande gekommenen politischen Entscheidungen steuert die Regierung das wirtschaftli-che Klima mittels gewisser ihr zur Verfügung stehender Hebel, etwa des Gesamt-umfangs der Investitionen, des Zinssatzes, der Geldmenge usw." (Rawls 1975: 306). Sicherlich ließe sich aber mit dieser kurzen Passage noch nicht die These unter-

mauern, dass er sich in seinen Überlegungen hinsichtlich des Ökonomieverständ-
nisses wesentlich auf Keynes bezieht.

Es finden sich in der Rawlsschen Argumentation jedoch noch weitere und
weniger allgemein gehaltene Passagen, die eine deutliche Ähnlichkeit mit jener
dualistischen Konzeption des Verhältnisses von politischer und ökonomischer
Logik aufweisen, wie sie der keynesianischen Makroökonomie zugrunde liegt. Auf
zwei solcher Abschnitte will ich im Folgenden näher eingehen. Der erste ist derjenige, in dem er sich mit den „Rahmen-Institutionen für die Verteilungsgerechtigkeit" (ebd.: 308) befasst. Hier konstruiert Rawls das theoretische Modell eines
Staates mit marktwirtschaftlich verfasstem Systems anhand dessen er den An-
wendungsbezug seiner Gerechtigkeitsgrundsätze darstellen will. Dieses Modell eines
wohlgeordneten Staates soll hinsichtlich seiner Grundstruktur zunächst auf vier
Eigenschaften basieren. Erstens auf einer gerechten Verfassung, die die Freiheit
der Einzelnen schützt, zweitens auf der Realisierung nicht nur formaler Chancengleichheit der unterschiedlichen Individuen, drittens auf wirtschaftlicher Chancengleichheit, d.h. der Verhinderung von Marktzugangsbarrieren sowie viertens
auf der Sicherstellung eines sozialen Existenzminimums für die Mitglieder (vgl.
ebd.: 309).[27] Die Errichtung und Erhaltung dieser Grundstruktur überantwortet
er sodann vier entsprechenden Regierungsressorts: der Allokations-, der Stabilisie-
rungs-, der Umverteilungs- und der Verteilungsabteilung. Von Interesse für die
Betrachtung der gedachten Rolle des Staates sind hierbei die näheren Aufgaben,
die Rawls diesen Abteilungen zuweist.

Der Allokations- und der Stabilisierungsabteilung schreibt er grundlegende
ordnungs- und wachstumspolitische Funktionen zu. Während erstere darüber
wacht, dass die Bedingungen der Konkurrenz aufrecht erhalten und Fehlallokation
als Folge von Konzentrationsprozessen verhindert wird, fällt der zweiten Abtei-
lung die Aufgabe zu, das Ziel der Vollbeschäftigung zu verwirklichen, um auf
dieser Grundlage die Bedingungen der freien Berufswahl zu sichern und zu gewährleisten, dass „die Verdienstmöglichkeiten durch eine starke wirksame Nachfrage gefördert werden" (ebd.: 310). Das erklärte Ziel ist es m.a.W. also, wirtschaftliches Wachstum und Vollbeschäftigung als Basis der Realisierung gesellschaftlicher Freiheitsgrade und wirtschaftlicher Prosperität sicherzustellen. Beiden Abteilungen zusammen kommt die Aufgabe zu, „die Optimalität der Marktwirtschaft
im allgemeinen aufrecht zu erhalten" (ebd.). Zusätzlich gibt es in dem Rawlsschen
Staatsmodell zwei Abteilungen, die mit der Umsetzung von Verteilungsaufgaben
befasst sind. Die eine davon ist die Umverteilungsabteilung. Ihre Bestimmung ist
es, die Voraussetzungen für die Gewährleistung eines allgemeinen Existenzminimums sicherzustellen, da Markt und Wettbewerb für sich genommen keine ausreichende Berücksichtigung der Bedürfnisse der Einzelnen gewährleisten.[28] Die
zweite ist die Verteilungsabteilung. Ihr kommt einerseits die Aufgabe zu, mittels
rechtlicher und steuerlicher Mittel einen stetigen Ausgleich übergebührlicher, also

nicht-gewollter Ungleichheiten zu erwirken, die im Zeitverlauf entstehen können. Dadurch sollen Ungleichheitsproportionen der Art (etwa infolge von Erbschaft) verhindert werden, die, z.B. „wenn die Vermögensunterschiede eine gewisse Grenze überschreiten" (ebd.: 312), den Grundsatz der fairen Chancengleichheit auf der Seite seiner institutionellen Voraussetzungen unterminieren. Andererseits fällt es in die Kompetenz der Verteilungsabteilung, die für die Umsetzung der Gerechtigkeitsgrundsätze, d.h. für Maßnahmen der Umverteilung im Sinne des Unterschiedsprinzips sowie für die Bereitstellung öffentlicher Güter erforderlichen Finanzmittel aufzubringen. Für den Fall, dass die Bürger eine Erweiterung öffentlicher Aufgaben bzw. die Bereitstellung weiterer öffentlicher Güter wünschen, könne, so Rawls, darüber hinaus ein fünftes Ressort, die Austauschabteilung, eingerichtet werden. Diese soll sich dann in ihrer Praxis vor allem am Kriterium der Pareto-Optimalität orientieren, und auf dieser Grundlage die vorgebrachten Vorschläge abwägen und ggf. die Bereitstellung entsprechender öffentlicher Güter, einschließlich der Aufbringung der hierfür benötigten Finanzen, veranlassen (vgl. ebd.: 316f).

Die zweite Passage, auf die ich hier verweisen will, ist eingebettet in die Auseinandersetzung, die Rawls im Anschluss an die endgültige Formulierung der Gerechtigkeitsgrundsätze um die Frage des Verhältnis dieser Grundsätze zu dem, was er die „intuitiven Vorstellungen von der Gerechtigkeit nennt" (ebd.: 338), führt. Ihm ist daran gelegen nachzuweisen, dass die beiden prozeduralen Gerechtigkeitsgrundsätze geeignet sind, verbreitete Alltagvorschriften zu überformen bzw. die untergeordnete Bedeutung Letzterer infolge der Praxis der Anwendung Ersterer zu bestätigen. Interessanterweise wählt Rawls für diese Auseinandersetzung das Beispiel der Frage nach dem 'gerechten Lohn' und dem Stellenwert solcher Prinzipien wie „Jedem nach seiner Leistung". Dieses z.B. decke zwar viele Verteilungssituationen in einer Wirtschaft unter Bedingungen vollkommener Konkurrenz ab und werde beispielsweise auch im Rahmen der Theorie der Grenzproduktivität der Verteilung zugrunde gelegt, die davon ausgeht, dass die einzelnen Produktionsfaktoren an den Ergebnissen entsprechend ihrem Beitrag beteiligt werden, und eine entsprechende Entlohnung der Arbeit in diesem Sinne fair erscheint. Es sei aber, so Rawls weiter, leicht einsehbar, dass diese Schlussfolgerung falsch ist. „Das Grenzprodukt der Arbeit hängt von Angebot und Nachfrage ab. Der Beitrag eines Menschen durch seine Arbeit hängt von der Nachfrage der Betriebe nach dieser Arbeit ab, und diese wiederum von der Nachfrage nach den Erzeugnissen der Betriebe. Er hängt auch davon ab, wieviele Arbeitskräfte seiner Art eine Beschäftigung suchen. Man kann also nicht annehmen, das Leistungsprinzip führe zu einem gerechten Ergebnis, wenn nicht die Marktverhältnisse und die ihnen entsprechenden wirtschaftlichen Möglichkeiten entsprechend gesteuert werden" (ebd.: 342).

So grundsätzlich sowohl die Beschreibung der Aufgaben des Staates als auch die Auseinandersetzung mit der Frage von Lohn und Leistung ausfallen, so wird doch mindestens deutlich, dass hier keinesfalls die Vorstellung von der Wirtschaft als einem sich selbst regulierenden System zum Tragen kommt. Vielmehr geht Rawls offensichtlich zum einen davon aus – womit er sich im Rahmen des politisch-ökonomischen Konsenses seiner Zeit, des fordistischen Kapitalismus, bewegt[29] –, dass die Perspektive der Realisierung von Vollbeschäftigung einen entscheidenden Maßstab der Wirtschaftspolitik und eine grundlegende gesellschaftliche Zielstellung darstellt, die zu verfolgen – im Hinblick auf die Ausschöpfung der produktiven Potentiale und die Sicherung der effektiven Nachfrage – zum zweiten steuernde Eingriffe in den Wirtschaftsprozess erfordert. Vergleicht man nun diese Aussagen etwa mit denen, die Keynes – ebenfalls in knapper Form – in seinen abschließenden Betrachtungen zur Allgemeinen Theorie über die Aufgaben der Regierung formuliert, so scheinen diese weitgehend kongruent – bestenfalls die um mehr als dreißig Jahre differierenden Veröffentlichungszeitpunkte deuten auf den gedanklichen Ursprung. Keynes hat als überzeugter Liberaler nie einen Hehl daraus gemacht, dass er das Marktsystem gegenüber anderen Varianten grundsätzlich vorzieht. Als dessen Vorteile gelten ihm neben der Leistungsfähigkeit vor allem die Gewährleistung individueller Freiheit und gesellschaftlicher Pluralität, die die Dezentralisation und das Spiel des Selbstinteresses hervorbringen (vgl. Keynes 1936: 320). Er vertrat jedoch ebenso überzeugt den Standpunkt, dass es für den Erhalt dieses Systems und für seine Leistungsfähigkeit notwendig sei, diesem durch staatliches Handeln einen quasi gemischtwirtschaftlichen Charakter zu geben. Sein Programm der Erweiterung der Regierungsaufgaben bei der Gestaltung derjenigen Bedingungen, „die das freie Spiel der wirtschaftlichen Kräfte erfordert, wenn es die vollen Möglichkeiten der Erzeugung verwirklichen soll" (ebd.: 320), entwickelt er wesentlich auf der Grundlage der Überzeugung, dass die (Massen-) Arbeitslosigkeit der Vergangenheit, insbesondere der Weltwirtschaftskrise von 1929ff, das Resultat einer durch einen missbrauchten „kapitalistischen Individualismus" (ebd.: 321) in die Irre geführten und letztlich systemgefährdenden Problemdiagnose darstellt. „Während (..) die Ausdehnung der Aufgaben der Regierung, welche die Ausgleichung des Hangs zum Verbrauch und der Veranlassung zur Investition mit sich bringen, einem Publizisten des neunzehnten Jahrhunderts oder einem zeitgenössischen amerikanischen Finanzmann als ein schrecklicher Eingriff in die persönliche Freiheit erscheinen würde, verteidige ich sie im Gegenteil, sowohl als das einzige durchführbare Mittel, die Zerstörung der bestehenden wirtschaftlichen Formen in ihrer Gesamtheit zu vermeiden, als auch als die Bedingung für die erfolgreiche Ausübung der Initiative des Einzelnen" (ebd.).

Zusammenfassend lässt sich festhalten, dass Gerechtigkeit in dieser Perspektive *auch* als eine Angelegenheit der vernunftgeleiteten (kollektiven) Ausschöpfung der gesellschaftlichen Möglichkeiten zu begreifen ist und nicht nur als Befriedigung und Optimierung individueller Präferenzen im Status Quo. Der Wohlfahrtsstaat legitimiert sich also nicht zuerst durch das solidarische Teilen zwischen

ArbeitsplatzinhaberInnen und -nichtinhaberInnen bzw. zwischen arbeitsgesell-schaftlich Kooperations- und Tauschfähigen und solchen, die solidaritäts-, sprich alimentationsbedürftig sind, wie etwa in der eingangs erwähnten Argumentation von Kersting (2000: 160ff) behauptet. Im Sinne des Differenzenprinzips ist es entscheidend, dass die Crux wohlfahrtsstaatlicher Politik nicht zuerst in einer Umverteilung von Oben nach Unten, oder irgendeiner Form der Alimentation von Nicht-Arbeitenden durch Arbeitende besteht, sondern vielmehr darin, die Möglichkeiten der Schaffung von ökonomischem Wohlstand, die sich aus den konkreten sozialökonomischen Rahmenbedingungen (Produktivitätsfortschritt, Arbeitskräftepotential etc.) ergeben, möglichst optimal zu nutzen. Die Möglich-keit der Besserstellung der am wenigsten Begünstigten resultieren in dieser Hin-sicht dann aus der Entscheidung, eine Wirtschaftspolitik zu betreiben, die im Ergebnis dazu führt, dass Einkommen bzw. Verteilungsspielräume, d.h. Gewinne entstehen, die ohne diese Politik gar nicht entstünden. Ohne die Einbeziehung dieses Potentials bliebe das Anliegen des Unterschiedsprinzips unvollständig berücksichtigt. Denn wo potentielle Ressourcen vergeudet werden oder ungenutzt bleiben, da trifft dies die Ärmsten am härtesten! Der Wohlfahrtsstaat ist daher keinesfalls nur als „soziales Ausgleichsprogramm und ordnungspolitisches Rah-menwerk einer fortschreitenden Marktwirtschaft" (ders. 2002) konzipiert, sondern ist selbst Bedingung ihres Fortschreitens.

4.2.2 Gerechtigkeit als Illusion – Die neoliberale 'Gegenrevolution'

Für das neoliberale Projekt stellte die Renaissance der politischen Philosophie, die Rawls mit seiner sozialdemokratisch-liberalen Legitimation wohlfahrtstaatlicher Umverteilung ausgelöst hatte, gleichermaßen eine Provokation dar wie eine Chan-ce.[30] Provokativ im Hinblick auf die individualistische Basis seiner gerechtigkeits-theoretischen Argumentation, die ihn gleichwohl zu anderen Ergebnissen in Be-zug auf die Gesellschaft als eine durch den Menschen für den Menschen gestalt-bare Ordnung führt. Chancenreich die Aussicht, eben auf dieser Basis Eckpunkte und Problemstellungen eines beginnenden und potentiell einflussreichen Ideen-Diskurses im Sinne des eigenen Menschenbilds des 'homo oeconomicus' mit abzustecken. Letzteres war aus heutiger Sicht ein offenkundig sehr erfolgreiches Unterfangen. Trotz ihres heterogenen Erscheinungsbildes und ihrer Mischung aus sozialphilosophischen, politischen und ökonomischen Ansätzen, konnte die neoliberale Theoriebildung, unterstützt durch finanzkräftige „Think-Tanks" (vgl. George 1996, Plehwe 1994), im Verlauf der letzten beiden Jahrzehnte des 20. Jahr-hunderts eine weitreichende hegemoniale ökonomisch-politische Deutungsmacht erlangen.[31] Allerdings nahm diese 'Erfolgsgeschichte' des Neoliberalismus ihren Ausgangspunkt nicht unbedingt im Bereich der politischen Philosophie. Es war zunächst vielmehr das enge ökonomische Feld der Geldtheorie und -politik, verbunden insbesondere mit dem Namen von Milton Friedman, auf dem die Neoliberalen in erklärter Gegnerschaft zu Keynesianismus und makroökonomischer Wachstums- und Stabilitätspolitik politische Macht erlangen konnten – in den USA unter der Regierung Ronald Reagans und in Großbritannien unter Margaret Thatcher.[32] Von der Geldmengensteuerung über die Reduktion der Wirtschaftspolitik auf den Aspekt der Inflationsbekämpfung zur Deregulierung der Märkte, insbesondere des Arbeitsmarkts, war es dann, rein zeitlich betrachtet, ein kurzer Weg. Die Entmachtung der Gewerkschaften, die Demontage des Wohlfahrtsstaates im vereinigten Königreich wurde dabei zugleich flankiert von Versuchen der Umdefinition und Neubesetzung von Werten und Begriffen wie Solidarität, Wettbewerb etc. bzw. einer Entwertung des Kollektiven, des Gesellschaftlichen. Als Synonym für diese politische Geisteshaltung steht der programmatische Satz der damaligen britischen Premierministerin Thatcher: „There is no such thing as society"! Der neoliberalen Grundthese zufolge stellt die Forderung nach Gerechtigkeit als Maßstab der Bewertung sozialökonomischer Entwicklungspfade unter Bedingungen der wohlfahrtsstaatlich-parlamentarischen Massendemokratie eine Bedrohung individueller Freiheit und wirtschaftlicher Leistungsfähigkeit dar. Der Staat werde zur 'Beute' einflussreicher Interessenkartelle – allen voran, der Gewerkschaften –, die über die Schaffung von Chancengleichheit hinaus nach materieller Egalität streben und dadurch die Gesellschaft in den Abgrund bürokratischer Lähmung und ökonomischer Ineffizienz treiben. Die Abnahme sozialer Ungleichheit ist in dieser Perspektive tendenziell gleichbedeutend mit der Zunahme ökonomischer Ineffizienz, und die Mechanismen von Markt und Wettbewerb gelten als die wesentlichen Instanzen menschlicher Sozialisation und Orientierung (vgl. Schui u.a. 1997: 53ff, Laclau/Mouffe 1991: 227).

4.2.2.1 Gerechtigkeit und die Regeln der „spontanen Ordnung"

Eine der wohl einflussreichsten Kritiken zur Renaissance der Gerechtigkeitsdebatte, die zumindest implizit zugleich auch eine Entgegnung auf den Rawlsschen Ansatz darstellt, stammt von Friedrich A. von Hayek, einem der Vordenker der neoliberalen Bewegung, und trägt den programmatischen Titel „Die Illusion der sozialen Gerechtigkeit" (Hayek 1981a).[33] Der Rückgriff auf die Forderung nach Gerechtigkeit, so formuliert dieser den Ausgangspunkt seiner Argumentation, sei mittlerweile zu einem der „am weitesten verbreiteten und wirksamsten Argumente in der politischen Diskussion geworden" (ebd.: 96). Indem der Gerechtigkeitsbegriff dabei aber nicht nur auf die konkrete Interaktion der Individuen bezogen wird, sondern mit dem Attribut „soziale" versehen auch auf die Summe der daraus resultierenden Wirkungen und auf das Verhältnis von Gesellschaft und Individuum, werde er in eine Weise missbraucht, die die individuelle Freiheit, und das meint bei Hayek im Wesentlichen die Abwesenheit von (staatlichem) Zwang, bedroht (vgl. ebd.: 93).

Als Nährboden vorherrschender Gerechtigkeits- und Gleichheitsforderungen identifiziert Hayek dann auch die „in hohem Maße interventionistische (..) 'gemischte' Wirtschaft (...), die in den meisten Ländern heutzutage besteht" (ebd.: 115). Diese gesellschaftliche Realität leiste Forderungen nach Egalität und materieller Gleichheit durch strukturelle Merkmale Vorschub, indem „große Massen von Menschen als Glieder von Organisationen arbeiten, in denen sie zu vertraglich festgesetzten Tarifen für die Zeit, die sie gearbeitet haben, entlohnt werden" (ebd.: 115). Die zentrale These, die er dem entgegen hält, lautet folgendermaßen: Moralische Maßstäbe wie der Begriff der sozialen Gerechtigkeit lassen sich an eine Marktwirtschaft und ihre Ergebnisse nicht anlegen, da diese (ähnlich den Naturgesetzen) nach Prinzipien funktioniere, die von der menschlichen Vernunft nur begriffen, nicht jedoch gesteuert werden können. Als gerecht oder ungerecht könne nur das Verhalten der Menschen im Marktprozess, nicht jedoch dessen Gesamtresultate, die Verteilung, der individuelle Verdienst etc. bewertet werden (vgl. ebd.: 102). Diese Attribute können auf der Ebene der Ergebnisse deshalb nicht zum Tragen kommen, „weil hier niemandes Wille die relativen Einkommen der verschiedenen Leute bestimmen oder verhindern kann, daß sie teilweise vom Zufall abhängig sind. 'Soziale Gerechtigkeit' kann nur in einer gelenkten oder 'Befehls'- Wirtschaft eine Bedeutung erhalten (...)" (ebd.: 114).[34] „Der Ausdruck 'soziale Gerechtigkeit',„ so heißt es an anderer Stelle, „gehört nicht in die Kategorie des Irrtums, sondern in die des Unsinns wie der Ausdruck 'ein moralischer Stein',„ (ebd.: 112). Denn ebenso wie der Natur bei einer Naturkatastrophe keine Verantwortung für die Opfer zugewiesen werden könne, ist die Gesellschaft Hayek zufolge – und hierin kommt der wohl fundamentalste Gegensatz zu Rawls zum Ausdruck – keine Institution, die Verantwortung für die Lebensbedingungen der in ihr versammelten Menschen übernehmen kann.

Zentraler Ausgangspunkt in der Argumentation Hayek's ist sein Verständnis der maßgeblichen Determinanten der Entwicklung menschlicher Gesellschaften. Demzufolge ist unsere heutige gesellschaftliche Ordnung nicht das Resultat des Wirkens menschlicher Vernunft, sondern evolutionäres Ergebnis eines Wettbewerbsprozesses, innerhalb dessen sich die nützlichsten und erfolgreichsten Regeln und Institutionen durchgesetzt haben (vgl. ders. 1981b: 211). Unsere hochgradig arbeitsteilige Gesellschaft basiere darauf, dass die Menschen durch die Tradierung von Erfahrungswerten lernten, die gleichen abstrakten Regeln zu befolgen und die instinktgeleitete „Solidarität" des Teilens, wie sie für primitive Gesellschaften kennzeichnend sei, zu überwinden. Die sich infolge der Akzeptanz und Gültigkeit jener abstrakten Regeln herausbildende spontane Ordnung menschlicher Handlungen sei um ein vielfaches komplexer, als sie durch gedankliche Antizipation je realisiert werden könne (vgl. ebenda: 216ff., ders. 1969: 110). Wolle man sich dieser ordnenden und koordinierenden Kräfte bedienen, so sei dies nur möglich unter Verzicht auf die Macht, über die zukünftigen Einzelheiten dieser Ordnung zu entscheiden (vgl. ders. 1969: 111). Im Gegensatz zur (einzelwirtschaftlichen) Organisationseinheit diene die spontane Ordnung daher keinem bestimmten Zweck, und eine Einigung über konkrete Ziele bei ihrer Errichtung sei nicht notwendig. Insbesondere die marktwirtschaftliche Ordnung beruhe nicht auf gemeinschaftlichen Zielsetzungen, sondern auf Interessenausgleich und wechselseitigem Nutzen (vgl. ebd.). Materieller Ausdruck der abstrakten, zweckunabhängigen Verhaltensregeln in den zwischenmenschlichen Beziehungen ist, so Hayek, der Schutz der gesellschaftlichen Instanz des Privateigentums. Dieses zu gewährleisten und durchzusetzen sei die Kernaufgabe des modernen Staates (vgl. ebd.: 113/115).

Um den Prozess der spontanen Ordnung des Marktes vom zweckgerichteten Handeln einzelner, dezentraler Wirtschaftssubjekte bzw. Organisationen, aus deren Zusammenwirken sie hervorgeht, zu differenzieren, entwickelt er hierfür den Begriff der „Katallaxie" (vgl. ders. 1981a: 150f). Hayek leitet diesen Terminus aus dem griechischen Begriff „katallattein" (austauschen) bzw. dem Adjektiv „katallaktisch" ab und stellt ihn dem Begriff der Wirtschaft, der für ihn ein Organisationsbegriff ist, entgegen, „um die Ordnung zu bezeichnen, die von der gegenseitigen Anpassung vieler individueller Wirtschaften auf einem Markt zustandegebracht wird" (ebd.: 151). Bestrebungen, durch Eingriffe in die spontane Ordnung die materiellen Resultate des „Katallaxie-Spiels" (ebd.: 158) mit dem Ziel der Herstellung sozialer Gerechtigkeit korrigieren zu wollen, werden als Bedrohung der spontanen Ordnung selbst und letztlich als Gefährdung der „offenen Gesellschaft" (Popper) verstanden. Es werde sich nicht mehr damit begnügt, allgemeingültige Verhaltensregeln aufzustellen, sondern bestimmte Ergebnisse würden für bestimmte Personen angestrebt, was dem Vorgehen einer zweckgerichteten Organisation entspreche, jedoch unvereinbar sei mit dem zweckfreien Wesen der spontanen Ordnung (vgl. ders. 1969: 117f). Sei die Entscheidung für die Marktwirtschaft als Organisationsprinzip einmal gefallen, so könne die sich ergebende Einkommensverteilung, welche besser als „Streuung" zu bezeichnen wäre, nicht in Kategorien und mit Maßstäben zweck- und zielgerichteten Handelns bewertet werden (vgl. ebd.: 118f). „Alle Bestrebungen, eine 'gerechte' Verteilung sicherzustellen, müssen darum darauf gerichtet sein, die spontane Ordnung des Marktes in eine Organisation umzuwandeln, mit anderen Worten, in eine totalitäre Ordnung" (ebd.: 119). Entsprechend der Maxime der subjektiven Wertlehre wird der Wert einer Leistung nicht nach dem (moralischen) Verdienst oder gar den Bedürfnissen desjenigen bemessen, der diese Leistung erbringt, sondern Wert und Entlohnung erscheinen als abhängige Variablen des Nutzens, den die betreffende Leistung einem anderen stiftet und den dieser in seiner Zahlungsbereitschaft auszudrücken bereit ist (ebd.: 120). Daher sei die Gewährleistung eines freien Marktzutritts, d.h. die potentielle Möglichkeit eines jeden Mitgliedes der Gesellschaft, seinen Anteil am Gesamteinkommen zu maximieren, die entscheidende Prämisse der Katallaxie. Der marktliche Wettbewerb wirke auf diese Weise nicht nur als zentrale Instanz individueller Disziplinierung und Sozialisation (vgl. ders. 1981b: 227), sondern auch „als ein Entdeckungsverfahren" (ders. 1981a: 161), bei dem die Preise als Informationsinstrument die Nutzung des in der Gesellschaft verstreuten Wissens sichern, indem sie den Menschen signalisieren, was sie tun sollen (vgl. ebd., ders. 1981b: 228f).

Wenn Hayek schreibt, er habe mit Rawls „keinen grundsätzlichen Streit" (ders. 1981a: 138), oder sogar noch einen Schritt weiter geht und behauptet, letztlich das gleiche Anliegen wie dieser zu verfolgen, obgleich er die Verwendung des Ausdrucks soziale Gerechtigkeit in diesem Zusammenhang bedauerlich und verwirrend finde, so muss dies zunächst überraschen.[35] Denn im Prinzip stützt sich Hayek, wie Barry (1995: 239) herausarbeitet, auf diejenige Position, die Rawls in seiner Theorie der Gerechtigkeit ausdrücklich ablehnt: den Utilitarismus.[36] Für Rawls jedenfalls ist auch der Umstand, dass marktmäßige Handlungen in ihrer Summe Ergebnisse im Hinblick auf die Verteilung zeitigen, die von niemandem geplant wurden, offensichtlich kein hinreichender Grund, sie nicht unter Gerechtigkeitsaspekten infrage zu stellen (vgl. ebd.). Hayeks Schulterschluss zielt daher wohl auch vielmehr auf den Rawlsschen Prozeduralismus, auf den Gedanken, dass Gerechtigkeit sich zuvorderst auf die moralische Bewertung der Regeln der Verteilung bezieht, als auf die Ergebnisse, die ihre Anwendung letztendlich hervorbringt (vgl. ebd.: 240f). Dass diese Regeln aber auch dergestalt ausfallen könnten, dass sie etwa eine maximal zulässige Streuung bei der Endverteilung der Markteinkommen vorsehen bzw. entsprechende Korrekturen durch Umverteilung, bleibt ein offener Widerspruch. Schließlich kann Hayek die Kritik an der Ungerechtigkeit von Marktresultaten z.B. im Verhältnis zu den moralischen Verdiensten o.ä. nur dadurch abwehren, indem er darauf verweist, dass niemand sie geplant habe. Jedoch begründet dies nicht, warum es nicht zulässig und geboten sein sollte, den Markt für die Resultate die er hervorbringt zu kritisieren, wenn diese etwa vitalen Bedingungen der Gesellschaft abträglich sind. An anderen Stellen warten - um in dem von Hayek gewählten Bilde von Naturkatastrophe und der Verantwortlichkeit zu bleiben - die Menschen schließlich auch nicht tatenlos auf das nächste Unglück, sondern versuchen, dort wo sie potentielle Gefährdungen erkennen, deren mögliche Auswirkungen im Falle eines Eintretens zu mildern. Sie bauen Deiche, arbeiten an der Präzisierung der Vorhersagetechniken gegenüber Vulkanausbrüchen und Stürmen, an erdbebensicheren Häusern u.a.m.. Natürlich trägt die Natur keine Verantwortung für eventuelle Opfer. Wenn aber solche zu beklagen sind, ist es doch immer wieder zu beobachten, wie sich die Gesellschaften mit der Frage konfrontieren, ob sie in der Vorsorge, Abwehr, Hilfeleistung etc. im Vorfeld genug getan haben bzw. wo sie zukünftig mehr tun müssen. Hayeks Versuch, seinem Modell mit dem gestelzten Begriff der Katallaxie eine gewisse höhere Weihe zu verleihen, bricht sich letztlich daran, dass solche und ähnlich gelagerte Reflexionen auf die Regelmäßigkeit von im Verhältnis zu seinen Unterstellungen konträren (kollektiven) Handlungen in der soziale Realität von Menschen unterbleiben. Es ist äußerst fragwürdig, ob die Bedeutung, die Hayek dem Umstand beimisst, dass nicht alle sozialen Verhältnisse das Ergebnis zielgerichteter Handlungen sind, tatsächlich angemessen ist. Wenn diese Erkenntnis, so Amartya Sen (2000: 306, Herv. J.R.), „in Hayeks Worten, eine *'tiefe Einsicht'* ist, dann ist irgend etwas mit der Tiefe falsch". Nicht die Unintendiertheit sozialer Konsequenzen ist aus seiner Sicht das Bemerkenswerte, sondern vielmehr der Umstand, dass es mittels einer kausalen Analyse sehr wohl möglich ist, diese unbeabsichtigten Wirkungen hinreichend vorauszusagen. Beispielsweise beruhen gerade im Rahmen von Marktverhältnissen viele Beziehungen tatsächlich auf stillschweigenden Annahmen hinsichtlich Wechselseitigkeit und Kontinuität. So kann etwa ein Metzger (Angebotsseite) durchaus davon ausgehen, dass der Verkauf von Fleisch nicht nur ihm sondern auch seinen Kunden (Nachfrageseite) zugute kommt und die Beziehung daher trotz der Freiwilligkeit eine gewisse Beständigkeit aufweist. Wird die Idee der Unintendiertheit in diesem Sinne verstanden als „*Antizipation* wichtiger, aber unbeabsichtigter Konsequenzen, bildet sie in keiner Weise ein Hindernis für die Möglichkeit einer vernunftgeleiteten Reform" (ebd.: 307).

4.2.2.2 Der „Minimalstaat" als Bedingung von Gerechtigkeit

Das Argument der evolutionären Entwicklung kollektiver Regeln bzw. des Staates liegt ebenso wie das Konzept der „negativen Freiheit"[37] auch dem theoretischen Ansatz des amerikanischen Philosophen Robert Nozick zugrunde. Seine zuerst 1974 erschienene Schrift „Anarchy, State and Utopia" versteht sich, wie Hayek in seinem Geleitwort zur deutschen Ausgabe anmerkt, als direkte Entgegnung auf Rawls' Theorie der Gerechtigkeit (vgl. Hayek, in: Nozick 1976: 9).[38] Die Definition von Freiheit als Abwesenheit von staatlichem Zwang ist, gewendet in die Ausgangsfrage „Wieviel Raum lassen die Rechte des einzelnen für den Staat?" (Nozick 1976: 11), gleichsam als Leitmotiv dieser Arbeit und der darin entwickelten Konzeption von Gerechtigkeit zu begreifen. Expliziter als Hayek bedient sich Nozick dabei der kontraktualistischen Folie, um daraus seine Theorie gerechter Eigentumsansprüche oder besser der Rechtfertigung des individuellen Eigentums abzuleiten.[39] Ausgehend von einem hypothetischen Naturzustand, in welchem die Menschen ohne kollektive Strukturen, d.h. in der Anarchie leben, gleichwohl aber mit natürlichen Rechten und Pflichten ausgestattet sind,[40] versucht er den Nachweis zu erbringen, dass sich einerseits zwar die Entwicklung des Staates aus dem rationalen Handeln der Individuen ableiten lässt, dass aber andererseits jeder über den als Rechtschutzstaat verstandenen „Minimalstaat"[41] hinausgehende

Staat grundlegende Regeln der Gerechtigkeit im Verhältnis von Individuum und Staat verletzte und folglich durch keinen Vertrag zu legitimieren sei (vgl. ebd. 1976: 11). Dabei geht es ihm vor allem darum nachzuweisen, dass die Entstehung einer staatlichen Autorität das Resultat eines unintendierten Prozesses der 'invisible hand' ist – unabhängig vom Wollen des einzelnen.[42]

Die Fragilität des sozialen Friedens im anarchischen Urzustand, so der Gang seiner Argumentation, treibe die Individuen aus reinem Eigennutz zunächst zur Bildung von „Schutzvereinigungen". Diese würden jedoch gewisse Nachteile aufweisen, wie beispielsweise die Erfordernis einer permanenten individuellen Einsatzbereitschaft oder die Möglichkeit des Missbrauchs durch einzelne Mitglieder (ebd.: 26f). Um diese Probleme zu überwinden, bleibe letztlich nur die Option einer Professionalisierung dieser Dienstleistungen in Form einer Erweiterung gesellschaftlicher Arbeitsteilung: „Einige Menschen werden für die Schutzleistungen angestellt und Unternehmer beginnen damit, Schutzleistungen zu verkaufen" (ebd.: 27). Durch den Wettbewerbsprozess werde die Zahl der in einem Gebiet konkurrierenden Schutzagenturen im Zeitverlauf abnehmen, und es bildeten sich sozusagen Marktführer heraus. Sind diese etwa gleich stark, so sei es wahrscheinlich, dass sich erste übergeordnete Institutionen (z.B. eine Schlichtungsinstanz für Streitfälle) und Verfahrensregeln etablieren. Auf diese Weise, so Nozick, entstehe durch die spontane Bildung von Gruppen, durch Arbeitsteilung, Marktverhältnisse und Marktvorteile sowie durch rationales Eigeninteresse der einzelnen „ein Gebilde, das sehr stark einem Minimalstaat oder einer Gruppe geographisch abgegrenzter Minimalstaaten ähnelt" (ebd.: 30). Der Indikator für diese Transformation ist nach Nozick das in diesem Wettbewerbsprozess zustande gekommene „faktische Monopol" (ebd.: 107) legitimer Gewaltsamkeit bzw. Rechtsetzung und -durchsetzung.[43] Da in diesem Gebilde nach wie vor jedoch nur denjenigen Schutz- und Durchsetzungsleistungen gewährt würden, die dafür bezahlen, bezeichnet er es als „Ultraminimalstaat" (ebd.: 38). Dieser werde schließlich aus moralischen Gründen in das System eines Minimalstaates überführt, in dem alle gleichermaßen Schutz genießen. „Die vorherrschende Schutzvereinigung mit ihrem Monopolcharakter ist moralisch verpflichtet, die Nachteile auszugleichen, die sie denjenigen auferlegt, denen sie Selbsthilfe gegenüber ihren Mitgliedern verbietet" (ebd.: 115).[44] Das entscheidende an dieser Argumentationsfigur ist Nozick zufolge, dass selbst bei einem starken Rückgriff auf moralische Motive im Prozess der Wandlung zum Minimalstaat ein auf das Ziel der Etablierung desselben ausgerichtetes Handeln der Menschen nicht unterstellt werden brauche, um seine Existenz zu begründen (vgl. ebd.: 116).

Der Ausgangspunkt seiner gerechtigkeitstheoretischen Überlegungen ist schließlich die Frage, ob sich – insbesondere über die Forderung nach einer gerechten Verteilung – eine Ordnung begründen ließe, die über diesen Minimalstaat hinausgeht. Zur Überprüfung möglicher Umverteilungsgründe entwirft er eine Theorie gerechter Eigentumsansprüche, die er als „Anspruchstheorie" (ebd.: 144) bezeichnet. Danach wird die gesellschaftliche Eigentumsverteilung dann als gerecht angesehen, wenn erstens die ursprüngliche Aneignung von Gütern oder zweitens deren spätere Übertragung seitens früherer Eigentümer selber den Gerechtigkeitsprinzipien entsprachen, wobei sich der zweite Punkt im Wesentlichen auf den Aspekt der Freiwilligkeit bezieht. Das Korrekturprinzip soll drittens dem Umstand Rechnung tragen, dass es in früheren Phasen mit relativ hoher Wahrscheinlichkeit ungerechte Eigentumsaneignungen (im Sinne der Theorie) gegeben hat. Seine Schlussfolgerung lautet dann: „Ist der Besitz jedes einzelnen gerecht, so ist die Gesamtmenge (die Verteilung) der Besitztümer gerecht" (ebd.: 146). Bei der Begründung dessen, was unter einer gerechten Aneignung zu verstehen ist, greift Nozick auf das naturrechtliche Fundament seines Urzustands zurück. Hiernach ist die Natur allen Menschen zur Nutzung gegeben ,und es steht ferner jedem das Recht an den Ergebnissen eigener Arbeit zu. Um den Anspruch aller zu wahren, gilt für den Einzelnen die Regel, dass er sich nur eine solche Menge Güter aneignen darf, wie er für das eigene Auskommen braucht, wobei darüber hinaus einschränkend gilt, dass eine qualitativ vergleichbare, nicht angeeignete Gütermenge für andere verfügbar bleibt. Die scheinbare Brisanz dieser Restriktionen für die Anhäufung von Eigentum wird aber bereits durch Locke abgeschwächt, indem er auf das Geld als Äquivalent für die Aufbewahrung von Güterwerten auch über die Grenzen eigener Unterhaltserfordernisse hinaus verweist. Hinsichtlich der praktischen Interpretation des zweiten Teils der Restriktion ist Nozick allerdings gezwungen, über den Lockeschen Ansatz hinauszugehen. War dieser noch davon ausgegangen, die Bedingung sei erfüllt, wenn es noch irgendwo ungenutzte Güter, wie etwa freies Land etc., gäbe, so muss Nozick in Anbetracht der weit vorangeschrittenen Erkundung und Ausbeutung von Ressourcen eine andere Erklärung liefern. Zu diesem Zweck greift er auf das Argument der Allokationseffizienz des Marktes zurück, die gewährleiste, dass knappe Güter über den Preis bzw. die Zahlungsbereitschaft dorthin gelangten, wo sie am Dringendsten benötigt würden (vgl. ebd.: 163ff). Das Privateigentum an knappen Gütern ist demnach geradezu eine Voraussetzung dafür, dass andere sich diese Güter (gerecht) aneignen können.

Mit seiner „Anspruchstheorie", die er als historisches Prinzip begreift, grenzt Nozick sich in erster Linie gegen jene konkurrierenden Vorstellungen ab, die er als strukturelle oder „endzustandsorientierte" Prinzipien bezeichnet[45]. Diese würden von der Annahme getragen, dass die gesellschaftliche Zusammenarbeit bestimmte Probleme hinsichtlich der Verteilungsgerechtigkeit hervorbringe, weshalb ein korrigierendes Eingreifen im Sinne eines erweiterten staatlichen Handelns legitimiert werden könne (vgl. ebd.: 146f). „Wenn man meint, eine Theorie der Verteilungsgerechtigkeit habe die Aufgabe, die Leerstelle in ʻjedem nach seinem XYʼ auszufüllen, so ist man einseitig auf die Suche nach einer Struktur festgelegt; und wenn man ʻjeder nach seinem XYʼ gesondert behandelt, so nimmt man Erzeugung und Verteilung als unabhängig voneinander. Doch nach der Anspruchtheorie sind das *keine* unabhängigen Fragen. (...) Die Dinge, die in die Welt hereinkommen, sind bereits an Menschen geknüpft, die Ansprüche auf sie haben" (ebd.: 152, Herv. i. Orig.). Würde man eine bestimmte Verteilung aufrecht erhalten wollen – so entgegnet Nozick dieser Position – müsse man den Menschen entweder ständig untersagen, ihre Güter nach eigenen Prämissen zu übertragen oder aber ihnen diejenigen Güter regelmäßig wegnehmen, die andere ihnen aus beliebigen Gründen übertragen haben (vgl. ebd.: 154). Selbst die Problematik öffentlicher Güter stellt für Nozick keine hinreichende Begründung für die Legitimation von staatlichen, über den Minimalstaat hinausgehenden Aktivitäten dar.[46] Schließlich wären solcherlei Aktivitäten notwendig mit Eingriffen in die Verteilung – in Form der Erhebung von Steuern zu ihrer Finanzierung – verbunden. Steuern aber sind für ihn „mit Zwangsarbeit gleichzusetzen" (ebd.: 159), da der Staat zum Eigentümer an einem Teil des Einzelnen werde – den Früchten seiner Arbeit. Kollektive Güter könnten durchaus auf der Basis von Privatinitiative bereitgestellt werden, wenn man den schöpferischen Kräften des Marktes nur mehr Vertrauen entgegenbrächte, denn, so Nozick weiter, „die Menschen vergessen leicht die Möglichkeiten, unabhängig vom Staat zu handeln" (ebd.: 28). Aus dem Gedankengang bzw. den Elementen der Anspruchstheorie ist zu schlussfolgern, dass ein nichtminimaler Staat nur als eine temporäre Erscheinung zum Zwecke der Korrektur früherer Ungerechtigkeiten erwogen wird (vgl. Kley 1989: 115).

Der eigentliche Schwachpunkt der Anspruchtheorie ist die Staatsableitung, in die Nozick sein Konzept der Gerechtigkeit einbettet. Im Unterschied zu Rawls[47], der zwar auch von den Individuen ausgeht, dabei jedoch ein erheblich breiteres Spektrum ihrer Vergesellschaftungsmotive argumentativ berücksichtigt, fasst Nozick diese um der logischen Stringenz seiner Beweisführung wegen erheblich enger. Je minimaler jedoch die Anzahl der Variablen einer Theorie, die beansprucht, einen relevanten Ausschnitt der sozialen Realität zu begründen, desto größer die Wahrscheinlichkeit von Widersprüchen – immanent oder im Vergleich mit der Wirklichkeit. So unterstellt Nozick mit seiner Urzustandskonstruktion einerseits, dass die Menschen de facto gewisse naturgegebenen Rechte und Pflichten anerkennen und wahren. Andererseits stellt der Bruch dieser Rechte den Ausgang seiner Geschichte, das Motiv der Bildung von Schutzagenturen dar und ist damit konstitutiv für seine Erklärung einer unintendierten Formierung des Staates. Kann der gelegentliche Rechtsbruch die Mehrheit veranlassen, einen durchaus grundsätzlich befriedigenden Zustand zu verändern, oder sind die naturrechtlichen Grundannahmen fraglich? Letzteres hätte weitreichende Konsequenzen für die Konsistenz des theoretischen Kerns. Dies zum einen schon hinsichtlich der schlüssigen Begründung von Bedingungen der gerechten Eigentumsaneignung, zum anderen aber vor allem für die moralische Natur des zu begründenden Staates. Denn wenn das rechtswidrige Verhalten einzelner der maßgebliche Anstoß für die Ingangsetzung seiner Evolutionsgeschichte ist, wäre es nur konsequent, diese Annahme auch auf das Verhalten der Schutzorganisationen zu verlängern, d.h. das Entstehen eines Schutzmonopols als mögliches Resultat von Rechtsverletzung zu betrachten. Damit aber wäre die Geschichte am Ende, denn „die Rechtfertigung des Minimalstaates gelingt Nozick (…) nur, wenn die ehemalige, zum Staat gewordene Firma eine naturrechtlich makellose Unternehmensgeschichte vorzuweisen hat" (ebd.: 209). Unterstellt man überdies, dass die Security-Unternehmen rasch erkennen werden, was eine nicht eben realitätsferne Annahme ist, dass ihre Zukunft davon abhängt, möglichst selbst diejenige Firma zu sein, die das Monopol innehat, und dass es auf der Nachfrageseite ein komplementäres Interesse gibt, Kunde des stärksten Unternehmens zu sein, so erscheint es ebenfalls naheliegend davon auszugehen, dass es einen allgemeinen Willen nach einer einzigen Schutzvereinigung gibt, was die Vorstellung von dem unintendierten Wirken der ‚invisible hand' fraglich werden lässt (vgl. ebd.: 216 ff.).[48]

Hinter Nozicks Opposition gegenüber sog. „endzustandsorientierten" Prinzipien bzw. dem Ziel der Herstellung oder Aufrechterhaltung einer als gerecht zu bezeichnenden Verteilung steht letztlich der Vorbehalt, wonach in einer marktwirtschaftlich organisierten Gesellschaft als einem Geflecht von Marktteilnehmern, die auf der Grundlage individueller Präferenzen freiwillige Tauschakte eingehen, deren Resultate folglich per Definition gerecht sind, ein Gerechtigkeitsproblem – die Erfüllung der historischen Bedingungen gerechter Aneignung vorausgesetzt – grundsätzlich gar nicht besteht (vgl. ebd.: 113f). Und ein nicht-minimaler Staat, so eine weitergehende Argumentation, mit der Nozick aus dem Fundus der ökonomischen Theorie der Politik schöpft, schaffe erst die Voraussetzungen für die Ungerechtigkeit, die einem wirtschaftlich Starken letztlich die Option eröffne, seinen Nutzen dadurch zu mehren, dass er nach Erlangung politischer Macht strebt, um sich auf diesem Wege zusätzliche Vorteile zu Lasten der Schwächeren zu verschaffen.[49] Werde ein Staat unberechtigt in den Dienst spezieller ökonomischer Interessen gestellt, liege das, so Nozick (196: 247), daran, dass er bereits zuvor die illegitime Macht besaß, einige zu Lasten anderer zu bereichern. Der Minimalstaat minimiert also gleichsam auch das Risiko des Missbrauchs politischer Macht und ist, so die euphemistische Folgerung Nozicks, letztlich nicht nur „der einzige moralisch berechtigte Staat, der einzige moralisch tragbare Staat ist", sondern obendrein auch „derjenige, der am besten die utopischen Sehnsüchte unzähliger Träumer und Visionäre verwirklicht" (ebd.: 302). Der US-Amerikanische Ökonom Joseph Stiglitz (2002b: 17) spricht im Bezug auf diese Vorstellung hingegen von einer die realen Machtdisparitäten ausblendenden „Phantasiewelt der ‚idealisierten' Wettbewerbsgleichgewichte". Dass in Nozicks Ideenwelt ebenso ein freiwilliger Versklavungsvertrag als legitim gelten kann, mit dem ein Individuum alle aktuellen und zukünftigen Arbeitsleistungen verkauft, stellt für ihn nichts anderes als eine „‚verfeinerte' Form des Wahnsinns" (ebd.: 16) dar, die sich bedauerlicherweise allerdings nicht allein in philosophischen Übungen erschöpft. So kann Nozick durchaus als Stichwortgeber der von liberal-konservativen Vertreterinnen und Vertretern aus Politik, Wirtschaft und Wissenschaft seit den 1980er Jahren erhobenen Forderung nach einem „schlanken Staat"[50] gelten. Allerdings hat seine Minimalstaatstheorie weniger den Charakter einer konkreten programmatischen Anleitung für den Umbau des Wohlfahrtsstaates. Sie fungiert eher als philosophischer Maximalentwurf der Neoliberalen, auf dessen Grundlage sich die vermeintliche Unvereinbarkeit der bestehenden sozialen Ordnung mit der Bürgerfreiheit des 'homo oeconomicus' vorzüglich anprangern ließ.

4.2.2.3 Gerechtigkeit als Pareto-Effizienz

Während die Nozicksche Minimalstaatstheorie bzw. die darin eingebettete Theorie des gerechten Eigentums eher auf einer fundamental-philosophischen Ebene der (De-) Legitimation verbleibt, ist die Arbeit von James M. Buchanan über „Die Grenzen der Freiheit" (1984)[51] erheblich mehr darauf gerichtet, praktisch-politische Pfade der Deregulierung zu weisen und einen wirkmächtigen Prozess des markt- und wettbewerbsorientierten Umbaus der Institutionen des Staates ins Werk zu setzen. Wenngleich seine Auseinandersetzung mit der theoretischen Vorlage von John Rawls in den konkreten Bezügen auf dessen Argumentation wesentlich indirekter gehalten ist, würdigt auch Buchanan den Prozeduralismus, den er als den eigentlichen Kern der „Theorie der Gerechtigkeit" darstellt (vgl. Buchanan 1984: 249). Seine Kritik setzt erwartungsgemäß an der Feststellung an, dass Rawls mit seinen Gerechtigkeitsprinzipien über jene Feststellung hinausgeht, die in seinen Augen völlig ausreichend wäre zu konstatieren: „Jene Prinzipien sind gerecht, die aus der einstimmigen Vereinbarung aller Beteiligten in einem Zustand hervorgehen, wo jeder hinsichtlich seiner eigenen Position (...) unter einem Schleier des Nichtwissen handelt" (ebd.: 248f). In dieser Hinsicht begreift er seine Theorie als „viel weniger ehrgeizig" (ebd.: 250) als die von Rawls. Ehrgeiziger als dieser sieht er sich aber in dem Bemühen darzulegen, „wie man von einer (...) idealisierten Situation zu einem Zustand kommt, in dem tatsächlich eine Diskussion über eine grundlegende verfassungsmäßige Umgestaltung stattfindet" (ebd.: 249), d.h. „die Aussichten für echte vertragliche Neuverhandlungen zwischen den Menschen zu prüfen" (ebd.: 249). Dem Begriff der Gerechtigkeit weist er vor allem eine meinungsprägende Funktion im Prozess dieser „Neuverhandlung" des Gesellschaftsvertrags zu, „weil in solchen Situationen, in denen die Individuen aus rationellen ökonomischen Gründen einer Neuzuweisung der Rechte zustimmen und in denen ein echter konstitutioneller Wandel möglich ist, die öffentliche Diskussion mit der rhetorischen Wendung 'Gerechtigkeit' geführt wird" (ebd.: 115).

Als ideale Gesellschaft im Sinne einer individualistischen Utopie zeichnet Buchanan zunächst das Bild der „geordneten Anarchie" (ebd.: 6), die von gegenseitiger Toleranz bei gleichzeitigem Absterben des Staates getragen ist. Diese Gesellschaft, so Buchanans Argumentation, müsse jedoch infolge der aus den unklaren Eigentumsrechten der Individuen resultierenden Konflikte scheitern. Schließlich werde ein Mensch erst über seine Eigentumsrechte als Person definiert (vgl. ebd.: 13). Das andere gesellschaftstheoretische Extrem, der Hobbesche „Leviathan", dem der einzelne vollkommen unterworfen ist, finde hingegen in Gestalt des modernen Wohlfahrtsstaates aber zunehmend eine reale Entsprechung. Erforderlich sei daher die Aushandlung eines neuen Gesellschaftsvertrags, „der die Individualrechte neu definiert und der den Spielraum für durch das Kollektiv festgelegte Zwangsmaßnahmen einschränkt" (ebd.: 254). Buchanan unterscheidet in seiner Theorie und im Unterschied zu Nozick allerdings zwei Ebenen des Gesellschaftsvertrags: Erstens, den konstitutionellen Vertrag, in welchem Rechte festgelegt werden und zweitens, den postkonstitutionellen Vertrag, der den wechselseitigen Tausch von Rechten zum Gegenstand hat. Die Effizienz der Tauschhandlungen auf der zweiten Ebene steht dabei in Abhängigkeit von der eindeutigen Zuordnung der Rechte auf der ersten Ebene. Diese Zweiteilung korrespondiert mit einer entsprechenden methodisch-funktionalen Differenzierung des Staatsbegriffs: Dem reinen „Rechtsschutzstaat" (protective state) stellt er den „Leistungsstaat" (productive state) zur Seite, dem die Aufgabe der Bereitstellung öffentlicher Güter (Verkehrswege, Hochwasserschutz etc.) zukommt und der die explizite Einbeziehung des Öffentlich-Politischen in der Theorie Buchanans repräsentiert.

Ausgangspunkt seiner gesellschaftsvertraglichen Überlegungen ist die Hobbessche Version des menschlichen Urzustands, der „Kampf aller gegen alle", in dem die Frage der Verteilung der knappen Güter einzig mit dem Mittel des 'Rechts' der Stärke zwischen den (ungleichen) Individuen geregelt wird. Dennoch spiele sich auf dieser Basis, im Ergebnis von Raub, eigener Produktionstätigkeit und Verteidigungsaufwendungen, letztlich ein relativ gleichmäßiger Zustand der Güterverteilung ein, den Buchanan als „natürliches Gleichgewicht" (ebd.: 83) charakterisiert. Dieses fungiert im Rahmen seiner Theorie als stillschweigender Referenzpunkt für die Begründung und/oder Überprüfung bestehender Verteilungsverhältnisse bzw. den sich daraus ergebenden Eigentumsrechten. Zunächst aber unterstellt er, dass die Individuen irgendwann aufgrund der damit verbundenen Freisetzung knapper Ressourcen zu der Einsicht gelangen, dass eine vertragliche Verpflichtung zum gegenseitigen Gewaltverzicht eine geeignete Maßnahme ist, unter gegebenen Bedingungen ihren Nutzen weiter zu steigern. Da einige Individuen stärker, andere schwächer, einige geschickt, andere weniger geschickt in Raub und Verteidigung sind, werden diejenigen, die von der Ausgangsituation am meisten profitieren, diesem „Abrüstungsvertrag" nur dann zustimmen, wenn sie von den weniger Begünstigten zukünftig freiwillig einen Teil ihrer ansonsten als Beutegewinn realisierten Einkünfte gezahlt bekommen. Letztere würden aufgrund der entfallenen Verteidigungskosten schließlich dennoch mindestens ein gleiches oder sogar höheres Nutzenniveau als zuvor realisieren, womit das Kriterium der Pareto-Optimalität erfüllt werde (vgl. ebd.: 84ff). Paretos Effizienz-Kriterium, das bei Rawls explizit nur als dem Unterschiedsprinzip nachgeordnetes Kriterium einer gerechten Grundordnung greift, rückt bei Buchanan an dessen Stelle und wird zum zentralen Maß für die Bewertung der Legitimität von Tauschprozessen.[52] Diesem Kriterium zufolge ist eine Verteilungssituation dann optimal, wenn es keine andere Situation gibt, durch die nicht mindestens ein Individuum besser gestellt würde ohne gleichzeitig ein anderes schlechter zu stellen. Jedoch wird ein freies und rational handelndes Individuum einem Tauschvorgang nur dann zustimmen, wenn es darin einen Nutzengewinn für sich erblickt. Diese Urteilskraft ist es, die den „homo oeconomicus" auszeichnet. Was nützlich ist, entscheidet das Individuum allerdings selbst, weshalb als Kennzeichen eines gerechten Marktergebnisses auch nicht die Verteilung, sondern allein die freiwillige Übereinstimmung der am Tauschprozess Beteiligten herangezogen werden kann. Dass Einzelne durch Tauschvorgänge schlechter gestellt werden, kann folglich ausgeschlossen werden, da ein Tauschvorgang gemäß den Rationalitätsannahmen dann gar nicht erst zustande käme. Auf diese Weise lässt sich schließlich begründen, dass nur der Wettbewerb auf einem freien Markt gewährleistet, dass ausschließlich nutzenmehrende Tauschakte im Sinne der Pareto-Optimalität vollzogen werden.[53] Die gängige Kritik weist darauf hin, dass das Pareto-Kriterium allerdings nicht das Problem ungleicher Ausgangspositionen bzw. Ausstattungen der Marktteilnehmer reflektiert (in Bezug auf Güter, Einkommen und Vermögen, Freiheiten und Verwirklichungschancen), sondern diese als konstitutive Verhältnisse in die Effizienzbewertung einfließen lässt und letztlich fixiert (vgl. z.B. Sen 2000: 145ff). Auch macht es einen wesentlichen Unterschied, ob bei der Bewertung von Besser- und Schlechterstellung im Zeitverlauf auf relative oder auf absolute Größen Bezug genommen wird. So wäre bei Bezugnahme auf absolute Größen etwa jede beliebige Umverteilung zugunsten der Bessergestellten nach dem Pareto-Prinzip immer zu rechtfertigen, solange die weniger Begüterten mindestens eine geringe Besserstellung erfahren. Das wäre etwa der Fall, wenn infolge realistischerweise unterstellbaren Wachstums innerhalb eines beliebigen Zeitraums bei einer abstrakten Gütermenge von z.B. 100 Einheiten, die sich auf x und y im Verhältnis von 20:80 verteilen, zehn weitere Einheiten hinzu kämen und am Ende die Verteilungsproportion 21:89 lauten würde. Absolut gesehen hat auch der weniger Begüterte einen Zugewinn. Relativ betrachtet hat sich seine soziale Position gegenüber dem Bessergestellten jedoch verschlechtert. Denn bliebe die Verteilungsrelation wenigstens konstant im Verhältnis 1:4, müsste sich sein Anteil auf 22 Einheiten belaufen statt nur auf 21, und der des Bessergestellten nur auf 88 statt auf 89.

Buchanan allerdings blendet diese kritischen Dimensionen des Pareto-Kriteriums aus. Um zu verhindern, so die Fortsetzung seiner Geschichte, dass es nach dem ersten Schritt aufgrund des in der Option der zusätzlichen Nutzenmehrung liegenden Anreizes zum Vertragsbruch durch Einzelne (das sog. 'Gefangenendilemma') zum Rückfall in den Ursprungszustand und damit zur allseitigen Wohlstandsminderung kommt, müssen die Individuen zusätzlich Regeln zur Durchsetzung der im Vertrag festgelegten Verhaltensrestriktionen vereinbaren. Als neutrale Instanz, die für die Überwachung und die Sanktionierung von Regelverstößen zuständig ist, werden sie daher einen „Rechtsschutzstaat" gründen. Dessen Aufgabe besteht ausschließlich darin, die „institutionelle Verkörperung des Schiedsrichters" zu sein (vgl. Buchanan 1984: 97).[54] Da das zu überwachende Recht -, d.h. die Eigentumsansprüche, Verhaltens- und Sanktionsregeln - unmittelbar aus dem kollektiven Akt des Verfassungsvertrags resultiert, den die Mitglieder der Gesellschaft geschlossen haben, sei auf dieser Stufe der Staatsbildung zunächst auch keine weitergehende demokratische Organisation erforderlich, sondern eine entsprechende Programmierung für den Fall der Regelverletzung und Rechtsdurchsetzung ausreichend.

Ist dieser konstitutionelle Vertrag einmal geschlossen und sind die Eigentumsrechte festgelegt, können die Individuen dazu übergehen, durch den Tausch von Eigentumstiteln bzw. von Gütern ihr spezifisches Nutzenniveau über den Markt zu maximieren. Im Verlaufe ihres Handelns werden sie darauf stoßen, dass eine weitere Nutzensteigerung durch die Bereitstellung öffentlicher Güter - z.B. in Form von Infrastrukturmaßnahmen - auf dem Wege kollektiver Beschlüsse möglich ist. Zur Organisation dieser Aufgaben wird in dem Akt des postkonstitutionellen Vertrags schließlich der „Leistungsstaat" gegründet (vgl. ebd.: 50ff). Buchanan überträgt dabei das dem Kriterium der Pareto-Effizienz zugrunde liegende Argumentationsmuster auf alle gesellschaftlich-politischen Beziehungen und definiert diese analog als politische Tauschvorgänge: „Auf dem Markt tauschen Individuen Äpfel gegen Apfelsinen, in der Politik tauschen sie vereinbarte Anteile am Beitrag zu den Kosten dessen, was man gemeinsam wünscht - von den Diensten der örtlichen Feuerwehr bis zu denen eines Richters" (ders. 1989: 938f). Ebenso wie Tauschprozesse auf den Gütermärkten unterliegt der politische Tausch damit dem Ziel der Maximierung des Nutzens der beteiligten Individuen. Der entscheidende Unterschied besteht allerdings darin, dass die angesprochenen Prozesse nicht einzelne, sondern die Gesamtheit der in der Gesellschaft versammelten Individuen betreffen.

Wenn also qua Effizienzdefinition gemäß dem Pareto-Kriterium zu vermeiden ist, dass irgendwer infolge einer politischen Tauschhandlung einen Nutzenentgang oder einen 'ungerechten' Nutzenzuwachs erfährt, bedarf dieser Vorgang hinsichtlich seiner Legitimität der Zustimmung aller Betroffenen, da - ebenso definitionsgemäß - nur diese ihren Nutzen definieren können. „Die Regel der Einstimmigkeit bei kollektiver Wahl ist das politische Pendant zur Freiheit des Tausches teilbarer Güter auf Märkten" (ebd.: 941). Zwar räumt Buchanan ein, dass die Anwendung der Einstimmigkeitsregel die Kosten der Konsensfindung in die Höhe treiben und daher Abweichungen aus Gründen institutioneller Effizienz erforderlich sein könnten. Doch ungeachtet dieser denkbaren Option, dem Kollektiv bzw. dem Staat Entscheidungskompetenzen nach dem Prinzip der Mehrheitsentscheidung als Ausnahmen zuzubilligen, gelte grundsätzlich die Regel der Einstimmigkeit als Ideal eines jeden Entscheidungsprozesses in öffentlichen Angelegenheiten. „Eine 'gute Gesellschaft', die unabhängig von den Entscheidungen ihrer Mitglieder, d.h. *aller* Mitglieder, definiert wird, steht im Widerspruch zu einer Gesellschaftsordnung, die sich aus individuellen Wertvorstellungen herleitet. (...) Ein Ergebnis wird als 'gut' bewertet, wenn bestimmte Verfahrensgesichtspunkte bei seinem Zustandekommen eingehalten werden, nicht aber aufgrund inhärenter Werte" (ders. 1984: 233, Herv. i. Orig.). Es gilt nach Buchanan daher zu verhindern, dass die Ausnahme zur Regel wird und die ursprünglich festgelegten Eigentumsrechte mittels Entscheidungen unterhalb der Einstimmigkeitsregel, die eine am Machterhalt durch die Sicherung von Mehrheiten ausgerichtete Politik ins Werk setzt, einer faktischen Enteignung anheimfallen, bzw. dass die Majorität der weniger Begünstigten sich mittels Leviathanscher Umverteilungspraktiken an der Minorität der Bessergestellten in ungerechter weil effizienzmindernder Weise bereichert. Der von allen beschlossene konstitutionelle Vertrag müsse daher unter Bedingungen der modernen demokratischen Selbstgesetzgebung auch Regeln über den postkonstitutionellen Tausch bzw. die Bereitstellung öffentlicher Güter enthalten, um dem Leistungsstaat Schranken seiner Macht aufzuerlegen. Gesetzgebung wird folglich zum Resultat eines komplexen Tauschprozesses der Mitglieder eines Gemeinwesens, die auf der Ebene des Leistungsstaates dann durch repräsentativ-demokratische Strukturen ausgefüllt werden kann (vgl. ebd.: 50ff).

Nun ist sich auch Buchanan bewusst, dass die Verfassungen realer Gesellschaften dem Einstimmigkeitskriterium seines Modells eines konstitutionellen Vertrags nicht standhalten. Die Konstruktion dieses Modells ermöglicht es ihm jedoch, davon zu abstrahieren, indem er auf die sog. „Wiederverhandlungserwartungen" (ebd.: 110) rekurriert. Hierbei unterstellt er, die Individuen würden auf ökonomisch-rationaler Grundlage ihren Ist-Zustand unter der bestehenden Ordnung abschätzen, wobei ihnen ein gedanklicher Rückgriff auf ihre wahrscheinliche Stellung im vorvertraglichen Zustand der „natürlichen Verteilung" als Vergleichs- bzw. Bewertungsgrundlage dient. Ist eine bestehende Ordnung nach individuellem Abwägen unvorteilhaft und bleiben entsprechende (politische) Anpassungen der verfassungsmäßigen Eigentumsrechte aus, sind Vertragsverletzungen die Folge. In der Praxis wird dann die Kluft zwischen den Regeln kollektiver Entscheidungsfindung (sprich: dem politischen System bzw. dem 'realen' Gesellschaftsvertrag) und der Zustimmung durch die einzelnen Gesellschaftsmitglieder zunehmend größer. Wird diese Entwicklung nicht gestoppt, ist schließlich irgendwann ein Punkt erreicht, an dem einzig eine grundlegende Reformulierung des Verfassungsvertrags einen Ausweg verspricht. Letzteres könne, so Buchanan, auf zwei Wegen erfolgen. Einerseits durch den Rückfall in das Chaos der Anarchie, also quasi dem Neuanfang der Geschichte, oder aber andererseits durch das, was er eine „konstitutionelle Revolution" (ebd.: 20/235) nennt. Als deren Ermöglichungsbedingung skizziert er die zu erwartende Bereitschaft der bislang Begünstigten, eine Einschränkung ihrer Rechte bzw. Besitzstände zu akzeptieren, da sie anderenfalls, d.h. bei einem Rückfall in einen anarchischen Zustand, einzig mit dem zu rechnen hätten, was die „natürliche Verteilung" für sie ergebe und also eine erheblich größere Schlechterstellung zu erwarten hätten (vgl. ebd.: 106ff).

Dieses abstrakte Krisenszenario ist nach Buchanan nun infolge der wohlfahrtsstaatlichen Entwicklung und den darin zum Tragen kommenden Legitimations- bzw. Gerechtigkeitsvorstellungen und den Pareto-Inferioren Zuständen, die damit hervorgebracht würden, in den Industriegesellschaften zur konkreten Realität geworden.[55] Statt die Präferenzen des Einzelnen zum Maßstab der Politik zu machen, werde vielmehr ein „über-individuelles Ideal" (ders. 1989: 939) der „guten Gesellschaft" zum Leitbild erhoben und, um dieses zu bedienen, die Grenze zwischen Rechts- und Leistungsstaat vielfach überschritten. Die Verfolgung vermeintlich allgemeiner Interessen wird – so die daran anschließende public-choice-theoretische Argumentation – nur dazu führen, dass sich einflussreiche Interessenkartelle (allen voran die Gewerkschaften) und eine selbstsüchtige Bürokratie der Instrumente des Staates bemächtigen, um ihn durch Eingriffe in die Verteilung für ihren Nutzen zu funktionalisieren. Diese interessengeleitete Politik der Umverteilung, die sich durch eine steigende Staatsquote ausweist, werde zu einem „Staatsversagen" führen, das letztendlich die individuelle Freiheit, die allokative und distributive Effizienz des Marktes und damit den gesellschaftlichen Wohlstand aller bedroht. Zur Abwendung dieser Gefahr, so Buchanan, ist es nicht hinreichend, nach Reformen innerhalb der bestehenden Ordnung zu rufen. Notwendig sei vielmehr, dass „die *Verfassung* der Politik (...) selbst zum wesentlichen Reformgegenstand (wird) „ (ebd.: 940, Herv. i. Orig.). Dass dieses Programm einer konstitutionellen Revolution in der Realität der 1980er und 1990er Jahre weniger durch politische Bestrebungen, reale Staatsverfassungen tatsächlich umzuschreiben, angegangen wurde, sondern vor allem durch die Implementierung von Regelbindungen auf supranationaler Ebene – wie im Fall des Stabilitäts- und Wachstumspaktes der Europäischen Union[56] oder im Rahmen des Liberalisierungsregimes der Welthandelsorganisation (WTO) – steht hierzu ebenso wenig im Widerspruch, wie die Feststellung einer partiellen Ineffizienz öffentlicher Verwaltungen, die tatsächlich nicht im Interesse des Allgemeinwohls sein können, einzig in der Forderung nach Privatisierung entsprechender Dienste münden muss. Der neoliberalen Formel: „nur die Beschränkung der Reichweite von Mehrheitsentscheidungen schränkt die Möglichkeiten ihres Missbrauchs ein" wäre eine Antwort im Rousseauschen Sinne entgegenzuhalten. Statt demokratische Mehrheitsentscheidungen zu beschränken, würde das Ziel dann lauten, den Prozess der Demokratisierung in den gesellschaftlichen Institutionen weiter voran zu treiben, um darüber den Einfluss partikularer Interessen und die Gefahr der Verselbstständigung öffentlicher Institutionen im Hinblick auf die Praxis der Wahrnehmung ihrer Aufgaben zurückzudrängen. Diese Perspektive bleib der neoliberalen Theorie allerdings ebenso fremd, wie die Vielfalt der Motive im Prozess menschlicher Vergesellschaftung, die Rawls letztlich unterstellt. Albert O. Hirschman hat das der neoliberalen Argumentation zugrunde liegende Muster daher treffend als „Gefährdungsthese" (Hirschman 1995: 90) charakterisiert. Diese, so Hirschman, sei „ein besonderes Kennzeichen 'reaktionärer' Rhetorik" (ebd.: 90) und weise im Grundsatz immer eine Struktur auf, bei der versucht wird den Nachweis zu führen, dass aktuelle Veränderungen frühere Fortschritte zu unterminieren drohen. „Der Reaktionär schlüpft (...) in das Gewand des Progressiven und redet so, als sei für ihn die frühere wie die aktuelle Umgestaltung wünschenswert – um dann bezeichnenderweise herauszustellen, wie eine neue Reform im Fall ihres Vollzugs eine ältere, hochgeschätzte und darüber hinaus vielleicht erst kürzlich durchgesetzte aufs Äußerste *gefährden* würde" (ebd.: 93, Herv. i. Orig.). Zwar ist dieser Typus von Rhetorik keine „Erfindung" der Neoliberalen, da die ungleiche Entwicklung von Freiheit und Gleichheit (im Sinne demokratischer Teilhaberechte) ein stetes Spannungsfeld kapitalistischer Gesellschaften seit ihren Anfängen bildet, doch stellt deren Warnung vor der bedrohlichen Wirkung des Wohlfahrtsstaats auf die Freiheit des Einzelnen und letztlich die Demokratie als solche, eine moderne Variation dieser „Gefährdungsthese" dar. Dabei war, wie Hirschman herausarbeitet, für Hayek in den 1930er und 40er Jahren noch die Furcht vor dem Sozialismus ein treibendes Motiv; eine Furcht, die ihn mit dem liberalen Zeitgenossen Keynes zweifellos verbindet und später wohl auch für Rawls als Motiv von Bedeutung ist.[57] Erst als sich das fordistisch-keynesianische Modell im Rahmen der europäischen Nachkriegsordnung etabliert hatte, richtete sich die Hauptstoßrichtung der Kollektivismus-Kritik gegen den Wohlfahrtsstaat, der nunmehr offen angegriffen wurde.

Was letztlich den Rawlsschen vom neoliberalen Prozeduralismus bei Hayek, Nozick und auch Buchanan unterscheidet, ist, dass letzterer weniger komplex im Sinne der Berücksichtigung gedanklicher Optionen, menschlicher Bedürfnisse etc. ist und sich eher als zweckgerichtete Argumentation darstellt, die von vornherein nur ein Ziel verfolgt: die segensreiche – und gerechte – Wirkung eines umfassenden freien Marktes zu begründen. Dabei kann beispielsweise in dem System der Steuerprogression, einer der bevorzugten Kritikpunkte der Neoliberalen gegenüber den Innovationen des Wohlfahrtsstaates,[58] sogar eine Bestätigung des Hayekschen Arguments gegen die Reichweite kollektiver Vernunft, etwa in Bezug auf die individuellen Einkommen gesehen werden. „Je höher wir die Einkommensleiter hinaufklettern, desto mehr entspringen die Einkommen entweder Erbschaften, ökonomischen Renten aufgrund seltener natürlicher Talente, der Macht, sein eigenes Einkommen festzulegen, wie sie die Generaldirektoren großer Firmen besitzen, oder schierem Glück. Nichts davon hat mit persönlichem Verdienst zu tun. Ein System progressiver Einkommensbesteuerung, das ab dem Punkt steil nach oben weist, ab dem die Einkommen weitgehend solchen Quellen entspringen, würde ein gewisses Maß an verdienstorientierter Gerechtigkeit verwirklichen und gleichzeitig jede kollektive Beurteilung individueller Einkommen vermeiden" (Barry 1995: 243). Hierfür ist allerdings ein orientierendes Element erforderlich, das die neoliberale Theorie nicht mitbringt. Rawls selber hat dieses Element als strukturelles Ideal bezeichnet, das unter den Bedingungen realer gesellschaftlicher Ungleichheit notwendig ist, „zur Festlegung von Beschränkungen und zur Steuerung von Anpassungen" (Rawls 1998: 398). Einen reinen Prozeduralismus ohne dieses Ideal der Gerechtigkeit ist für ihn ohne Sinn.

4.2.3 Gerechtigkeit und Gemeinschaft – Syntheseversuche auf „Dritten Wegen"

In den 1980er Jahren begann sich dann ein theoretischer Ansatz zu formieren, dessen Kritik an Rawls ebenso wie an den neoliberalen Moral- und Gerechtigkeitstheorien, vor allem auf die vernachlässigte Dimension des Sozialen im Hinblick auf die Konstitution des Individuums zielte. Diese Kritik fasst Kersting in knapper Form folgendermaßen zusammen: „So wie der *homo oeconomicus* durch die Verankerung aller Moralität in optimierter Rationalität Moralität letztlich gänzlich zerstören würde, so würde das autonome Individuum durch die legitimatorische Verankerung aller lebensweltlichen und sittlichen Verbindlichkeiten in der autonomen Zustimmung und allgemeinen Anerkennungsfähigkeit letztlich Sozialität gänzlich zerstören" (Kersting 1998: 105). Michael Sandel, der als einer der Vorreiter der Kritik an dieser Degradation der realen Gemeinschaftlichkeit und des sozial entbetteten Selbst gilt, bezeichnete diese Strömung erstmals als kommunitaristisch (vgl. Reese-Schäfer 1997: 236ff). Den individualistischen Theorien hielten die Kommunitaristen die Überzeugung entgegen, dass erst die Einbindung in kulturelle und folglich soziale Kontexte das Individuum letztlich zu ethischer Reflexion und Selbstverortung, d.h. zur Ausbildung von Identität befähige.

Im Unterschied zu den Neoliberalen, die bei der Verbreitung ihrer Weltsicht zunächst vor allem auf den intellektuellen „Multiplikatoreffekt" setzten[59], entwickelte der Kommunitarismus bereits wenige Jahre nachdem er als abstrakter Begriff in die Welt getreten war, erheblich ausgeprägtere Ambitionen, mehr als bloß eine intellektuelle Strömung zu sein. Für einzelne Kommunitaristen war es gar das erklärte Ziel, eine soziale Bewegung auf der Basis kommunitaristischer Ideen zu formieren und die moralisch-institutionelle Erneuerung der Gesellschaft in Angriff zu nehmen.[60] Denn die neoliberale Hegemonie hatte am Ende der 1980er

Jahre eine weitreichende politisch-praktische Wirkmächtigkeit entfaltet. Der 'homo oeconomicus' war zur Richtschnur der Politik geworden. Diese Transformation hat jedoch gleichzeitig eine 'soziale' Lücke in der moralischen Konstitution von Gesellschaft aufgerissen bzw. hinterlassen, die die Kommunitaristen durch die Rekonstruktion einer öffentlichen Moral der Reziprozität in den Beziehungen von Individuum und Gemeinschaft und von Gemeinschaften und Gesellschaft wieder schließen wollten. Anknüpfungspunkte sollten dabei vor allem die Stärkung der nicht-funktionellen Elemente in diesen Beziehungen, eine Steigerung der moralisch-sozialen Selbstkontrolle und eine Balance von Rechten und Pflichten sein. Gegen den ökonomischen 'Imperialismus' der Regeln des Tauschs und der Nutzenmaximierung setzt der Kommunitarismus sein Verständnis von Gesellschaft als „Gemeinschaft von Gemeinschaften" (vgl. etwa Etzioni 2001: 79), die hinsichtlich ihrer Bedeutung dem Individuum gleichgestellt sind: „Individuen und Gemeinschaften sind beide essentiell und haben daher den gleichen grundlegenden Rang" (ders. 1996: 33).

In Deutschland und Europa haben kommunitaristische Positionen vor allem nach dem Zusammenbruch der sozialistischen Staaten im Zuge der sozialdemokratischen Debatte um die Konturen des „Dritten Wegs" mit Beginn in den 1990er Jahren an Einfluss gewonnen. Nachdem noch Anfang der 1980er Jahre das „sozialdemokratische Jahrhundert" für beendet erklärt wurde (vgl. etwa Dahrendorf 1994: 245ff), schien mit einer Reihe von Wahlniederlagen konservativer Parteien in den führenden OECD-Ländern und damit einhergehenden Regierungswechseln zugunsten sozialdemokratischer Mehrheiten die Geschichte nur knapp fünfzehn Jahre später den politischen Propheten doch einen Haken zu schlagen. Das Verhältnis von Rechten und Pflichten, zentraler Gegenstand des „kommunitaristischen Programms", das als politisches Manifest 1991 in den USA veröffentlicht wurde (vgl. Etzioni 1995: 281ff), wird im Zuge dieses Aufbruchs der „neuen" Sozialdemokratie in Europa auch zu einer zentralen inhaltlichen Achse in der Selbstdefinition der Politik des „Dritten Wegs" (vgl. Giddens 1999: 81, Schröder/Blair 1999: 888). Etzioni, der zu den einflussreichsten und vielzitierten Protagonisten der kommunitaristischen Idee zählt, verwendet den Begriff des „Dritten Wegs" ausdrücklich als Synonym für Begriffe wie „Neue Mitte, zentristischer Ansatz, kommunitarisches Denken" (Etzioni 2001: 19). Dabei betrachtet er die konzeptionelle Vielfältigkeit dieses Ansatzes und die unterschiedlichen religiösen und kulturellen Quellen, aus denen er gespeist wird, als dessen eigentliche Stärke. Er fungiere nicht als strenge ideologische Referenz wie das Prinzip des neoliberalen Laissez-faire oder des autoritären Staatssozialismus, sondern als ein Wegweiser in Richtung einer „Straße, die uns zur guten Gesellschaft hinführt" (ebd.: 20). Kommunitaristische Theorieansätze sind allerdings, verglichen mit den Variationen der Neoliberalen, wesentlich heterogener. Die nachfolgende Darstellung gerechtigkeitstheoretischer Aspekte dieser Richtung erhebt daher keinen Anspruch auf Vollständigkeit, sondern soll einen Überblick über unterschiedliche Positionen und deren Begründung geben. Neben Etzioni bieten sich dabei der hermeneutische Ansatz der Gerechtigkeitssphären von Michael Walzer an sowie – als ein Gegenpol – die Begründung eines essentialistischen Begriffs der gerechten bzw. der guten Gesellschaft bei Martha C. Nussbaum.

4.2.3.1 Gerechtigkeit und die menschliche Selbstzweckbestimmung

Etzionis Anspruch ist es, eine neue Synthese in der alten und gleichwohl durch die Renaissance des marktradikalen Individualismus und den Zusammenbruch der Staaten des realen Sozialismus am Ende des 20. Jahrhunderts wiederbelebten Debatte des Verhältnisses von Individuum und Gemeinschaft zu leisten. Denn am Ende der 1980er Jahre habe sich der ideologisch legitimierte und politisch entfesselte Egoismus, der die „Geldgier in den Rang sozialer Tugenden erhob" (Etzioni 1995: 28), letztlich als die größere Gefährdung der gesellschaftlichen Funktionsfähigkeit erwiesen – größer jedenfalls, als die vermeintlichen oder auch tatsächlichen Verkrustungen, die zu überwinden er angetreten war. Denn, da jeder Vertrag auf gemeinsamen moralischen Werten beruhe, unterminiere eine rein individualistische Nutzenbetrachtung in dem Maße, wie sie zu einer das gesellschaftliche Leben dominierenden Geisteshaltung werde, zugleich die Grundlagen der Marktwirtschaft. In seinem Buch „Die faire Gesellschaft" kreiert Etzioni demgegenüber den Begriff der „responsive community", durch den er seinen zentralen Gedanken der gemeinschaftlichen Selbstverantwortung stärken will. Der utilitaristischen Moraltheorie mit dem Maßstab der Pareto-Effizienz stellt er den Ansatz der Deontologie entgegen, wonach „der moralische Wert einer Handlung nicht nach ihren Folgen beurteilt werden sollte, wie es die Utilitaristen tun, sondern nach der 'Absicht'‚ (ders. 1996: 40, vgl. ebd. 32ff/418ff)

Die kommunitaristische Trennung von „Gemeinschaft und Gesellschaft" hat ihre ideengeschichtlichen Wurzeln vor allem in dem gleichnamigen Werk, das Ferdinand Tönnies gegen Ende des 19. Jahrhunderts veröffentlichte. Darin konstatierte er die Auflösung traditioneller, vorwiegend familiär und ländlich geprägter kleiner Gemeinschaften zugunsten der mit der kapitalistischen Entwicklung einhergehenden, auf den Markt und seine Anforderungen an individueller Selbstverortung bezogenen Gesellschaft (vgl. zum Überblick Reese-Schäfer 2000: 28f, s.a. Etzioni 1995: 137, Tönnies 1991). Gemeinschaften unterscheiden sich von anderen Gruppen in der Gesellschaft dadurch, dass sich in ihnen, so Etzioni heute, zwischenmenschliche Beziehungen und Bindungen in erster Linie auf der Grundlage von unmittelbaren Ich-Du-Verhältnissen entwickeln und auf diese Weise das Fundament menschlicher Vergesellschaftung legen. Zum anderen gilt ihm die Gemeinschaft als derjenige Ort, an dem moralische Grundwerte entstehen und vermittelt bzw. tradiert werden. Dies gilt insbesondere auch für die Differenzierung zwischen sozial gerechten und sozial ungerechten Verhältnissen und Verhaltensweisen. Im Unterschied zu traditionellen Formen würden Gemeinschaften heute jedoch weniger auf historisch-familiär gewachsenen Beziehungen beruhen. Vielmehr habe mit dem Prozess der Individualisierung auch das Moment der individuellen Selbstverortung erheblich an Bedeutung gewonnen. Exemplarisch verweist Etzioni hier auf beruflich-betriebliche Formen von Gemeinschaft sowie auf ethnische, intellektuelle oder auf solche Gemeinschaften, die beispielsweise eine bestimmte sexuelle Orientierung teilen. Sie fungieren nicht lediglich nur als Interessengruppen, sondern vermitteln eine umfassendere Sinnstiftung ohne damit schon per se als fortschrittlich oder demokratisch gelten zu können. Die Gesellschaft ist demgegenüber als soziale Klammer zu verstehen (vgl. Etzioni 2001: 23f).

Die gute Gesellschaft im kommunitaristischen Sinne ist nach Etzioni folglich eine Gesellschaft, in der die Menschen sich jenseits instrumenteller Vernunft um ihrer selbst willen in kooperativen Gemeinschaften zusammenschließen, deren Kohäsion von den Beziehungen der Einzelnen als ganzheitliche Wesen getragen wird. Verantwortungsgefühl und Emotionalität versus Funktionalität und Professionalität, diese Stichworte beschreiben das Spannungsfeld in einer sich zunehmend vernetzenden Welt. Der Mensch, in seiner Eigenschaft als soziales Wesen, wird in dieser Perspektive als Selbstzweck begriffen. Und das Funktionale, das Instrumentelle oder anders gesagt der Handel, der Wettbewerb oder der Markt sollen im Dienste dieses Selbstzwecks stehen und nicht umgekehrt die Erfüllung des menschlichen Wesens den in ihren Hoheitsbereichen geltenden Regeln unterwerfen. „Wenn wir uns in der Familie, mit Freunden oder Gemeindemitgliedern zusammenschließen, dann erfüllen wir das Grundprinzip der guten Gesellschaft. Die Werte der Liebe, der Treue, der Fürsorge und der Gemeinschaft – alle finden hierin ihre Wurzeln. Im Gegensatz dazu verlassen wir diesen Bereich, wenn wir 'Netzwerk-Geschäfte' machen, uns also zu utilitaristischen Zwecken, statt um unserer selbst willen zusammenschließen" (ebd.: 18). Damit diese Grundprinzipien zur Geltung kommen, bedürfe es aber der Klarheit darüber, dass der soziale Ort ihrer Begründung und Erneuerung eben die Gemeinschaft ist – nicht der Staat und nicht der Markt. Das Ziel und ein Kennzeichen der guten Gesellschaft sei es daher, diese drei Teilbereiche – Markt, Staat, Gemeinschaften – in einem Zustand des Gleichgewichts zu halten. Das könne im Einzelfall sowohl Begrenzung als auch Stärkung bedeuten. So sei beispielsweise der Markt in den USA zu wenig und in Europa zu sehr begrenzt. Entscheidend sei es letztlich, auf der jeweils konkreten kulturellen Grundlage eine Praxis der gesellschaftlichen Inklusion zu entwickeln, die sich am Prinzip des Selbstzwecks menschlichen Seins orientiert, und die es gestattet, auf der Ebene des kollektiven Handelns diese Seins-Möglichkeiten auch zur Geltung zu bringen (vgl. ebd.: 19).

Für Etzioni stellt dieser Ansatz zugleich auch „eine allgemeine Philosophie" (ebd.: 21) zwischen marktzentrierten und staatsfixierten Theorien und politischen Praxen dar, einen „Dritten Weg", der sowohl theoretischer Richtungsweiser als auch Orientierung für erforderliche Veränderungen kollektiven Handelns ist. Beim Beschreiten dieses Weges soll, neben dem Austarieren des Verhältnisses von Markt und Staat, der Entwicklung der Gemeinschaften die zentrale Aufmerksamkeit zukommen. Dabei gelte es vor allem solche Organisationsformen zu stärken, die auf dem Prinzip der freiwilligen Reziprozität beruhen, also etwa Vereinigungen zur Nachbarschaftshilfe (öffentliche Sicherheit), zur Kinderbetreuung oder auch so genannte Selbsthilfegruppen, wie z.b. im Bereich der Krankenbetreuung (vgl. ebd.: 28f). Solche auf Gegenseitigkeit gründenden Vereinigungen seien zwar nicht neu, würden jedoch immer mehr an Bedeutung gewinnen und müssten „mit den erforderlichen Mitteln ausgestattet werden, um in der Lage zu sein, in den kommenden Jahren einen größeren Anteil der sozialen Lasten zu tragen". Diese Perspektive ist daher nicht nur eine Frage der gesellschaftlichen Balance, sondern auch der Reduktion sozialer Kosten, die dann entstünden, wenn solche Aufgaben infolge eines Rückgangs gemeinschaftlicher Aktivitäten durch die Gesellschaft als Allgemeinheit finanziert werden müssten (vgl. ebd.: 37).

Soziale Gerechtigkeit zählt Etzioni zu den Grundwerten der kommunitaristischen Gesellschaft und die Eindämmung sozialer Ungleichheit zu den Hauptzielen des „Dritten Wegs". Die Mobilisierung der ethischen Kohäsionskräfte der Gemeinschaft als Basis der guten Gesellschaft erfordere jedoch einen Begriff von Gerechtigkeit, der über den der Chancengleichheit hinausgehe, der aber weniger meine als Einkommensgleichheit, sondern „eine ausreichende Grundsicherung für alle" (ebd.: 19). In der eingangs bereits zitierten Schrift „Das kommunitaristische Programm: Rechte und Pflichten", an deren Erstellung Etzioni als Verfasser maßgeblich beteiligt war, heißt es zum Stichwort „Soziale Gerechtigkeit": „Im Zentrum der kommunitaristischen Vorstellung von sozialer Gerechtigkeit steht die Idee der Reziprozität: Jedes Mitglied der Gemeinschaft ist allen etwas schuldig, die Gemeinschaft schuldet jedem ihrer Mitglieder etwas. (...) Die kommunitaristische Vorstellung von sozialer Gerechtigkeit berücksichtigt die Würde des Menschen ebenso wie die auf ihre eigenen Entscheidungen zurückgehende Unterschiedlichkeit der Individuen" (ders. 1995: 295). An anderer Stelle skizziert Etzioni Grundsätze der Gerechtigkeit, die in dieser inhaltlichen Klammer in vier Punkten zusammengefasst sein sollen, deren Reihenfolge zugleich ihre Rangfolge markiert (vgl. ebd.: 169ff). Das *erste* Prinzip ist das der Selbstverantwortung und Selbsthilfe. Dies, so Etzioni, entspreche den vorherrschenden moralischen Vorstellungen von menschlicher Würde und Autonomie. Ist Selbsthilfe nicht möglich, so sind *zweitens* die Mitglieder der nächsten Gemeinschaft als Erste zum Beistand aufgefordert und verpflichtet. Entsprechend den beiden vorangegangenen Prinzipien sollte sich *drittens* jede Gemeinschaft weitgehend selbst versorgen bzw. in ihrer

Fähigkeit zur Selbstverantwortung gestärkt werden. Erst wenn die zuvor genannten Möglichkeiten der gemeinschaftlichen Selbstversorgung ausgeschöpft sind, sollte *viertens* die Gesellschaft unterstützend wirken, wo es erforderlich ist.

Im Vordergrund dieses kommunitaristischen Gerechtigkeitsverständnisses steht also die Befähigung zu Selbsthilfe oder, in der Begrifflichkeit der katholischen Soziallehre bzw. der ordoliberalen Konzeption der „Sozialen Marktwirtschaft"[61] ausgedrückt: das Prinzip der Subsidiarität, d.h. der Zurückhaltung des Staates gegenüber der Entfaltung individueller Initiative. Dennoch wird die Verantwortung der Gesellschaft bzw. des Staates nicht negiert. „Soziale Gerechtigkeit", so führt Etzioni zur Erklärung des vierten Punktes aus, „ist eine interkommunitäre, nicht eine intrakommunitäre Angelegenheit" (ebd.: 172). Im Hinblick auf die konkrete Situation in den Industrieländern weist er jedoch auch darauf hin, dass, insofern diese die Grundbedürfnisse ihrer Bürger befriedigen, es heute im Unterschied zu früheren Theorien sozialer Gerechtigkeit nicht mehr zuvorderst darum gehe, in großem Umfang materielle Transfers von den Begüterten zu den Armen zu organisieren, und die damit verbundenen Probleme, d.h. Widerstände, an Bedeutung verlören. Ist die materielle Grundsicherung gewährleistet, so trete die Möglichkeit der Teilhabe an den nicht erschöpflichen immateriellen Gütern, wie beispielsweise den kulturellen Wissensressourcen, im Hinblick auf die Formierung menschlicher Selbstzweckbeziehungen in den Vordergrund und diese Teilhabe zu gewährleisten, werde zu einem zentralen Gegenstand sozialer Gerechtigkeit (vgl. ders. 2001: 76).

Etzionis Argumentation ist an dieser Stelle aber nicht unbedingt von zwingender Logik gekennzeichnet. So merkt er etwa zum Prinzip der Beistandsverantwortung der Gemeinschaft an, der Vorzug einer solchen Regel bestehe darin, dass die Gemeinschaft am Besten die Probleme ihrer Mitglieder kenne und folglich bedarfsgerechter helfen könne als „Wohlfahrtsbürokraten". Schließlich beruhe der Rat eines Freundes oder Nachbarn eher auf Reziprozität und Vertrauen, „als der des (oft überarbeiteten) Sozialarbeiters" (ders. 1995: 170). Ohne bestreiten zu wollen, dass vermutlich die meisten Menschen im Allgemeinen oder bis zu einem gewissen Punkt jedenfalls lieber mit Freunden und/oder Verwandten sprechen als mit Mitarbeitern einer öffentlichen (Hilfs-) Einrichtung, drängt eine solche Konstruktion von Gegensätzen zu der Frage, ob auf diese Weise den Problemen, die vorgeblich aufgegriffen werden sollen, wirklich angemessen begegnet wird. Es ist sicherlich für eine gute Gesellschaft wichtig, dass ihre Mitglieder sowohl die Fähigkeit zu reziproken freundschaftlichen Beziehungen entwickeln, als auch die Fähigkeit, diese von Tauschbeziehungen zu unterscheiden. Wenn aber ein Freund oder gar ein Nachbar ein schwerwiegendes Problem hat, wird das zweifellos unsere private Kompetenz in den meisten Fällen übersteigen und schließlich doch professionelle Beratung oder Hilfe in der einen oder anderen qualifizierten Form erfordern. Ist es in Anbetracht dessen nicht angemessen, die Frage aufzuwerfen, ob die Ursache für Überarbeitungserscheinungen bei solchen Profis, seien es Sozialarbeiter oder andere Berufe im Bereich personenbezogener sozialer Dienstleistungen, nicht darin liegen könnte, dass es schlicht zu wenige von ihnen gibt? Dass eine Gesellschaft, die offenkundig produktiv genug ist, ein hohes Maß an biografischer Individualität hervorzubringen, an dieser Stelle unzeitgemäß und unverantwortlich handelt, indem sie möglichen Verteilungskonflikten um die angemessene Verwendung des vorhandenen Mehrprodukts zur sozialen Entfaltung dieser Pluralität politisch ausweicht?

Hier deutet sich bereits an, welche Konsequenzen Etzioni aus seiner Beschreibung der Grundbedingungen der guten Gesellschaft für die Rolle des Staates letztlich ableitet. Diese konkretisiert er schließlich im weiteren Gang seiner Argumentation unter Bezugnahme auf zentrale politische Kontroversen der Gegenwart. Dieses Vorgehen korrespondiert zwar grundsätzlich mit der hermeneutischen Herangehensweise auch in anderen Bereichen, beschränkt jedoch den Grad der theoretischen Verallgemeinerbarkeit vieler seiner Ausführungen, die er im Stil des versierten Politikberaters vorträgt.[62] Als abstrakte Konzeptualisierung der Differenz von Politik und Ökonomie gilt ihm dabei grundsätzlich, dass der Staat sich vom Markt durch die höhergewichtige Bedeutung der Legitimation unterscheidet und dass ein deontologischer Ansatz, der verändern will, diesen Umstand zu berücksichtigen habe (vgl. ders. 1996: 387f). Umgemünzt auf die konkreten Verhältnisse diagnostiziert Etzioni für das angestrebte Gleichgewicht von Markt, Staat und Gemeinschaft, dass die europäischen Gesellschaften – abgesehen von Großbritannien, das ihm in dieser Hinsicht als Vorreiter gilt – vor der Aufgabe stünden, „den Staat weiter zurückzudrängen und dem Markt zu ermöglichen zu funktionieren" (ders. 2001: 20).[63] Staatliche „Führungspersönlichkeiten" (ebd.: 43), die die allgemeine Philosophie des „Dritten Weges" in politische Praxis umsetzen wollen, sollten sich dabei aber daran orientieren, dass sie, etwa im Bereich der juristischen Regelsetzungen, in erster Linie „die von der Gemeinschaft in der Praxis erarbeiteten moralischen Übereinkünfte nachvollziehen, statt zu versuchen, Vorreiter für sie zu sein" (ebd.: 42). Dies bedeute zwar nicht, dass es nicht auch erforderlich sei, gegenüber den Gemeinschaften die Einhaltung allgemeiner Regeln zu fordern und durchzusetzen (etwa im Bereich der für das Zusammenleben essentiellen Grund- und Menschenrechte). Eine solche Politik räume aber einem Vorgehen Priorität ein, bei dem der Staat die in den Gemeinschaften wurzelnde Moralkultur durch das Kenntlichmachen der dem staatlichen Handeln selbst zugrunde liegenden normativen Überzeugungen durch Moraldiskurse zu beeinflussen sucht und erst im zweiten Schritt die administrativen Mittel der Regelsetzung (Gesetze, Verordnungen etc.) einsetzt (vgl. ebd., ders. 1996: 407f).

Gegenüber dem Markt habe der Staat eine Aufsichtsfunktion wahrzunehmen, um ihn in seinen – gemäß der in moralischen Dialogen zu definierenden – Grenzen zu halten. Ansonsten bestehe die Gefahr, dass dieser „die Menschen entwürdigen und Chaos über örtliche Gemeinschaften, Familien und soziale Beziehungen bringen kann" (ders. 2001: 66). Wenngleich er sich explizit gegen public-choice-theoretische Überlegungen abgrenzt, so bedient er sich doch des gleichen Bildes wie Buchanan, indem er den Staat mit einem Schiedsrichter beim Fußball vergleicht (vgl. ebd.). Und wenn es diesem gelänge, deutlich zu machen, welche Grenzen auch zukünftig nicht verschoben werden sollen, so könne er auf diesem Wege dazu beitragen, das bei den Bürgern vorherrschende Bedrohungsempfinden gegenüber bereits vollzogenen Deregulierungen[64] abzubauen. Dieses hier bereits angedeutete dichotomische Denken des Verhältnisses von Politik und Ökonomie, als voneinander abgegrenzte, autonome Bereiche der Gesellschaft, das die politische Konstituiertheit von Märkten ausblendet, findet sich in der kommunitaristischen Debatte im Hinblick auf die Frage nach Sinn und Bedeutung von sozialer Gerechtigkeit am Ausführlichsten bei Michael Walzer.

4.2.3.2 Gerechtigkeit und komplexe Gleichheit

Auch bei Walzer bildet die kommunitaristische Konzeption der politischen Gemeinschaft, in der sich Sprache, Kultur und Geschichte zu einem kollektiven Bewusstsein, zu einer gemeinschaftlichen Vorstellung von Welt verbinden, den theoretisch-konzeptionellen Hintergrund seiner Überlegungen, die er in dem Buch „Sphären der Gerechtigkeit"[65] vorstellt (vgl. Walzer 1992: 61). Im Unterschied zu den kontraktualistischen Gerechtigkeitstheorien sind es bei ihm weder grundlegende oder natürliche Rechte der Einzelnen noch deren vermeintliche Fähigkeit zur Verfolgung rationaler Präferenzen, die den gedanklichen Ausgangspunkt darstellen. Vielmehr rückt er eine Definition von Gütern in den Mittelpunkt seiner Konzeptualisierung von Gerechtigkeit, die auf die Bedeutung abhebt, welche den verschiedenen Gütern von Seiten der Gemeinschaft zugewiesen bzw. mit ihrem Besitz verbunden wird. Gerechtigkeit wird von ihm in diesem Zusammenhang als ein Terminus begriffen, „dessen je konkreter Inhalt in Relation steht zu bestimmten sozialen Zielen und Sinngehalten" (ebd.: 440). Eine gerechte Gemeinschaft ist daher nur aus der konkreten, d.h. kontextbezogenen Identifikation dieser jeweiligen Ziele und Sinngehalte heraus zu bestimmen und dieser Kontext wiederum resultiert aus den sozialen Eigenschaften der Güter.

Güter, dieser Begriff umfasst nach Walzer nicht nur diejenigen mit Knappheitspreisen ausgestatteten Waren des Marktes, sondern beispielsweise auch „die Mitgliedschaft in sozialen Gruppen, eine berufliche Position oder ein Amt, ein Bildungserzeugnis oder eine medizinische Leistung" (ebd.: 11). Und als ebenso vielfältig wie die Art der Güter betrachtet er die geltenden Kriterien ihrer (gerechten) Verteilung. Hierin verortet Walzer auch seine zentrale Differenz gegenüber Rawls und dessen Versuch der Begründung universell gültiger Gerechtigkeitsprinzipien. Die einzige universelle Verfahrensregel, die er seinem eigenen Ansatz zugrunde legt und die zugleich dessen Relativität verdeutlicht, lautet demgegenüber: „Jedes Gut soll nach den Geltungskriterien seiner eigenen 'Sphäre' zugeteilt werden" (ebd.: 12).[66] Er begründet diese Maxime mit dem Hinweis darauf, dass die verschiedenen Gütersphären und die in ihnen jeweils geltenden Verteilungsprinzipien als Ausdruck einer historisch gewachsenen Kultur interpretiert werde müssen, und dass ein Staat, der all diese verschiedenen Sphären in all ihrer Vielfalt zu regulieren beansprucht, weder wünschenswert wäre noch jemals in der Geschichte existiert hat. Aber auch der Markt habe historisch gesehen bei weitem nicht alle knappen Güter verteilt, sondern – zumindest seit dem Niedergang des Naturaltauschs und der Entwicklung der Münze als äquivalentes Zahlungsmittel – nur diejenigen, die als Waren für Geld zu haben waren. „Was käuflich sein soll und was nicht, ist etwas, worüber stets und zu allen Zeiten die Menschen entscheiden und worüber sie bisher in vielerlei Weise entschieden haben" (ebd.: 27). Der Versuch, ein einheitliches Kriterium distributiver Gerechtigkeit zu finden, müsse daher als verfehlt betrachtet werden, da ein solches nicht existieren könne – auch nicht, wie bei Rawls, als Kombination von Kriterien. Demgegenüber stellt Walzer sein Konzept als einen pluralistischen Ansatz dar, der für unterschiedliche Güter ebenso unterschiedliche Distributionskriterien zu berücksichtigen fordert und der Gerechtigkeit als ein menschliches Konstrukt interpretiert, das auf unterschiedlichen Wegen bedient bzw. realisiert werden kann, ohne dabei in philosophische Beliebigkeit und Inkonsistenz abzuleiten (vgl. ebd.: 28ff). Dabei geht er zunächst davon aus, dass den sozialen Gütern trotz ihrer Verschiedenheit gemeinsam sei, dass ihre Verteilung eine gesellschaftliche Angelegenheit ist. Um zu verdeutlichen, dass dieses Merkmal nicht nur für die Verteilung sondern auch für die Bereitstellung der Güter gilt, fasst Walzer seine Ansichten über die wesentlichen Eigenschaften der Güter in sechs Thesen zusammen (vgl. ebd.: 30ff):

Erstens: Für alle Güter, die im Rahmen der Frage nach Verteilungsgerechtigkeit relevant sind, gilt, dass es sich um soziale Güter handelt. Diese zeichnen sich dadurch aus, dass sie gesellschaftlich erzeugt sind, weshalb die konkrete Bedeutung, die ihnen zugemessen wird, auch von der konkreten Gesellschaft abhängt. *Zweitens*: Güter wirken ob ihrer gemeinschaftlichen Herstellung sowie durch Besitz und Nutzung identitätsstiftend. Diese Identitäten sind jedoch bei jedem Individuum im Konkreten nicht losgelöst von anderen, bereits vorhandenen gemeinschaftlich hergestellten Gütern zu erklären. Die Bedeutung, die der Verfügung über ein Gut beigemessen wird, ist vielmehr historisch konstituiert. *Drittens*: Welches gesellschaftliche Grundgüter sind, lässt sich ebenso wie die ihnen beigemessene Bedeutung nicht im Sinne einer zeitlosen Matrix jenseits konkreter raumzeitlicher Bezüge erfassen bzw. müsste dann einen Abstraktionsgrad erreichen, der den Nutzen dieser Abstraktion für die Bearbeitung von Verteilungsfragen in der Realität zweifelhaft erscheinen ließe. *Viertens*: Prinzipien der Verteilung ergeben sich nicht aus den zu verteilenden Gütern selbst, sondern sind gesellschaftlich konstituiert. „Alle Verteilungen sind gerecht oder ungerecht immer in Relation zur gesellschaftlichen Bedeutung der zur Verteilung gelangenden Güter" (ebd.: 34). *Fünftens*: Da sich die Bedeutungen, welche einem bestimmten Gut gesellschaftlich zugewiesen werden, im Zeitverlauf verändern können, sind auch die Regeln der Verteilung historisch wandelbar. *Sechstens*: Da die Bedeutung der Güter eine jeweils autonome ist, sind es auch die dazugehörigen Kriterien und Arrangements der Verteilung. Zwar können die Sphären, in denen die verschiedenen Güter verteilt werden, nicht als vollständig frei von gegenseitiger Beeinflussung gedacht werden, jedoch gelte es die relative Autonomie als „ein kritisches Prinzip" (ebd.: 36) zu verstehen, das es ermöglicht, die Usurpation von Gütersphären durch fremde Verteilungsprinzipien zu identifizieren, die insofern als unzulässig bezeichnet werden können, als sie dem historisch-kulturellen Wert, der der Verfügung über das betreffende Gut eigentlich zugeschrieben wird, entgegen stehen.

Diesen Ansatz der sphärischen Vielfalt der sozialen Güter und entsprechender unterschiedlicher Regeln ihrer Verteilung bezeichnet Walzer als „komplexe Gleichheit", die wiederum für ihn einen Wegweiser zu einem „offenen Distributionsprinzip" (ebd.: 50) darstellt, das für ihn die übergeordnete (und damit dann doch in gewisser Weise universelle) Regel der sozialen Gerechtigkeit darstellt. Diese Regel fasst er in dem Satz zusammen: *„Kein soziales Gut X sollte ungeachtet seiner Bedeutung an Männer und Frauen, die im Besitz eines anderen Gutes Y sind, einzig und allein deshalb verteilt werden, weil sie dieses Y besitzen"* (ebd.: 50, Herv. i. Orig.). Wenngleich er die Realisierung dieses offenen Distributionsprinzips nicht durch ein einzelnes Kriterium gewährleistet sieht, so benennt er jedoch drei Kriterien, denen er einerseits einen bestimmten Einfluss in der Realität zuspricht und deren Gültigkeit er daher genauer betrachtet: den freien Austausch, das Verdienst und das Bedürfnis (vgl. ebd.: 51). Der Begriff des freien Austauschs ist hier ein Synonym für den Markt. Dieser funktioniere, so Walzer, im Wesentlichen geldvermittelt und sei von seiner Natur her hinsichtlich der aus den Tauschprozessen resultierenden Güterverteilung ergebnisoffen. Gleichzeitig manifestiere sich in diesen Tauschprozessen durch den Aspekt der Freiwilligkeit der am Tausch Beteiligten die soziale Konnotation eines Gutes und es werde „per definitionem kein X ungeachtet seiner Bedeutung für andere Mitglieder der Gesellschaft in die Hände einer Person, die Y besitzt, einzig und allein deshalb gelangen, weil sie dieses Y besitzt" (ebd.: 52). Diesem radikalen Pluralismus des Marktes müsse nun lediglich hinsichtlich seines Geltungsbereichs Grenzen gesetzt werden (vgl. ebd.: 51ff). Das zweite Kriterium, das Verdienst, gilt Walzer ebenfalls als ein pluralistisches Kriterium. Denn welche Güter (im weitesten Sinne, d.h. von Waren bis hin zu Liebe und sozialer Anerkennung) ein Mensch verdient, kann nicht durch eine Zentralinstanz entschieden werden, sondern nur dezentral, d.h. von Seiten der Menschen, die als Betroffene das Verdienst anerkennen (vgl. ebd.: 53ff). Hinsichtlich des dritten Kriteriums schließlich, des Bedürfnisses, vertritt Walzer die Ansicht, dieses sei zwar ein auf den ersten Blick durchaus einleuchtendes Kriterium für die Verteilung von Gütern, das bei genauerem Hinsehen jedoch rasch seine Unzulänglichkeit offenbare. Denn das Wollen als stärkster Ausdruck des Bedürfnisses ist nicht hinreichend, eine kontextunabhängige Formulierung eines Bedürfnisses nicht möglich. Das Bedürfnis erzeuge vielmehr „eine spezielle Distributionssphäre, innerhalb deren es selbst das angemessene Distributionsprinzip ist" (ebd.: 57) und innerhalb derer es die allgemeine Regel des offenen Distributionsprinzips erfüllt. Letztlich werde deutlich, dass alle drei Kriterien der Verteilung nur innerhalb bestimmter Sphären die allgemeine Regel erfüllen könnten, deren Wirkung er daher folgendermaßen zusammenfasst: „unterschiedliche Güter für unterschiedliche Personengruppen aus unterschiedlichen Gründen auf der Basis unterschiedlicher Verfahren" (ebd.: 58). Vielfalt im Sinne komplexer Gleichheit erfordert also zwischen den verschiedenen Gütern entsprechend ihrer Natur zu differenzieren (vgl. ebd.: 60).

Walzers zentrale Botschaft lässt sich in einem abstrakten Sinne als Aufforderung zur „Freiheitssicherung durch Gewaltenteilung" (Kersting 1998: 122) skizzieren. Sein Ziel ist es, mit dem Konzept der Gerechtigkeitssphären auf die Gefahren aufmerksam zu machen, die davon ausgehen, wenn ein spezifisches Verteilungskriterium quasi imperialistische Tendenzen jenseits derjenigen Gütersphäre entwickelt, in der es ursprünglich entstanden bzw. für die es sozial akzeptiert ist und auf andere Sphären übergreift. Mit Bezug auf Marx erläutert Walzer an einer Stelle seiner Untersuchung, dass zwar die Aneignung des durch die Arbeit geschaffenen Mehrwerts ein Glück für den Käufer der Arbeitskraft, durchaus aber kein Unrecht gegenüber dem der sie verkauft darstellt, womit jedoch die Frage der (Un-) Gerechtigkeit keinesfalls erschöpfend behandelt sei. Ebenso sei es von Bedeutung, ob dieser Mehrwert in andere oder weitere soziale Privilegien im Sinne knapper Güter umzumünzen ist. „Es ist", so formuliert Walzer weiter und bringt damit wohl seinen leitenden Gedanken auf den Punkt, „die Dominanz des Kapitals außerhalb des Marktes, die den Kapitalismus ungerecht macht" (Walzer 1992: 444). Dies ist einerseits ein theoretisch begründetes Plädoyer für die soziale Begrenzung der Verwertungsmöglichkeiten des Kapitals in seiner Erscheinungsform als Geld. Aber er formuliert es zugleich auch als eine konkrete Kritik an den entwickelten Gesellschaften der Gegenwart, in denen er eine zunehmende Definitionsmacht des Geldes feststellt, die tendenziell tyrannische Züge anzunehmen droht. Das Geld schickt sich an, zu einem Distributionskriterium zu werden, das als allgemeines Äquivalent nicht nur den Tausch von marktvermittelten Gütern bestimmt, sondern sich in Form von Zahlungsbereitschaft bzw. -fähigkeit zunehmend auch außerhalb dieser Sphäre Geltung verschafft – etwa in der Politik oder im Zugang zu Bildungsgütern. Die gerechte Gesellschaft, so lässt sich Walzers Argumentation in allgemeinster Form zusammenfassen, ist demgegenüber „eine integrierte Einheit ausbalancierter Gerechtigkeitszonen, die jeweils gemäß dem in ihnen und nur in ihnen geltenden Verteilungsprinzip geordnet sind. Das besagt, daß eine Gemeinschaft immer dann schon in einer gerechten Ordnung lebt, wenn sie in Übereinstimmung mit ihren Überzeugungen lebt und verteilt. Gerechtigkeit, das ist Walzers kommunitaristisches Credo, kann nur als internes Organisationsprinzip einer partikularen Gemeinschaft entwickelt werden, und die in ihrem Namen auftretende Kritik kann nicht mehr sein als eine (...) Rückbesinnung auf gemeinsame Grundüberzeugungen und ursprüngliche Sinngebungen" (Kersting 1998: 121f). Wenn Walzer vom Gesellschaftsvertrag spricht, meint er dementsprechend auch nicht eine gedankenexperimentelle Annährung an konsensfähige Ideale, sondern bezieht sich auf die in der sozialen Realität tatsächlich feststellbaren Modi der Umverteilung der verfügbaren Mittel „gemäß einem gemeinsamen, im Detail der ständigen politischen Neubestimmung unterworfenen Verständnis von deren Bedürfnissen. Der Vertrag ist ein moralisches Band" (Walzer 1992: 133).

Die kommunitaristische Hermeneutik, ob im Kontext der Überlegungen von Etzioni oder der Gerechtigkeitssphären bei Walzer, weist allerdings eine argumentative Schwachstelle im Bereich der Begründung von Legitimität auf, die ihre Reichweite begrenzt. Die harmonische Vorstellung gemeinsamer Werte und gesellschaftsweit geteilter Überzeugungen als Basis der Begründung von Prinzipien der gerechten Verteilung der gesellschaftlich geschaffenen Güter lässt sich tatsächlich nur unter Ausblendung der hegemonialen Setzung dieser Ideale behaupten. Tatsächlich bleibt ohne eine normative Perspektive des Guten als Orientierungspunkt des Gerechten gerade in Verteilungsfragen nur der Rückbezug auf konsensuelle Praxen, die sich infolge bestimmter historischer Entwicklungen der Kräfteverhältnisse und (wie auch immer gearteten) Überzeugungsleistungen bzw. als Schnittmengen aus divergenten Interessen ergeben haben. Gerechtigkeit bleibt eine Frage des gesellschaftlichen Standpunktes und eben in diesem Punkt wirkt die Rawlssche Vorstellung der original position tatsächlich umfassender (vgl. Kersting 1998: 122ff).

Im Hinblick auf die große Frage der Zivilisierung der Destruktivkräfte der Marktwirtschaft ist allerdings auch ein weiterer Kritikpunkt von Bedeutung, der auf eine problematische Gemeinsamkeit zwischen den marktradikalen Neoliberalen und den „kulturradikalen" (Kersting) Kommunitaristen verweist: „Während ein egalitärer Liberaler Rawlsschen Zuschnitts mit einer großen moralischen Empfindlichkeit für sozio-ökonomische Ungleichheit auf eine gleichheitsorientierte gerechte Verteilung drängt, lassen sowohl der Marktradikale als auch der Kulturradikale die Verteilungsmechanismen des Marktes ungeschoren" (ebd.: 123). Die Kommunitaristen haben ob ihres Ansatzes der Einhegung des Marktes und seiner Reichweite, wie Kersting weiter formuliert, das Problem der Verteilungsgerechtigkeit innerhalb des Marktes im Sinne eines „Ausgleichs zwischen wirtschaftlicher Selbständigkeit und wirtschaftlicher Abhängigkeit" (ebd.: 124), man könnte wohl ebenso sagen: zwischen Kapital und Arbeit, aus dem Blickfeld verloren. Sie fokussieren zwar mit kritischem Blick Sphären, in denen Güter ungerechter Weise nach den Regeln des Marktes verteilt werden, hinsichtlich der in der sozialen Realität für die Verteilung von Lebenschancen so relevanten Größen wie dem gesamtgesellschaftlichen Einkommen und Vermögen bleibt die Logik des Marktes, mit anderen Worten das Pareto-Kriterium der Neoliberalen, weitgehend unbestritten und unhinterfragt. Die kommunitaristische Gerechtigkeitstheorie liefert in diesem Punkt folglich kein Instrument für die Bearbeitung von Fragen der Gerechtigkeit, das über die neoliberale Heuristik sich selbst legitimierender Markteffizienz hinausgeht und bleibt „eklatant unterbestimmt" (ebd.: 123).[67]

Infolge dieser Dichotomisierung von Ökonomie und Politik gerät die Erkenntnis aus dem Blick, dass der Markt nicht aus sich selbst heraus in der Lage ist, das potentiell mögliche Niveau der Wohlfahrtsmehrung auszuschöpfen – sowohl im Sinne des privaten als auch des kollektiven Konsums und unbenommen der Tatsache, dass es Güter gibt, die nicht über den Markt verteilt werden oder verteilt werden sollten. Der Umstand, dass die kommunitaristische Theorie der sphärischen Gewaltentrennung einer vielgestaltigen Empirie zugänglich ist, mag ein Grund dafür sein, dass – entsprechend den tendenziell selbstreferentiellen Eigenschaften des Wissenschafts'systems' – gerade die kommunitaristische Legitimations- und Gerechtigkeitstheorie eine breite Rezeption erfahren und über diese Vermittlung inzwischen einen starken politischen Einfluss gewonnen hat. Das ändert jedoch nichts an den Problemen, die die dichotomisch verengte Perspektive mit sich bringt. Denn indem sie das Feld der Markt„gesetze" unbestritten der neoliberalen Theorie überlässt und sich vor allem darauf konzentriert, nach Wegen zu suchen, trotz der Verwerfungen ökonomischer Dynamik die soziale Inklusion zu gewährleisten, stellt sich der Kommunitarismus zugleich als tragischer Treuhänder einer forcierten neoliberalen Hegemonie unter dem Mantel der Gemeinschaftlichkeit dar, die gegen die rauen Winde des Wettbewerbs in der globalisierten Wirtschaft den konsensuellen Schulterschluss setzt. Und dies ist im doppelten Sinne tragisch. Denn einerseits gibt es gute Gründe anzunehmen, dass die Gemeingüter, die in ihrer sozialen Bedeutung und ihrer Eigenschaft als nicht-marktvermittelte Güter insbesondere von Walzer völlig zu Recht gewürdigt werden (Bildung, Freizeitgestaltung, Ehrenämter, Liebe etc.), mindestens indirekt vom wirtschaftlichen Wohlstand, von der Zeitsouveränität der Einzelnen oder allgemeiner gesagt, von den Zielen, mit denen die Verwendung der gesellschaftlich produzierten Überschüsse organisiert wird, abhängig sind. Das betrifft die Gestaltung der Arbeitsverhältnisse ebenso wie die Einkommensniveaus oder den Zustand der Gemeinschaftseinrichtungen u.a. Andererseits blockiert eben das Dogma des Laissez-faire, ob als marktradikal-provokativer Neoliberalismus oder kulturradikal-pragmatischer Kommunitarismus, die Durchsetzung kollektiver Vernunft auf der Ebene der politischen Gestaltung der sozialökonomischen Verhältnisse und beschneidet damit die Möglichkeiten des Gemeinsinns, der guten Gesellschaft, nachdrücklich. Denn eine Theorie der Verteilungsgerechtigkeit, die nur darauf abhebt zu klären, nach welchen Regeln der Kuchen am Besten unter den Gemeindemitgliedern aufgeteilt wird oder welche Stimmung dafür als Rahmen am Günstigsten wäre, ohne dabei gleichzeitig zu berücksichtigen, was zu tun ist, damit ein möglichst großer Kuchen auf dem Tisch steht, ist nicht nur für die in realiter handelnden Menschen subjektiv unbefriedigend, sondern auch hinsichtlich ihres intellektuellen Erklärungsgehalts.

4.2.3.3 Gerechtigkeit und die Entwicklung menschlicher Fähigkeiten

Eine Sonderstellung in dem Reigen gerechtigkeitstheoretischer Konzeptionen, die sich auf dem verschlungenen Pfad des „Dritten Wegs" bewegen,[68] kommt der Arbeit von Martha C. Nussbaum zu.[69] Dies ist zum einen der Fall, da sie dem Aspekt globaler Verteilungsgerechtigkeit einen zentralen Stellenwert einräumt. Zum anderen führt sie ihre Auseinandersetzung mit der Rawlsschen Gerechtigkeitstheorie auf der Ebene des Versuchs, unter Rückgriff auf aristotelische Kategorien universelle Eigenschaften menschlichen Lebens zu identifizieren, um anhand dieser Eigenschaften Kriterien für die Beurteilung historisch und räumlich konkreter sozialer und kultureller Verhältnisse zu gewinnen. Für Nussbaum ist der Wert der sozialen Demokratie am Beginn des 21. Jahrhundert nicht nur von Seiten des utilitaristischen Neoliberalismus unter Druck geraten, sondern auch von solchen, die sich selbst zwar als Linke, als Sozialdemokraten begreifen, die einen Universalismus in Bezug auf die menschliche Seinsbestimmung aber als tyrannisch und naiv etikettiert. „Naiv, weil er die ungeheure Vielfalt der Kulturen und Religionen in der heutigen Welt vernachlässigt; tyrannisch, weil er alle Menschen zu einer einfachen Menge von Berechtigungen und Standards nötigt und sich gleichgültig gegenüber ihren eigenen Gruppen- oder Kulturwerten verhält" (Nussbaum 2002). Die voranstehend geführte Kritik an der Trennung von Politik und Ökonomie anderer kommunitaristischer Ansätze trifft auf Nussbaum insofern nicht zu, als der von ihr gewählte philosophisch-methodische Ansatz die Frage der Ziele gesellschaftlicher Entwicklung gegenüber den Instrumenten, den Mitteln und Wegen, als die ökonomische und politische Prozesse in dieser Perspektive erscheinen, in den Vordergrund stellt. Ihr erklärtes Ziel ist es, eine Rekonstruktion sozialdemokratischer Prinzipien auf der Höhe der Zeit und ihrer Problemstellungen zu leisten (vgl. ebd.).

Ihre Kritik an den individualistischen Gerechtigkeitstheorien entwickelt sie nicht mit dem Ziel, den hohen Stellenwert individueller (Entscheidungs-) Freiheiten und kultureller Pluralität infrage zu stellen oder zu relativieren. Vielmehr richtet sie das Augenmerk auf die (materiellen) Voraussetzungen und Maßstäbe dieser Freiheit. Ausgangspunkt ihrer Überlegungen ist nicht die Ungleichheit der Individuen, sondern die Frage nach den grundlegenden Gemeinsamkeiten der Menschen, den allgemeinen Charakteristika des Menschseins. Jede Theorie der Gerechtigkeit, so Nussbaum, basiere letztlich auf gewissen Vorannahmen über das Gute. Dies sei auch bei Rawls der Fall, auch wenn dieser sie als eine „schwache Theorie" des Guten (vgl. Rawls 1975: 434) bezeichne, die sich auf die notwendigsten Grundgüter beschränkt, die die Menschen für die Verwirklichung ihrer Rationalität, ihres Handelns wünschen. Während Rawls, insbesondere im Hinblick auf die Operationalisierung des Unterschiedsprinzips, auf Indikatoren des Wohlstands oder des Einkommens zurückgreift, um das Verhältnis von Besserstellung und Schlechterstellung zu bewerten, greift Nussbaum auf ein an Aristoteles angelehntes Verständnis der Entwicklung menschlicher Fähigkeiten zurück. Dieser Ansatz, so ihre Argumentation, habe den Vorzug, nicht nur, wie Rawls es tut, die „Institutionen des einzelnen Gemeinwesens" (Nussbaum 1999: 31) in den Blick zu nehmen, sondern ermögliche es, eine Vorstellung des guten Lebens zu formulieren, die die Grundlage grenz- und kulturüberschreitender Verständigung sein könnte. Wohlstand, Einkommen und Besitz, so Nussbaum, repräsentieren keinen Wert an sich, sondern erhalten diesen erst, „wenn die Güter in den Dienst des Lebens und Handelns von Menschen gestellt werden" (ebd.: 35). Fragen der Verteilung solcher Güter können demnach nur dann sinnvoll beantwortet werden, wenn zuvor deren Bedeutung für das menschliche Tun und die Auswirkungen eines spezifischen Verteilungsmodus darauf hinreichend geklärt ist. Die aristotelische Argumentation fasst Nussbaum in zwei Punkten zusammen (vgl. ebd.: 35f):

1. Wenn Reichtum kein Wert an sich ist, sondern gegebenenfalls auch negative Folgen zeitigen kann (z.B. Konkurrenzdenken und Tugend- oder gar Kulturverlust), so ist dessen Mehrung auch kein hinreichend gutes Ziel.

2. Da die Menschen an sich unterschiedlich sind, haben auch konkrete Güter für sie eine unterschiedliche Rolle und Bedeutung (z.B. hängt der konkrete Nahrungsbedarf entscheidend von den konkreten Tätigkeiten der Einzelnen ab oder auch von ihrer körperlichen Verfassung).

Eine Regierung sei demnach nicht danach zu bewerten, wie viel Dinge bzw. Güter sie jedem ihrer Bürger zukommen lasse, sondern danach, ob und wie sie diese Menschen dazu befähigt, gut zu leben und zu handeln (vgl. ebd.: 37). Denn, wenngleich die menschliche Fähigkeit zu praktischer Vernunft ein wesentliches Merkmal menschlichen Lebens darstellt, so könne man sie nicht einfach als in jedem Fall existent voraussetzen oder gar alle Realität als Resultat derselben deuten, sondern es gelte zunächst, die Bedingungen ihrer Entwicklung auf der Ebene der materiellen und institutionellen Voraussetzungen zu sichern (vgl. ebd.: 61). Mindestens implizit liege jeglichem gesellschaftlich geregelten Modus der Verteilung von Gütern eine bestimmte Antwort auf die Frage zugrunde, was ein gutes Leben ausmacht. Diese Überlegungen über das Gute gelte es explizit zu machen. Erst auf der Grundlage einer solchen Zielperspektive ließe sich der Zweck des

Einsatzes oder bestimmter Güter bzw. Ressourcen oder die Bedeutung ihrer Verteilung sowie möglicherweise auftretende Zielkonflikte im Sinne der Förderung menschlicher und menschenwürdiger Verhältnisse erfassen. Rawls 'schwache Theorie' des Guten greife demgegenüber zu kurz, da sie „weder den Sinn der instrumentellen Güter aufzeigt noch hinreichende Anhaltspunkte für die Förderung ihres wirklichen menschlichen Gebrauchs gibt" (ebd.: 41).

Im Unterschied zum Liberalen richte der Aristoteliker seine Aufmerksamkeit nicht nur auf die Frage der Verteilung von Dingen, sondern frage auch nach den Möglichkeiten der Menschen sowie nach den Strukturen, die ihre Entfaltung befördern oder eben auch behindern können. Es gehe mit anderen Worten darum, quantitative Kriterien durch qualitative Kriterien zu ergänzen. Dies allerdings nicht in einer Weise, die den Menschen erklären will, wie sie funktionieren oder zu funktionieren haben. Angestrebt werden vielmehr Bedingungen, die die Menschen dazu befähigen bestimmte Tätigkeiten auszuüben, wenn sie das wollen; die ihre Fähigkeiten zu entwickeln ermöglicht, nicht jedoch über die Art und Weise des Einsatzes dieser Fähigkeiten entscheidet (vgl. ebd.: 41ff). „Die Aufgabe der Regierung ist der aristotelischen Auffassung zufolge erst dann erfüllt, wenn wir alle Hindernisse beseitigt haben, die zwischen diesem Bürger und der vollen Entfaltung seiner Fähigkeiten stehen. Diese Aufgabe wird dann weit hinausgehen über eine Neuverteilung der Ressourcen. Sie wird im allgemeinen radikale institutionelle und gesellschaftliche Veränderungen umfassen" (ebd.: 43).

Rawls' „schwacher Theorie des Guten" setzt Nussbaum ihren zweistufigen Ansatz der Fähigkeiten entgegen, den sie in früheren Arbeiten auch als „dicke" oder „starke vage" Theorie oder Konzeption des Guten charakterisiert (vgl. ebd.: 47, dies. 1993: 332, dies. 2002). In beiden Variationen soll der Begriff des „vagen" auf das Erfordernis der Spezifizierung des Guten im konkreten Kontext entsprechend der realen sozialen Pluralität verweisen. Auf der ersten Stufe dieses Ansatzes beschreibt sie zentrale Eigenschaften dessen, was menschliches Leben ausmacht bzw. was zur Identifizierung von Leben, das wir als menschliches bezeichnen würden, elementar ist. Den leitenden Gedanken fasst sie in diesem Zusammenhang folgendermaßen zusammen: „Die Kernidee des menschlichen Wesens scheint die eines würdevollen freien Wesens zu sein, das imstande ist, sein oder ihr eigenes Leben zu umreißen, mehr als dasjenige Wesen, dem es passiv vorgegeben wird und das in der Welt in der Art einer 'Schar' oder 'Herde' herumgestoßen wird. Wie ich bereits betont habe, macht der Ansatz jede Person zu einem separaten Träger von Wert. Es ist ganz verkehrt, die Bedürfnisse von einigen Individuen den von anderen unterzuordnen oder einige Individuen als bloße Werkzeuge von anderen zu behandeln" (dies. 2002). Diese Wesenszüge menschlichen Lebens hat sie in der ersten Stufe der Theorie zunächst auf der Grundlage intuitiver Annäherung an den Gegenstand in einer offenen Arbeitsliste umrissen (vgl. dies. 1999: 49). Die darin aufgeführten Fähigkeiten (z.B. die Fähigkeit zur praktischen Vernunft) kennzeich-

nen ebenso wie die beschriebenen Grenzen (z.B. essentielle Bedürfnisse des menschlichen Körpers) universelle Bestandteile des Menschseins. Darin gibt es einige
Fähigkeiten, deren völliges Fehlen Anlass wäre, von nicht-menschlichem Leben
zu sprechen, wohingegen das Fehlen anderer Fähigkeiten eher den Zugang zur
Bewertung von gutem und weniger gutem menschlichen Leben eröffnet. Daher
präzisiert Nussbaum auf der zweiten Stufe ihrer Theorie diejenigen Grundfähig-
keiten des Menschen, die für die Bestimmung eines guten menschlichen Lebens
erforderlich sind. Folgende *Kompetenzen*[70] sind es demnach, die ein menschliches Leben ausmachen:[71]

„1. Leben. Die Möglichkeit besitzen, bis zum Ende eines menschlichen Lebens von normaler
   Dauer zu leben; nicht vorzeitig sterben (...).
2. *Körperliche Gesundheit.* Die Möglichkeit zu einer guten Gesundheit besitzen, (...) angemessen ernährt werden; eine angemessene Unterkunft besitzen.
3. *Körperliche Unversehrtheit.* Die Möglichkeit haben, sich frei (...) zu bewegen; vor gewaltsa-
   men Angriffen sicher sein (...); die Gelegenheit zur sexuellen Befriedigung besitzen und eine
   Auswahl hinsichtlich der Fortpflanzung treffen zu können.
4. *Sinne, Vorstellung und Gedanke.* Die Kompetenz haben, empfinden, sich vorzustellen, denken und ergründen zu können (...). Die Möglichkeit besitzen, die Einbildungskraft und
   den Verstand in Verbindung mit der Erfahrung zu benutzen und Werke und Ereignisse
   nach der eigenen Entscheidung hervorzubringen (...). Die Gelegenheit haben, den eigenen
   Verstand auf Arten anzuwenden, die durch Garantien der freiheitlichen Äußerung in Beziehung auf die sowohl politische als auch die künstlerische Rede geschützt werden, und die
   freiheitliche Ausübung der Religion. Die Gelegenheit zu lustvollen Erfahrungen besitzen
   und nutzlose Schmerzen vermeiden.
5. *Gefühle.* Das Vermögen zur Sympathie mit Dingen und Menschen außerhalb unser selbst
   besitzen; jene lieben, die uns lieben und für uns sorgen, und während ihrer Abwesenheit
   Kummer empfinden; im Allgemeinen das Begehren lieben, um Dankbarkeit bekümmert
   sein und berechtigten Ärger erfahren; die eigene emotionale Entwicklung nicht durch Angst
   und Furchtsamkeit ruiniert sehen. (Diesem Vermögen nachhelfen bedeutet, Formen der
   menschlichen Gemeinschaftsbildung zu unterstützen, von denen nachgewiesen werden kann,
   dass sie in ihrer Entwicklung wesentlich sind.)
6. *Praktische Vernunft.* Fähig sein, eine Vorstellung von dem Guten zu entfalten und sich in
   der Planung des eigenen Lebens in kritischer Reflexion darauf zu verpflichten. (...)
7. *Zugehörigkeit.* A. Die Möglichkeit besitzen, mit anderen und in Zuwendung zu anderen zu
   leben (...); sich in verschiedenen Formen des sozialen Austausches engagieren; fähig sein,
   sich die Situation eines anderen zu vergegenwärtigen. (...) B. Die sozialen Hintergründe der
   Selbstachtung und Nicht-Erniedrigung besitzen; die Gelegenheit haben, als eine würdige
   Person behandelt zu werden, deren Wert mit anderen gleich ist. Dies schließt Vorkehrun-
   gen der Nicht-Diskrimination (...) ein.
8. *Andere Lebewesen.* Das Vermögen haben, in der Sorge für und in Beziehung auf Tiere,
   Pflanzen und die Naturwelt zu leben.
9. *Spiel.* Das Vermögen haben zu lachen, zu spielen und erholsame Tätigkeiten zu genießen.
10. *Die Kontrolle über die eigene Umgebung.* A. *Politisch.* Die Möglichkeit haben, effektiv an
   politischen Entscheidungen teilzuhaben, die das eigene Leben regulieren; das Recht der
   politischen Teilnahme, des Schutzes der freien Rede und der freien Assoziation genießen.
   B. Materiell. Die Möglichkeit haben, Besitz zu unterhalten (...) und Besitzrechte auf einer

Gleichheitsbasis mit anderen zu genießen; das Recht haben, Beschäftigung auf einer Gleichheitsgrundlage mit anderen zu suchen; von der Möglichkeit ungerechtfertigter Suche und Einnahme frei zu sein" (dies. 2002, Herv. J.R.).

Der tiefere Sinn dieser Liste besteht darin, dass die aufgeführten menschlichen Fähigkeiten zugleich mit dem moralischen Anspruch ihrer Entfaltung und Anwendung verknüpft sind. Dabei geht Nussbaum davon aus, dass erst die Schaffung entsprechender materieller und sozialer Rahmenbedingungen den Menschen ermöglicht diese Funktionen auch wirklich auszuüben. Um dies zu verdeutlichen, unterscheidet sie mit Blick auf die angeführten Kompetenzen zwischen a) Basisfähigkeiten, die zur Grundausstattung der Individuen gehören (z.B. Sprachfähigkeit) und die als solche erst die Ausbildung höherer Kompetenzen ermöglichen, b) interne Kompetenzen, die an die einzelne Person gebunden (z.B. Artikulation komplexer Gedanken), gleichwohl für die Ausübung weiterer Funktionen unerlässlich sind, c) kombinierte Fähigkeiten im Sinne interner Kompetenzen, die für ihre Entfaltung auf bestimmte soziale Umgebungsfaktoren als hinreichende Bedingungen angewiesen sind (z.B. Presse- oder Redefreiheit). Die Verwirklichung dieser Fähigkeiten fordere daher eine aktive Politik des Staates im Hinblick auf die Absicherung ihrer materiellen und verfassungsmäßigen Voraussetzungen (vgl. ebd., dies. 1999: 63).

Nussbaum bezieht mit ihrer Argumentation vor allem gegen Formen des Kulturrelativismus Stellung, die essentialistischen Auffassungen über universelle Werte und Eigenschaften menschlichen Lebens das Argument vom Wert der Verschiedenheit und Gleichwertigkeit der Kulturen entgegenhält. Sie macht jedoch auch deutlich, dass diese Ebene der Argumentation keinesfalls die einzige Ebene ist, auf der der Grundgedanke ihres Ansatzes es erlaubt, eine kritische Perspektive zu entwickeln. So verweist sie etwa darauf, dass Rawls Unterscheidung zwischen der gesellschaftlichen Grundstruktur, d.h. denjenigen Regeln, die von den Individuen hinter dem 'Schleier des Nichtwissens' festgelegt werden und für die die Prinzipien der Gerechtigkeit gelten sollen, und der 'realen', gesetzgeberischen Gestaltung gesellschaftlicher Institutionen, im Hinblick auf die Frage, welches diese Grundstrukturen sind, durchaus anders zu beantworten ist. Denn wenn nach Rawls etwa die Gestaltung der Arbeitsverhältnisse oder der Bildungspolitik wohl in die zweite Kategorie fallen würde und damit jenseits des unmittelbaren Wirkungsgrades der Prinzipien der Gerechtigkeit läge, handelt es sich aus der Perspektive des aristotelischen Sozialdemokratismus um „absolute Grundstrukturen, die zumindest ebenso grundlegend und vielleicht noch grundlegender sind als die Verteilung der Ämter und Funktionen, die konkreten rechtlichen Institutionen und die beratenden Körperschaften" (dies. 1999: 64). Pluralität im Sinne realer individueller Wahlmöglichkeiten zu gewährleisten, erfordere aufgrund ihrer materiellen und rechtlichen Vorbedingungen von einer Regierung sehr viel umfangreichere Aktivitäten, als die bloß formale Wahrung grundlegender individueller Freiheiten, wie etwa die Vertragsfreiheit, auf die die Neoliberalen pochen. Werden diese Vorbedingungen nicht gewährleistet, so Nussbaum (2002) weiter, so entspreche dies eher einer „Vortäuschung von Wahlmöglichkeiten". Werde die Liste der Fähigkeiten gemäß der Rawlsschen Vorgehensweise als „eine Gruppe von Berechtigungen" (ebd.) betrachtet, bei der man davon ausgehen kann, dass sie für alle Mitglieder der Gesellschaft einen politischen Konsensus repräsentiert, so ist damit in keiner Weise bereits eine normative Vorentscheidung über konkrete Lebensentwürfe und -wege getroffen. Ebenso wenig braucht man der Sichtweise des Aristoteles verhaftet zu bleiben, der noch annahm, dass der Staat über die eine, richtige Konzeption des guten Lebens verfüge. Den durch Rawls eingenommenen Standpunkt betrachtet sie deshalb nicht als Infragestellung des Fähigkeiten-Ansatzes, weil zum einen erkennbar sei, dass Menschen trotz ihrer Unterschiede immer wieder in der Lage sind, sich auf gemeinsame politische Zielstellungen zu verständigen (z.B. die Menschenrechte) und es zum anderen aber erst auf der Grundlage des Rawlsschen Ansatzes möglich ist, diese Unterschiede angemessen zu würdigen und zu berücksichtigen (vgl. ebd.). Auf diese Weise verbindet Nussbaum in anspruchsvoller Weise ihre „moderne Interpretation der sozialdemokratischen Idee" einer guten Gesellschaft mit dem Politischen Liberalismus John Rawls'.

4.3 Zwischenfazit: Zu den Konturen einer zeitgemäßen Konzeption des Gesellschaftsvertrags

Die Krise des Fordismus und die Formierung des Postfordismus sind, soviel dürfte deutlich geworden sein, verbunden mit der Zunahme legitimations- und gerechtigkeitstheoretischer Reflexionen, die ihrerseits – auch im Hinblick auf zeitliche Abfolgen – Auskunft geben über Kämpfe und Tendenzen auf der Ebene gesellschaftlicher Hegemonie. Deutungs- und Definitionshoheit über den Gerechtigkeitsbegriff zu erlangen, ist in den vergangenen drei Jahrzehnten zu einem zentralen Gegenstand im Prozess der konfliktuellen Selbstkonstitution und -legitimation der Arbeitsgesellschaft geworden. Was moralisch zulässig oder zu verwerfen ist, was die 'Natur des Menschen' erfordert oder unter Bezug auf dieselbe gerechtfertigt werden kann, wie viel Ungleichheit die Gesellschaft (v)erträgt, ob dauerhafte Massenarbeitslosigkeit als ein dauerhafter Skandal oder ein bedaulicher Ausdruck mangelnder Leistungsbereitschaft bewertet wird, ob sie Anlass für eine gestaltende Wirtschafts- und Beschäftigungspolitik oder für die Auflage von Programmen sozialpsychologischer Randgruppenforschung oder die Forderung nach Deregulierung der Bundesanstalt für Arbeit ist, all diese und ähnliche Fragen werden letztlich auch vor dem Hintergrund hegemonialer und sich medial verbreitender Deutungsmuster entschieden, die in das Handeln gesellschaftlicher Akteure einfließen bzw. deren Handlungsmotive und -bereitschaft beeinflussen. Die Regula-

tionstheorie bezieht diese legitimationstheoretische Dimension der Hegemoniebildung in ihre Analyse der Bedingungen und Möglichkeiten sozialökonomischer
Transformations- und Formierungsprozesse und ihrer Widersprüche ein.

Mit seinem Rückgriff auf das kontraktualistische Argument hat John Rawls im
Rahmen der Darlegung seiner Theorie der Gerechtigkeit die Basis dafür gelegt,
dass die Formel vom 'Gesellschaftsvertrag' - als ein Terminus technicus, um den
Anspruch demokratischer Selbststeuerung zur Geltung zu bringen - in der gesellschaftspolitischen Debatte der vergangenen 10 Jahre eine wachsende Bezugnahme erfahren hat. In diesem Sinne greifen die Politische Philosophie, mit der
Wiederbelebung normativer Moral- und Legitimationstheorie und die Politische
Soziologie, mit ihrem Bemühen, die Widersprüche und Prozesse zwischen systemischen Strukturzwängen und sozialen Handlungschancen zu erfassen, zumindest
begrifflich ineinander. Genauer gesagt kommt der Politischen Philosophie die Rolle
einer Stichwortgeberin zu. Der 'Gesellschaftsvertrag' umfasst nicht nur den einmaligen Akt der ex post Begründung von Herrschaft als Selbstgesetzgebung. Er konkretisiert sich in dem Erfordernis, hegemonial-konsensuale Praxen insbesondere
im Hinblick auf die zum Tragen kommenden Modi der Verteilung des Mehrprodukts, unter Bedingungen einer im Wechselverhältnis von Politik und Ökonomie phasenweise stabilen oder mit hoher Dynamik sich wandelnden, phasenweise
von sozialen Öffnungs- oder auch von Schließungstendenzen gekennzeichneten
Gesellschaft, zu begründen und zu legitimieren. Das Spannungsverhältnis von
individueller Freiheit und sozialer Gleichheit bildet in diesem Zusammenhang einen
wohl klassisch zu nennenden normativen Bezugs- und Auseinandersetzungspunkt.
Für die Rawlssche Argumentation ist hierbei der unterstellte Vorrang der Freiheit
vor der Gleichheit im Hinblick auf die Konsistenz seines gesamten Ansatzes maßgeblich. Dass er gar nicht erst den Versuch unternimmt, das zugrunde gelegte
Ensemble der Grundfreiheiten aus einem anthropologisch oder ähnlich begründeten Bild der 'Natur des Menschen' abzuleiten, sondern in seiner „Konzeption der
Person" (vernunftfähig und mit Gerechtigkeitssinn ausgestattet) und deren Vergesell-
schaftungsmotiven (sowohl Ansprüche aus sich selbst begründen als auch mit
anderen fair kooperieren können) bemüht bleibt, intuitive Schlüsse mit historischen Verweisen zu verknüpfen, bewahrt ihn auf der einen Seite vor allzu einfachen Entgegnungen. Es bewahrt ihn jedoch nicht vor dem kritischen Vergleich
seiner Prämisse mit der sozialen Wirklichkeit, die keinesfalls dafür spricht, dass die
Individuen eindeutig der Freiheit Vorrang vor der Gleichheit einräumen. Zumindest
weisen einschlägige Untersuchungen im Rahmen der Auseinandersetzung mit der
Egalitarismuskritik darauf hin, dass im Bewusstsein der Menschen diese Werte
verhältnismäßig gleichrangig nebeneinander rangieren (vgl. Heimann 2001: 716).[72]

Eine zweite Anmerkung, die sich gleichwohl auf einer anderen Ebene bewegt,
sei an dieser Stelle den Rawlsschen Ausführungen zur Politischen Ökonomie
gewidmet. Wie ich an entsprechender Stelle ausgeführt habe, lassen sich gute

Gründe dafür angeben, dass Rawls in Bezug auf den Keynesianismus selbst Vermittler eines 'übergreifenden Konsenses' seiner Zeit ist. Diese Feststellung, auch wenn sie für den weiteren Gang der Argumentation durchaus relevant ist, kann und soll jedoch nicht darüber hinweg täuschen, dass er nicht über einen entwickelten Begriff der Politischen Ökonomie, in einem engeren und kritischen Sinne, verfügt. Ohne den Rückbezug auf komplexere theoretische Arbeiten anderer AutorInnen, wie ich sie zur Verdeutlichung vorgenommen habe, bliebe der tatsächliche Gehalt seiner ökonomischen Aussagen eher dünn. Sein tendenziell schematisches Herangehen an die 'Gesetze' der Ökonomie erinnert eigentlich mehr an den Umgang mit Ergebnissen der Naturwissenschaften als an Politische Philosophie oder Sozialforschung. Natürlich kann man niemandem vorwerfen, dass er sich nicht in allen Dingen gleichermaßen gut auskennt. Das soll hier auch nicht geschehen. Ich benenne diesen Punkt vielmehr deshalb, um letztlich auf eine argumentative Schwachstelle in der Rawlsschen Theoriebegründung hinzuweisen, die gerade den Opponenten aus dem marktorthodoxen Lager bis heute einen dankbaren Einstiegspunkt bietet. Denn, da es ihnen einerseits seit nunmehr 30 Jahren nicht wirklich überzeugend gelingt, den Rawlsschen Ansatz zu widerlegen, er andererseits ganz offensichtlich aber auch nicht zu ignorieren ist, bleibt letztlich nur der Weg der Umdeutung, der Sinnumkehrung offen. Dies geschieht einerseits, indem auf das prozedurale Moment und den Aspekt der Regelsetzung als Inbegriff der Gerechtigkeit gegenüber den tatsächlichen Verteilungsverhältnissen abgehoben wird, andererseits, durch Versuche, ihn auf der Ebene der ökonomischen Implikationen partiell inhaltlich zu überformen.

Ohne es so zu benennen unterstellt der Neoliberalismus genau genommen, dass das unmittelbare Verhältnis der Menschen zueinander eigentlich gar nicht zu thematisieren ist. Thematisierbar ist aus dessen Perspektive lediglich das Verhältnis der Menschen zu den Dingen. Nichts anderes kann wohl gemeint sein, wenn Buchanan (1994: 13) konstatiert, der Mensch werde erst durch seine Eigentumsrechte als Person definiert. Diese Verbindung von Eigentum und Person hat zur Folge, dass der Einzelne individuelles Eigentum letztlich gar nicht in Frage stellen kann, ohne sich damit zugleich selbst in Frage zu stellen. Amartya Sen (1982) hat zur Charakterisierung dieses Menschenbildes einmal den Begriff „rational fool" (vernünftige Idioten) geprägt. Dieser Besitzindividualismus – egal, ob er auf Hobbes oder auf Locke Bezug nimmt – ist dem Rawlsschen Denken, gemäß seiner kantianischen Tradition, nicht nur eigentlich fremd. In Bezug auf das Verhältnis von Menschen zu Dingen ist das Verständnis ein geradezu Gegenteiliges. Was den Menschen als Person bei Rawls auszeichnet, ist an vorderster Stelle seine Vernunftfähigkeit und erst auf dieser Grundlage ist Eigentumsbesitz überhaupt denkbar. D.h. das Verhältnis der Menschen zu den Dingen vermittelt sich bei Rawls erst über das Verhältnis der Menschen zueinander. Die neoliberalen Ansätze erscheinen demgegenüber im schlechtesten Sinne reduktionistisch. Reale Komplexität und die Pluralität menschlicher Motive verkümmern bei ihnen zu einer unterkomplexen Simplizität und motivationalen Eindimensionalität. Ihre Arbeiten sind letztlich geistige Anleitungen für die Aufkündigung des wohlfahrtsstaatlichen Grundkonsens. Das Stadium der Aufkündigung entspricht faktisch einem vertragslosen Zustand. Dessen Herbeiführung zu legitimieren bedarf es, um von einer impliziten Rechtfertigung von Herrschaft durch sozialen Ausgleich, wie sie für die Periode des wohlfahrtsstaatlichen Fordismus prägend war, zu einer expliziten Begründung von Dominanz der Eigentumsmächtigen bzw. Zahlungskräftigen, wie sie die Situation im Postfordismus charakterisiert, zu gelangen. Allenfalls bleibt in Bezug auf Buchanan anzumerken, dass er mit seiner offenen Zielformulierung, Wege für eine tatsächliche Neufassung des Gesellschaftsvertrags aufzeigen zu wollen, auch für eine demokratisch-kritische und emanzipatorische Gesellschaftstheorie Orientierungsmarken setzt, wenngleich diese freilich in eine fundamental andere Richtung weisen.

Eine kritische Vertragskonzeption hätte dabei natürlich die Einwände der Kommunitaristen gegenüber dem Individualismus, sowohl der liberalen Provenienz à la Rawls als auch der 'methodologischen' Marktorthodoxie à la Hayek, Nozick oder Buchanan, in die eigene Betrachtungsweise aufzunehmen. Das Soziale ist die konstitutive Bedingung menschlicher Individualität und nicht umgekehrt! Das besitzindividualistische Denken, auch in diesem Punkt liegen die Kommunitaristen zweifellos richtig, hat mit zunehmendem Hegemoniegewinn nicht nur die soziale Atomisierung in einem sehr negativen Sinne befördert, sondern auch die Schnittmenge der gemeinsam geteilten Werte schrumpfen und die öffentliche Moral erodieren lassen. Die verbreitete Akzeptanz hemmungsloser Reichtumsmehrung, ob als Selbstbedienung in den Managementetagen oder als Schnapp-Dir-Die-Million-Entertainment im TV, ist hier nur eine der sichtbaren äußeren Erscheinungen. Die Dichotomisierung von Politik und Ökonomie, die einhergeht mit einer künstlichen Dichotomie von verteilender und teilhabender bzw. von quantitativer und qualitativer Gerechtigkeit, wie sie in den Denkmodellen des „Dritten Weges" vorherrscht, ist hingegen nicht nur konzeptionell fraglich. Sie leistet überdies auch der anhaltenden Deutungsmacht des Neoliberalismus und dessen Credo *'Der Markt ist für die Freiheit geboren und liegt doch überall an der Kette des Staates'* unnötig Vorschub. Die erklärte Zuständigkeitsbegrenzung des Neoliberalismus im Bereich des Sozialen anerkennt gleichzeitig seine selbstdefinierten 'Kern-Kompetenzen' in der Sphäre des Marktes, trennt, was nicht zu trennen ist und konserviert, was es zu überwinden gilt. So mischen sich in der politischen Praxis heute das Bekenntnis zu einer Politik der sozialen Inklusion mit einem ungebrochen neoliberalen Ökonomieverständnis und entsprechenden Handlungsempfehlungen. An den Markt wird die Kompetenz für die Schaffung von Arbeitsplätzen verwiesen und die Unternehmer argumentieren dankbar: 'Gebt uns mehr Gewinne, denn wir tun damit Gutes, da nur wir wettbewerbsfähige

Arbeitsplätze schaffen können und das wiederum ist zum Wohle der am wenigsten Begünstigten!' So entsteht schließlich eine Rhetorik, die sich gleichsam als neoliberal gewendete Lesart der Rawlsschen Theorie interpretieren lässt. Hayek & Co. treten an die Stelle von Keynes. Und statt der vernunftgeleiteten und mit den Mitteln parlamentarisch-demokratischer Politik betriebenen Ausschöpfung des produktiven Potentials unter der Prämisse der Mehrung des kollektiven Wohlstands, erscheint dann die weitgehende 'Befreiung' des Kapitals von staatlicher und demokratischer Einflussnahme, erscheint die Zunahme der sozialen Ungleichheit gleichsam als Bedingung der Besserstellung der am wenigsten Begünstigten. Eine Zivilisierung des Marktes erfordert daher nicht nur den ökonomischen „Imperialismus" in der Gesellschaft zu begrenzen, zu verhindern, dass mit Geld alles zu kaufen ist, wie Walzer anmahnt. Es bedeutet auch, sich wieder der politischen Konstituiertheit des Marktes zu besinnen, d.h. eine kritische Politische Ökonomie in die Gesellschaftstheorie zurückzuholen und die Wirtschaft als eine Veranstaltung zu denken, die hinsichtlich ihrer Zweckbestimmung im Dienste der Menschen steht und nicht zu deren Geißel werden sollte.

Eine zweite Scheidelinie zu den meisten kommunitaristischen Positionen des „Dritten Weges" verläuft aus der Perspektive einer kritischen Konzeption des 'Neuen Gesellschaftsvertrags' an der Frage des Gemeinschafts-Denkens. Unbestritten spielen Gemeinschaften, ob religiöser oder sportlicher Art, ob Nachbarschaftsinitiative, Freiwillige Feuerwehr oder sonstige Verbände, eine kulturell und politisch wichtige und einflussreiche Rolle in der objektiven Welt. Der Fokus eines 'Neuen Gesellschaftsvertrags', der eine Zivilisierung des entfesselten Marktes in den Blick nimmt und auf eine neue Kohäsion von Ökonomie und Politik, von Akkumulation und Regulation zielt, kann jedoch nicht auf der Ebene der kleinen, sondern muss auf der Ebene der großen Arrangements, der Makrostrukturen ansetzen. Und in einer Gesellschaft, in der nach wie vor die Erwerbsarbeit für das Gros der Bevölkerung die entscheidende Quelle der Sicherung des Lebensunterhalts ist, kommt den Veränderungen und Umbrüchen in den Arbeitsverhältnissen eine entscheidende Bedeutung zu. Ob die Steigerung der ökonomischen Produktivität dazu darin mündet, soziale Ungleichheit zu steigern, oder sich in einer Mehrung des kollektiven Wohlstands niederschlägt, die es den Einzelnen erlaubt, ihre Individualität zu entfalten, entscheidet sich nicht auf der Ebene der Gemeinschaften. Ob es gelingt, die fortgesetzte Flucht des Kapitals aus seiner Sozialverantwortung umzukehren und gegenüber der 'Gemeinschaft der Vermögensmilliadäre' eine gerechte Verteilung des Wohlstands und der sozialen Ressourcen durchzusetzen, ist ebenso eine Frage der Mobilisierung kollektiver Vernunft, wie auch der konkreten Entwicklung der Kräfteverhältnisse entlang der Interessensdivergenzen zwischen Kapital und lebendiger Arbeit.

Ein in diesem Sinne verstandener 'Neuer Gesellschaftsvertrag', ein zeitgemäßer konfliktueller Konsens im entwickelten Kapitalismus des 21. Jahrhunderts, kann sich zur Frage der Gerechtigkeit in zweierlei Hinsicht verhalten. Entweder er bezieht ausdrücklich das Vertragsargument in die Betrachtung ein, in diesem Fall ist die Frage der Legitimation, also der Gerechtigkeit relevant, oder aber er bewegt sich auf der Basis des Pareto-Kriteriums, dann ist Gerechtigkeit quasi (historisch) vorausgesetzt. Letzteres war der Praxis nach das Merkmal des Fordismus. Als gerecht wurde dort letztlich akzeptiert, dass die Verteilungsrelation zwischen Lohn- und Gewinnquote weitgehend stabil blieb und die (damals hohen) ökonomischen Zuwächse entsprechend verteilt wurden. Und selbst wenn nur die Beantwortung der Frage der zu verteilenden Zuwächse des gesellschaftlich produzierten Überschusses explizit einem Gerechtigkeitskriterium untergeordnet würde, stellt dies eine Einschränkung gemäß dem Pareto-Argument dar, da dann die in der Vergangenheit gesetzten (Verteilungs-) Verhältnisse stillschweigend als „gerecht" vorausgesetzt werden. Ein 'Neuer Gesellschaftsvertrag', der tatsächlich das Attribut „neu" für sich in Anspruch nehmen will, wäre aber auf der Grundlage einer solchen Einschränkung ein Widerspruch in sich. Sowohl aufgrund der skizzierten Ungenauigkeit des Pareto-Kriteriums bezüglich absoluter oder relativer Besser- und/ oder Schlechterstellung im Zeitverlauf als auch vor dem Hintergrund der extremen Zunahme sozialer Ungleichheit im Zuge der postfordistischen Restrukturierungsprozesse stellt sich die Frage, was gerechte Verteilungsverhältnisse für die Gesellschaft heute sind, uneingeschränkt.

Eine solche Interpretation des Gesellschaftsvertrags steht im Gegensatz zu einer Position wie sie etwa Kersting (2000) einnimmt, wenn er die These aufstellt, dass der „Begriff der Verteilungsgerechtigkeit (...) weder ein notwendiger Legitimationsbegriff, noch ein sinnvoller Orientierungsbegriff politischen Handelns und gesellschaftlicher Gestaltung (ist)" (ebd.: 376). Obgleich dieser Ansatz sich an der Oberfläche progressiv-liberal und innovativ gibt, verbirgt sich darunter bei genauerem Hinsehen wenig Neues und noch weniger Progressives. Dies wird schon in den zentralen Begrifflichkeiten deutlich. Sein Plädoyer für einen *„Minimalsozialstaat"* (ebd.: 7) vollzieht lediglich theoretisch nach, was der neoliberale Mainstream längst erkannt hat: Nozicks Utopia wird es in der realen Welt nicht geben, also gilt es dort zu deregulieren oder das Bestehende institutionell zu überformen, wo die Kräfteverhältnisse dies zulassen. Statt von Egalität und sozialer Gerechtigkeit will er nur noch von politischer Solidarität sprechen. Denn der Staat habe nicht die Aufgabe, die materielle Gleichheit der Menschen zu befördern, sondern ihre Marktfähigkeit. Der Markt sei nicht für den Staat da, damit dessen „heftig rotierende Verteilungsmaschinerie" (ebd.: 6) etwas zu tun hat, sondern vielmehr der Staat für den Markt, damit aus den Unselbständiggewordenen wieder Selbständige werden, die der „Ausbeutungs- und Erniedrigungsgefahr" (ebd.: 392) entzogen sind. Diese „Selbstfunktionalität" stellt für ihn den Kern von Solidarität dar. Das gegenwärtige Sozialsystem fördere die Unverantwortlichkeit, indem jegliche „Anreize für beschäftigungsmehrendes Verhalten" (ebd.: 393) fehlen, die

Löhne zu hoch sind und den zukünftigen Generationen unverantwortbare Lasten aufgebürdet würden. Die (so gar nicht neue) Leitbilder lauten demgegenüber: mehr Wettbewerb, Flexibilisierung und Dezentralisierung, Abschaffung von Flächentarifverträgen um die Lobby der „Arbeitsplatzbesitzer" zu brechen, Niedriglohnsektor etc. pp. Es ist in Anbetracht dieser Argumentation nicht überraschend, wenn Kersting, in Abgrenzung zu früheren Positionen, überdies auch eine neue Nähe zum Kommunitarismus für sich entdeckt. Im Hinblick auf sein Menschenbild will er zwar einem normativen Individualismus verpflichtet bleiben, sieht als verbindendes Elemente mit dem kommunitaristischen Gemeinschaftsdenken jedoch „die antietatistische Skepsis" (ebd.: 401) und das Ziel, „die Versorgung der Bedürftigen zu entstaatlichen" (ebd.: 400).[73] Was Kersting selber einen Liberalismus *sans phrase* nennt,[74] stellt genaugenommen eine aktualisierte Form der von Hirschman so genannten und bereits an anderer Stelle erläuterten „Gefährdungsthese" dar (vgl. Kap. 4.2.2.3). Hier wird nicht mehr nur das gemischtwirtschaftliche System des Wohlfahrtsstaats gegen die Freiheit des Individuums oder die Demokratie gestellt, sondern hier wird letztlich behauptet, es gelte heute das Prinzip wohlfahrtsstaatlicher 'Solidarität' vor denjenigen zu schützen, die den Wohlfahrtsstaat durchgesetzt haben – allen voran vor den „organisierten Arbeitnehmern" (vgl. auch ders. 2002).

Die kritische Konzeption eines 'Neuen Gesellschaftsvertrags' nach dem hier entwickelten Verständnis ist jedoch so wenig egalitär im Sinne der Herstellung weitgehender Einkommensgleichheit wie dies entgegen allen Behauptungen der fordistische Wohlfahrtsstaat war bzw. sein konnte. Schon da dies bei Letzterem mit den Funktionsbedingungen einer kapitalistischen Marktwirtschaft kaum vereinbar gewesen wäre. Sie repräsentiert vielmehr einen pluralistischen Standpunkt, indem sie der 'Tyrannei des Marktes' und der These von der 'produktiven Funktion der Ungleichheit' die Frage nach den sozialökonomischen Bedingungen der Entfaltung individueller Fähigkeiten und sozialer Kohärenz entgegenhält, ohne dabei die kulturelle Vielfältigkeit menschlichen Lebens aus dem Blick zu nehmen. Gleichheit ist in diesem Kontext zu verstehen als das „Bemühen um die gleiche Fähigkeit, ein Leben lang gut zu leben" (Nussbaum 1999: 84). Rawls Unterscheidung zwischen der gesellschaftlichen Grundstruktur, d.h. denjenigen Regeln, die von den Individuen hinter dem 'Schleier des Nichtwissens' festgelegt werden und für die die Prinzipien der Gerechtigkeit gelten sollen, und der 'realen', gesetzgeberischen Gestaltung gesellschaftlicher Institutionen, wird aus dieser Perspektive in Frage gestellt. Das Gute und das Gerechte fallen hier tendenziell zusammen.

Eine solche Position teilt mit dem Ansatz der Diskursethik die Überzeugung von der Möglichkeit moralischer Urteile, unterscheidet sich jedoch von diesem hinsichtlich der zugrundeliegenden gesellschaftstheoretischen Konzeption. So wie es einem Individuum möglich ist, auf sich selbst und die eigenen Lebensziele kritisch zu reflektieren, so ist es analog auch für eine Gruppe von Menschen möglich, sich über ihre kollektive Identität zu verständigen, dabei bestimmte soziale Regeln zu hinterfragen und andere zu stärken. Das ist gewissermaßen die notwendige Bedingung für einen 'Neuen Gesellschaftsvertrag'. Die Diskursethik nimmt in dieser Hinsicht eine „Zwischenstellung" (Habermas 1992b: 203) im Verhältnis zu Rawls und den Kommunitaristen ein. Mit dem ersten verbindet sie das kantische „Verständnis von Freiheit, Moralität und Recht, mit den Kommunitaristen das aus der Hegelschen Tradition hervorgehende intersubjektivistische Verständnis von Individualisierung als Vergesellschaftung teilt" (ebd.). Sie fragt dabei nach den Bedingungen der Ausbildung, Veränderung oder Bestätigung unser moralischen Haltungen sowie ihrer Gültigkeit. Die Basis der Idee eines 'übergreifenden Konsenses', so Habermas im Anschluss an Rawls, ist „die Unterscheidung zwischen modernen und vormodernen Gestalten des Bewußtseins, zwischen 'vernünftigen' und 'domgmatischen' Weltdeutungen" (ebd.: 207). Diese anzuerkennen schließt natürlich auch die Anerkennung der Möglichkeit einer „vernünftigen Nicht-Übereinstimmung" zwischen differierenden Positionen ein und gestattet insofern „ein Dahingestelltseinlassen von Wahrheitsansprüchen bei gleichzeitigem Festhalten an deren unbedingtem Charakter" (ebd.). Sich auf ein Nebeneinander divergierender Deutungen von Welt einzulassen, ist daher tatsächlich keinesfalls Ausdruck von Resignation, sondern bedeutet vielmehr, die Option des Konsenses bei Aufrechterhaltung der eigenen Position mit Blick auf die Zukunft offen zu halten (vgl. ebd.). Darüber hinaus gilt: Jede vernünftige Position und auch jeder 'übergreifende Konsens' muss auf Verallgemeinerungsfähigkeit gründen und ist demnach nur solange gültig, wie sich nicht in Anbetracht neuer Einsichten ein begründeter und kommunizierbarer Korrekturbedarf ergibt. In diesem Sinne erübrigt sich auch eine Gegenüberstellung von (sozialer) Gerechtigkeit und (politischer) Solidarität, von moralischer Basis und rationalem Eigeninteresse, wie sie Kersting vornimmt.

Die Differenzen gegenüber der Frage nach einem 'Neuen Gesellschaftsvertrag' ergeben sich vor allem aus unterschiedlichen gesellschaftstheoretischen Perspektiven. Denn die Diskursethik fußt auf derselben kommunikationstheoretischen Grundlage, wie der Ansatz der Deliberation (vgl. ebd.: 203). Und was im Hinblick auf Letzteren bereits im Zusammenhang mit dessen analytischen Schwächen in der Evaluierung der Potentiale (zivil-) gesellschaftlicher Selbststeuerung problematisiert wurde, gilt an dieser Stelle nicht minder: Aufgrund seiner dualen begrifflich-theoretischen Konstruktion, der Differenzierung von System und Lebenswelt, ist dieser Ansatz analytisch nahezu blind für den prägenden Einfluss der Erwerbsarbeitswelt gegenüber der gesellschaftlichen Gesamtverfassung und den darin konstitutiv zum Tragen kommenden ungleichen Machtverhältnissen. Denn die Welt der Erwerbsarbeit stellt ja genau einen Schnittpunkt dar, in dem systemisches in die Lebenswelt und lebensweltliches ins System drängt. Einen gesellschaftlichen Konsens als konfliktuellen Prozess der Hegemoniebildung zu denken, bedeutet Machtverhältnisse, soziale Bündnisse bzw. Interessenkoalitionen und die systemische Basis ihrer Reproduktion in die Betrachtung einzubeziehen und den Prozess der Regelsetzung nicht bloß als ein Resultat eines 'herrschaftsfreien Diskurses' im Sinne einer abstrakten allgemeinen Zustimmungsfähigkeit zu gültigen Moralsätzen zu begreifen. Er ließe sich, in Rawlsche Kategorien übersetzt, auch als ein 'fairer' Kompromiss beschreiben.

5. Gesellschaftsvertrag und Arbeit – Hegemonie im Spannungsfeld sozialökonomischen Wandels und erodierender Legitimität

> „Im Krisenherd Arbeits- und Erwerbs-
> gesellschaft verbergen sich die hartnäckigs-
> ten Probleme der Gegenwart."
> Oskar Negt[1]

Im Folgenden wird der Versuch unternommen, die bisherigen Betrachtungen zur Frage eines 'Neuen Gesellschaftsvertrags' im Postfordismus auf dem Feld der 'Politik um Arbeit' empirisch-analytisch zu konkretisieren. Im ersten Schritt (Kapitel 5.1) geht es dabei um die Analyse der Tendenzen des Wandels der Arbeit und ihre Bedeutung im Kontext der neuen sozialen Frage. Die darauf rekurrierende Auseinandersetzung um die Zukunft der Arbeit(sgesellschaft) ist einer der Knotenpunkte, in denen die Debatte um Bedingungen und Möglichkeiten eines 'Neuen Gesellschaftsvertrags' zusammenläuft. Dies ist nicht nur deshalb der Fall, weil das Problem sich verstetigender Massenarbeitslosigkeit und damit einhergehender Zunahme von Ungleichheit und sozialer Desintegration seit Mitte der 1970er Jahren unübersehbar die Phase der postfordistischen Formierung in Westeuropa von der vorangegangenen Phase des fordistischen Goldenen Zeitalters scheidet. Die technologischen Innovationen der vergangenen Jahrzehnte, insbesondere im Bereich von Informations- und Kommunikationstechnologien, haben den Alltag und die Erwerbsarbeit in den Industrieländern einschneidend verändert, bei wachsender Kluft gegenüber den Menschen an der Peripherie – im eigenen Land wie in anderen Teilen der Welt. Gleichzeitig kumulieren in diesem Punkt aber auch unterschiedliche Widerspruchsverhältnisse der kapitalistischen Gesellschaftsformation: Kapital-Arbeit, Mensch-Natur, Mann-Frau. Diese sind strukturell nicht unbedingt neu, aber sie werden in einer Art und Weise zum Gegenstand politischer und kultureller Auseinandersetzungen, in der sich die gewachsene Bedeutung gesellschaftlicher Selbstthematisierung und -steuerung konkret reflektiert. Da Erwerbsarbeit nach wie vor für die große Masse der Menschen die Grundlage ist, aus der sie ihren Lebensunterhalt beziehen und die auf ihre Möglichkeiten sozialer und wirtschaftlicher Partizipation einen erheblichen Einfluss ausübt – und dies nicht nur, weil wichtige Elemente der Systeme sozialer Sicherung an Dauer von Erwerbszeiten und Einkommenshöhe gekoppelt sind –, spielen die Veränderungen der Regulation des Lohnverhältnisses vor dem Hintergrund veränderter Akkumulationsbedingungen eine entscheidende Rolle[2].

In einer so verfassten Gesellschaft, die in einem ganz wesentlichen Maße von den prozessierenden Widersprüchen zwischen abhängiger Beschäftigung und

Eigentumsordnung geprägt ist, kommt es nicht von ungefähr, dass Arbeit auch ein Feld darstellt, auf dem wissenschaftliche Reflexionen in einer starken Wechselwirkung mit politisch-strategischen Konzeptionen und der Frage der sozialen Gerechtigkeit stehen. Dies ist besonderes deutlich hervorgetreten am Beispiel der neo-sozialdemokratischen Maßnahmen zur Umstrukturierung des Arbeitsmarktes, die mit der kommunikativen Politik sozialer Pakte, wie dem 'Bündnis für Arbeit' in Deutschland (1998-2002), ihren Anfang nimmt und ihren vorläufigen Höhepunkt in den Direktiven der so genannten Agenda 2010 findet. Die Geschichte des Bündnisses, seines Scheiterns und daran anschließender Formen der politischen Implementierung von Maßnahmen zur Deregulierung des Arbeitsmarktes (Hartz-Kommission) und der forcierten Demontage des Wohlfahrtsstaates illustriert im zweiten Schritt (Kapitel 5.2) daher das Zusammenspiel von Hegemonie und der praktisch-politischen Formierung gesellschaftlicher Modernisierungskoalitionen, die die sich vollziehenden sozialökonomischen Transformationsprozesse arbeitsmarktpolitisch forcieren und institutionell flankieren. Auf der Ebene der Legitimation der De-Regulierungziele kommen dabei im- oder explizit auch normative Vorstellungen zur Geltung. In einem dritten Schritt (Kapitel 5.3) werden diese Vorstellungen und daraus folgende zentrale Strategien auf ihre Tragfähigkeit hin bewertet und es werden demgegenüber alternative Orientierungspunkte für die reformpolitische Richtung, die mit dem Ziel der Durchsetzung eines 'Neuen Gesellschaftsvertrags' einzuschlagen wäre, entwickelt.

5.1 Arbeitspolitik als soziale Herausforderung im Postfordismus

Arbeit oder besser gesagt Lohnarbeit ist im Kapitalismus, wie Robert Castel (2000) zeigt, immer auch ein Synonym für „die soziale Frage". Galt diese in den 1960er Jahren noch als weitgehend gelöst oder mindestens entschärft (vgl. Schumann 2003: 161), so ist sie in der Zangenbewegung zwischen neoliberaler Verbetriebswirtschaftlichung sozialer Praxen im Inneren des Staates und dem äußeren Druck entfesselter Konkurrenz in der Globalisierung wieder auferstanden. Die Dynamik des Kapitalismus im Sinne der steten Umwälzung sozialer Verhältnisse ist wie an anderer Stelle beschrieben eine stete Tendenz. Und oftmals stoßen in der Vergangenheit erprobte Instrumente der Bewältigung solcher Umwälzungen in der Gegenwart an Grenzen ihrer Anpassungsfähigkeit. Wohl nicht zuletzt aus diesem Grund ist der Begriff der „Krise" zum Symbolbegriff postfordistischer Zustandsbeschreibungen geworden: Krise des (National-) Staates, ... der Werte; ... der Wettbewerbsfähigkeit, ... der Umwelt etc. Und obwohl auf dieser Ebene vieles vermutlich wirklich „nur inflationäres oder interessengeleitetes Krisengerede" (Willke 1999: 19) ist, bleibt unbestreitbar, dass die sich vollziehenden Veränderungen einschneidend und weitreichend sind. Es scheint mitunter, als kündigten die sich auftürmenden Verwerfungen und Strukturbrüche geradewegs eine neue 'Great Transformation' (Polanyi) der Gesellschaft an.

Bereits als Michel Aglietta sich Ende der 1970er Jahre mit der Krise des Fordismus auseinandersetzte, um anhand dessen das regulationstheoretische Instrumentarium zu entwickeln, kam er zu dem Ergebnis, dass diese Formationskrise in ganz wesentlichem Maße eine Krise der Reproduktion des Lohnverhältnisses ist (vgl. Aglietta 1979: 162). Heute werden die Transformationen und Umbrüche im Bereich des Lohnverhältnisses in den einschlägigen Forschungs- und Diskussionsbeiträgen auf verschiedenen Ebenen beschrieben: Auf der Ebene des Wandels der ökonomischen Struktur (Industrie versus Dienstleistung), der angewandten Technologie (Mechanisierung versus Informatisierung), der Arbeitsverhältnisse (Normalarbeitsverhältnis versus Prekarisierung), der Arbeits- bzw. Fabrikorganisation (standardisierte Massenproduktion versus flexible Spezialisierung) oder auch im Hinblick auf die Verfügbarkeit von Erwerbsarbeit (Vollbeschäftigung versus Massenarbeitslosigkeit) – um nur einige dieser unterschiedlichen Zugangsebenen zu nennen. Viele dieser Aspekte sind für sich genommen bereits äußerst komplex.[3] Sie sind Gegenstand einzelner Untersuchungen und Berichte, die sich mit dieser Komplexität detailliert und teilweise sogar im Kontext spezifischer Regionalentwicklungen befassen.[4] Im Folgenden besteht das Ziel darin, einen Überblick über diejenigen Entwicklungen zu geben, die für die Politik um Arbeit im Zuge der Formierung der aktuellen Betriebsweise des Kapitalismus und der Frage nach den Bedingungen eines 'Neuen Gesellschaftsvertrags' von Bedeutung sind. Dies schließt sowohl den Blick auf die gesellschaftliche Diskussion um Wege der Krisenbewältigung ein, als auch die Bewertung empirischer Tendenzen im Hinblick auf die verbreitete These vom „Ende der Arbeitsgesellschaft".

5.1.1 Zukunftsdebatten – Ein Blick aus der Vergangenheit auf die Gegenwart

Debatten über die 'Zukunft der Arbeit' begleiten in schwankender Intensität seit rund zwanzig Jahren den postfordistischen Restrukturierungs- und Krisenprozess. Nach einer ersten Welle Anfang der achtziger Jahre boomt die Zahl der Veröffentlichungen zu diesem Thema vor allem seit Mitte der 1990er Jahre. Ihr Ausgangspunkt ist vor allem die wachsende oder zumindest auf hohem Niveau verharrende Arbeitslosigkeit. Im Jahr 1973 lag die Zahl der Erwerbslosen im Jahresdurchschnitt in der Bundesrepublik Deutschland bei 273.498 Menschen. Gut zehn Jahre später, also gegen Mitte der 1980er Jahre, war sie auf über zwei Millionen (1984: 2.265.559) angestiegen (vgl. Statistisches Bundesamt: div. Jahrgänge). Inzwischen beziffert das Institut für Arbeitsmarkt- und Berufsforschung (IAB) der Bundesanstalt für Arbeit die Zahl der fehlenden Arbeitsplätze in Deutschland auf 5-6 Millionen. Wenngleich man konstatieren mag, dass angesichts dieser Entwicklung der Massenarbeitslosigkeit die gesellschaftlichen Integrationsprobleme noch größer hätten sein können, als sie es heute sind – was bereits ausreichend Handlungsbedarf markiert –, so stellt sie in jedem Fall einen Faktor der latenten gesellschaftlichen Destabilisierung dar (vgl. Kleinhenz 2002: 2ff).

Für neoliberale Markttheoretiker stellt sich die Herausforderung im Grundsatz recht klar dar: Aus ihrer Perspektive sind die Regulierungen der Arbeit die entscheidenden Krisenursachen. Sie werden als Grund für geringes Wirtschaftswachstum und mangelnde Beschäftigungsanreize angeführt – wobei letzteres immer auf die Unternehmen (Arbeit als 'Kostenfaktor') wie auf die Beschäftigten (soziale Sicherungen als 'Motivationsbremse') gemünzt wird. Wie auf allen Märkten, so ihr Credo, sollen auch auf dem Arbeitsmarkt die Regeln von Angebot und Nachfrage, von Konkurrenz und Wettbewerb, kurz: die Allokationsfunktion des Preises zur Geltung kommen. Sie beklagen daher, dass es den Arbeitnehmern im Unterschied zu den Unternehmen gestattet wird, Anbieterkartelle, sprich: Gewerkschaften, zu bilden, da dies dem Prinzip der Gleichbehandlung und des Wettbewerbs widerspräche und die Anpassung des Preises der Arbeit, sprich: der Gehälter, an das natürliche Gleichgewichtsniveau verhindert (vgl. Weizsäcker 1996). Neben derartigen Bemühungen, die Gleichheit des Ungleichen, wenn sie schon nicht empirisch nachweisbar ist, wenigstens theoretisch zu begründen, begegnet einem aber auch hier das bereits an anderer Stelle erwähnte Legitimationsmuster der „Gefährdungsthese" (Hirschman) wieder, mit dem die konservative Restauration sich in das Gewand des Fortschritts kleidet: „Wer den Konkurs und das Arbeitsplatzrisiko abschafft," so etwa die düster mahnende Prognose des Wirtschaftswissenschaftlers Carl Christian von Weizsäcker, „wird früher oder später die Folter einführen" (ebd.).[5]

Kritiker dieser Position eint zumeist die Ansicht, dass der Arbeitsmarkt eben kein Markt wie jeder andere und schon deswegen die Doktrin des Laissez-faire verfehlt ist. Begründet wird dies im Kern mit der besonderen gesellschaftlichen Formbestimmung von Arbeitskraft: „Wie jede Ware hat auch die Ware Arbeitskraft einen Eigentümer, sie ist jedoch – und das ist ihre Besonderheit – nicht von diesem zu trennen und nur durch ihn in Bewegung zu setzen. Wie jede andere Ware muss die Arbeitskraft auf dem Markt verkauft werden, obwohl sie – und auch dies gehört zu ihrer Besonderheit – nicht zum Zwecke der Verkäuflichkeit entsteht" (Sauer 2003: 257). Die Besonderheit der Arbeitskraft als Ware beruht also erstens auf ihrer Bindung an den Menschen als ihren Träger, weshalb zweitens ihr Preis nicht beliebig fallen kann, ohne dass dieser und damit letztlich die 'Ware' selbst 'Schaden' nimmt. Und drittens stellt der Preis der Arbeitskraft in makroökonomischer Hinsicht zugleich auch Einkommen dar, das auf der Ebene des gesellschaftlichen Konsums als Nachfrage wirksam wird und als solches ein Investitionsmotiv darstellt, was letztlich wiederum den gesamtwirtschaftlichen

Bedarf des Einsatzes der Arbeitskraft als Ware beeinflusst. Darüber hinaus fallen die Einschätzungen und Empfehlungen jedoch recht unterschiedlich aus. Ich will an dieser Stelle den Versuch unternehmen, die Gegenwart durch die Brille vergangener Krisendiagnosen und Therapieempfehlungen zu betrachten, um darüber möglicherweise sich verstetigende Trends im Hinblick auf die sozialwissenschaftliche Bearbeitung der Problemlagen zu identifizieren. Zu diesem Zweck möchte ich den Blick auf einen Beitrag von Ralf Dahrendorf richten, der am Beginn der sozialwissenschaftlichen Reflexion jener Krisenperiode stand. Anfang der 1980er Jahre hatte dieser die These von Hannah Arendt, dass der Gesellschaft die Arbeit ausgehe, wieder aufgegriffen und aktualisiert und damit die Rolle eines Stichwortgebers in der Diskussion übernommen (vgl. Willke 1999: 22).

Als Dahrendorf auf dem Bamberger Soziologentag 1982[6] seinen Vortrag mit dem Titel „Wenn der Arbeitsgesellschaft die Arbeit ausgeht" hielt, waren die Krise des Fordismus, der Prozess der Aufkündigung des wohlfahrtsstaatlichen Grundkonsens und die Formierung der neoliberalen Hegemonie in vollem Gang. Die im Gesellschaftsvertrag begründete Funktion des Staates, so prophezeit er zu diesem Zeitpunkt, werde infolge der mit der abnehmenden Erwerbsarbeit einhergehenden Einnahmeverluste (Steuern etc.) zunehmend gefährdet (vgl. Dahrendorf 1983: 34). Jenseits der unbeantworteten Frage, welche Rolle anderen Einkommensarten neben dem Einkommen aus abhängiger Arbeit bei der Finanzierung gemeinschaftlicher Angelegenheiten zukommt oder zukommen sollte, wird hier bereits die sich entfaltende Formationskrise zumindest in einen kontextuellen Zusammenhang mit der Erosion des impliziten Gesellschaftsvertrags im Staat gebracht. Wenn Jeremy Rifkin (1995) mehr als ein Jahrzehnt später in seinem Beitrag über „Das Ende der Arbeit und ihre Zukunft" seinen Vorschlag zur Bekämpfung von Arbeitslosigkeit und sozialer Desintegration in die Forderung nach einem 'Neuen Gesellschaftsvertrag' kleidet, so scheint dies zumindest eine gewisse Kontinuität der Zugangsebenen und der Entwicklung des Diskurses zu dokumentieren. Allerdings unterscheiden die beiden Ansätze sich nachdrücklich durch ihre unterschiedlichen Blickrichtungen. Rifkin plädiert für einen „Dritten Sektor" jenseits öffentlicher und privater Beschäftigung, in dem vor allem gemeinnützige non-profit Arbeiten auf freiwilliger Grundlage verrichtet werden, die dann das Fundament eines 'Neuen Gesellschaftsvertrags' für das 21. Jahrhundert darstellen sollen. Die zivilgesellschaftliche Organisation dieses neu zu schaffenden Dritten Sektors soll im Wesentlichen eine soziale Institution verkörpern, die der überbordenden Macht des Kommerzes, die in Anbetracht der Globalisierung zunehmend an die Stelle staatlich verfasster Macht rückt, gesellschaftliche Schranken setzt (vgl. Rifkin 1995: 180f). Dahrendorfs Argumentation zielt hingegen in erster Linie auf die abhängig Beschäftigten. Der stete Anstieg der Reallöhne habe zur steigenden Nichtfinanzierbarkeit arbeitsintensiver Tätigkeiten geführt und dieser Umstand wiederum wirke nun negativ auf die Gesellschaft zurück. Die Erosion des Gesellschaftsvertrags durch die zunehmende Arbeitslosigkeit beruht in seiner Lesart daher ursächlich „auf dem Preis der Arbeit" (Dahrendorf 1983: 28). Diese These ist vermutlich so alt wie der Kapitalismus selbst und wird in Verteilungskonflikten bis heute mit steter Regelmäßigkeit kolportiert – ungeachtet der Tatsache, dass nicht die Höhe der Einkommen, sondern deren Verhältnis zur Produktivität, d.h. die Lohnstückkosten, der maßgebliche Faktor der Konkurrenzfähigkeit ist (vgl. Bäcker 2003: 304).[7] Sie kommt z.B. dort zum Tragen, wo, wie in den Empfehlungen der „Kommission für Zukunftsfragen der Freistaaten Bayern und Sachsen" (1997: 92ff) der Fall, für eine Ausweitung und institutionelle Flankierung von Niedriglohntätigkeiten im Bereich so genannter einfacher, personenbezogener Dienstleistungen plädiert wird. Hier wird zumeist behauptet, dass solche Arbeiten aufgrund ihrer geringeren Produktivität nicht vergleichbar dem industriellen hochproduktiven Einkommensniveau entgolten werden können bzw. eine Senkung der Arbeitskosten zu einem Beschäftigungsaufbau in diesem Bereich führt (vgl. Bäcker 2003: 303, HBS 2000: 100, Streeck/Heinze 1999: 160). Abgesehen davon, dass die Input-Output-Relation solcher Dienstleistungen zu messen tatsächlich schwierig ist, kommt darin eine Sinnverkehrung des Produktivitätsbegriffs zum Ausdruck: Eine hohe gesellschaftliche Produktivität ermöglicht schließlich erst, dass ein Teil der Bevölkerung sich anderen Dingen als der unmittelbaren materiellen Existenzsicherung zuwenden und beispielsweise Lehrerin, Krankenpfleger und Bademeister werden oder ähnlichen 'personenbezogenen' Dienstleistungtätigkeiten nachgehen kann. Wie diese entlohnt werden, ist eine Frage, mit der die Gesellschaft letztlich über den Stellenwert solcher Tätigkeiten entscheidet. Und warum sollte eine Gesellschaft Dienste an Menschen geringer schätzen als 'Dienste an Maschinen'?

Dahrendorf liefert hierfür freilich auch keine Erklärung. Die Ursachen für den gestiegenen Preis der Ware Arbeitskraft verortet er jedoch in den Wirkungen jenes strukturellen Konflikts zwischen Arbeitgebern und Arbeitnehmern, der in den Fundamenten der Arbeitsgesellschaft angelegt ist. Die Reallohnentwicklung ist aus seiner Sicht eine unmittelbare Folge der Entfaltung des 'Gesellschaftsvertrags *im* Staat' im Sinne der Ausweitung wirtschaftlicher und sozialer Bürgerrechte, die ich an anderer Stelle beschrieben habe. Mit anderen Worten: Die Krise der Arbeitsgesellschaft liegt letztlich in ihrer inneren Dynamik selbst und in dem Erfolg der abhängig Beschäftigten begründet (vgl. Dahrendorf 1983: 28f). Die Option eines Auswegs besteht für Dahrendorf darin, „daß Arbeit in zunehmendem Maße durch Tätigkeit ersetzt, zumindest aber von Tätigkeit durchdrungen wird" (ebd.: 34). Unter Bezugnahme auf Arendt und Marx knüpft er dabei an die Unterscheidung zwischen notwendiger (entfremdeter) Arbeit und selbstbestimmter (freiwilliger) Tätigkeit an (vgl. ebd.: 30f). Die Arbeitsgesellschaft, so sein Argument, verdrängt durch die stete Steigerung der Produktivität das Reich der Notwendigkeiten zugunsten der Möglichkeiten des freien Wollens. Die Aussicht auf ein in diesem

Sinne tätiges Leben löst sich aus den Klassenstrukturen, in denen sie historisch eingebettet und in denen diese Freiheit das Privileg einiger Weniger war, und macht sie „zur realen Chance für alle" (ebd.: 32) – wenn sie Lohnzurückhaltung üben, muss man im Hinblick auf den argumentativen Ausgangspunkt anfügen.

Zur Illustration wählt Dahrendorf drei Beispiele, bei denen er der Ansicht ist, Ansätze für einen solchen Trend erweiterter Möglichkeitshorizonte bereits identifizieren zu können. Unter Verweis auf sich durchsetzende Veränderungen in der Arbeits- und Fabrikorganisation greift er zunächst erste Erfahrungen mit der Einführung von Gruppenarbeit in schwedischen Automobilfabriken auf. Diese skizziert er als Innovationsprozesse, die deutlich machen, „wie sehr Autonomie in die Heteronomie hineingetrieben werden kann" (ebd.: 35). Dieses ist keine originär Dahrendorfsche These, sondern sie war in der damaligen Debatte über neue Produktionskonzepte verbreitet (vgl. Schumann 2003: 21). Und vor dem Hintergrund neuer Managementstrategien im Rahmen postfordistischer Arbeitsorganisation scheint es so, dass wir inzwischen tatsächlich in der Zukunft angekommen sind. Allerdings ist die Einführung von Gruppenarbeit oder anderen Formen von Selbstorganisation aus heutiger Perspektive nicht unbedingt mit positiven Resultaten für die betroffenen Beschäftigten verbunden. Im Verlauf der 1990er Jahre sind sozialpolitische Ziele bei der Reorganisation von Arbeitsprozessen in den Hintergrund getreten. Gruppenarbeit wird vorwiegend nur noch dort eingeführt, „wo sie sich ausdrücklich als arbeitspolitische Rationalisierung legitimiert, wirtschaftliche Vorteile verspricht und als ein arbeitsgestalterisches Mittel zur Steigerung von Produktivität gilt" (ebd.: 32). Auch in Schweden selber wurden diese Experimente, trotz deutlicher Produktivitätssteigerungen, weitgehend wieder zurückgefahren, da die Abschaffung taktgebundener repetitiver Arbeit auf der Ebene der Produktionsentscheidungen für die Unternehmensleitungen auch mit einem ungewollten Machtverlust gegenüber den Beschäftigten verbunden war. Diese Rücknahme sozialpolitischer Prämissen in der Arbeitsorganisation lässt sich nur vor dem Hintergrund veränderter Kräfteverhältnisse infolge der mit der Globalisierung verbundenen Entgrenzungsprozesse, veränderter Akkumulationsbedingungen und steigender Arbeitslosigkeit schlüssig erklären (vgl. ebd.: 72, Gorz 2000: 49ff).

Im zweiten Beispiel bezieht er sich auf die Potentiale von „Selbsthilfe in überschaubaren Gruppen", in denen das Tätigwerden gleichzeitig Beiträge zum Erhalt sozialer Strukturen leiste (vgl. Dahrendorf 1983: 35). Ein Gedanke, der im Ansatz dem von Rifkin (s.o.) zwar nicht unähnlich ist, jedoch kleinräumig und subsidiär angelegt bleibt und eher in einem anderen, in den letzten Jahren vieldiskutierten Modell, dem der so genannten „Bürgerarbeit", aufgehoben ist. Dieses hatte der Soziologe Ulrich Beck (1999: 7) in den bereits erwähnten Bericht der bayerisch-sächsischen Zukunftskommission eingespeist. Bürgerarbeit, so dessen Beschreibung, „(rückt) die Art der Tätigkeit und des Tätigwerdens ins Zentrum" (ebd.: 128). Indem Tätigkeitsoptionen geschaffen werden, die auf die existierenden Bürgerrechte aufbauen, soll ein Beitrag zur Stabilität des gesellschaftlichen Zusammenhalts geleistet werden, der durch Zahlung eines Bürgergeldes auf Höhe der Sozialhilfe unterstützt wird. Im Kontext mit der Präferierung „marktgängiger Arbeitsplätze im Niedriglohnbereich" (Kommission für Zukunftsfragen der Freistaaten Bayern und Sachsen 1997: 101), in den er tatsächlich eingebettet ist, wird der emanzipative Charakter dieses Modell allerdings äußerst fragwürdig. Denn es bleibt letztlich völlig ungeklärt „wo genau die 'Bürgerarbeit' auf dem Kontinuum zwischen philanthropischem Engagement und kommunalem Arbeitsdienst zu verorten ist" (Offe/Fuchs 1998: 299f). Zum Dritten verweist Dahrendorf schließlich auf die Möglichkeiten steigender Zufriedenheit durch selbstorganisierte („alternative") Arbeit[8], die er der These von der Gefahr der Selbstausbeutung entgegen hält: „In Wahrheit gibt es nichts schöneres als die Selbstausbeutung, nämlich die Verwendung der eigenen Kräfte zu selbstgewählten Zwecken, wenn es sein muß, bis zur Erschöpfung. Das ist eben menschliche Tätigkeit, Freiheit" (Dahrendorf 1983: 35). Ein Gegensatz, der sich seit Ende der 1980er Jahre auch in der Debatte um die Problematiken neuer Selbständigkeit und „Entgrenzung von Arbeit" (Döhl u.a. 2000: 10)[9] immer wieder findet. Hier fallen die Analysen in Anbetracht der inzwischen vorliegenden Erfahrungen mit Formen der neuen Selbständigkeit heute jedoch zumeist weniger euphemistisch aus als dereinst bei Dahrendorf. So kommt Birgit Geissler in ihrer Untersuchung der Entwicklung neuer selbständiger Erwerbsformen zu einem ernüchternden Ergebnis. Ihren Befragungen und Analysen zufolge stellen neue und alternative Selbständigkeitsmodelle[10] – die unterschiedlichen Scheinselbständigkeiten einmal ausgeklammert – zwar durchaus ein Komplement zu einer veränderten Individualität und steigender biografischer Kontingenz gerade bei jüngeren Erwerbstätigen dar, die „sich mehr für den Inhalt der Arbeit als für Aufstieg, Status und Arbeitsplatzsicherheit [interessieren]" (Geissler 2000). Auf der anderen Seite stellt sie allerdings fest, dass gerade diese Gruppe von wachsenden Risiken individueller Existenzsicherung besonders betroffen und soziale Sicherheit „meist nur als gemischte Lösung zwischen verschiedenen privaten und öffentlichen Institutionen" möglich ist (ebd.). Der Staat wird also nicht unbedingt entlastet, sondern in veränderter Form belastet.

Im Verlauf der 1990er Jahre und vor allem vor dem Hintergrund forcierter politisch-ökonomischer Globalisierungsprozesse und stagnierender Ökonomie ist die bei Dahrendorf angelegte Suche nach Wegen „von der Arbeits- zur Tätigkeitsgesellschaft" (Senghaas-Knobloch 1999, vgl. auch Eder 2000: 14, Mutz 1997) allerdings tatsächlich zu einem Meta-Thema innerhalb der arbeitspolitischen Debatte geworden. Es gibt kaum einen Beitrag, der nicht in der einen oder anderen Form auf diese Differenzierung Bezug nimmt. Ich will im Folgenden nur zwei exemplarische Beispiele anführen. So fordert etwa der „Club of Rome" in seinem Bericht zur Zukunft der Arbeit (vgl. Giarini/Liedtke 1998: 206ff), der nicht warenförmigen und nicht in Geld entlohnten, freiwilligen Arbeit aufgrund ihrer

Bedeutung für die Sicherung von Wohlstand eine höhere gesellschaftliche Anerkennung einzuräumen. Mit dem Ziel, das Verhältnis von bezahlter und unbezahlter Arbeit neu zu gewichten, schlagen sie ein „Mehrschichtenmodell der Arbeit" (ebd.: 231) vor. Die Konzeption der obersten Schicht ähnelt dem Vorschlag Rifkins. In ihr sollen letztlich „alle Betätigungsfelder nichtmonetisierter Arbeit" (ebd.: 244) aufgehoben sein, d.h. vor allem unbezahlte bzw. ehrenamtliche Arbeit. Die zweite Schicht entspricht im Wesentlichen dem Bereich selbständiger und unselbständiger Erwerbstätigkeit im herkömmlichen Sinne. Sie soll weitgehend von staatlichen Eingriffen frei bleiben, aber unterfüttert werden durch eine dritte Schicht, die allen Menschen ein Minimum an bezahlter Tätigkeit im Umfang von ca. 20 Wochenstunden auf der Basis eines staatlichen Mindesteinkommens in Höhe des Existenzminimums ermöglicht. Dessen Erhalt wird jedoch gekoppelt an die unbedingte Pflicht zur Annahme einer angebotenen Tätigkeit, auch wenn diese nicht unbedingt den individuellen Vorstellungen entspricht. Es werde „keine Bezahlung mehr für das Untätigbleiben geben, sondern Unterstützung für das Tätigbleiben" (ebd.: 260). Die Grundsicherung könne dann ergänzt werden, durch die Erwirtschaftung von Zusatzeinkommen auf der zweiten Ebene. Aufgebaut wird hierbei auf das Modell einer negativen Einkommensteuer (auch als „Bürgergeld" geläufig),[11] bei der das Erwerbseinkommen, je nach seiner Höhe, bis zu einem Schwellenwert mittels staatlicher Transferleistungen subventioniert und erst oberhalb dieser Schwelle und insoweit besteuert wird, dass es über dieses Mindesteinkommen hinaus steigt (vgl. ebd.: 179ff). Die effektive Höhe des Einkommens der Menschen oberhalb der Armutsgrenze hänge damit letztlich, so Giarini/Lidtke (1998: 243), von den Anstrengungen der Menschen (sic!) in dieser monetisierten Schicht der Arbeit ab. Der Verweis des Club of Rome auf die Gestaltbarkeit der konkreten Formen gesellschaftlicher Arbeit ist zweifellos ebenso richtig wie ihr Vorschlag, Wohlstand eher an den Nutzeffekten gesellschaftlicher Arbeit, d.h. an der Qualität bereitgestellter Gebrauchswerte, anstatt an den Geldströmen zu orientieren, begrüßenswert ist. Die Einführung eines staatlich finanzierten Niedriglohnsektors mit der Tendenz zur Arbeitspflicht ist allerdings kaum ein Beitrag in Richtung einer tätigen und freien Entfaltung der Menschen, sondern eine Maßnahme der Deregulierung des Arbeitsmarktes, was durch den Rückgriff auf das Konzept der negativen Einkommensteuer noch unterstrichen wird. Ein solcher Niedriglohnsektor würde ein Arbeitsmarktsegment konstituieren, auf dem gewerkschaftliche Tarifpolitik de facto ausgehebelt wäre. Entsprechend würde der Druck auf das Lohnniveau im Zentrum des Wirtschaftsprozesses gerade in den unteren Einkommensgruppen deutlich steigen. Dass die Autoren darüber hinaus auch der neoliberalen Ideologie, derzufolge der Staat sich aus dem Kern der Wirtschaft herauszuhalten habe, damit diese prosperieren und individuelle Tüchtigkeit sich entfalten könne, nahezu umfassend Bestandsschutz gewähren, führt letztlich zu einer sehr zeitgeistkonformen aber wenig phantasievollen und motivierenden Zukunftsvision.

Dem französischen Sozialphilosophen André Gorz zufolge sollen hingegen weder Markt und Geld noch Zwang den sozialen Zusammenhalt sichern, sondern Gegenseitigkeit. Hierzu hat er die in den verschiedenen Facetten des Wandels der Arbeit aufgehobenen emanzipativen Potentiale zur Utopie eines Modells diskontinuierlicher Erwerbstätigkeit verdichtet. Das Ziel, soziale Freiheits- bzw. Bürgerrechte aus dem engen Zusammenhang mit der Erwerbsarbeit zu lösen, definiert er dabei als den Kern seines Konzepts einer „Multiaktivitätsgesellschaft" (vgl. Gorz 2000: 102ff). Im Zuge des sozialen und ökonomischen Strukturwandels mehr und mehr ihrer sozialen Masken beraubt, sieht er die Individuen nun vor der Aufgabe stehen, die Gesellschaft und ihr soziales Band neu zu entwerfen. Gorz selbst beschreibt seinen Ansatz – ich würde ihn den Entwurf eines 'Neuen Gesellschaftsvertrags' nennen – als eine Art zu denken, bei der die Ziele gesellschaftlicher Entwicklung nicht durch den Status Quo, sondern umgekehrt, vom gewünschten Ergebnis her definiert und hinsichtlich des Einsatzes verfügbarer Mittel angegangen werden (vgl. ebd.: 101). Der gesellschaftlich produzierte Reichtum soll zur Basis werden, auf deren Grundlage die gesellschaftlich notwendige Arbeit verteilt und die Existenz der Individuen gesichert wird. In den Mittelpunkt des Kampfes um die Perspektive eines aus der Subordination unter systemische Zwänge der Kapitalverwertung entlasteten menschlichen Tätigseins rückt er die kulturelle Auseinandersetzung um die Verfügbarkeit der Zeit und ihre soziale Verteilung. Denn in diesem Punkt durchdringe das Kulturelle unweigerlich den politischen Raum (vgl. ebd.: 104). In der Idee eines existenzsichernden und garantierten Grundeinkommens sieht er eine der zentralen politischen Forderungen für die Umsetzung dieser Perspektive. Im Unterschied etwa zu dem Vorschlag des Club of Rome will er diese Grundeinkommen jedoch nicht mit Formen von Arbeitspflicht verbunden wissen. Ihm geht es nicht um ein Recht auf abstrakte Arbeit, „sondern auf konkrete Arbeit, die man, ohne dazu genötigt zu sein und ohne deren Rentabilität und Tauschwert berechnen zu müssen, macht" (ebd.: 116). Die Frage nach dem Grundeinkommen und seinen Möglichkeiten ist sicherlich kritisch zu diskutieren. Ich werde darauf an späterer Stelle nochmals zurückkommen.

Unabhängig von solchen kritischen Punkten stellen Beiträge wie der von Gorz oder des Club of Rome letztlich Versuche dar, im Rahmen der Debatte um die Zukunft der Arbeit(sgesellschaft) alternative Wege zu erschließen und dem Denken andere als die vorgestanzten Optionen für die Bewältigung der neuen sozialen Frage zu eröffnen. Und, was in der Diskussion über das Verhältnis von 'Arbeit' und 'Tätigkeit' immer wieder aufscheint, ist die Frage nach dem Verhältnis der Verwirklichung menschlicher Möglichkeiten und der Ausschöpfung der gegebenen Bedingungen. Darin liegt die Chance, jenen prozessierenden Selbst-Widerspruch des Kapitals neu zu thematisieren, „daß es die Arbeitszeit auf ein Minimum zu reduzieren strebt, während es andrerseits die Arbeitszeit als einziges Maß und Quelle des Reichtums setzt" (Marx, MEW 42: 601).[12] Es ist in diesem Sinne tatsächlich auch der Versuch, Krise und Kultur in einem Zusammenhang zu denken (vgl. Eder 2000: 14), der umso mehr an Bedeutung gewinnt als deutlich wird, dass es bei den mit dem Begriff Globalisierung verbundenen Prozessen nicht um die Abschaffung, sondern um eine weitere Verallgemeinerung der Arbeitsgesellschaft geht (vgl. Aglietta 2002: 14).

5.1.2 Gesellschaft ohne Arbeit?

Die Frage, ob der Gesellschaft die Arbeit ausgeht (vgl. etwa Becker 1998, Bischoff 2000), ist indes durch die bisherige Betrachtung für die Gegenwart noch nicht hinreichend geklärt. Auf den ersten Blick ist der Postfordismus von einem eigentümlichen Paradox gekennzeichnet. Denn während auf der Mikroebene der Unternehmen und der Managementkonzepte mehr und mehr die „hohe qualitative Bedeutung lebendiger Arbeit" (Schumann u.a. 1994: 407) als Quelle einzelwirtschaftlicher Produktivitätsvorsprünge (wieder-) entdeckt wird, vollzieht sich auf der gesamtwirtschaftlichen Makroebene eine geradezu gegensätzliche Entwicklung in Form der massenhaften Entwertung lebendiger Arbeit. Der Anteil der Arbeit in den klassischen Sektoren der Industrieproduktion sinkt kontinuierlich und die Arbeitslosigkeit steigt bzw. verbleibt auf anhaltend hohem Niveau. Vor diesem Hintergrund verkünden die einen das „Ende der Vollbeschäftigungsgesellschaft" (Vobruba 1998, vgl. ders. 2000: 141), andere plädieren dafür, Vollbeschäftigung in „Vielbeschäftigung" (Giddens 2001: 1823) umzudefinieren, also – ungeachtet der Erfahrungen von „Arbeit poor" (Ehrenreich 2001) in den USA – davon auszugehen, dass ein existenzsicherndes Einkommen nicht mehr allein aus einem Vollzeit-Arbeitsverhältnis entspringt. Wieder andere fordern eine „neue Politik der Vollbeschäftigung" (Giarini/Liedtke 1998: 233), die auf der Anerkennung der wachsenden Bedeutung immaterieller Aspekte wie Wissen und Kultur für die materielle Produktion und auf der Einsicht gründen müsse, dass das Problem der Arbeitslosigkeit nicht im klassischen System der (Vollzeit-) Erwerbsarbeit lösbar sei. Betrachtet man nun die Statistik, so lässt sich für Deutschland tatsächlich ein rückläufiges Arbeitsvolumen nachweisen – im Zeitraum zwischen 1991 und 2000 um insgesamt 2,4 Mrd. Arbeitsstunden (vgl. Belitz 2002: 36). In Anbetracht dieser Entwicklung aber gleich von einem „Gesetz der Serie" (ebd.) zu sprechen, verkennt den Umstand, dass das gesamtwirtschaftliche Volumen der Erwerbsarbeit ebenso wie ihre Verteilung keine statischen oder naturgesetzlichen Größen, sondern letztlich durch geeignete wirtschaftspolitische Maßnahmen beeinflussbar sind – womit keineswegs gesagt sein soll, dass diese ins Werk zu setzen eine einfache und konfliktlose Angelegenheit ist.

Betrachtet man die Entwicklung der Arbeitslosigkeit näher, so spiegeln sich darin nicht nur bestimmte strukturelle Verhärtungen und Persistenzen des Arbeitsmarktes (vgl. Kleinhenz 2002: 3) wider, sondern auch eine zunehmende Diskontinuität von Erwerbsarbeit in den Lebensläufen der Einzelnen. Vor allem bei jüngeren Erwerbstätigen lassen sich mehrfache Wechsel zwischen Phasen der Beschäftigung und Phasen der Fort- und Weiterbildung feststellen (vgl. Willke 1999: 52). Darüber hinaus werden in der Arbeitslosigkeit selbst soziale Unterschiede deutlich. Für 80 Prozent der sich arbeitslos meldenden Erwerbstätigen ist diese Phase innerhalb eines Jahres überwunden und verhältnismäßig gut abgesichert. Für die verbleibenden 20 Prozent ist der Ausschluss vom Arbeitsmarkt allerdings keine temporäre Risikopassage im Lebenslauf, sondern wird zum Langzeitproblem. Der Altersdurchschnitt der von Langzeitarbeitslosigkeit Betroffenen lag Ende der 1990er Jahre bei über 55 Jahren und rund ein Viertel von ihnen gehörte zur Gruppe mit geringer Berufsqualifizierung (vgl. Kleinhenz 2002: 3). Ihr Anteil an der jahresdurchschnittlichen Arbeitslosigkeit insgesamt liegt bei rund einem Drittel.

Parallel zu der sich verfestigenden Massenarbeitslosigkeit hat sich aber auch die Struktur der Erwerbsarbeit insgesamt verändert. Mehr als die Hälfte der Staaten der Europäischen Union wies im Jahr 1998 einen rückläufigen Anteil von Beschäftigten in „Normalarbeitsverhältnissen"[13] gegenüber 1988 auf. Während unter Bedingungen des Fordismus eher eine Tendenz zur Vereinheitlichung von Arbeitsbedingungen vorherrschte, u.a. durch die tarifliche Schaffung vergleichbarer Standards und rechtlich-institutionelle Regulierungen des Arbeitsmarkts, lassen sich die gegenwärtigen Tendenzen mit drei Schlüsselbegriffen charakterisieren: „Segmentierung, Prekarisierung und Deregulierung" (Revelli 1997: 39). Einer abnehmenden Zahl hochqualifizierter Arbeitskräfte, die zu den umworbenen neuen 'Leistungsträgern', den Kernbelegschaften der Schlüsselbranchen und -unternehmen zählen, folgen in der Hierarchie die so genannten Randbelegschaften aus der Zuliefererperipherie. Letztere stehen hinsichtlich der Qualität ihrer Arbeitsverhältnisse und damit verbundener sozialer Absicherung wiederum immer noch erheblich besser da, als jene steigende Anzahl von gering entlohnten, wenig qualifizierten und prekär beschäftigten Erwerbstätigen, von denen nicht wenige erst in jüngerer Vergangenheit aus größeren Unternehmen oder Konzernzusammenhängen 'outgesourct' wurden (Call-Center, Datenverarbeiter, Transportunternehmen etc.).

In den zehn Jahren zwischen 1988 und 1998 wuchs der Anteil atypischer Beschäftigung, d.h. Teilzeit- oder befristete Arbeitsverhältnisse, innerhalb der EU um rund 4 Punkte auf 29,2 Prozent. Die Rede ist von einem „Trend zur Pluralisierung von Arbeitsverhältnissen" (HBS 2000: 215). Aber ebenso wie die Teilzeitquote, also der Anteil der in Teilzeit Beschäftigten an der Gesamtzahl aller Erwerbstätigen, im Vergleich zwischen den Mitgliedsländern recht unterschiedlich ausfällt (Niederlande 38,7 Prozent versus Griechenland 6,0), schwankt auch der Anteil der Normalarbeitsverhältnisse zwischen dem Höchstwert von 80,6 Prozent in Luxemburg und 48,4 Prozent in Griechenland als Tiefstwert. Deutschland nimmt hier mit 62,7 Prozent (1988: 67,4 Prozent)[14] einen Platz im Mittelfeld ein (vgl. Hoffmann/Walwei 2000: 3ff). Das Deutsche Institut für Wirtschaftsforschung (DIW) hat in einer Untersuchung zum Wandel der Erwerbsarbeitsformen in Europa darüber hinaus noch Unterschiede zwischen Männern und Frauen in die Betrachtung einbezogen, wodurch sich ein vollständigeres aber auch verändertes Bild ergibt. So weist das DIW für Deutschland einen Anteil der Normalarbeitsverhältnisse bei Männern von rund 77 Prozent in 1996 aus, der damit um rund 12 Prozent über dem europäischen Durchschnitt liegt. Bei den Frauen liegt diese Quote dagegen nur bei rund 50 Prozent und damit unter dem EU-Durchschnitt von 53 Prozent.[15] Das DIW kommt in Anbetracht der empirischen Analyse letztlich zu dem Ergebnis, dass die insbesondere in der deutschen Debatte der vergangenen Jahre verbreitete Rede von der Erosion des Normalarbeitsverhältnisses[16] „einem Blick auf die Realitäten des deutschen Arbeitsmarktes nicht stand (hält)" (Kaiser 2001: 3). Das unbefristete Beschäftigungsverhältnis auf Vollzeitbasis bildet nach wie vor den Kernbereich von Erwerbstätigkeit auf den europäischen Arbeitsmärkten wie auf dem deutschen Arbeitsmarkt (vgl. ebd.). Die feststellbaren Verschiebungen müssen vielmehr in einen Zusammenhang mit der Zunahme der Zahl der Erwerbstätigen insgesamt gestellt werden,[17] die auf demografische Faktoren (geburtenstarke Jahrgänge), Zuwanderung und die erhöhte Frauenerwerbstätigkeit zurückzuführen ist (vgl. Hoffmann/Walwei 2002: 139). Nicht nur hat die Erwerbsarbeit in fast allen entwickelten Industrieländern nominal zugenommen, zusätzlich ist außerdem die Tendenz zu konstatieren, dass auch in der so genannten Freizeit Tätigkeiten mit arbeitsähnlichem Charakter (Selbstbedienung, Eigenleistungen etc. oder – um ein Beispiel aus der jüngeren Zeit zu nennen – auch E-Business) deutlich zugenommen haben (vgl. Kleinhenz 2002, HBS 2000: 227, Willke 1999: 22f). Dass sich dennoch eine enorme Beschäftigungslücke auftut, kann einerseits auf die weiterhin steigende Produktivität bei ebenfalls weiterhin stagnierender Wirtschaftsentwicklung bzw. relativ dahinter zurückbleibendem gesamtwirtschaftlichem Wachstum zurückgeführt werden. Andererseits wirkt sich aber auch die wachsende Schieflage in der (sozialen) Verteilung der Produktivitätsgewinne wachstumshemmend aus, was auf die Bedeutung politisch-institutioneller Faktoren der Regulation in diesem Kontext verweist. Ich formuliere das bewusst ein wenig allgemeiner als Willke, der in diesem Zusammenhang die These aufstellt, die relevanten gesellschaftlichen Akteure in Deutschland hätten sich, im Unterschied zu denen anderer Ländern (insbesondere die USA und die Niederlande), eben dafür entschieden, die Steigerung der Arbeitseinkommen einer Steigerung der Beschäftigung vorzuziehen. Willke (1999: 24) zufolge lautet die in den unterschiedlichen Vorgehensweisen zum Tragen kommende Alternative: „Ausweitung der Beschäftigung bei (auch nach unten) flexiblen Löhnen und Einkommen versus Erhöhung der Einkommen bei (relativ) sinkender Beschäftigung bzw. Auslastung des Erwerbspersonenpotenzials". Zum einen deutet jedoch die Verteilungsentwicklung in dem fraglichen Zeitraum eher darauf hin, dass die besagten Produktivitätssteigerungen insbesondere zugunsten der Gewinn- und Vermögenseinkommen umverteilt wurden. Hierfür spricht u.a. das Absacken der Lohnquote wie des Masseneinkommens (Nettolöhne plus Sozialleistungen), dessen Anteil am Nationaleinkommen in 2001 gegenüber 1975 um 6,9 Punkte auf 45,6 Prozent zurückging (vgl. Arbeitsgruppe Alternative Wirtschaftspolitik 1998: 76, dies. 2002a: 67). Zum zweiten könnten Produktivitätssteigerungen theoretisch ebenso gut in steigenden Zeitwohlstand bei vollem Lohnausgleich, sprich: Arbeitszeitverkürzungen umgesetzt werden, um auf diesem Wege eine Ausweitung der Beschäftigung zu induzieren. Und drittens ließen sich natürlich auch – durch eine entsprechende Steuer- und Abgabenpolitik – Produktivitätsgewinne zugunsten öffentlich geförderter (Mehr-) Beschäftigung in gesellschaftlich sinnvollen und ungenügend bestellten Bereichen (Bildungswesen, Verbraucherberatung, Umweltschutz etc.) umverteilen.

Auch wenn es also offenbar modern geworden ist, vom 'Ende der Erwerbsarbeit' zu reden, so, dies lässt sich an dieser Stelle resümierend festhalten, entspricht diese Feststellung keinesfalls den Realitäten. Die verbreitete Behauptung, dass der Gesellschaft die Arbeit ausgeht, ist empirisch nicht haltbar – heute nicht und nicht zum Zeitpunkt ihrer Erstformulierung durch Hannah Arendt im Jahr 1956.[18] Zwar kommt in der hohen Arbeitslosenzahl durchaus und offenkundig ein Mangel an bezahlter Arbeit zum Ausdruck, jedoch hat auf der anderen Seite die Zahl der Erwerbstätigen in allen Industrieländern am Übergang ins 21. Jahrhundert ein geschichtlich bislang einmalig hohes Niveau erreicht – von der Bedarfsseite, d.h. den unbestellten Feldern gesellschaftlich sinnvoller Arbeit, einmal ganz abgesehen (vgl. Willke 1999: 22). Die insofern relativ verknappte Erwerbsarbeit bzw. Unterauslastung des Erwerbspersonenpotentials wirkt jedoch offenbar als Druckmittel in Richtung einer Aufweichung von Standards, die ihren Ausdruck im Normalarbeitsverhältnis bzw. den damit verbundenen sozialen Sicherungssystemen finden. Der Normalitätsbegriff wird dabei nicht positiv im Sinne zeitgemäß veränderter Erfordernisse (Reduktion von Arbeitszeit, verändertes Geschlechterverhältnis, soziale Absicherungen für abhängig Beschäftigte mit freiberuflichem Status etc.) hinterfragt, sondern gerät durch das Unterlaufen von Standards im Sinne faktischer Schlechterstellung unter Druck.

5.1.3 Arbeit ohne Ende oder: Strukturwandel und Anomie

Gesamtwirtschaftlich korrespondiert der Wandel der Arbeit im Postfordismus mit einem sektoralen Strukturwandel. Die Anteile der verschiedenen Wirtschaftszweige am Sozialprodukt haben sich zugunsten des tertiären Sektors, also der Dienstleistungen, und zu Lasten des Sekundärsektors, also der klassischen Industrieproduktion, verschoben. Lag der Anteil der Erwerbstätigen im deutschen Dienstleistungssektor 1960 bei 37,8 Prozent, so war er bis 1997 auf 64,5 Prozent gestiegen. Diese Entwicklung ist der Tendenz nach in allen Industrieländern feststellbar (vgl. Baethge 2000: 149). Hierbei von einer „Entstofflichung der Ökonomie" (Albert u.a. 1999) zu reden, erscheint angesichts vorliegender Bilanzen zur Entwicklung gesamtwirtschaftlicher Materialflüsse allerdings übertrieben.[19] Dennoch ist unbestritten, dass der Anteil der mit der Verarbeitung von Wissen und Informationen verbundenen Erwerbsarbeit stark zugenommen hat.[20] In der aktuellen Diskussion wird dieser Trend häufig als Wandel von der Industrie- zur Dienstleistungsgesellschaft bezeichnet. Diese Charakterisierung impliziert jedoch eine durchaus fragwürdige Botschaft. Denn mit Begriffen wie Industrie- oder Dienstleistungsgesellschaft, in Analogie zu der wirtschaftlichen Bedeutung entsprechender Sektoren zu operieren, weist bei genauerem Hinsehen einige Schwierigkeiten auf. Unbestreitbar wahr ist die Aussage, dass Deutschland keine Agrargesellschaft mehr ist. Aber zu behaupten, es sei ob des wachsenden Dienstleistungsanteils keine Industriegesellschaft mehr, ist in Anbetracht der Vielzahl unternehmens- oder produktbezogener Dienstleistungen, wie auch vor dem Hintergrund des (wachsenden) Umfangs industriell hergestellter Waren, die unseren Lebensalltag prägen, kaum einsichtig.[21] „Unbeschadet aller quantitativen Verschiebungen (...) bleibt das Industriesystem als *die* entscheidende Stütze materieller Reproduktion ein Machtzentrum der Gesellschaft" (Schumann 2003: 23).

Die skizzierten strukturellen Veränderungen lassen sich kaum von den technisch-organisatorischen Veränderungen auf der Ebene des Akkumulationsregimes bzw. des vorherrschenden technologischen Paradigmas trennen. Menschenleer, wie einst von manchen befürchtet oder von anderen erhofft, ist die postfordistische Fabrik zwar nicht, jedoch heben sich die Formen der Arbeitsorganisation deutlich von den Standards des Fordismus ab. Die stagnative ökonomische Gesamtlage zwingt die Unternehmen zu einer forcierten Kostendegression. Lean Production, Lean Management, Just in Time, flexible Spezialisierung – so lauten die neuen Strategien. Im Zuge dieser Veränderungen setzt sich ein neuer Rationalisierungstyp durch, der im Kern auf einer Neustrukturierung der innerbetrieblichen Kommunikationspraxen basiert (vgl. Revelli 1997: 10ff). „Im Unterschied zur fordistisch-tayloristischen Fabrik, die die Funktionen von Befehl und Kontrolle rigoros von den Produktionsfunktionen trennte und dabei notwendig eine separate Struktur entstehen ließ, die a priori und von außen den Einsatz der Arbeitskraft im Produktionsprozess rationalisieren sollte, rationalisiert sich die postfordistische Fabrik von selbst, d.h. im Vollzug der Arbeit" (ebd.: 22). An Stelle der klassischen Weisungs-Hierarchien wird ein System von Netzwerken geschaffen, das auf der Grundlage indirekter Steuerung funktioniert und in dem erfolgreiche Rationalisierung zum legitimitätsstiftenden Selbstzweck wird (vgl. auch Gorz 2000: 46ff, Sauer 2003: 261).[22] Es mag in Anbetracht nach wie vor eindeutiger Top-Down-Prozesse, was die Produktionsentscheidungen betrifft, etwas euphemistisch erscheinen, diese Veränderungen als eine „Umkehrung der Kommunikationsflüsse in der Fabrik" (Revelli 1997: 25) zu qualifizieren, wenigstens der Tendenz nach gibt es aber eine Öffnung von Möglichkeitsräumen unterhalb der Ebene rahmensetzender Entscheidungen der Unternehmensleitung (Standort, Produkt, Menge, Preis etc.). Die Kommunikation selbst ist in diesem System nicht mehr in erster Linie eine disfunktionale Größe, die es im Wesentlichen auszuschalten oder aber mindestens im eng abgesteckten Rahmen funktionaler Erfordernisse zu halten gilt. Sie wird stattdessen als produktives Moment zur Effektivierung der Kapitalverwertung erschlossen. Gleichzeitig verändert sich mit dieser Verschiebung der Kommunikationsstrukturen auch der Stellenwert von Subjektivität. Das Ziel der Arbeitsorganisation ist nicht mehr primär eine möglichst dichte Gewährleistung von (Fremd-) Kontrolle, sondern die Schaffung von Bedingungen zur Selbstaktivierung und -organisation auf Seiten der Beschäftigten. Galt es, das subjektive Moment in der Arbeit unter den Bedingungen des Fordismus durch stärkere Integration der Beschäftigten in einen tayloristisch-normierten Arbeitsablauf oder durch steigende Intensivierung bzw. Beschleunigung der Arbeitstätigkeiten/Taktfrequenzen im Wesentlichen auszuschalten, stellt es nunmehr eine ökonomisierte Ressource dar. Diese wird als Anforderung an 'Eigeninitiative' und 'Verantwortung' im Produktionsprozess vor allem durch verschiedene Formen von Gruppen- oder Teamarbeit mobilisiert. Die Subjektivität der Arbeitenden wirkt so in gewisser Weise selbstoptimierend im Hinblick auf die Setzung und Durchsetzung von Qualitätsstandards und Leistungsnormen und wird also letztlich als effizienzsteigerndes und kostensenkendes Moment in den Arbeits- und Verwertungsprozess integriert (vgl. ebd.: 25f, Willke 1999: 34, HBS 2000: 217). An die Stelle kollektivvertraglicher Regelungen setzten die Unternehmen dabei mehr und mehr auf 'Wir'-Botschaften zur Aktivierung intrinsischer Motivation. Dadurch verschwimmen die in der Vertragslogik zugleich immer aufgehobenen Interessensdifferenzen hinter einem vorgeschobenen Prinzip individuellen Vertrauens. Letzteres freilich im Rahmen nach wie vor hierarchisch vorgegebener Unternehmensziele und ohne, dass sich die unterschiedlichen Interessen tatsächlich aufgelöst hätten. Denn der Kampf um die Realisierung von (Extra-) Profiten – nach wie vor auch durch den Einsatz arbeitssparender Technik – ist ein Ziel, dem auch 'moderne' Unternehmensstrategien verpflichtet bleiben. Entscheidungsspielräume entstehen für die Beschäftigten daher lediglich in Bezug auf die Wege der Zielerreichung. Kreativität und Eigeninitiative werden zum Bestandteil des Gebrauchswerts der Ware Arbeitskraft (vgl. Revelli 1997: 27, Döhl u.a. 2000: 12f, Sauer 2003: 261f).

Klaus Dörre hat unter Rückgriff auf die analytischen Kategorien der regulationstheoretischen Debatte die These aufgestellt, dass die Flexibilisierung und Prekarisierung des Lohnverhältnisses mit den veränderten Bedingungen des finanzmarktgetriebenen Akkumulationsregimes korrespondiert bzw. sich als eine davon abgeleitete Größe entwickelt. Hiernach zwingen die neuen Akkumulationsbedingungen die Unternehmen zu Adaptionsprozessen, in deren Ergebnis nicht unbedingt diejenigen ihre Marktmacht sichern und ausbauen, die die höchste Wirtschaftlichkeit und Effizienz im Produktionsprozess entwickeln, sondern vielmehr diejenigen, die am Besten im Rahmen der Kurzfristperspektive des postfordistischen Zeitregimes operieren (vgl. Dörre 2002: 13, ders. 2001). Denn unter den Bedingungen der stagnativen Gesamtökonomie von heute hängt der Erfolg eines Unternehmens nicht allein von dessen Innovationsfähigkeit und solider Rechnungsführung ab. Entscheidend ist vielmehr, ob es ihm gelingt, sich auf den inzwischen hochgradig vermachteten Märkten gegenüber Versuchen von Verdrängung und feindlicher Übernahme seitens der Konkurrenz zu behaupten. Vor diesem Hintergrund erscheint es aus Sicht des Einzelunternehmens zweckmäßig, die Renditemargen der führenden Gesellschaften zu Orientierungsmarken der eigenen Entwicklung zu machen. Der 'Shareholder Value' wird so letztlich zur richtungsbestimmenden Determinanten der Unternehmenspolitik. Durchgesetzt wird dieser Maßstab im Innenverhältnis sowohl über ein angepasstes Controlling als auch über die Implementierung kompetitiver Regulierungsformen, d.h. die Simulation von Marktverhältnissen auf und zwischen möglichst allen Stufen innerhalb des Unternehmens (Profit Center, Benchmarking, Zielvereinbarungen etc.). Damit vergrößert sich nicht nur der Einfluss der Eigentümer(interessen) zu lasten der Stakeholder (Beschäftigte, Zulieferer, Länder/Kommunen etc.), sondern zugleich erscheint ihre Macht mehr und mehr als exogener Sachzwang marktwirtschaftlichen Wettbewerbs. Die Marktökonomie hat in der postfordistischen Arbeitsgesellschaft die Vorherrschaft gegenüber der Produktionsökonomie eingenommen (vgl. ebd.: 15f, Döhl u.a. 2000: 8f). Die flexibilisierte und fragmentierte Arbeit fungiert dabei als betriebliche 'Knautschzone' zur Abfederung konjunktureller Einbrüche und schwankender Kapazitätsauslastung. Im Bedarfsfall wird zusätzliche Arbeit zunehmend in Form von befristeter Beschäftigung und/oder Leiharbeitsverhältnissen abgedeckt, die dann ebenso einfach durch das 'atmende' Unternehmen wieder 'abgehustet' werden kann.[23] So oder so geraten die Konditionen des Normalarbeitsverhältnisses weiter unter Druck. Und während der konfliktuelle Konsens des Fordismus davon geprägt war, die Lohnarbeit von den Zwängen und Risiken einer rein marktgesteuerten Verwertung tendenziell zu entlasten, weisen die Entwicklungen im Postfordismus eher in die Gegenrichtung. Hier geht es nicht mehr um die Einschränkung des Warencharakters der Arbeitskraft, sondern um ihre verstärkte Re-Kommodifizierung (vgl. Dörre 2002: 17). Hinzu kommt, dass sich mit der Beschleunigung des Strukturwandels auch die Entwertung bestehender Qualifikationsstrukturen beschleunigt.[24] Für die Arbeitnehmerinnen und Arbeitnehmer steigen die subjektiven Anforderungen an eine kontinuierliche Pflege ihres „Humankapitals" durch marktgerechte Qualifizierungsmaßnahmen.

Diese Kombination aus gestiegenen Anforderungen an die individuelle Selbststeuerung und der Ausdehnung systemisch-funktionaler Strukturen jenseits der

Erwerbstätigkeit – in die Lebenswelt, wenn man so will –, bei gleichzeitiger sozialer Verknappung des Guts Arbeit, birgt Risikopotentiale, die erst in jüngerer Zeit in den Blick genommen werden. So gehört es offensichtlich auch zu den Gesichtern des „Wandels der Arbeit", dass die neue Subjektivität im Prozess und in der Organisation der Erwerbsarbeit ein Nährboden für die Ausbreitung gesundheitlicher Gefährdungen ist, die bislang allenfalls für eine kleine Minderheit der Erwerbstätigen relevant waren. Galten klassischerweise z.B. Selbständige, Manager oder Wissenschaftler als Personen, die Gefahr laufen, sich in ihrer Arbeit krankhaft zu verlieren, so dehnt sich das Problem im Ergebnis der postfordistischen Restrukturierung der Arbeit in zunehmendem Maße auch in anderen Erwerbstätigengruppen aus.[25] Das „Massenphänomen Arbeitssucht" (Heide 2002) stellt heute eine neue kollektive Problemdimension dar, von der eine wachsende Zahl abhängig Beschäftigter betroffen ist. Der Wirtschaftswissenschaftler Heide, der sich ausführlich mit diesem neuen Krankheitsbild befasst hat, vergleicht dessen Entwicklung mit einem Prozess der kollektiven Traumatisierung infolge jener mittelbar (stummer Zwang) oder unmittelbar (von den Arbeitshäusern des Frühkapitalismus bis zum unternehmerischen Direktionsrecht) ausgeübten Gewaltverhältnisse, vermittels dessen die Normen der modernen Erwerbsarbeit gesellschaftlich durchgesetzt wurden. Denn die Entwicklung der Arbeitsgesellschaft geht schließlich seit ihren Anfängen mit der Formung der Disziplin der Arbeitenden einher, da dieser Faktor schon immer ein wesentliches Element des Gebrauchswerts der Arbeitskraft als Ware war. Sind Werte wie Pünktlichkeit, Fleiß oder andere Momente des Arbeitsethos erst einmal subjektiv gesetzt, so erscheint ihre Einhaltung dem Einzelnen gleichsam als alternativlose Überlebensbedingung (vgl. ebd.: 31ff). Indem nun die Schaffung von Wettbewerbsverhältnissen in den postfordistischen Arbeitsbeziehungen eine neue Qualität annimmt und statt der Arbeitszeit zunehmend das unmittelbare Resultat der Arbeit selbst zum Erfüllungskriterium des Arbeitsvertrags wird,[26] wird der Träger der Ware Arbeitskraft mehr und mehr in das Unternehmenssystem inkorporiert. Dieses System aber funktioniert – einmal aus einer anderen als der ökonomischen Perspektive betrachtet – nach dem Muster von Sucht. Das Unternehmen „ist über die Konkurrenz eingebunden in ein System, das auf dem Vergleichen aufbaut und darüber den 'Zwang' zur Grenzlosigkeit, zum 'nie Genug' verallgemeinert" (ebd.: 46). Die Verinnerlichung des Zwangs in der Erwerbsarbeit fungiert dann letztlich als Basis der Mobilisierung der eigenen Leistungsbereitschaft und als Richtschnur der Definition eigener Interessen. „Gesellschaftlicher Herrschaftscharakter der Arbeit, individuelle Selbstausbeutung und komplexe Inhalte der Arbeitstätigkeit bilden so gemeinsam – vor dem Hintergrund der traditionellen europäischen Arbeitsethik – die wesentlichen Faktoren für die Entstehung von Arbeitssucht" (Peter 2002: 109). Arbeitswissenschaftliche und arbeitsmedizinische Forschungen ergeben, dass Störungen, die mit dem Bild der Arbeitssucht korrespondieren wie „chronische

Ruhelosigkeit", „pathologischer Anwesenheitsdrang", „Hurry sickness" (Erholungs-unfähigkeit) oder die Zunahme stressbedingter Depression infolge wachsender Schwierigkeiten bei Beschäftigten, sich selbst Grenzen zu setzen, heute keine Ausnahmebefunde darstellen. Sie nehmen offenbar mit dem Wandel des Lohn-verhältnisses im Postfordismus zu und gelten international übergreifend (vgl. Kadritzke 2003: 3f).

Derartig tiefe Umbrüche und Wandlungen sind freilich kein Novum der Peri-ode des Postfordismus, sondern treten im Gefolge kapitalistischer Entwicklung der Produktivkräfte vielmehr immer wieder in unterschiedlicher Intensität auf. Die stete Dynamik, die das „Grundprinzip der Rationalisierung" (Zinn 1999a: 39) entwickelt, ist Motor gewaltiger sozio-kultureller Veränderungen, die für die be-troffenen Menschen mindestens ambivalente Ereignisse waren und sind. Der Wandel von der agrarisch strukturierten Gesellschaft zur Industriegesellschaft sog die Menschen in die Städte und brachte neben neuen Freiheiten zunächst auch Entwurzelung, Hunger, Krankheit und Armut. Die Industrie, so schreibt Jack London in seinem 1903 erschienenen Bericht über die Lebensverhältnisse in den Arbeitervierteln der britischen Hauptstadt, vernichte mehr Menschen, als ein Kriegsgefecht: „Jährlich 500 000 Männer, Frauen und Kinder, die in den verschie-denen Industriezweigen arbeiten, werden getötet oder verkrüppelt oder von Seu-chen dahingerafft. (...) Es ist ein Blutbad!" (London 1981: 200). Für die Arbeite-rinnen und Arbeiter, so schlussfolgerte der Autor seinerzeit, gibt es kaum Aus-sicht auf ein gesundes oder gar zufriedenes Leben. „Ihre Zukunft ist ungewiss, so schwer sie auch arbeiten mögen. Alles hängt vom Zufall ab. (...) Wenn sie auf dem Schlachtfeld der Industrie bleiben, müssen sie diese Risiken hinnehmen" (ebd.: 205). Wenngleich sich die heutige 'great transformation' (wenigstens im eigenen Land) weniger kriegsartig vollzieht, so hat sie doch ebenfalls zahlreiche destruktive Wirkungen auf die Menschen. Richard Sennett, der Chronist gegenwärtiger Umbrüche, zeichnet in seinem Essay „Der flexible Mensch" (Sennet 2000)[27] diese Verwerfungen des Übergangs zum Postfordismus eindringlich nach. Die „Kultur des neuen Kapitalismus", so fasst er die Tendenzen zusammen, deformiert das Selbst der Arbeitenden, indem ihnen abverlangt wird, „sich flexibler zu verhalten, offen für kurzfristige Veränderungen zu sein, ständig Risiken einzugehen und weniger abhängig von Regeln und förmlichen Prozeduren zu werden" (ebd.: 10). Sie wirft den Einzelnen auf sich selbst zurück, indem sie die soziale (Gleich) Gültigkeit selbstreferentiell angelegter Prozesse ausdehnt und zur Norm erklärt. Seine Stellung in der Gesellschaft und gegenüber den sie in ihrem Inneren struk-turierenden Widersprüchen - Kooperationserfordernissen wie Konfliktlinien - wird für das Individuum immer weniger dechiffrierbar und verschwimmt hinter einem Schleier systemisch-anonym operierender Netzwerke (vgl. ebd.: 201f). Voß und Pongratz haben die verschiedenen Faktoren der Veränderung von Anforderungen an abhängig Beschäftige Ende der 1990er Jahre in ihrem Konzept des „Arbeitskraftunternehmers" zusammengefasst (Voß/Pongratz 1998). Zu den Eigenschaften dieses neuen Beschäftigtentypus rechnen sie neben der Selbstaktivierung und dem verstärkten Selbstmanagement bzw. der Entwicklung vom Fremd- zum Selbstzwang auch die wachsende Steuerungsmacht der Erwerbsarbeit auf die Lebensführung insgesamt.

Die individuellen Chancen erhöhter Eigenverantwortung und erweiterter Gestaltungskorridore treten so – gleichsam in ihr Gegenteil gewandelt – auch als Faktoren einer erhöhten Gefährdung der persönlichen Integrität auf. Die permanente Anrufung des Subjekts birgt aufgrund des funktional-systemischen Reduktionismus, mit dem sie daherkommt, die Gefahr, sich in einem „negativen Individualismus" (Castel 2000: 401ff) zu erschöpfen. Er speist sich aus subjektiver Überforderung, ständigen Defizitgefühlen und der Unsicherheit im Hinblick auf die vermeintliche Anforderung, die zunehmende Erosion von kollektiven Regelungen und Prozessen individuell auffangen zu müssen. Was sich darin ausdrückt ist letztlich die Renaissance einer „Kultur des Zufalls" (Rouleau-Berger zit. nach Castel 2000: 358). In Anlehnung an David Riesman nennt Oskar Negt (2002) das den Wandel vom innen- zum außengeleiteten Menschen. Einem Menschen, dem der „innere Kreiselkompass" abhanden gekommen ist, und der die Richtung seiner Bewegung nicht mehr aus sich selbst, sondern aus der ständigen Interpretation wechselnder Umgebungsdaten oder besser gesagt: sich verändernder Marktlagen heraus bestimmt. Es hat letztlich den Anschein, als gehe der Prozess des strukturellen Wandels, je rascher und tiefgreifender dieser sich vollzieht und je mehr er Formen partieller Desintegration und Anomie unter den Menschen auslöst, mit einem umso kräftigeren Ausschlag jener von Polanyi als „Doppelbewegung" beschriebenen Tendenz der Entwicklung gesellschaftlicher Kräfteverhältnisse in Richtung eines starken ökonomischen Laissez-faire einher. Die Balance der Kompromissfindung zwischen lebendiger Arbeit und Kapital, die Ebene der Legitimation von Produktivitätssteigerungen und Rationalisierungsprozessen, hat sich im Postfordismus eindeutig zu Lasten der lebendigen Arbeit verschoben. Sie gerät einerseits unter Druck durch ihre massenhafte Entwertung und Stilllegung, und sie gerät andererseits unter Druck durch Entgrenzungsprozesse der Erwerbsarbeit, also des ökonomischen Systems, und daraus entstehenden individuellen Reproduktionsdefiziten im Zusammenspiel mit der Dominanz gesellschaftlicher Sachzwanglogiken. Das eine befördert die Kräfte sozialer Desintegration, das andere blockiert die Reichweite schöpferischer sozialer Phantasie und Initiative.

5.2 Gesellschaftsvertrag als politisches Projekt: Vom Sozialpakt für Arbeit zur Politik der sozialen Entsicherung

Die Entwicklungen in der Arbeitswelt wurden in den zurückliegenden Jahren durch verschiedene politische Maßnahmen flankiert und forciert, in deren Folge heute statt eines neuen 'fairen' Kompromisses eine neue Dominanzkultur der Eigentumsstarken gegenüber den Schwachen droht. Geprägt und geebnet wurde der Weg dorthin in den letzten Jahren maßgeblich durch Einrichtungen wie dem 'Bündnis für Arbeit' und dessen Nachfolgerin, der so genannten Hartz-Kommission. Welche Bedeutung die erstgenannte der beiden Veranstaltungen im kollektiven Gedächtnis der Deutschen in ein bis zwei Jahrzehnten einnehmen wird, ist derzeit wohl (noch) nicht zu beantworten. Ins Leben gerufen jedenfalls als ein politischer Sozialpakt, der sich der Zustimmung vieler Menschen gewiss sein konnte, die damit die Hoffnungen auf einen tatsächlichen Politikwechsel verbanden, der dem Abbau von Massenarbeitslosigkeit und sozialer Ungleichheit Priorität einräumt, war das Bündnis am Ende tatsächlich ein Auftakt zu einer umfassenden Deregulierung des Arbeitsmarkts – verbunden mit offener Gewerkschaftsfeindlichkeit, wie sie – zumindest in Deutschland – seit den 1920/30er Jahren nicht mehr vorkam und einer Politik, die im Wesentlichen den sozial Schlechtergestellten weitere Belastungen auferlegt. Claus Offe skizziert im Sommer 2003 die in diesem Handeln zum Tragen kommende Politik als eine Melange zweier traditioneller Konzeptionen. Die eine folgt dem klassisch sozialdemokratischen Gedanken, dass soziale Sicherheit zuerst eine Frage ausreichend vorhandener Arbeitsplätze ist. Die andere wird durch die marktliberale Vorstellung getragen, dass mehr Beschäftigung nur durch den Abbau sozialstaatlicher Sicherungen zu erreichen ist, m.a.W. durch die Re-Kommodifizierung von Arbeit. Mit der Verschmelzung dieser beiden Konzeptionen ist ein paradoxes neo-sozialdemokratisches Programm der „sozialen *Ent*sicherung" (Offe 2003: 810, Herv. i. Orig.) entstanden, das sich in dem Satz zusammenfassen lässt: „Wenn wir soziale Sicherheit gewährleisten wollen, müssen wir sie partiell abschaffen" (ebd.). Die Abgrenzung von Rechts und Links scheint in der Praxis und von der Seite handelnder Personen aus betrachtet also mehr denn je unschärfer und gebrochen. In jedem Fall geben die Paradoxien Anlaß, diese Entwicklung und die damit verbundenen hegemonialen Weichenstellungen genauer zu betrachten und sich dabei jener Überlegung von Norberto Bobbio zu erinnern, dass ein wesentlicher Charakterzug einer linken Politik auch heute in der Anerkennung sozialer Rechte besteht, die in Ergänzung zu den menschlichen Freiheitsrechten stehen. Eine solche Politik zielt darauf, „die Ungleichheit zwischen denen, die haben, und denen, die nicht haben zu verringern oder eine immer größere Zahl von Individuen in die Lage zu versetzen, weniger ungleich in bezug auf solche Individuen zu sein, die durch Geburt und gesellschaftlichen Rang eine glücklichere Ausgangsbasis haben" (Bobbio 1994: 82).

5.2.1 Hegemonie im Wettbewerbskorporatismus –
Das 'Bündnis für Arbeit'

Das Modell der Etablierung neuer korporatistischer bzw. tripartistischer Verhandlungsarenen in Gestalt sozialer Pakte war eines der zentralen Instrumente jener neo-sozialdemokratischen Politik des „Dritten Wegs" im Übergang vom 20. zum 21. Jahrhundert. In zahlreichen europäischen Ländern, in denen die Sozialdemokratie nach zum Teil längeren Phasen konservativer Mehrheiten, wie etwa in Deutschland oder Großbritannien, wieder Regierungsverantwortung erringen konnte, wurden nationale Sozialpakte oder Bündnisse ins Leben gerufen. Sie sollten die Formierung eines hegemonialen Modernisierungsblocks unterstützen, indem sie als institutioneller Rahmen fungieren, innerhalb dessen sich relevante Akteure von Staat, Kapital und Arbeit über die Einleitung arbeits- und sozialpolitischer Reformvorhaben verständigen und abstimmen (vgl. Siegel/Jochem 1999: 7, Arbeitsgruppe Benchmarking 2001: 13). 'Soziale Innovationen' hieß dabei das übergreifende Stichwort.

Aufgrund historischer Spezifika der industriellen Beziehungen und im Detail unterschiedlicher Problemlagen der einzelnen Nationalstaaten weisen die europäischen Sozialpakte zwar partielle Differenzen in Form und Inhalt auf. Sie zeichnen sich im Kern jedoch durch drei gemeinsame und verbindende Merkmale aus. Zum einen durch eine – zumindest konzeptionell – langfristige Anlage, die auf das strategische Ziel einer konsensualen Definition von Maßnahmen zur Verringerung der Arbeitslosigkeit ausgerichtet ist, ohne jedoch zum zweiten thematisch darauf beschränkt zu sein. Das dritte verbindende Moment war schließlich der äußere Problemdruck sowie das Ziel, darauf bezogene Perspektiven der Krisenbewältigung durch Win-Win-Lösungen für alle Beteiligten attraktiv zu machen (vgl. Hassel 1998: 626f). Soziale Pakte, so die Kurzformel, sind also „mittelfristige, ressortübergreifende und kooperationsorientierte Vereinbarungen zwischen Regierung und Tarifparteien" (ebd.: 627). Einen Sozialpakt wie das 'Bündnis für Arbeit' vertragstheoretisch zu interpretieren bedeutet, den Verhandlungsgegenstand zu benennen. Das ist in diesem Fall primär das Ziel der Schaffung und des Erhalts von Arbeitsplätzen. Im Unterschied zum liberalen, streng individualistisch legitimierten Staatsmodell gehe ich davon aus, dass sich auch in der pluralen Realität des Postfordismus Gesellschaft und Staat gegenüber den Einzelnen nach wie vor ganz wesentlich durch das darauf bezogene Agieren sozialer Großgruppen vermitteln. Tripartismen können daher sehr wohl eine Form der politischen Legitimation darstellen. Vertragsparteien wären im Falle des 'Bündnisses' dann Kapital und Arbeit, vertreten durch Interessenverbände (Arbeitgeberorganisationen auf der einen, Gewerkschaften auf der anderen Seite) und als dritte Partei der Staat. Im Unterschied zu den beiden erstgenannten ist die Positionierung des Staates (hinsichtlich seiner Interessenlage und der von ihm bzw. der ihn repräsentierenden Regierung eingenommenen Rolle im Aushandlungsprozess) allerdings keine statische Größe, sondern letztlich selbst Resultat des Wechselspiels gesellschaftlicher Kräfteverhältnisse. Der Staat ist somit umkämpftes Feld und politischer Akteur in einem, ohne dass der Gesellschaftsvertrag *im* Staat damit zwangsläufig zu einem rein privatrechtlichen Konstrukt würde und auch nicht sein dürfte, wenn die Gesellschaft nicht in die Dekadenz abgleiten soll (vgl. Bobbio 1987: 121). Die Darstellung der Geschichte korporatistischer Sozialpakte dokumentiert, wie an entsprechender Stelle zu zeigen sein wird, diese Ambivalenz des Staates und seines politischen Handelns anschaulich.

In Deutschland gelang die Institutionalisierung eines solchen auf Beschäftigungsaufbau zielenden Sozialpakts gegen Arbeitslosigkeit erst im zweiten Anlauf und unter veränderten politischen Mehrheitsverhältnissen. Ein auf Initiative des IG Metall-Vorsitzenden Klaus Zwickel zurückgehender Erstversuch der Etablierung eines „Bündnisses für Arbeit" (vgl. Zwickel 1998: 120) scheiterte 1996 zunächst nach nur wenigen Monaten und umrahmte den politischen Niedergang der Konservativen nach immerhin sechzehn Jahren Regierungsverantwortung unter Helmut Kohl.[28] Mit dem Wechsel im Bundeskanzleramt nach der Wahl im Herbst 1998 wurde der Sozialpaktgedanke schließlich von Seiten der neuen rot-grünen Regierung aufgegriffen und mit dem ersten Koalitionsvertrag zum zentralen politischen Projekt erklärt. Das „Bündnis für Arbeit"[29] sollte, so die programmatische Aussage von Bundeskanzler Gerhard Schröder (1999: 50), „eine Scharnierfunktion bei der Politik des Wandels übernehmen und durch die Schaffung strategischer Allianzen neue Handlungsoptionen bei der Bekämpfung der Massenarbeitslosigkeit eröffnen".[30] Während die politische und ökonomische Rechte dieses Bündnis lediglich als „ein überkommenes institutionelles Arrangement, das falsche Anreize setzt" (Berthold 1999), ablehnte, schwankte die Bewertung durch die Linke zwischen positiver Würdigung der Möglichkeiten und scharfer Kritik der Praxis. Gewürdigt wurde neben anderen etwa die Option, dass das Bündnis eine zentrale öffentliche Arena darstellen könnte, „in der die wichtigen sozialen und politischen Akteure einen neuen Gesellschaftsvertrag aushandeln" (Esser/Schroeder 1999: 53). Auf Kritik hingegen stieß die konstitutive Ausrichtung des 'Bündnisses' auf das Ziel nationaler Wettbewerbsfähigkeit im Rahmen eines globalen Flexi-Kapitalismus, dessen Konditionen erfolgreicher Kapitalverwertung damit zugleich zu den externen Erfolgskriterien und a priori gesetzten Kompromisslinien dieses 'Neuen Gesellschaftsvertrags' erhoben wurden (vgl. Detje/König 1999: 42, Bieling/Deppe 1999: 280ff).

Das erste Spitzentreffen der beteiligten Akteure im „Bündnis für Arbeit, Ausbildung und Wettbewerbsfähigkeit"[31], das ursprünglich einmal als „Bündnis für Arbeit, Innovation und Gerechtigkeit" angedacht war (SPD 1998: 6), fand bereits wenige Wochen nach dem Amtsantritt des neuen Kabinetts am 7. Dezember 1998 statt. Damit war in der bundesdeutschen Nachkriegsgeschichte nach der Konzertierten Aktion (1967-1977) nunmehr zum zweiten Mal ein tripartistisches Arrangement zwischen (sozialdemokratischer) Regierung, Arbeitgebern und Gewerkschaften zustandegekommen, das im Rahmen unterschiedlicher Akteursinteressen, auf der Basis einer antagonistischen Kooperation und mit dem Mittel des politischen Tausches einvernehmliche Lösungen für die Bewältigung zentraler politischer Herausforderungen finden sollte. Und, wie so vieles in der Zeit der 'New Economy', schien die 'Start up-Phase' zunächst auch äußerst erfolgverheißend. Auf Initiative der rot-grünen Regierung wurde bereits auf dem ersten Treffen ein so genannter Ausbildungskonsens erzielt und ein Sofortprogramm zur Bekämpfung der Jugendarbeitslosigkeit beschlossen.[32] „Ein hoher Beschäftigungsstand", so heißt es in der ersten gemeinsamen Bündnis-Erklärung, „ist in einer globalisierten Wirtschaft keine Utopie, sondern ein realistisches Ziel, das mit einer problemorientierten Kombination wirtschaftspolitischer Aktivitäten erreichbar ist" (PIB 2000: 14). Im weiteren Verlauf dieses Treffens wurden eine Steuerungsgruppe zur Koordination und mehrere Arbeitsgruppen für fach- und themenspezifische Dialoge eingerichtet, die Arbeitsergebnisse zu einzelnen Sachfragen vorbereiten sollten. Darüber hinaus beriefen die Teilnehmenden ein Gremium für die wissenschaftliche Begleitung. Die Aufgabe dieser „Benchmarking-Gruppe" bestand zum einen darin, „die Probleme zu identifizieren und damit die Grundlage für abgestimmtes Handeln zu schaffen" (Schröder 1999: 51), und zum anderen, Beispiele so genannter „best practices" europäischer Nachbarländer zu evaluieren.

Doch bereits nach wenigen Monaten waren die Hoffnungen, dass das 'Bündnis für Arbeit' eine Arena sein könnte, „die der Artikulation und dem Ausgleich widerstreitender Interessen eine belastbare Basis verschafft", um „einen übergreifenden Konsens über Alternativen und Ansätze eines sozialen Regulationsmodells für die globale Ökonomie" (Kuda/Lang 1999: 86) herbeizuführen, nachhaltig gedämpft. Vielmehr entwickelte sich die Frage der Lohn- bzw. Tarifpolitik zu einem übergreifenden Dissens. Die Arbeitgebervertreter beharrten darauf, dass das Thema Tarifpolitik zum vorrangigen Gegenstand des Bündnisses werden müsse. Denn nur, wenn es gelänge, so der Chef der Bundesvereinigung der Deutschen Arbeitgeber (BDA), einen Grundkonsens in dieser Frage zu erzielen, könne das Bündnis ein Erfolg werden. Wie dieser zu erzielende Konsens auszusehen hätte, stand für den BDA allerdings bereits fest: „Die Bereitschaft der Gewerkschaften, niedrige Lohntarifverträge nicht nur für ein Jahr, sondern längerfristig abzuschließen", so die Argumentation, habe sich „als zwingende Vorbedingung für funktionierende dreiseitige Vereinbarungen erwiesen" (Hundt 1999: 59). Dem wurde von Gewerkschaftsseite entgegengehalten, dass der in der ersten gemeinsamen Bündniserklärung enthaltene Passus „Die Tarifautonomie bleibt unangetastet" (PIB 2000: 15) letztlich eine bindende Vorgabe von Korridoren der Lohnentwicklung oder von Lohnleitlinien ausschließt (vgl. Kuda/Lang 1999: 89). Obgleich neben dem Ausbildungskonsens immer wieder auch andere Übereinkünfte, wie der Rechtsanspruch auf Teilzeitarbeit, Maßnahmen der ArbeitnehmerInnenqualifizierung, des Job-AQTIV-Gesetzes oder die Verabredung, Überstunden zugunsten zusätzlicher Beschäftigung abzubauen u.a., in der Öffentlichkeit als positive Resultate herausgestellt wurden (vgl. Lang 2001: 297), schien das 'Bündnis für Arbeit' hinsichtlich seiner proklamierten Funktion als politische Scharnierstelle für gesamtgesellschaftliche Reformen keine rechte Dynamik zu entfalten. Mit einer Ausnahme: Mit der Einrichtung und Ausweitung von entsprechenden Modellprojekten erhielt die seit langem immer wieder geforderte Ausweitung von Niedriglohntätigkeiten politischen Auftrieb. Tonangebend waren hier vor allem die Berichte der „Arbeitsgruppe Benchmarking" des Bündnisses. Insbesondere im Bereich einfacher personen- und haushaltsbezogener Dienstleistungen, so die Wissenschaftlergruppe in ihrem ersten Bericht vom November 1999, sollten durch die Erweiterung der rechtlich-institutionellen Möglichkeiten zur Verbilligung der Angebotsbedingungen des Faktors Arbeit neue Beschäftigungspotentiale vor allem für gering qualifizierte ArbeitnehmerInnen erschlossen werden. Hierzu wollte man sich, ganz im Sinne des neoliberalen Hayek, wieder „auf den Entdeckungsprozess des Marktes" (Arbeitsgruppe Benchmarking 1999: 4) besinnen. „Da personenbezogene Dienstleistungen arbeitsintensiv produziert werden, hängen ihre Preise vor allem von den Arbeitskosten ab. Eine Expansion des Dienstleistungssektors kann deshalb wirksam durch eine Senkung der Arbeitskosten gefördert werden" (ebd.: 3).[33]

Im Rahmen des vierten Spitzengesprächs des Bündnisses im Dezember 1999 werden schließlich offizielle Experimentierfelder in Sachen Niedriglohn eingerichtet. In der gemeinsamen Erklärung heißt es dazu: „Um zu vermeiden, dass sich die Langzeitarbeitslosigkeit verfestigt, benötigen vor allem gering qualifizierte Arbeitnehmer neue Chancen am Arbeitsmarkt. (...) Zu diesem Zweck werden Modellversuche eingerichtet. Der Vorschlag der Saar-Gemeinschaftsinitiative und das von der Landesregierung Rheinland-Pfalz vorgeschlagene 'Mainzer Modell' werden in je einem ost- und einem westdeutschen Bundesland in ausgewählten Arbeitsmarkt-Regionen mit einer Laufzeit von 3 Jahren erprobt" (BfA 1999). In beiden Fällen handelte es sich um Abwandlungen der ursprünglichen Idee einer negativen Einkommensteuer, die allerdings ebenso wie diese von der Annahme getragen werden, dass bei gering Qualifizierten die Höhe der Arbeitskosten nur gesenkt werden muss, um mehr Beschäftigung zu induzieren.[34] Es drängt sich bei der Skizzierung dieser Entwicklung nebenbei die Frage auf, warum das Plädoyer für die quantitative Ausweitung von Niedriglohntätigkeiten bzw. gar die Einrichtung eines Niedriglohnsektors eigentlich inzwischen auf eine scheinbar so breite Akzeptanz getroffen ist, dass es zu einem so raumgreifenden Thema im 'Bündnis für Arbeit' werden konnte? Offenbar korreliert die Akzeptanz der Ausweitung von Niedriglohntätigkeiten mit der gesellschaftlichen Bereitschaft, zunehmende Ungleichheit in der Einkommens- und Vermögensstruktur hinzunehmen (zwischen verschiedenen Regionen, Berufssparten, den Geschlechtern oder Manager- und Lohneinkommen u.a.). Hier findet sich erneut eine Schnittstelle zur hegemonialen Auseinandersetzung um die (Um-) Definitionsmacht über den Gerechtigkeitsbegriff.

Der aus reformpolitischer Theorieperspektive geäußerte Anspruch an das Bündnis, eine Scharnierstelle für einen 'Neuen Gesellschaftsvertrag' darzustellen, der dem Modell des neoliberal-verbetriebswirtschaftlichten Wettbewerbsstaats ein zeitgemäßes „Gesellschafts- und Politikprojekt eines sozialkonsensualen, demokratischen und politisch regulierten Kapitalismus" (Schroeder/Esser 1999: 12) entgegenstellen will, erfüllte sich in der politischen Praxis jedenfalls immer weniger. Noch vor Ablauf der Legislaturperiode 1998-2002 kam der soziale Dialog im 'Bündnis für Arbeit' schließlich faktisch zum Erliegen. Die Financial Times Deutschland titelt am 25. Januar 2002, dem Tag des achten und tatsächlich ebenso ergebnislosen wie vorerst letzten Spitzengesprächs, es gäbe „Kaum Chancen für das Bündnis" (Ehrlich u.a. 2002). Knapp ein Jahr zuvor, in der fünften Bündnisrunde, hatten Arbeitgeber und Gewerkschaften sich darauf geeinigt, eine „beschäftigungsorientierte und langfristige Tarifpolitik" (PIB 2000: 33) anzustreben, die sich am Produktivitätswachstum orientieren und den Verteilungsspielraum „vorrangig für beschäftigungswirksame Vereinbarungen" (ebd.) nutzen sollte. Dieser Zielvereinbarung folgten seitens der Gewerkschaften moderate, d.h. unterhalb der Produktivitätszunahme liegende Tarifabschlüsse mit mehr als einjähriger Laufzeit. Was jedoch ausblieb war die Einlösung von Zusagen auf Seiten der Arbeitgeber. So kam schließlich die Financial Times Deutschland unter Verweis auf den Wirtschaftswissenschaftler Jürgen Kromphardt, Mitglied des Sachverständigenrats zur Begutachtung der gesamtwirtschaftlichen Entwicklung der Bundesregierung, zu dem Ergebnis, dass angesichts der guten Gewinnentwicklung in der Metallbranche, der aber dennoch ausbleibenden Einlösung von Zusagen im Hinblick auf den Abbau von Überstunden, das Bündnis eine Veranstaltung war, die einseitig von den Verzichtsbeiträgen der Arbeitnehmerinnen und Arbeitnehmer lebte, während die Arbeitgeber öffentlich ihre politischen Punktsiege bekannt gaben (vgl. Ehrlich u.a. 2002). So euphorisch, wie es im Dezember 1998 begonnen hatte, so sang und klanglos verschwand das 'Bündnis für Arbeit' nach dem Januar 2002 erst einmal von der Bildfläche der politischen Öffentlichkeit.

Wo liegen die Ursachen für diese Entwicklung? Wenn man sich auf der Ebene eines rational-systemischen Politikbegriffs bewegt, so mag „ein Mangel an gemeinsamer Krisendiagnose" (Siegel/Jochem 1999: 31) tatsächlich als ein zentraler Bremsschuh des 'Bündnisses für Arbeit' erscheinen. Der einen Seite, so eine beispielhafte Diagnose, ist daran gelegen, die Frage der sozialen Gerechtigkeit vor allem unter dem Aspekt der Verteilung des gesellschaftlichen Reichtums zu thematisieren, während die andere Seite bei der gleichen Frage vor allem auf die vermeintlichen Möglichkeiten, durch eine stärkere Spreizung der Löhne eine höhere Partizipation am Arbeitsmarkt zu erreichen, verweist. Und bei derartig abweichenden Problembeschreibungen fehlt natürlich offenkundig „eine zentrale Voraussetzung für die

Herstellung gemeinsamer Gewinnzonen in einer auf Konzertierung angelegten Entscheidungsarena" (ebd.). Für den Niedergang des Bündnisses scheint ein solcher Erklärungsansatz indes aber kaum hinreichend. Denn einerseits unterschätzt er die Mehrdimensionalität der in einem solchen Prozess zum Tragen kommenden Interessen und die Bedeutung struktureller und hegemonialer Machtdivergenzen in antagonistischen Kooperationen dieser Art. Die Verweigerung einer gemeinsamen Krisendiagnose kann, auch wenn sie nach objektiver Interessenlage als konsensfähig gelten könnte, durchaus einem übergeordneten Interesse entsprechen – etwa dem, die gesamte Veranstaltung als solche ad absurdum zu führen. Eine Vorgehensweise, die durchaus von gleicher rationaler Qualität ist wie etwa Austrittsempfehlungen von Arbeitgeberverbänden an ihre Mitglieder, um den Druck auf das System des Flächentarifvertrags zu erhöhen o.ä. Andererseits ist der Erklärungsansatz auch deshalb nicht befriedigend, da mit dem im Jahr 2001 seitens der „Arbeitsgruppe Benchmarking" des Bündnisses vorgelegten Bericht „Benchmarking Deutschland" tatsächlich eine Problembeschreibung vorlag, in der – ungeachtet möglicher Kritikpunkte – zentrale Handlungsfelder abgesteckt wurden, die eigentlich von allen Akteuren getragen wurden.[35] Also gilt es, überzeugendere Erklärungsansätze zu finden, etwa solche, die stärker das makropolitische Verhältnis der Akteure bzw. die Gesamtkonstitution des Bündnisses und seine politischen Gegenwartskontexte in den Blick nehmen.

Zum einen lässt sich in diesem Zusammenhang auf eine veränderte Rolle des Staates verweisen, die Auswirkungen auf den Verlauf des Gesamtprozesses hatte. Dies wird besonders deutlich, wenn man das Bündnis mit seinem historischen Vorläufer, der Konzertierten Aktion der 1970er Jahre, vergleicht. Denn so ähnlich die äußere Form beider Tripartismen oder ihre Umstrittenheit innerhalb der Gewerkschaftsbewegung, so deutlich waren von vornherein aber auch die Differenzen. Aufgrund der mit den veränderten ökonomischen und politisch-hegemonialen Rahmenbedingungen (nationalstaatliche Perspektive und geringe Arbeitslosigkeit damals versus Globalisierung und konstante Massenarbeitslosigkeit heute) sowie mit den Entwicklungen auf anderen Feldern, wie der Steuer- und Rentenpolitik, einhergehenden Steigerung der Problemkomplexität waren zwar alle Akteure im 'Bündnis für Arbeit' mit gestiegenen Erwartungen an ihr Handeln konfrontiert, der Legitimationsdruck für die Gewerkschaften fiel jedoch tatsächlich erheblich größer aus. Sie waren die Initiativkraft des Bündnisses und sie sollten zugleich die Interessen derjenigen vertreten, die in diesem Transformationsprozess bereits am schmerzhaftesten verloren hatten. Ging es bei der Konzertierten Aktion noch vornehmlich um Einkommenspolitik und das Ziel der Inflationsbekämpfung im Sinne einer makroökonomischen Stabilitätspolitik, so stand das 'Bündnis für Arbeit' von vornherein sozusagen unter 'Globalisierungsdruck'(vgl. Schroeder/Esser 1999, French 1999: 99f). Konzeptionell war es in die hegemoniale Konstruktion einer Dichotomie von Ökonomie und Politik sowie von neoliberaler Marktlehre und einer dem kommunitaristischen Gemeinschaftsdenken verhafteten Weltdeutung eingebettet. Infolgedessen war die Unterordnung der (lebendigen) Arbeit unter die (globale) Vorherrschaft des Kapitals und die Ideologie der Lohnzurückhaltung als Ansatz zur Verbesserung der eigenen Position im (Standort-) Wettbewerb bereits als konstitutive Bedingung in die politischen Voraussetzungen dieses Sozialpaktes eingeflossen.[36] Während darüber hinaus zu Zeiten der Konzertierten Aktion der Staat als Akteur eine steuernde Position übernahm, zog er sich nun auf eine eher passive Rolle als Moderator im politischen Prozess der Konsensfindung zurück, ohne selber mit klaren Zielvorgaben gestaltend einzugreifen. Die staatliche Rolle in dieser defensiven Weise auszufüllen, ist aber keine Zwangsläufigkeit sozialer Pakte unter Globalisierungsbedingungen. Denn wer auf den sozialen Dialog als Modus der Suche nach konsensuellen Problemdefinitionen und -lösungswegen setzt, muss deshalb keineswegs gleichzeitig darauf verzichten, für den Dissensfall entsprechend richtungsorientierte Maßnahmen rechtlich-administrativer Art – etwa in Fragen der Arbeitszeitpolitik – vorzubereiten (vgl. Lang 2001: 295). Hier hat die staatliche Politik sich de facto selbst in ihren Möglichkeiten beschränkt. Und sie hat durch diese politisch gewollte Reduktion der Möglichkeitshorizonte zugleich die Wirkungen jener Verschiebung von hegemonialen Strukturen und Kräfteverhältnissen, die mit dem Transformationsprozess vom Fordismus zum Postfordismus einhergeht, verstärkt.

Unter diesen veränderten, nicht nur in Deutschland sondern natürlich darüber hinaus auch für andere europäische Wohlfahrtsstaaten geltenden Rahmenbedingungen, entstand letztlich eine Art von Sozialpakt, der in der sozialwissenschaftlichen Debatte treffender als „Competitive Konsensus" (Husikamp/van Riemsdijk 2001) oder als „Wettbewerbskorporatismus" (Bieling/Deppe 1999, Rhodes 1998) charakterisiert wurde. Dieser zeichnet sich durch „die Suche nach einem neuen Mix von Flexibilität auf der einen und sozialer Stabilität und Re-Regulierung auf der anderen Seite [aus]. Alle Maßnahmen zielen in erster Linie jedoch darauf ab, die Wettbewerbsfähigkeit und Beschäftigungssituation zu verbessern. Das Konzept des 'Wettbewerbskorporatismus' geht mehr oder minder davon aus, daß die aufgeführten Zielsetzungen prinzipiell sowohl von Seiten der – transnational operierenden – Unternehmen als auch von Seiten der Gewerkschaften unterstützt werden. (...) Der so definierte neue 'soziale Konsens' bildet gewissermaßen eine 'neue Friedensformel', die sich vom alten 'fordistischen Klassenkompromiß' freilich substantiell unterscheidet" (Deppe/Bieling 1999: 284f).

Die in diesem Konzept des Wettbewerbskorporatismus a priori gesetzten Legitimationsbedingungen werden in einem Gutachten zum Thema „aktuelle Formen des Korporatismus", das der „Wissenschaftliche Beirat beim Bundesministeriums für Wirtschaft und Technologie" (2000) vorgelegt hat, besonders deutlich. Ähnlich der konservativen Argumentation, die bereits in den 20er Jahren des vorangegangenen Jahrhunderts vor der 'fragmentierten Gesellschaft' infolge einer sich verändernden Öffentlichkeit und darin wachsenden Bedeutung von (teilweise konträren) sich formierenden Gruppen- und Klasseninteressen warnte, wird heute die verbandliche Organisation und Artikulation kollektiver Interessen als tendenziell demokratiegefährdend – nicht etwa als demokratisierungsbedürftig – hinsichtlich ihres Einflusses auf den Staat und die Politik dargestellt. Den durch die Globalisierung unter Druck geratenen Verbänden, so der Vorwurf, verleihen korporatistische Institutionen zwar Legitimität, jedoch wirken sie eigentlich strukturkonservierend, da sie die bereits einflussreichen Interessengruppen weiter stärken und darüber hinaus diskretionäre Politikmuster fördern. Auch hier wird erneut eine eigentümliche, weit über das 'gemeinsame Produktionsinteresse' hinausgehende Interessenkongruenz von Unternehmern und so genannten organisierten „Arbeitsplatzbesitzern" gegenüber den nichtetablierten Anderen als vermeintliche Innovationsblockade identifiziert: „Die Welt der Interessenverbände wird von den Interessen der etablierten Unternehmer und Arbeitsplatzbesitzer dominiert, während die Interessen der Konsumenten, insbesondere ihr Interesse an Innovation und Fortschritt, wesentlich schwerer zu organisieren sind" (ebd.: 5). Unter Bezug auf zukünftige Generationen behaupten die Autoren implizit die Nicht-Zustimmungsfähigkeit eines so zustande gekommenen Sozialkontrakts. Das 'Bündnis für Arbeit', so fasst ein Mitglied des Wissenschaftlichen Beirats dessen Schlussfolgerung zusammen, kann nur dann als legitim gelten, „sofern es ausdrücklich darum geht, für die Einsicht zu werben, daß sich die Wohlstandsgewinne, die der beschleunigte technisch-wirtschaftliche Wandel verspricht, nur ausschöpfen lassen, wenn marktkonformen Antworten und Reformen mehr Spielraum gegeben wird" (Neumann 2000: 538). Soziale Standards werden gegen die naturgesetzlich daherkommenden Anforderungen der Globalisierung gestellt. Dabei geht der Vorwurf der Besitzstandswahrung – so allgemein er auch gehalten ist – de facto weniger an die Adresse der Arbeitgeberverbände als vielmehr an die der Gewerkschaften. Denn die „Besitzstände", die hier Markt und Wettbewerb ausgesetzt werden sollen, sind vor allem jene sozialen und rechtlichen Standards, die in konfliktuellen Prozessen der Formierung des Fordismus durch die Klasse der von Lohnarbeit Abhängigen erst konsensfähig gemacht wurden, bis hin zur Einschränkung der Reichweite von Kollektivverhandlungen (Aushebelung des Günstigkeitsprinzips, tarifvertragliche Öffnungsklauseln, Verbetrieblichung der Aushandlungsebenen u.ä.).

Der vorsichtige Versuch einer Wiederbelebung des 'Bündnisses für Arbeit' im Winter 2002/03, als der Bundeskanzler die Verbandsspitzen von Unternehmern und Gewerkschaften zu einem Sondierungstreffen einlud, das – wenig überraschend – ergebnislos blieb und keinerlei Anknüpfungspunkte für eine Fortführung des Bündnisses erbrachte, hat indessen vor allem eines demonstriert: Die Gewerkschaften haben das Experiment 'Bündnis für Arbeit' mit einem hohen Preis bezahlt. Das Scheitern dieses Sozialpakts fällt in der öffentlichen Wahrnehmung nicht auf die Unternehmensvertreter und konservativ-liberalen Politiker zurück, die einst den Mut des IG Metall Chefs Zwickel bejubelt haben und von einem Schritt in die richtige Richtung sprachen, als dieser bekundete, ihre Forderung nach Lohnzurückhaltung aufzugreifen, wenn dies mit der Vereinbarung von verbindlichen Schritten zur Bekämpfung der Arbeitslosigkeit verknüpft wird. Tatsächlich war das Argument „Lohnzurückhaltung schafft Arbeitsplätze" theoretisch wie praktisch schon nach dem 16-jährigen Feldversuch der konservativ-liberalen Regierungskoalition in Sachen Umverteilung zugunsten der Gewinn- und Vermögenseinkommen bei gleichzeitig erhöhter Druckausübung auf die Reallöhne widerlegt. Denn während das aggregierte Nettoeinkommen aus Unternehmertätigkeit und Vermögen sich zwischen Anfang der 1980er und Anfang der 1990er Jahre u.a. aufgrund massiver Steuerentlastungen mehr als verdoppelt hatte und die Lohnquote sank, stieg die Arbeitslosigkeit dennoch weiter an (vgl. Schäfer 1999: 736f). Und auch empirisch deutet sich vielmehr ein positiver Zusammenhang zwischen einer hohen Wirtschaftskraft und einem hohen Lohnniveau an, wie etwa das Beispiel Baden-Württembergs im Verhältnis zu anderen Regionen in Deutschland zeigt. Aber es geht bei dieser Frage allem Anschein nach weniger um wissenschaftliche Erkenntnisse und den daraus praktisch zu gewinnenden Nutzen, sondern um Macht- und Interessenspolitik. Ungeachtet aller Empirie feiert darum das Lohnkostenargument (einschließlich seiner Variation in der These von den zu hohen Lohn'neben'kosten, die ja tatsächlich nichts anderes sind, als Teil des ausgehandelten Preises der Ware Arbeitskraft) weiterhin fröhliche Urstände. Jedenfalls sind nach dem Scheitern des Bündnisses für Arbeit nicht die Kapitalverbände unter Legitimationsdruck geraten, sondern die Gewerkschaften stehen im Kreuzfeuer öffentlicher Kritik. Dass diese Kritik bis hinein ins Spektrum linksliberaler Medien[37] ungeachtet aller tatsächlichen Entwicklung der Verteilungsverhältnisse mit Argumenten à la 'Der (Sozial-)Staat ist zur Beute des Gewerkschaftskartells der organisierten Arbeitsplatzbesitzer geworden' geführt wird, dokumentiert, dass die neo-sozialdemokratische Modernisierungspolitik die Hegemonie neoliberaler Deutungsmuster in Kernbereichen ungebrochen lässt. Selbst die nicht eben konservative „Berliner Zeitung" schreibt im Frühjahr 2003: „Vor allem die Gewerkschaften stehen heute der Problembehebung im Wege" (Berliner Zeitung vom 6. März 2003, S. 4). Das Scheitern des Bündnisses für Arbeit wird in dieser Sicht nicht als Scheitern einer Politik der gesellschaftlichen Verbilligung des Faktors Arbeit betrachtet, sondern als eine sinnvolle Beschneidung gewerkschaftlicher Macht, da diese ansonsten „durch ihre Blockadehaltung die soziale Frage, für deren Lösung sie sich zuständig fühlen, erst richtig zuspitzen" (ebd.). Die veröffentlichte Meinung bedient hier heute letztlich neoliberale Argumente, wie sie C. C. von Weizsäcker bereits vor einigen Jahren dankenswert deutlich aufgeschrieben hat. Solange es Gewerkschaften und Tarifverträge gibt, die „heutige Arbeitsplätze (...) vor mehr Wettbewerb durch Veränderung" schützen, ist Arbeitslosigkeit hiernach kein soziales Problem, sondern Ausdruck „eines Machtgegengewichts gegen die Kartellmacht der Gewerkschaften auf dem Arbeitsmarkt (...). Denn ohne diese hohe Arbeitslosigkeit kämen heute Lohnerhöhungen zustande, die nicht stabilitätskonform wären" (Weizsäcker 1996).

5.2.2 Wenn das „Scharnier" klemmt: Vom 'Bündnis für Arbeit' über die Hartz-Vorschläge zur Agenda 2010

In Sachen arbeits(markt)politischer Weichenstellungen trat nur wenige Wochen nach dem gescheiterten achten Spitzengespräch des Bündnisses für Arbeit im Januar 2002 die Neuauflage einer alten Form der Legitimation von Politik an dessen Stelle: die Expertenkommission. Nach dem Rücktritt des Präsidenten der Bundesanstalt für Arbeit aufgrund des Vorwurfs geschönter Vermittlungsstatistiken, berief Bundeskanzler Schröder ein 15köpfiges Gremium aus so genannten Fachleuten ein. Bekannt wurde dieses weniger unter seinem offiziellen Titel „Kommission zum Abbau der Arbeitslosigkeit und zur Umstrukturierung der Bundesanstalt für Arbeit", sondern unter dem Namen „Hartz-Kommission", benannt nach ihrem Vorsitzenden, dem Arbeitsdirektor der Volkswagen AG. Die Aufgabe der Kommission bestand in der Entwicklung von Vorschlägen zur Reform der Arbeitsmarktpolitik und der Arbeitsvermittlung. Nach dem Leitbild, das die Bundesregierung für die Tätigkeit der Hartz-Kommission vorgegeben hatte, sollten am Ende Wege für eine Erhöhung des Wettbewerbs in der Vermittlungsbranche, eine stärkere Konzentration auf zentrale Aufgaben der Arbeitsvermittlung sowie eine „kundenorientierte" Modernisierung ihrer Strukturen aufgezeigt werden (vgl. PIB 2002: 7). Die politische Legitimität eines solchen Gremiums schien vielen zunächst wenig fragwürdig: Zur Bearbeitung eines eingegrenzten Themenfelds wird externer Sachverstand zusammengerufen, der politikberatend fungieren soll und natürlich über keinerlei rechtsetzende oder ausführende Kompetenzen verfügt. Dies scheint auf den ersten Blick vernünftig. Bei genauerem Hinsehen und unter Berücksichtigung der an anderer Stelle ausgeführten Bedeutung der diskursiven Besetzung identitätsrelevanter Themen(felder) für den Prozess der Ausbildung bzw. Stabilisierung von Hegemonie und der Formierung sozialer Paradigmen, lässt sich die Frage der Legitimität bei weitem nicht so einfach beantworten. Während das 'Bündnis für Arbeit' dem Grundgedanken folgte, eine öffentliche Arena zu etablieren, innerhalb derer die Interessenvertreter der gesellschaftlichen Großgruppen Kapital und Arbeit ihre Positionen und Problemdefinitionen artikulieren und den Handlungsraum kollektiv-konsensualer Strategien der Bewältigung der Arbeitslosigkeit ausloten, stellt sich hier die Interessenrepräsentanz wesentlich einseitiger und – jedenfalls im Hinblick auf die Repräsentanz gesellschaftlicher Interessen nach ihrer sozialen Relevanz und Häufigkeit – verhältnismäßig willkürlicher dar. Von den 15 beteiligten Personen wurden lediglich zwei GewerkschafterInnen berufen (davon eine als die einzige Frau in der Kommission). Demgegenüber waren es neben dem VW-Mann Peter Hartz sieben Mitglieder, die als Geschäftsführer, Vorstandsmitglieder oder Vertreter von einschlägigen Unternehmensberatungen wie McKinsey oder Roland Berger ihrer Interessenlage nach eher der Arbeitgeber- bzw. Shareholderseite zuzurechnen sind.[38] Konzeptionell war an die Stelle des tripartistischen Bündnisses für Arbeit somit ein traditionelles Modell bürokratischer Herrschaft gesetzt worden, das der Politik des „Dritten Wegs" zum politischen Machterhalt verhelfen sollte. Und es sollte gleichzeitig den angezielten neosozialdemokratischen Modernisierungsprozess stützen, sprich: soziale Einschnitte zu Lasten der weniger Begünstigten legitimieren. Hier ging es nicht mehr um Interessenausgleich im Sinne von Hegemoniebildung im Prozess der Problembearbeitung. Hier war die Dominanz der Interessen der Bessergestellten schon von der personellen Repräsentanz her gesichert.

Dieser Modellwechsel vom tripartistischen Sozialpakt zur Expertokratie vermeintlicher Wissensträger dokumentiert sich dabei nicht nur sichtbar im Spiegel der Medien, sondern spiegelt sich auch in den öffentlichen Willensbekundungen der Regierung wie dem Koalitionsvertrag. Denn während in der ersten Vereinbarung zwischen SPD und Bündnis 90/Die GRÜNEN 1998 dem 'Bündnis für Arbeit' noch ein ganzes Kapitel gewidmet wurde, findet es in der Vereinbarung der Koalitionspartner für die zweite Legislaturperiode nach der Wahlbestätigung vom September 2002 konsequenterweise nur noch in drei Abschnitten und in knapper Form Erwähnung.[39] An die erste Position waren nun vielmehr jene Maßnahmen gerückt, die die Hartz-Kommission im Vorfeld der Bundestagswahlen vom September 2002 unter dem Titel „Moderne Dienstleistungen am Arbeitsmarkt" (Hartz-Kommission 2002) empfohlen und mit deren Verwirklichung sie eine Halbierung der Arbeitslosigkeit innerhalb von drei Jahren in Aussicht gestellt hatte. Unter der Überschrift „Arbeit" im Kapitel „Mehr Beschäftigung, starke Wirtschaft und solide Finanzen" des Koalitionsvertrags heißt es daher: „Mit der vollständigen Umsetzung der Vorschläge der Kommission 'Moderne Dienstleistungen am Arbeitsmarkt' beginnen wir die größte Arbeitsmarktreform der Nachkriegsgeschichte. Wir überwinden damit die teilweise lähmenden Auseinandersetzungen zwischen den Sozialpartnern und den politischen Kräften über die richtige Strategie zur Bewältigung der Arbeitslosigkeit. Es besteht endlich die Möglichkeit, eine weitreichende und in sich geschlossene Konzeption umzusetzen, von der alle profitieren. (...) In diesem Kontext wollen wir auch das Bündnis für Arbeit, Ausbildung und Wettbewerbsfähigkeit in neuen Strukturen fortführen" (SPD/Bündnis90/Die GRÜNEN 2002: 10).

Im Kern zielen die von der Kommission vorgeschlagenen Maßnahmen darauf ab, das Konzept des 'atmenden' Unternehmens als arbeitspolitische Maxime institutionell zu flankieren, d.h. die Fluktuation lebendiger Arbeit in den Unternehmen anders als durch Entlassung von Beschäftigten zu regeln. Dazu sollen die Landesarbeitsämter in so genannte Kompetenzzentren umgewandelt werden, die, in Kombination mit der Implementierung von Konzepten zur Stärkung regionaler Wettbewerbsfähigkeit (Cluster-Modell), zur Schaffung neuer Arbeitsplätze beitragen. Die den Empfehlungen der Hartz-Kommission zugrunde liegenden Vorstellungen des Beschäftigungsaufbaus lassen sich auf zwei Punkte bringen. Erreicht werden soll erstens eine 'aktivierende' Arbeitsmarktpolitik, die die Selbstintegration Erwerbsloser in den ersten Arbeitsmarkt durch Maßnahmen, die sich am „Grundsatz Fördern und Fordern" orientieren (PIB 2002: 6, s.a. Arbeitsgruppe Benchmarking 2001: 2), unterstützt. Dabei ist ebenso an die durch Intensivierung der Vermittlungstätigkeiten der zu Job-Centren umfirmierten Arbeitsämter gedacht, wie an die Verschärfung von Zumutbarkeitskriterien und Leistungskürzungen gegenüber deren 'Kunden' sowie an die Zusammenlegung von Arbeitslosen- und Sozialhilfe. Um den Unternehmen neue Möglichkeiten zu eröffnen, auf Schwankungen in der Kapazitätsauslastung anders als durch Kündigungen zu reagieren, wird zweitens eine weitere Ausdehnung der Leiharbeit in Deutschland durch die Gründung von „PersonalServiceAgenturen" (PSA) angestrebt. Diese werden bei den Arbeitsämtern angesiedelt und sollen insbesondere Langzeitarbeitslose beschäftigen. Die Kommission bezeichnet diese Maßnahme in ihrem Bericht selbst als das „Herzstück des Abbaus der Arbeitslosigkeit" (Hartz-Kommission 2002: 148). Zusätzlich sollen die Modelle der „Ich-AG" und der „Familien-AG"[40] bzw. der Mini-Jobs[41] institutionelle Passagen in die 'neue Selbständigkeit' eröffnen bzw. den Bereich der 'personennahen Dienstleistungen' (Haushaltshilfen etc.) ausdehnen und dadurch ebenfalls die Idee des 'atmenden' Unternehmens stützen.

Durchaus können einzelne Vorschläge für sich genommen sogar positiv gewertet werden, wie beispielsweise das Ziel eines in wirtschafts-, sozial- und arbeitsmarktpolitischer Hinsicht stärker koordinierten Vorgehens in den Regionen, einschließlich der Stärkung und Weiterentwicklung vorhandener wirtschaftlicher Clusterstrukturen oder der Ansätze dazu. Allerdings werden auch ein modernisierter Arbeitsmarkt und eine abgestimmte Regionalpolitik das Problem einer stagnativen Gesamtwirtschaft nicht lösen können. Hier spielen weitere makroökonomische Parameter eine Rolle, die bei Hartz gänzlich unberücksichtigt bleiben. Zu diesem Ergebnis kommt auch das Institut für Arbeitsmarkt- und Berufsforschung (IAB): „Verstärkte Aktivierung und Forderung der Arbeitslosen können bei einem gegebenen gesamtwirtschaftlichen Defizit an Arbeitsplätzen zwar registrierte Arbeitslose in die Stille Reserve verschieben oder Substitutionsprozesse zwischen Beschäftigten und Arbeitslosen auslösen. Den erforderlichen Aufbau von Beschäftigung aber können sie nicht vorantreiben (...)" (Kleinhenz 2002:6). Ähnlich äußert sich auch das Deutsche Institut für Wirtschaftsforschung, das allerdings die Gesamtrichtung der sowohl bereits durch das 'Bündnis für Arbeit' (Stichwort: Niedriglohn) als auch durch die Harz-Kommission eingeschlagenen Richtung kritisch hinterfragt: „Andere Maßnahmen des Job-AQTIV-Gesetzes wie die Job-Rotation oder die Ausdehnung des Mainzer Modells haben bis jetzt kaum

Wirkung gezeigt. Dies liegt nicht zuletzt daran, dass solche Maßnahmen vor allem dann ihre Wirkung entfalten, wenn sie mit einem kräftigen Wirtschaftswachstum einhergehen. Die Hartz-Vorschläge, denen dieselbe Logik zugrunde liegt – d.h. primär eine Verbesserung der Vermittlung und des Arbeitsangebots – werden sich deshalb 2003 kaum bemerkbar machen. Auch wenn als Folge der jüngsten Beschlüsse die Zahl der im Niedriglohnsektor Beschäftigten schon aus statistischen Gründen steigen dürfte, bleibt der Gesamteffekt der Hartz-Vorschläge auf die registrierte Arbeitslosigkeit gering. Zusätzliche Beschäftigung dürfte vor allem aus der Stillen Reserve entstehen. Die Arbeitslosigkeit wird daher weiter, wenn auch langsamer als im vergangenen Jahr, steigen (...)" (DIW 2003: 27).

Aspekte, die darüber hinaus zu thematisieren wären, wie die Frage der wachsenden Ungleichverteilung von Einkommen und Vermögen und der ungleichen Entwicklung von Gewinn- und Arbeitseinkommen zu Lasten der Bezieher von Letzterem bzw. die ökonomischen Folgen dieser Entwicklung für den Binnenmarkt, werden gar nicht erst aufgeworfen. Das Fokussieren auf die Angebotseite am Arbeitsmarkt vernachlässigt insofern wesentliche Determinanten der Nachfrage nach Arbeit und steuert dem anhaltenden Negativtrend nicht entgegen. Zweckmäßig wäre es vielmehr „Multiplikatoreneffekte dauerhaft zu gestalten und die Verteilungsverhältnisse so zu verändern, dass ein höherer öffentlicher Konsum, eine stärkere Massenkaufkraft und eine Umverteilung von Arbeit durch Arbeitszeitverkürzungen für einen nachhaltigen Abbau der Arbeitslosigkeit sorgen können" (Beier u.a. 2002: 18). Sicherlich ist es ex ante schwierig, die langfristigen Wirkungen der angezielten Re-Strukturierung der Arbeitsmarktpolitik exakt abzuschätzen. Eine deutliche Tendenz ist indes erkennbar. Denn die bislang in Gesetzesform gebrachten Vorschläge zielen vor allem darauf ab, den Bereich der Leiharbeit und Tätigkeiten im Niedriglohnbereich massiv auszuweiten und dadurch den Druck auf die Angebotsseite am Arbeitsmarkt zu erhöhen. Hier droht sich das gefährliche Wechselspiel von privater Einkommensarmut, öffentlichen Einnahmeausfällen, Verlust kollektiver Schutzrechte bei gleichzeitig wachsendem individuellen Unvermögen, ob des geringen Einkommens private Vorsoge finanzieren zu können, weiter zuzuspitzen.[42] Auf anderen Feldern, wie einer verbesserten Betreuung der Arbeitsuchenden durch die Arbeitsämter bzw. neu zu schaffenden Job-Center oder aber der bereits erwähnten systematischen Verzahnung von Arbeitsmarkt- und Strukturpolitik in den Regionen, bleiben die Hartz-Vorstellungen bislang bedrucktes Papier. Das damalige Vorstandsmitglied der IG Metall Schmitthenner bringt das Verhältnis zwischen den Vorschlägen der Kommission vom September 2002 und dem Stand der gesetzlichen Umsetzung im Februar 2003 kritisch auf den Punkt: „Vieles von dem, was noch am ehesten dazu führen könnte, Arbeitslose besser zu betreuen und schneller zu vermitteln, lässt auf sich warten – bei Leistungskürzungen und verschärften Zumutbarkeitsregelungen gab es keinen Verzug" (Schmitthenner 2003). So wird spätestens an dieser Stelle die politisch gewollte und eingeschlagene Richtung der „Reformen" auf dem Feld der Politik um Arbeit klar: Stärkerer Druck auf die Arbeitslosen, Deregulierung des Arbeitsmarktes und der -vermittlung sowie Reduktion der Lohnkosten und die Verstetigung konservativer Strukturen in den Geschlechterverhältnissen. Im Einklang mit der weiteren Privatisierung von Lebensrisiken gilt dies den politisch verantwortlichen Sozialdemokraten und Grünen offenbar als Königsweg einer 'aktivierenden' Arbeitsmarktpolitik.

Zwar zielt die in den Vorschlägen der Hartz-Kommission zum Tragen kommende Strategie nicht frontal auf die Rechte der auf abhängige Arbeit angewiesenen Bevölkerung, eine ausgeglichene Lastenverteilung impliziere diese „Politik des gesamtgesellschaftlichen Co-Managements" (Beier u.a. 2002: 19) jedoch ebenso wenig wie sie letztlich eine wirkliche Perspektive zur Überwindung der Massenarbeitslosigkeit weist. In diesem Zusammenhang wird darauf hingewiesen, dass seit Mitte der 1970er Jahre die Zumutbarkeitsregeln gegenüber Arbeitslosen bereits acht Mal verschärft wurden und auch Leistungskürzungen kein neues Mittel sind (vgl. ebd.). Darüber hinaus verweisen auch empirische Untersuchungen darauf, dass die These, derzufolge es sich für Arbeitslose ob der sozialstaatlichen Abfederung nicht lohne, Arbeit aufzunehmen, nicht haltbar ist. Zwischen niedrigen Erwerbseinkommen und Sozialhilfesätzen liegt eine erhebliche Spanne, die in den zurückliegenden Jahren nicht geringer, sondern größer geworden ist (vgl. Bäcker 2003: 302). Letztlich kann auch eine noch so effiziente „marktgerechte" Arbeitsvermittlung den Mangel an qualifizierten, den Lebensunterhalt ebenso wie die soziale Partizipation gewährleistenden Erwerbsarbeitsplätzen nur effizienter verwalten, aber nicht beheben. Das maßgebliche Problem bleibt nach wie vor eine eklatante Arbeitsplatzlücke, d.h. die Diskrepanz zwischen dem vorhandenen Stellenangebot und einer Zahl von immerhin mehreren Millionen Menschen, die einen Arbeitsplatz suchen. Der Sozialwissenschaftler Gerhard Bäcker kommt vor diesem Hintergrund im Hinblick auf die Bewertung des eingeschlagenen Pfades der arbeitsmarktpolitischen Modernisierung zu dem Fazit, dass weder fehlende Arbeitsanreize noch zu hohe Lohnansprüche oder die Höhe der Lohnnebenkosten die Ursachen der Beschäftigungskrise sind. „Wenn dennoch der mainstream der Wirtschaftspolitik auf dieser Krisendiagnose basiert, ja geradezu ein Wettlauf von Parteien, Arbeitgeberverbänden und (wirtschafts-) wissenschaftlicher Politikberatung um die weitestgehenden Einschnitte in den Sozialstaat eingesetzt hat, schwinden die Aussichten auf einen Abbau der Arbeitslosigkeit. Allein die negativen Rückwirkungen der Maßnahmen auf die Entwicklung der privaten Nachfrage führen eher zu einer Vergrößerung des Ungleichgewichts auf dem Arbeitsmarkt" (ebd.: 305).

In Anbetracht dieser Tendenzen reklamiert die Arbeitsgruppe Alternative Wirtschaftspolitik (2002b: 6f) einen grundsätzlichen Klärungsbedarf: „Was ist das für ein Gesellschaftsprojekt, in dem prekäre Beschäftigung nicht begrenzt, sondern vielmehr ausgeweitet werden soll? Was ist das für ein Gesellschaftsvertrag, in dem von den Arbeitslosen gefordert wird, während die Unternehmen gefördert werden? Was ist das für ein gesellschaftliches Leitbild, in dem vorgesehen ist, privaten Luxus (Putzfrauen, die sich nur Wohlhabende leisten können) gemeinschaftlich (über steuerliche Begünstigung) zu finanzieren und Arbeitslosen je nach 'Beschäftigungsfähigkeit' eine mehr oder weniger marginale Existenzsicherung (...) zuzubilligen?" Die Antwort muss lauten: es ist das Gegenteil von einem Vertrag, es ist dessen Aufkündigung – Buchanans 'konstitutionelle Revolution'. Es ist der Weg in einen Zustand, in dem die Dominanz der Bessergestellten den Schlechtergestellten unter Missachtung der Kriterien von Fairness die Bedingungen aufoktroyiert oder vorsichtiger gesagt: Es „besteht die Gefahr, dass das, was die einen uns als eine unvermeidliche schmerzhafte Konzession auferlegen, von anderen als bloßer Auftakt zu einem ganz neuen Spiel wahrgenommen wird, das man dann, nachdem die Bastionen der arbeitsmarktpolitischen 'Rigiditäten', des 'Korporatismus', des 'Gewerkschaftsstaates' einmal geschleift sind, zu Exzessen der sozialen Entsicherung weitertreiben kann. Wenn Erfolge ausbleiben und ebenso der Rückenwind einer Konjunkturbelebung, dann ist der Konsensbildung zugunsten höherer Dosen sozialer Entsicherung Tür und Tor geöffnet" (Offe 2003: 813f).

Seit dem Frühjahr 2003 hat dieses Projekt der 'konstitutionellen Revolution', der Zerstörung der Grundlagen des wohlfahrtsstaatlichen Sozialkontrakts eine systematische Basis und einen Namen: Agenda 2010. Mit dieser programmatischen Plattform hat die SPD-geführte Bundesregierung den staatlichen Rückzug aus der sozialen Verantwortung und die Politik der Privatisierung von Lebensrisiken auf breiter Front forciert. Der Hauptgeschäftsführer des Deutschen Paritätischen Wohlfahrtsverbandes charakterisiert die Agenda 2010 als „ein Konzept, das von vorne herein auf Ausgrenzung ausgelegt ist" (Schneider 2003). Ihr Maßnahmenkatalog umfasst Einschnitte im Renten- und Gesundheitswesen, auf dem Arbeitsmarkt und in der Steuerpolitik (vgl. Schröder 2003). Er knüpft übergangslos an die Stoßrichtung der Hartz-Reformen bzw. ihrer Umsetzung an und trägt zur Vertiefung der sozialen Spaltung bei: Aufweichung des betrieblichen Kündigungsschutzes, Verkürzung der Anspruchsberechtigung auf Arbeitslosengeld, Zusammenlegung von Arbeitslosen- und Sozialhilfe, weitere Strategien zur Senkung der Lohn'neben'kosten – das sind einige der zentralen Punkte, durch die die Flexibilisierung am Arbeitsmarkt vorangetrieben werden soll.

5.2.3 Exkurs: Was von den Niederlanden noch zu lernen bleibt

Für die Abschätzung der perspektivischen Konsequenzen des arbeitsmarkt- und sozialpolitischen Umbaus in Deutschland, der mit dem eingeschlagenen Kurs angezielt wird, lohnt es sich, die Erfahrungen der niederländischen Nachbarn ein wenig genauer zu betrachten als das mit dem plakativen Verweis auf das „Beschäftigungswunder Niederlande" (Becker 1998) in der Regel getan wird. Schließlich haben die Niederlande einen Entwicklungsvorlauf von einigen Jahren und liefern insofern ein gewisses Anschauungsmaterial zur Zukunft des deutschen Arbeitsmarkts, das einen kurzen Exkurs an dieser Stelle gerechtfertigt erscheinen lässt.

Von Vertretern einer Politik des „Dritten Wegs" wurden die Niederlande lange Zeit schlicht als das Vorbild für eine erfolgreiche (sozialdemokratisch-konsensuale) Strategie zur Bewältigung der 'Krise der Arbeitsgesellschaft' unter Bedingungen postfordistischer Restrukturierung gehandelt (vgl. u.a. Schröder 1999: 50f, Giddens 1999: 143).[43] Galt das Polderland noch zu Beginn der 1980er Jahre mit einer extrem niedrigen Erwerbsquote (1985: 48 Prozent) und einer Arbeitslosigkeit, die 12 Prozent über dem EU-Durchschnitt und fünfzig Prozent über dem entsprechenden Wert in der Bundesrepublik Deutschland lag, als besorgniserregender Fall unter den europäischen Wohlfahrtsstaaten, so hatte es sich in den 1990er Jahren zum Musterschüler erfolgreicher Modernisierung gewandelt. Grundlage dieser Entwicklung war die Institutionalisierung eines konsensorientierten Dialogs, des Abkommens von Wassenaar. Im Ergebnis dieses Sozialpakts, der bereits zu Beginn der 1980er Jahre in Kraft trat, war scheinbar „eine neue Symbiose von Marktökonomie und Wohlfahrtsstaat" (Krätke 2001: 95) gefunden und eine erfolgreiche Umverteilung der verfügbaren Arbeit eingeleitet worden. Allerdings konnten die Niederländer auf ein entwickeltes System einer Aushandlungsdemokratie zurückblicken, durch das relevante gesellschaftliche Gruppen seit der Nachkriegszeit an der Gestaltung der Politik beteiligt waren. Zu den in diesem Zusammenhang bedeutsamen Einrichtungen zählten insbesondere die „Stiftung für Arbeit" (STAR) und der „Sozialökonomische Rat" (SER). Letzterer war als tripartistisch verfasste Institution, also unter Beteiligung von Arbeitnehmern, Arbeitgebern und Vertretern der Wissenschaft, ein einflussreiches Organ der Aushandlung und Legitimation staatlicher Wirtschafts- und Sozialpolitik (vgl. ebd.: 96).

In dem Wassenaar-Pakt verpflichteten sich 1982 die Gewerkschaften zu einer Politik der Lohnzurückhaltung, die Arbeitgebervertreter zur Schaffung von mehr Teilzeitarbeitsplätzen und die Regierung zu einer aktiven Beschäftigungspolitik. Auch hier galt es für die Gewerkschaften also als Eintrittskarte, die These zu akzeptieren, „dass hohe Arbeitskosten und niedrige Beschäftigung etwas miteinander zu tun haben" (Streeck 1999: 801). Wirtschaftspolitisch markiert dieses Abkommen den Punkt der vollzogenen Wende von keynesianischer Stabilitäts- zu einer konservativen Austeritäts- und Preisstabilitätspolitik, die von einem Rückbau staatlicher Leistungen flankiert wird (vgl. Glott u.a. 1998). Nominell indes sind die Zahlen in der Tat zunächst beeindruckend: So beträgt der Anteil Teilzeitbeschäftigter an der Gesamtzahl aller Beschäftigten in den Niederlanden heute rund 38 Prozent und liegt damit erheblich über dem Niveau vergleichbarer Länder, insbesondere Deutschlands (vgl. Kap. 5.1.2). Infolge dieser Ausweitung von Teilzeitarbeit war die Erwerbsquote bis zum Ende des Jahrzehnts um rund sechs Punkte auf über 66 Prozent gestiegen und es gelang, die Arbeitslosigkeit auf 5,2 Prozent (1997) zu senken und damit mehr als zu halbieren. Tendenz: weiter fallend (vgl. Krätke 2001: 95f). Ist eine solche Art der Arbeitsumverteilung nun ein Beitrag zur Entschärfung der neuen sozialen Frage?

Michael Krätke (2001: 96ff) hat in einer kritischen Auseinandersetzung einige Mythen, die sich in den politischen Erzählungen unserer Tage um das Poldermodell ranken, entzaubert. Die Ergebnisse seiner Untersuchung lassen sich in vier Punkten zusammenfassen. *Erstens*: dem niederländischen Sozialpaktmodell war eine Phase intensiver Konflikte in den 1970er bis Anfang der 1980er Jahre, also der akuten Krisenphase des Fordismus, vorangegangen. Im Verlauf dieser Konflikte wurden zunächst die traditionellen korporatistischen Institutionen als Basis der niederländischen Verhandlungsdemokratie von konservativ-wirtschaftsliberalen Regierungsmehrheiten durch Expertengremien substituiert und vermittels der von diesen Experten unterbreiteten Empfehlungen eine Politik der Verbilligung von Arbeit durchgesetzt.[44] Als dann 1982 das Wassenaar-Abkommen ins Leben gerufen wurde, waren die Verhandlungspositionen von Kapital und Arbeit bereits zu Lasten letzterer verschoben. Das vorgeschlagene Tauschgeschäft war ein ungleicher Tausch: einem bereits erzwungenen Einkommensverzicht auf Seiten der Beschäftigten wurde nun der Anschein von Freiwilligkeit und Konsenspolitik verliehen, indem die Arbeitgeber ihre Absicht erklärten, sich zukünftig für Arbeitszeitverkürzungen zu öffnen – womit diese insbesondere Teilzeitarbeit meinten. *Zweitens* ist die in der Tat beachtliche Steigerung der Erwerbsquote in den Niederlanden vor allem auf die Ausweitung von Teilzeitarbeit zurückzuführen. Die Teilzeitquote von 38 Prozent markiert den Spitzenwert innerhalb der EU-Staaten. Dass es sich hierbei allerdings im wesentlichen um einen Prozess der Umverteilung im Bestehenden handelt, wird dadurch unterstrichen, dass zwar die Zahl der Beschäftigten zugenommen hat, die Zahl der insgesamt geleisteten Arbeitsstunden seit Beginn der Krise in den 1970er Jahren allerdings kaum gestiegen ist (vgl. auch Becker 1998: 12, Glott u.a. 1998). De facto hat sich die Arbeitszeit pro Beschäftigten verkürzt. Im Zusammenhang mit der umfassenden Re-Strukturierung des Arbeitsmarktes führt dies dazu, dass die vorhandene Arbeit sich lediglich auf mehr Beschäftigte verteilt, und dies obendrein für die Unternehmen zu einem erheblich günstigeren Preis. „Erheblich mehr Leute als zuvor arbeiten heute für eine insgesamt geringere Lohn- und Gehaltssumme, trotz deutlich gestiegener Produktivität" (Krätke 2001: 98, vgl. Glott u.a. 1998). Der faktische Einkommensverlust wird zum Teil durch staatliche Transferzahlungen abgefangen, schlägt sich allerdings auch in einer Erhöhung der privaten Verschuldung nieder. Insofern ist konkretes politisches Handeln oder dessen Unterlassung und nicht das Wirken eines abstrakten Marktgesetzes der konkrete Mechanismus, durch den „menschliche Arbeit ‚billig wie Dreck'" (Afheldt 1994: 58) wird.

Ähnlich dem, was sich am Beginn des 21. Jahrhunderts in Deutschland abspielt, forcierte auch der niederländische Sozialpakt *drittens* eine Trendwende in der Arbeitsmarktpolitik. Statt die Stillegung von Arbeit zu finanzieren, zielten staatliche Maßnahmen ab den 1990er Jahren verstärkt darauf, Langzeitarbeitslose durch Absenkung der Arbeitskosten in den Arbeitsmarkt zu reintegrieren. Unter dem Dach dieser Politik der Arbeitsmarkt'modernisierung', deren Ergebnisse Giddens (2001: 118) beschönigend als „strukturierte Flexibilität" charakterisiert, formierte sich in Wirklichkeit ein Niedriglohnsektor, der heute rund 20 Prozent aller abhängigen Beschäftigungsverhältnisse umfasst. Dies betrifft nicht nur die ohnehin gering qualifizierten Beschäftigten, sondern hat überdies auch geschlechts-spezifische Auswirkungen, indem bestehende Diskriminierungsstrukturen sich sozial verhärten und vertiefen. So werden rund drei Viertel aller Teilzeitjobs in den Niederlanden von Frauen besetzt. Sie arbeiten zu vierzehn Prozent in flexiblen Arbeitsverhältnissen (bei den Männern sind es nur sieben Prozent) und verdie-nen in der Regel nach wie vor weniger als die Männer: „im typischen Fall hat der Mann einen Vollzeit- und die Frau einen Teilzeitjob. Über 60 % der Kinderlosen und fast 54 % der Paare mit Kindern leben heute so" (Krätke 2001: 99).

Viertens vermittelt der scheinbar beeindruckende Rückgang der Arbeitslosen-quote in den Niederlanden bei näherer Betrachtung lediglich ein geschöntes Bild. Tatsächlich wurde ein Großteil von älteren Arbeitnehmern in die Frühverrentung entlassen und von den Langzeitarbeitslosen wurden viele schlicht zu „Invaliden" umdefiniert und dadurch aus der Statistik entfernt. Ihr Anteil an der sehr hohen Zahl von 900.000 offiziell als erwerbsunfähig geltenden Personen liegt bei bis zu 75 Prozent. Des Weiteren werden im Schnitt seit den 1980er Jahren rund 50 Pro-zent der Bezieher von Arbeitslosengeld aus diversen Gründen nicht mehr als „Beschäftigung suchend" geführt und tauchen daher in der Arbeitslosenstatistik nicht mehr auf. Schätzungen zufolge stellen die offiziell in der Statistik ausgewie-senen 100.000 Langzeitarbeitslosen nur ein Zehntel der tatsächlich Betroffenen dar. Geglückt ist also nicht nur die Umverteilung eines nach wie vor kaum ge-wachsenen Arbeitsvolumens, sondern obendrein auch die Umverteilung von of-fiziellen und registrierten zu verdeckten Formen der Erwerbslosigkeit. Das hat *fünftens* den äußerst entwickelten niederländischen Sozialstaat weiter unter Druck gesetzt bzw. sich als Einfallstor einer forcierten Sparpolitik unter dem Deckman-tel der Modernisierung erwiesen. „Für mehr als zwei Drittel der Sozialleistungs-empfänger ist der niederländische Sozialstaat heute schon auf einen Minimalstaat zurückgebracht" (ebd.: 102).

Aber auch was die Aussichten der in Deutschland durch die Hartz-Kommissi-on angestoßenen „Reformen" der Bundesanstalt für Arbeit angeht, lohnt sich ein Seitenblick auf das europäische Nachbarland und dessen Erfahrungen. Unter Federführung des Sozialdemokraten Wim Kok beschloss die dortige Regierung, die mit der deutschen Bundesanstalt vergleichbare niederländische Arbeitsverwal-tung rigoros umzustrukturieren. Auch dort wurden aus Arbeitsämtern „Job Cen-tern", die unisono alle Erwerbslosen, ob Sozialhilfeempfänger oder just entlassene Angestellte, zu betreuen haben. Auf der Strecke geblieben ist dabei nicht nur die Drittelparität in der Ausgestaltung der Arbeitsverwaltung, an der neben dem Staat auch Arbeitgeber und Gewerkschaften beteiligt waren – und damit ein nicht unerhebliches Stück öffentlicher Kontrolle –, sondern es wurde auch ein gänzlich neues Marktsegment konstituiert, dessen segenbringende Wirkung für die niederländische Gesellschaft allerdings eher fraglich ist. Denn den „Job Centern" kommt zunächst die Aufgabe zu, alle Erwerbslosen nach dem Grad ihrer Vermittelbarkeit in vier Kategorien zu sortieren. Dabei übernehmen sie selbst jedoch nur Vermittlungsaufgaben für qualifizierte und daher leichter vermittelbare Personen der obersten Kategorie. Die anderen Betroffenen werden an ihre zuständige Kommune oder Sozialversicherungseinrichtung verwiesen. Auf dieser Ebene sind z.Zt. rund 400 private oder halbstaatliche Vermittlungsagenturen tätig, die um die zur Verfügung stehenden öffentlichen Gelder konkurrieren. Und konkurrenzfähig ist in diesem Gewerbe, wer kostengünstig schnelle Vermittlungsergebnisse vorweisen kann. Aufgrund des zunehmenden Einflusses von Kommunen, Sozialversicherungsträgern und gewinnorientierten Privatunternehmen im Bereich der Arbeitsvermittlung geraten die „Job Centern" dabei immer weiter unter Legitimationsdruck. Zu verlockend ist die Aussicht, auch die hier noch staatlich gebundenen Gelder dem neuen privaten Markt zuzuführen (vgl. Paetz 2002). Hier ist der Staat tatsächlich zur Beute partikularer Profitinteressen geworden.

Die niederländischen Erfahrungen sollten den Vertretern einer Politik des „Dritten Weges" in Europa eigentlich zu denken geben. Sieht man einmal von den Niedriglöhnern, den Frauen und den in der Statistik wie im realen Leben marginalisierten Menschen, ab, dann gehört offenbar auch die niederländische Sozialdemokratie selbst zu den Opfern ihrer eigenen Modernisierungspolitik. Die Partij van de Arbeid (PvdA) verlor – trotz oder wegen ihrer Regierungsbeteiligung – in den 1990er Jahren mehr als ein Drittel ihrer Mitglieder und damit einen wesentlichen Teil ihres Einflusses im Hinblick auf die soziale Basis von Hegemonie. Es gibt, so Krätke (2001: 103), auch heute durchaus noch eine sozialistische Bewegung, nur bewegen sich deren Mitglieder inzwischen überwiegend außerhalb der Partei. Dass die Bessergestellten sich weiterhin aus der Gemeinwohlverantwortung stehlen und die Schere zwischen Arm und Reich größer wird, hat das soziale Experiment der Niederländer bis heute nicht verändert. Aber es hat möglicherweise die Widerstandskraft derer, die auch in der Geschichte immer wieder den sozialen Bürgerrechten gegenüber wirtschaftlichen Freiheitsrechten Geltung verschafft haben, die große Mehrheit der Abhängigen, deutlich geschwächt. Das Fazit fällt daher ernüchternd aus: „Auch im Polderland ist das Rätsel der Vollbeschäftigung im Kapitalismus nicht gelöst worden, auch hier ist man, um mit Voltaire zu reden, noch auf der Suche nach dem 'secret d'obliger tous les riches à faire travailler tous les pauvres (dem Geheimnis, wie man alle Reichen dazu verpflichtet, alle Armen arbeiten zu lassen). Auch hier wächst die Zahl der 'überflüssigen

Personen' von Jahr zu Jahr. Die niederländische Gesellschaft, einst gepriesen für ihre Toleranz und Verträglichkeit, zerfällt immer weiter. (...) Gegen die Abschottung der Teilsegmente des 'modernisierten' Arbeitsmarkts, die in vollem Gange ist, rührt sie bis heute keinen Finger. Zum fortschreitenden Zerfall der Gesellschaft fällt ihr außer Sonntagsreden (und natürlich wissenschaftlichen Studien zur 'sozialen Kohärenz') bis heute nichts ein" (ebd.: 104).

5.3 Unerschlossene (De)Legitimationsressourcen: Zivilisierung gesellschaftlicher Arbeit als Alternative

> „Über Strategien der (Re-) Zivilisierung, über Wege aus der Barbarei kann man nicht abstrakt sprechen. Es kommt bei Überlegungen dieser Art immer darauf an, aus welcher Handlungsperspektive sie gemacht werden, an wen sich ihre Schlussfolgerungen adressieren und über welche Handlungsmittel der Adressat verfügt."
> Helmut Dubiel[45]

Die Wiederbelebung der Politischen Philosophie seit Rawls ist sowohl ein Ausdruck der Krise der wohlfahrtsstaatlich-fordistischen Regulation und ihres Systems der gemischten Wirtschaft, als auch der gestiegenen Anforderungen an die säkulare Legitimation von (mehrheitsfähiger) Politik, die diese Regulationsweise durch den Ausbau des repräsentativ-demokratischen Systems selbst befördert hat. In einer Phase sozialer Umbrüche und tiefgreifender Transformationsprozesse, wie sie die Periode des entwickelten Kapitalismus am Beginn des 21. Jahrhunderts prägen, tritt dies besonders deutlich hervor. „Politiker", so jedenfalls der Soziologe und Vordenker des „Dritten Wegs" Anthony Giddens (2000: 19) in einem Beitrag zur SPD-Programmdiskussion, „können ihre Legitimität nicht mehr als selbstverständlich voraussetzen. Für Sozialdemokraten heißt das, in der Legitimität einen fortlaufenden Prozess zu sehen, und zwar nicht nur, um Regierungspartei zu werden, sondern auch um sich in dieser Position zu behaupten. Es gilt an jeder Stelle um die Legitimierung durch eine skeptische Öffentlichkeit bedacht zu sein. (...) Unsere Hauptsorge gilt daher der Frage, wie wir dem Grundwert der sozialen Gerechtigkeit in einer Zeit grundlegender Veränderungen gerecht werden können". Diese Sorge ist begründet. Denn je mehr die Rückkehr der 'neuen' sozialen Frage, die durch die neo-sozialdemokratische Politik der Re-Kommodifizierung lebendiger Arbeit selbst forciert wird, auch das Klientel der 'neuen Mitte' erfasst, also diejenigen sozialen Schichten, die bislang das Gravitationszentrum bildeten, das den Zentrifugalkräften an den oberen und unteren Rändern der Gesellschaft noch gewisse Kohäsionskräfte entgegenhalten konnte, desto nachdrücklicher stellt sich diese Herausforderung. Und desto größer wird mithin das Paradox der Politik sozialer *Entsicherung*, also die Argumentation, dass es erforderlich ist Sozialabbau zu betreiben, um den Sozialstaat zu retten.

5.3.1 Arbeit und Kultur

Die emanzipatorische Aufgabe kritischer Wissenschaft beginnt damit, die 'Welt der Arbeit' und ihre Reichweite im Alltags(er)leben der Menschen wieder in die sozialphilosophischen Diskurse und Wertedebatten der Gegenwart einzubinden. Denn die vorherrschende Deformierung des Arbeitsbegriffs zeichnet sich nicht nur durch das Kunststück aus, Arbeit als Gut einerseits vollständig zu überhöhen – nicht zuletzt durch das Knapphalten verfügbarer Erwerbsarbeit – und sie andererseits gleichzeitig – indem sie auf einen Kosten- und Wettbewerbsfaktor reduziert wird – nachhaltig zu diskreditieren. Sie wird vielmehr systematisch in den Hintergrund verdrängt, zu einem 'unsexy issue' gemacht. Solche Ambivalenzen im Umgang mit lebendiger Arbeit sind aber keinesfalls eine neue Erscheinung. Bereits bei Klassikern der Gesellschaftsvertragstheorie, wie beispielsweise John Locke, nimmt Arbeit nur eine intermediäre Stellung ein: sie ist das Mittel der Schaffung von Eigentum, das, ist es erst einmal in der Welt, dann zum vordersten Gegenstand und Objekt wird, um das sich die Legitimation argumentativ herumrankt. „Was immer er (...) dem Zustand entrückt, den die Natur vorgesehen und in dem sie es belassen hat, hat er (der Mensch, d. Verf.) mit seiner *Arbeit* gemischt und ihm etwas eigenes hinzugefügt. Er hat es somit zu seinem *Eigentum* gemacht. Da er es dem gemeinsamen Zustand, in den es die Natur gesetzt hat, entzogen hat, ist ihm durch seine *Arbeit* etwas hinzugefügt worden, was das gemeinsame Recht der anderen Menschen ausschließt. Denn da diese *Arbeit* das unbestreitbare Eigentum des Arbeiters ist, kann niemand außer ihm ein Recht auf etwas haben, was einmal mit seiner Arbeit verbunden ist" (Locke 1977: 216f/ § 27, Herv. i. Orig.). Die ganze Widersprüchlichkeit oder eben Nicht-Voraussetzungslosigkeit der Locke'schen Argumentation zum Eigentum wird indes erst in dem nachfolgenden Absatz deutlich. Dort beschreibt er den Prozess der Aneignung von Gemeingütern und stellt dabei u.a. fest: „Das Gras, das mein Pferd gefressen, der Torf, den mein Knecht gestochen (...), werden mein *Eigentum*. Es war meine (sic!, d. Verf.) *Arbeit*, die sie dem gemeinsamen Zustand (...) enthoben hat und die mein *Eigentum* an ihnen *bestimmt* hat" (ebd.: 217f/§ 28). Offenbar war die Aneignung der Arbeit vor dem Eigentum und hieran hat sich ja im Kern bis heute auch nichts verändert. Auch nicht an der Doppeldeutigkeit von Arbeit, die einerseits den Menschen als soziales Wesen konstituiert und die Erschließung seiner Welt überhaupt ermöglicht, wie sie andererseits Anknüpfungspunkt für die Schaffung von Abhängigkeits- und Unterdrückungsverhältnissen ist.

Wo für Locke Arbeit an das Individuum gekoppelt bleibt und zur Begründung des Privateigentums dient – eine Legitimationsfolie, die im Übrigen in der jüngeren Geschichte durch Nozick wieder aufgegriffen wurde –, mündet die Kritik an der atomistischen Vorstellung vom Einzelmenschen zugleich in einen komplexeren und kooperativen Arbeitsbegriff. Das Individuum, so schreibt Marx in den „Grundrissen", verhält sich „zu den objektiven Bedingungen der Arbeit als den seinen; zu ihnen, als der unorganischen Natur seiner Subjektivität, worin diese sich selbst realisiert; (...) aber dieses *Verhalten* zu dem Grund und Boden, zur Erde, als dem Eigentum des arbeitenden Individuums (...) ist sofort vermittelt durch das naturwüchsige (...) Dasein des Individuums als *Mitglied einer Gemeinde*" (Marx, MEW 42: 393). Die gesellschaftliche Form entscheidet maßgeblich über die Praxis der Aneignung der objektiven äußeren Bedingungen als Basis seiner Produktion und Reproduktion. Sie vermittelt die Bedingungen des Eigentums bzw. seine Bestimmung. Unabhängig von ihrer gesellschaftlichen Form ist Arbeit jedoch zunächst eine allgemeine Bedingung menschlichen Lebens, „ein Prozess, worin der Mensch seinen Stoffwechsel mit der Natur durch seine eigne Tat vermittelt, regelt und kontrolliert" (ders., MEW 23: 192/198). Die kritische Masse dieses Verhältnisses resultiert letztlich aber nicht aus dieser Einheit des Menschen mit den objektiven Bedingungen seines natürlichen Stoffwechsels, sondern aus der sich gesellschaftlich und insbesondere in der Lohnarbeit entfaltenden Trennung seiner selbst von diesen Bedingungen. Ein in diesem Sinne erweiterter Arbeitsbegriff kann sowohl der sozialen Phantasie, die durch die neoliberale Hegemonie und eine zur Gesellschaftstheorie aufgeblasene Betriebswirtschaftslehre weitgehend blockiert scheint, neue Denkweisen eröffnen, als auch eine Brücke schlagen zwischen individuellen Bewusstseins- und Bedürfnislagen und kollektiver Gestaltungsformen und -möglichkeiten.[46]

Vorschläge hierzu liegen durchaus vor. Sie sind zum Teil sogar in insgesamt kritisch zu bewertenden Modellen wie dem des Club of Rome (vgl. Kap. 5.1.1) enthalten. Denn es ist zweifellos richtig, dass die Entgrenzung der Erwerbsarbeit und die Pluralisierung von Arbeitsformen Möglichkeiten eröffnen, auch die Bedeutung nicht-monetärer Formen der Arbeit (Versorgungsarbeit, Eigenarbeit, ehrenamtliche Arbeit etc.) in ihrer Bedeutung für die Reproduktion von Gesellschaft sowie für die Schaffung von Wohlstand insgesamt stärker in das Blickfeld zu rücken (vgl. HBS 2000: 237ff). Falsch ist indes die These, dass es jemals eine „klare Abgrenzung zwischen Erwerbsarbeit und Leben" (ebd.: 237) gab. Diese Grenze dürfte seit der Erfindung der Lohnarbeit tatsächlich nie existiert haben. Und so vernünftig und auch gerecht es ist, eine möglichst gleiche Verteilung gesellschaftlich, also für das Leben des Menschen insgesamt, notwendiger und zum Teil eben auch nicht bezahlter Arbeit/Tätigkeit zu fordern, so wenig Sinn macht es, dieses zur Grundlage eines neuen Begriffs von Vollbeschäftigung zu erheben – jedenfalls gilt das in einer auf der entwickelten Geldwirtschaft basierenden Gesellschaft, in der der Verkauf von Arbeitsleistung, in welcher Form auch immer, die maßgebliche Einkommensgrundlage ist. Denn nicht ein Mangel an Nichterwerbsarbeit treibt die Gesellschaft auseinander, sondern die ungleiche Verteilung der verfügbaren Erwerbsarbeit, die Fehlallokation des gesellschaftlichen Reichtums und die unzureichende Ausschöpfung der Möglichkeiten des produktiven Potentials sind das Problem. Die Chancen und Möglichkeiten, die in den Tendenzen des Wandels der Arbeit im Hinblick auf die Perspektiven eines 'guten Lebens' angelegt sind, aufzugreifen, deutet reformpolitisch in eine Richtung, die ich als *Zivilisierung gesellschaftlicher Arbeit* beschreiben möchte.

Auseinandersetzungen um verfügbare Zeit z.B., wie etwa von Gorz gefordert, sind sicherlich ein konkreter Handlungsansatz. Doch er bedarf der Einbettung in einen größeren Kontext, um tatsächlich bewegungsfähig zu werden, d.h. um Ausstrahlung über den Punkt hinaus zu entwickeln. Denn 'Zeit' ist eine der maßgeblichen Ressourcen, mit denen – um es in habermascher Diktion auszudrücken – die Intervention der System- in die Lebenswelt stattfindet. Ich möchte in diesem Zusammenhang einen Gedanken von Oskar Negt (2001: 410ff) aufgreifen und ergänzen, der auf einer diskursiven Ebene unterhalb der Formulierung konkreter Utopien ansetzt, jedoch gleichsam den sozialen Resonanzboden dafür bereiten will. Die Hegemonie betriebswirtschaftlicher Rationalität und reduzierter Ich-Identitäten droht das Bewusstsein für jene Kulturleistungen und ihre Voraussetzungen, die für den Erhalt dieser Gesellschaft und ihre soziale Entwicklungsfähigkeit erforderlich sind, zu verschütten. Das gilt auch für den einstmals realisierten Grad der De-Kommodifizierung von Arbeit. Um dieser Tendenz gesellschaftlicher Selbstgefährdung entgegenzuwirken fordert Negt eine neue Kulturdebatte um Arbeit ein: „Wenn lebendige Arbeit vom Kulturzusammenhang abgekoppelt ist, Betriebswirtschaft praktisch alles definiert, was ein Recht auf kulturelle Ausdrucksformen hat, und der technische Eros die Regeln vorgibt, denen politisches Handeln folgt, dann ist in der Tat eine ganz neue Kulturdebatte erforderlich. Sie hätte vor allem den Sinn, das Abgespaltene oder Abgekoppelte wieder in den Reflexionszusammenhang zurückzuholen, die mit Zwecken, mit menschlichen Maßverhältnissen und Sinnbedürfnissen zu tun haben" (ebd.: 411).

Kulturdebatten, wie die am Beginn des 20. Jahrhunderts durch Max Weber angestoßene Werturteilsdebatte in den Sozialwissenschaften oder der so genannte Historikerstreit in den 1980er Jahren über die Deutschen und den Nationalsozialismus, haben für Negt eine gesellschaftliche Doppelfunktion. Sie schärfen zum einen die Urteilsfähigkeit und wirken zugleich integrativ, indem sie sozialen Konflikten einen gesellschaftlichen Artikulationsrahmen verschaffen (vgl. ebd.: 413). Und ein solcher ist mithin die Grundlage jeder konfliktuellen Zivilisierung. Negt ist dabei keinesfalls blind gegenüber dem Problem der inflationären und sinnentleerenden Verwendung des Kulturbegriffs – „Kultur wird offensichtlich überall dort als Markenzeichen benutzt, wo man etwas verbergen will oder wo etwas verdreht werden soll" (ebd.: 413). Doch er betrachtet die Rückeroberung eines Raums gesellschaftlicher Selbstreflexion, der gemeinschaftliche und emanzipative Strategien der Krisenbewältigung auf einzelnen Feldern zu erschließen ermöglicht – hier dem der gesellschaftlichen Arbeit –, selbst als einen Akt kultureller Tätigkeit (vgl. ebd.: 414). Die Auseinandersetzung um die Bedingungen und Möglichkeiten eines 'Neuen Gesellschaftsvertrags' ist insofern auch ein Prozess, der das kollektive Bewusstsein vor dem Verlust von Handlungsfähigkeit infolge des Verlusts der Erinnerung an Kulturleistungen bewahrt, den der verengte Horizont sozialer Alltagspraxen hervorbringt. Eine solche Kulturdebatte zielt nicht auf die Beschwörung eines kruden Arbeitsethos, sondern sie will den sozialen Stellenwert von Arbeit im Postfordismus und ihre konstitutive Bedeutung für die Gesellschaft rekonstruieren. Funktionalistische Verkürzungen des Arbeitsbegriffs oder auch die reine Fokussierung auf (Arbeits-) Zeit, das Verhältnis von Arbeit und Tätigkeit etc. werden der Tragweite der aktuellen Transformationsphase nicht gerecht. Sie müssen in einen Zusammenhang gesamtgesellschaftlicher Entwicklungsperspektiven eingebettet werden.

Die Alternative zur postfordistisch-deformierten Erwerbsarbeit kann – schon aus Gründen des Umfangs gesellschaftlicher Arbeitsteilung, der erforderlich ist, um die komplexen Bedürfnisse einer pluralen und vernetzen Gesellschaft zu befriedigen – nicht die Nicht-Arbeit oder andere Szenarien des Ausstiegs aus dem Reich der Notwendigkeit sein. Vielmehr geht es darum, die durch die Gesellschaft anerkannten und ggf. honorierten Arbeitsformen auszuweiten, denn viele der nicht-monetären Formen von Arbeit wirken zumindest mittelbar produktivitätssteigernd oder -erhaltend. Dies ist der Nährboden der kulturellen Evolution von Gesellschaft, und Arbeit ist in diesem Sinne tatsächlich eine „historisch-fundamentale Kategorie" (ebd.: 429), deren Gewicht angesichts der Globalisierung der Lohnarbeit eher zu- als abnimmt. Zivilisierung gesellschaftlicher Arbeit als ein Element eines 'Neuen Gesellschaftsvertrags' im Sinne von Regulation zielt dann letztlich darauf, die Ökonomie wieder in den Dienst der Entfaltung menschlicher Möglichkeiten zu stellen und jene Prozesse, die die Degeneration dieses Ziel-Mittel-Verhältnisses fördern, zu stoppen.[47] Denn solange das ökonomische Potential unzureichend ausgeschöpft wird und sich auf Wegen der systemischen Selbstverwertung bewegt, solange kann auch auf der sozialpolitischen Seite nicht wesentlich mehr als eine Politik der (mehr oder weniger 'effizienten') Mangelverwaltung betrieben werden. Oder aber man kommt, wie der SPD-Generalsekretär Scholz, zu der in Anbetracht des geschichtlich einmaligen Ausmaßes des durch Menschen produzierten Reichtums paradoxen Diagnose, dass ein Begriff von Gerechtigkeit, der sich auch auf Verteilung stützt, „aus objektivem Mangel an Mitteln" nicht zukunftsträchtig ist (vgl. Scholz 2003).

5.3.2 Arbeit und Teilhabe

Zivilisierung gesellschaftlicher Arbeit bedeutet Arbeit und Gerechtigkeit wieder produktiv miteinander in Beziehung zu setzen. Die soziale Exklusion derer, die in der Wettbewerbsgesellschaft unfreiwillig 'auf der Strecke bleiben' und von der Partizipation an gesellschaftlichen Chancen abgeschnitten sind und die Selbst-'Exklusion' derjenigen, die sich vermittels ihres Reichtums von der Gesellschaft abschirmen und dieser ihre Beiträge entziehen als Ausdruck wachsender Ungleichheit zu identifizieren (vgl. Giddens 1999: 121), ist durchaus einleuchtend. Und umgekehrt ergibt es dementsprechend einen Sinn, soziale Inklusion als Ausdruck wachsender Gleichheit und Voraussetzung sozialer Gerechtigkeit zu definieren.[48] Nimmt man die politische Praxis zum Maßstab, so rankt sich die neo-sozialdemokratische Politik des „Dritten Wegs" jedoch recht einseitig vor allem um die Frage nach dem zumutbaren Umfang individueller Selbstverantwortung im Verhältnis zu den staatlichen Fürsorgeaufgaben gegenüber denen, die von tatsächlicher, d.h. materieller Exklusion am unteren Rand der Einkommenspyramide bedroht sind. In unterschiedlich verklausulierter Form werden hierbei immer wieder Verteilung und Teilhabe (Partizipation) gegeneinandergestellt. Dies war bereits im gemeinsamen Papier von Blair und Schröder (1999) der Fall und dies ist bei vielen sich kritisch gebenden Politikanalysen nicht anders.

Die Politik des „Aktivierens", des „Förderns und Forderns", worin sich das Konzept der sozialen Inklusion als Slogan kleidet, vollzieht in der Praxis jene Dichotomie von Ökonomie und Politik nach, die in den Theorien des „Dritten Wegs" vorgedacht wurde. Dem entspricht die Teilung zwischen der Sphäre einer aktiven Sozialpolitik, mit der der Staat gestaltend eingreift, um absolute Armut zu verhindern, und der Sphäre des Marktes, auf dem die neoliberal definierten Regeln von Markt und Wettbewerb gelten, die sich in den politischen Programmen widerspiegeln. „Der neue Gesellschaftsvertrag", so beispielsweise Giddens (2001: 118), „der Rechte an Verpflichtungen knüpft, muß Bestandteil eines reformierten Sozialsystems werden. Das Schlagwort der amerikanischen *New Democrats* – der Sozialstaat solle den Menschen aufhelfen, statt mit Almosen auszuhelfen (offer a hand-up, not a hand-out) – wird durch eine nachdrückliche Arbeitsmarktreform und die Schaffung von Arbeitsplätzen mit Leben gefüllt". Diese Grundpositionen haben in den letzten Jahren eine Praxis der politischen Anpassung an die 'Sachzwänge' des Marktes befördert, die vor allem zu Lasten der am wenigsten Begünstigten geht, die gesellschaftliche Moral beschleunigt erodieren lässt und die beklagte Gerechtigkeitslücke vergrößert, statt sie zu reduzieren. „Die politischen Akteure bestätigen durch ihr geschicktes Anpassungsverhalten an die ökonomische Logik, dass die mit der Globalisierung gewachsene Machtasymmetrie zwischen Kapital und Arbeit ihnen eine Politik abverlangt, die bestenfalls als 'kleineres Übel' noch überzeugen kann. Aus einer an der Vision einer besseren Gesellschaft orientierten Politik wurde eine Politik der Schadensbegrenzung. Gerade wo die Sozialdemokratie die Regierungsmacht ausübt, wächst die Desillusionierung" (Schumann 2003: 163). In den Beziehungen von Individuum und Gesellschaft hat eine neue Prämisse Einzug gehalten, in der eine „autoritäre Gemeinwohlpraxis" (Lessenich 2003: 218) auf eine verstärkte soziale Kontrolle der Bedürftigen zielt, von denen – unter Androhung sozialen Ausschlusses – ökonomische Selbstaktivierung erwartet wird. Was darin letztlich zum Ausdruck kommt, ist das Bild einer Gesellschaft, „deren eingeschränktes, *halbiertes* Verständnis von Aktivierung auf Individuen, nicht auf Kollektivitäten, auf selbstorganisierte Lebensführung, nicht aber auf kooperative Gestaltung des Arbeitsprozesses zielt" (ebd.).

Die Strategie der Senkung des Lohnniveaus und der Deregulierung des Arbeitsmarktes, gemäß den Bedingungen des 'atmenden Unternehmens' – ob nun durch die Förderung von Niedriglohnbeschäftigung oder durch den Abbau von rechtlichen Regelungen zum Schutz der ArbeitnehmerInnen –, wird in der öffentlichen Darstellung vor allem legitimiert mit der daraus angeblich resultierenden Verbesserung der Lage der am wenigsten Begünstigten.[49] Im Falle des Arbeitsmarktes sind das vor allem die Geringqualifizierten, die Langzeitarbeitslosen, Alleinerziehende – die schwer vermittelbaren Habenichtse in Sachen 'Humankapital'. Diesen, so die Formelsprache des „Dritten Wegs", gelte es, die soziale Inklusion zu erleichtern, indem man den Unternehmen die Nutzung ihrer Arbeitskraft attraktiver (sprich: billiger) macht und ihre Mobilität (sprich: flexible Verfügbarkeit) erhöht. Dabei wird immer wieder auch der Bezug zu den Rawlsschen Gerechtigkeitskriterien bemüht. So heißt es beispielsweise in einem Positionspapier der SPD-Grundwertekommission: „Soziale und wirtschaftliche Ungleichheiten bzw. politische Maßnahmen, die diese verstärken, sind nur dann zu tolerieren, wenn sie den am wenigsten Begüterten nicht nur zugute kommen, sondern für diese aus der politischen Entscheidung auch der größte Nutzen fließt; wenn also bestimmte Ungleichheiten jedem nutzen, indem sie sozial und wirtschaftlich nützliche Fähigkeiten und Energien mobilisieren, können sie dann als sozial gerecht angesehen werden, wenn die unteren sozialen Schichten aus dieser wirtschaftlichen Dynamik so profitieren, daß sie danach besser gestellt sind als zuvor" (Thierse u.a. 1999: 30). Die Besserstellung derjenigen, die von den skizzierten arbeitsmarktpolitischen Einschnitten am meisten betroffen sind, wird praktisch damit begründet, dass es für das Individuum (als auch für die Gemeinschaft) besser ist, irgendeine Erwerbsarbeit zu haben (bzw. verteilen zu können), als gar keine.[50] Die damit einhergehende Verstärkung des Trends zur Re-Kommodifizierung der Arbeitskraft ist keine unintendierte Folge der Politik des „Dritten Wegs", sondern sein erklärtes Ziel (vgl. Streeck 2001: 159; Streeck/Heinze 1999: 159ff). Die in diesem „erweiterten Gerechtigkeitsbegriff" (Scholz 2003) aufgehobene Politik reproduziert das neoliberale Theorem des zur Beute der 'organisierten Arbeitsplatzbesitzer' gewordenen Wohlfahrtsstaats, in vergleichbarer Semantik: „Privatisierung und

Entstaatlichung versprechen nicht nur Effizienzverbesserungen, sondern scheinen auch in der Lage zu sein, die Machtposition von Partikularinteressen zu unterminieren, denen es nichts ausmacht, wenn Umverteilung zu Verschwendung und Solidarität zu Bereicherung werden" (Streeck 2001: 166). Die Partikularinteressen, gegen die es hier geht, sind nicht etwa die der transnationalen Unternehmen, der Vermögens- und Einkommensmillionäre, die von Reallohnsenkungen, Steuergeschenken und Finanzoasen in besonderem Maße profitieren und sich dennoch zunehmend ihrer Sozialverpflichtung entziehen. Tatsächlich zielt der Vorwurf der Verschwendung und des Solidaritätsmissbrauchs letztlich auf diejenigen „mit starken Gerechtigkeitsgefühlen ausgestatteten Interessengruppen" (ebd.: 163f), die die Errungenschaften des modernen Wohlfahrtsstaates gegen die Tendenzen der Entgrenzung des Marktes verteidigen: die Gewerkschaften. So plädiert Streeck letztlich dafür, die Hegemonie des Marktes anzuerkennen und an die Stelle sozialen Ausgleichs als Ziel von Sozialpolitik, das Ziel der „Herstellung von *Chancengleichheit bei Markteintritt*" (ebd.: 167, Herv. i. Orig.) zu setzen. Soziale Gerechtigkeit habe sich produktivistisch zu legitimieren, da aufgrund der gestiegenen Mobilität der Bessergestellen bzw. ihres Geldkapitals jeder Versuch staatlicher Umverteilung zum Scheitern verurteilt sei. „Für soziale Gerechtigkeit ohne kurzfristige Produktivitätsrendite sind die Zeiten nicht gut" (ebd.). Abgesehen davon, dass die Umverteilung von Unten nach Oben offenbar noch sehr gut funktioniert, wird hier – wie bei Buchanan u.a. – der Markt zur zentralen Legitimationsinstanz erklärt, zum Gerechtigkeitsindikator. Die Unterordnung der Vernunft unter den Markt beginnt indes damit, dass die Kluft zwischen einzelwirtschaftlicher und gesamtwirtschaftlicher Rationalität nicht einmal mehr thematisiert wird oder die Unterschiede zwischen freiwilliger und unfreiwilliger sozialer Exklusion verwischen.

Gegenüber der freiwilligen 'Exklusion' der Einkommensstarken fehlen dem Staat der Sache nach Sanktionsmöglichkeiten in der Art, wie er sie gegenüber den sozial Schwachen geltend machen kann und geltend macht. Hier wäre er deshalb gefordert erzwingend einzugreifen. Was der Staat gegenwärtig tut ist allerdings das Gegenteil. Auch wenn es nach Walzer als ungerecht zu bezeichnen wäre, dass über viel Geld zu verfügen auch ermöglicht, soziale Güter außerhalb der 'Sphäre des Marktes' zu erwerben, ist genau das zunehmend der Fall. Im – wie es der Kieler Ökonom Horst Siebert beschönigend nennt – globalen „Schönheitswettbewerb der Länder" (Siebert 1997: 284) um das flexible Kapital wird die Gesellschaft auf Genügsamkeit konditioniert. Denn schließlich, so fasst Siebert zusammen, gilt für dessen Akteure: „Man ist auch bereit, für soziale Stabilität und die gesellschaftliche Kohärenz Steuern aufzubringen. Allerdings hat dies Grenzen" (ebd.). Diese Grenzen werden nun zunehmend durch das Kapital selbst definiert bzw. die Politik ist bemüht, durch geeignete Maßnahmen, beispielsweise im Stiftungs- und Steuerrecht, Bedingungen zu schaffen, die es den Bessergestellten attraktiv machen, einen Teil ihres monetären Kapitals durch Mildtätigkeit in soziales Kapital zu verwandeln. Mit der Entwicklung sozialer Bürgerrechte hat das wenig zu tun, mit der Verstetigung sozialer Ungleichheit und der Unterordnung gesellschaftlicher Arbeit unter die Verwertungsbedingungen des Kapitals hingegen viel.

Doch, selbst wenn es (wie in den Niederlanden) auf dem eingeschlagenen Pfad auch in Deutschland gelänge, eine entsprechende Umverteilung der vorhandenen Arbeit zu bewirken, könnten dann die den am wenigsten Begünstigten am Arbeitsmarkt auferlegten Zumutungen als gerecht bzw. legitim gelten? Nach der im vorherigen Kapitel dargelegten Skizzierung der Konturen einer zeitgemäßen Konzeption des Gesellschaftsvertrags wohl kaum. Denn die Verbesserung der Lage der einen Partei (des Kapitals), zu Lasten einer Anderen (der lebendigen Arbeit), kann nicht einmal nach dem Pareto-Kriterium als 'gerecht' bezeichnet werden, geschweige denn nach den Rawlsschen Kriterien der Gerechtigkeit. Statt sozialen Zusammenhalt und damit die reformpolitische Belastbarkeit der Gesellschaft tatsächlich nachhaltig zu stärken, wird auf der Basis einer solchen Argumentation die Belastung der Schwachen und Schlechtergestellten gesteigert und der Horizont möglicher Reformperspektiven auf den Status quo so genannter „best practices" begrenzt. Durch das Vorantreiben prekärer Arbeitsverhältnisse (Befristung, Leiharbeit, Scheinselbständigkeit etc.) werden sozial destabilisierende Trends verstärkt und bereits erreichte Standards im Hinblick auf eine menschengerechte Gestaltung von Erwerbsarbeit sukzessive umgangen. Und ob die Ausweitung von Niedriglohnjobs in den Haushalten der Bessergestellten wenigstens zu einer gesellschaftlichen Aufwertung von Haus- bzw. Versorgungsarbeit führen wird, darf nach einem Blick in die Geschichte bezweifelt werden.

So mündet die politisch forcierte Erosion kollektiver Vertragsformen infolge zunehmender Dezentralisierung der Verhandlungsebenen, u.a. durch die Eröffnung neuer Formen von Selbständigkeit in Abhängigkeit, letztendlich vor allem in einer erhöhten Verfügbarkeit des variablen Kapitals für die Unternehmen. Absicherung und Vorsorge gegenüber Lebensrisiken, Urlaub, Weiterbildung – all dies braucht das beauftragende Unternehmen nicht mehr zu kümmern, sondern obliegt den abhängigen Auftragnehmern. Doch wenn einerseits immer mehr Menschen unter der Last ihrer Erwerbsarbeit leiden, sie absolut und relativ immer mehr arbeiten, um 'selbstverantwortlich' darüber zu entscheiden unter Einsatz welcher Form der Extra-Arbeit das durch das Unternehmen festgelegte 'Projektergebnis' erzielt werden kann, während gleichzeitig die Zahl derjenigen steigt, die darunter leiden, dass es ihnen an einer gesicherten Erwerbsarbeit mangelt, dann haben wir es offenbar mit Verhältnissen zu tun, deren gesellschaftliche Effizienz äußerst fragwürdig ist. Insofern sich weder für die Masse der Einzelnen Pfade zum 'guten Leben' eröffnen noch eine wohlfahrtstiftende gesamtwirtschaftliche Wirkung unmittelbar zu erkennen ist, scheint die Frage nach Parallelen zu dem angemessen, was Keynes (1936: 321) seinerzeit als fehlgeleiteten Individualismus qualifizierte, vermittels dessen versucht wurde, „das Problem der Arbeitslosigkeit auf Kosten der Leistungsfähigkeit und der Freiheit zu lösen".

Die unfruchtbare Debatte über Freiheit versus Gleichheit ebenso wie die daraus abgeleitete Dichotomie zwischen teilhabender und verteilender Gerechtigkeit, zwischen Chancengleichheit und materieller Gleichheit lassen sich überwinden, wenn die Ergänzungen von Martha Nussbaum gegenüber der Rawlsschen Theorie der Gerechtigkeit produktiv aufgegriffen werden. Da mit der von Nussbaum vorgeschlagenen Fokussierung auf die Schaffung von Verhältnissen, die der Entwicklung menschlicher Fähigkeiten förderlich sind, der Katalog der gesellschaftlichen Grundgüter, für die Rawls seine Prinzipien der Gerechtigkeit entwickelt hat, erweitert wird, ergeben sich auch Optionen einer entsprechenden Bewertung von Verhältnissen, die bei Rawls nur auf der aus der gerechten Grundstruktur (die bei Rawls Gegenstand des Gesellschaftsvertrags ist) abgeleiteten praktisch-politischen Sekundärebene eine Rolle spielen. So würde nach Rawls die Gestaltung der gesellschaftlichen Arbeitsverhältnisse wohl eine Angelegenheit auf der zweiten Ebene, während es sich aus der Perspektive eines an der Entfaltung menschlicher Fähigkeiten orientieren Standpunktes um absolut zentrale Grundstrukturen handelt, die das gesellschaftliche Sein prägen (vgl. Nussbaum 1999: 64). Daraus folgt, dass das Kriterium der Gerechtigkeit sich nicht allein auf Verfahren der gerechten Verteilung des Gutes Erwerbsarbeit beschränken kann. Denn allein der Zugang (Teilhabe) der Individuen zu Formen von Erwerbsarbeit kann nicht der hinreichende Maßstab des guten Lebens sein. Gerade in Anbetracht der Bedeutung von Tätigkeit für die Entfaltung des menschlichen Seins sind Form (Sicherheit der Beschäftigung, Einkommen, soziale Anerkennung etc.) und Inhalt (Qualifikationschancen, Vermeidung arbeitsbedingter Erkrankungen, gesellschaftlich sinnvolle Tätigkeit etc.) bei der Bewertung konkreter Erwerbsarbeitsverhältnisse nicht zu trennen. Es ist insofern die Konstruktion eines falschen Gegensatzes, wenn gefordert wird, an die Stelle von Umverteilung sollte mehr die Förderung menschlicher Möglichkeiten treten (vgl. Giddens 1999: 118). Beides steht vielmehr in einem Zusammenhang. Erst durch den Rückgriff auf qualitative Kriterien kann sich ein gehaltvoller Gerechtigkeitsbegriff ergeben, der dann immer in einem konkreten Bezug zur Verteilung gesellschaftlicher Güter steht. Diesen wiederum zum Prüfstein tatsächlicher Verhältnisse zu machen ist dann Sache des politischen Willens und der Konfliktfähigkeit. Denn natürlich sind die hiernach zu klärenden Fragen, wer Anspruch auf welche Arbeit, zu welchem Lohn und über welchen Zeitraum hat, einerseits zwar normativ-abstrakt zu beantworten, ihre praktische Beantwortung ist jedoch eingewoben in Klassen- und Machtverhältnisse, die durch die Verfolgung von Partikularinteressen strukturiert sind.

5.3.3 Arbeit und Emanzipation

Normative Positionen kommen im politischen Prozess für gewöhnlich nicht als Idealformen zur Geltung. Auf diesem Feld geht es vielmehr um unterschiedliche Interessen, um Hegemonie und Kompromissbildung. Normatives Denken übernimmt dabei implizit oder explizit aber die Funktion, Richtungsmarken zu setzen. Denn bei der Definition des Konfliktfeldes, auf dem Punkte der Kompromissbildung zu finden sind, ist zuerst die Definition der Ausgangsposition seitens der einzelnen Akteure für das mögliche Ergebnis von hoher Bedeutung. Dies schlägt sich auch in der konkreten Ausformung von Staatlichkeit im erweiterten Sinne nieder, d.h. im System politischer Institutionen kollektiver Entscheidungsfindung.[51] Der Rückzug des Staates auf die beschränkte Rolle eines Moderators im 'Bündnis für Arbeit' beispielsweise folgte nicht aus übergeordnetem Sachzwang, sondern war Ausdruck der konkreten Gestalt jener sozialen Kräfteverhältnisse, die sich, wie Poulantzas (2002: 159) das formulierte, im Staat materiell verdichten. Denn es zeigt sich am Beispiel der Hartz-Gesetze und der daran anschließenden Agenda 2010 doch, dass der Staat sehr wohl eine aktiv regulierende Rolle einnimmt. Nur orientiert sich diese heute – weitgehend unabhängig von den konkreten Regierungsmehrheiten – nahezu ausschließlich an den Kapitalinteressen. Etwas neutraler formuliert könnte man auch sagen: die gesellschaftlichen (Kräfte-) Verhältnisse sind aus dem Gleichgewicht geraten. Ungebremst führt diese Politik nicht zu einem 'Neuen Gesellschaftsvertrag' im Sinne eines 'fairen' Kompromisses, sondern vielmehr zu einer Dominanz unverfasster ökonomischer Mächte und einem Verlust sozialer Demokratie (vgl. Narr 1996: 20).

Zivilisierung gesellschaftlicher Arbeit ist ein Gegengewicht. Es meint, die Lasten des Notwendigen den ökonomisch-technischen Möglichkeiten nach zu begrenzen und die gewonnenen Freiheitsgrade für die gerechte Entfaltung der Fähigkeit ein tätiges Leben zu führen, einzusetzen. In Anbetracht des Status quo mag das utopisch fern klingen. Doch jede Utopie, die aus der Kritik des Bestehenden erwächst, verweist auch auf unausgeschöpfte Möglichkeiten des Da-Seins vor dem Hintergrund normativer Vorstellungen vom Sein-Sollen. Und in Abhängigkeit von den gesellschaftlichen Möglichkeiten verändert sich der Bezugspunkt utopischen Denkens. Von der fernen Projektion rückt er „in dem Maße, wie die Mittel seiner Verwirklichung reichhaltiger werden, immer näher ans Zentrum der Gesellschaft" (Negt 2001: 432). Die Umsetzung erfordert die Mobilisierung von politischen Mehrheiten. In diesem Prozess ist eine überzeugende Rekonstruktion der Vorstellung von sozialer Gerechtigkeit ebenso wichtig wie ein entsprechendes Maß an demokratischer Konfliktbereitschaft. Wo aber könnten die gesellschaftlichen Anknüpfungspunkte für gegenhegemoniale Strategien gesucht werden? Als Antonio Gramsci sich in der ersten Hälfte des 20. Jahrhunderts mit der Entstehung von Herrschaftsstrukturen befasste, war für ihn klar, dass gesellschaftliche

Hegemonie – und damit eben auch Gegenhegemonie – ganz wesentlich aus den Arbeits- und Lebensbedingungen, aus der Fabrik entspringt und „nur eine minimale Menge professioneller Vermittler der Politik und Ideologie benötigt" (Gramsci 1991ff: 2069). Seinerzeit standen für die breite Masse der Menschen zahlreiche Rechte erst an der Schwelle ihrer gesellschaftlichen Durchsetzung und die Lebenslagen im sozialen Milieu der ArbeiterInnenklasse waren verhältnismäßig uniform. Heute sind die Lebens- und Arbeitsverhältnisse ausdifferenzierter und die Zahl der professionellen Vermittler von Ideologie und moralischen Werten hat sich vervielfacht – allein schon durch die veränderten Strukturen von Information und Kommunikation. Wenn aber der Fabrikbegriff nicht verengt interpretiert wird, sondern im Sinne sich verändernder materiell-praktischer und organisatorisch-technischer Verhältnisse und Konditionen abhängiger (Erwerbs-) Arbeit, so befindet sich hier offenbar auch heute noch eine maßgebliche Quelle von Hegemonie. Die Re-Kommodifizierung von Erwerbsarbeit und die damit einhergehende zeitliche Entgrenzung von Erwerbs- und Nichterwerbsarbeit bewirken ebenso wie die neue Inwertsetzung von Kommunikation in den Unternehmensstrategien der indirekten Steuerung, dass das Private in seiner erweiterten Form als Subjektivität in neuer Weise als Politisches aufscheint.

Revelli zufolge wird die Nutzbarmachung der Ressource Subjektivität dazu führen, dass der Arbeitende in der organischen Logik dieses Systems aufgeht und folglich der soziale Konflikt, im Sinne des sich um die Bedingungen und Intensität der Verwertung des Arbeitsvermögens drehenden Interessengegensatzes zwischen Kapital und Arbeit, „aus dem subjektiven Bewußtseinshorizont radikal verschwunden ist" (Revelli 1997: 29). Dass es dazu kommt ist aber keinesfalls bereits im Vorhinein entschieden, sondern eine offene Frage. Zweifellos gibt es einerseits die Gefahr eines deformierten „negativen Individualismus" (Castel 2000: 404)[52], den der krude Zwang zur Selbstvermarktung hervorbringt. Gerade um dieser Gefahr entgegenzuwirken, gilt es zu vermitteln, dass Prekarität mehr ist als nur eine Begleiterscheinung eines sich evolutionsartig verändernden Lohnverhältnisses. Sie ist ein Schlüsselfaktor, Teil eines Herrschaftsversuchs, den Bourdieu als „Flexploitation" bezeichnet und der „auf der Errichtung einer zum allgemeinen Dauerzustand gewordenen Unsicherheit fußt" (Bourdieu 1998: 100). Andererseits gilt es dem Umstand Rechung zu tragen, dass es bei einer wachsenden Zahl von Menschen nicht nur ein gesteigertes Bedürfnis, sondern auch tatsächlich größere Möglichkeiten gibt, die eigene Identität, einschließlich von Wegen und Formen der Vergesellschaftung, in einem höheren Maße selbst zu definieren. Diese Seite positiver Individualität gilt es zu stärken, um zu verhindern, dass die individuelle Verantwortung, die die neue Betriebsweise so lautstark anruft, sich verkehrt in „das exakte Gegenteil einer freien, sich der 'Welt der Dinge' entgegenstellenden Subjektivität, weil sie dem Universum des Unternehmens vollständig subsumiert ist" (Revelli 1997: 31). Gerade die Fragmentiertheit des modernen Managementsystems, das auf „lockere Netzwerke" anstelle der pyramidalen Hierarchien des Fordismus setzt, eröffnet dabei die Möglichkeit gestalterischer Interventionen. Denn Elemente eines Netzwerks sind beweglicher als Bausteine in einer Pyramide (vgl. Sennett 2000: 60). Und die gesteigerten Subjektanforderungen in der Erwerbs-arbeit bergen nicht nur individuelle Belastungsmomente, sondern auch Optio-nen zur Stärkung sozialer und wirtschaftlicher Rechte und Chancen der Einzel-nen. Die auf der Grundlage einer erweiterten Subjektivität zugleich mögliche Vielfalt kann insofern zur Quelle alternativer Konzepte und politischer Interventionen werden, wenn sie als Chance aufgegriffen wird. Politische Mehrheiten zu verän-dern erfordert allerdings alternative Vorstellungen zu formulieren. Denn eine soziale Bewegung „kristallisiert sich (...) erst, wenn sich für die Bearbeitung von Konflik-ten, die als ausweglos empfunden werden, normativ befriedigende Perspektiven eröffnen" (Habermas 1998b: 817). Diese Perspektiven, das haben die Erfahrun-gen gezeigt, eröffnen sich aber weder durch die (kritische) Überprüfung neoliberaler Politik auf den von ihr selbst abgesteckten Feldern, noch auf dem Wege der Abmilderung ihrer sozialen Folgen, wie es für das Projekt des „Dritten Wegs" kennzeichnend ist. Übersetzt in die Koordinaten der politischen Auseinanderset-zung um die Perspektiven der Arbeitsgesellschaft würde das u.a. bedeuten, das defensive „Wie wir arbeiten *werden?*" (Giarini/Liedtke 1998) in ein offensives „Wie wir arbeiten *wollen*" zu wenden! Hier kommen normative Begründung und sozi-ale Phantasie wieder ins Spiel.

Ob, wie in vielen Diskussionsbeiträgen gefordert, ein von der Art und Dauer der Erwerbsarbeit abgekoppeltes Grund- oder Bürgereinkommen in diesem Zu-sammenhang eine zweckmäßige Option darstellt, kann nur in Abhängigkeit von der Reflexion bzw. Veränderung anderer politische Parameter sinnvoll beantwor-tet werden.[53] Was sich aber mit Sicherheit sagen lässt, ist, dass der Stellenwert von Bildung und Ausbildung deutlich steigt. Zwar war der Abbau von Bildungs-privilegien schon immer ein Element des Kampfes um soziale Gerechtigkeit, doch die derzeit sich vollziehende Stärkung von Subjektivität erfordert auch in neuer Weise eine Stärkung der individuellen Orientierungs- und Handlungsfähigkeit. Die Frage der Bildung ist daher ein zentraler Bestandteil der sozialen Frage von heute. Sie lässt sich aber in der Praxis sehr unterschiedlich beantworten. Je mehr, wie im Moment der Fall, auch die Bereiche Aus- und Weiterbildung von den Trägerstrukturen her privatisiert und von den Inhalten her den 'Gesetzen des Marktes' ausgeliefert werden, desto mehr nehmen Bildung und Weiterbildung einen warenförmigen Charakter an. Sie werden auf eine funktional-wettbewerbs-orientierte Wissensvermittlung ausgerichtet. Der Einzelne lernt sich rasch an dy-namisch wechselnde Außenanforderungen anzupassen und nach dem Muster des Benchmarking aus dem gegebenen Set an Optionen das für seine Ziele effizientes-te Angebot auszuwählen.[54] Sprachlich adäquat ist hierbei häufig von der Ent-wicklung des „Humankapitals" die Rede. Der Begriff Humankapital aber ist für sich genommen unvollständig und bedarf der Ergänzung, „weil Menschen nicht bloß Produktionsmittel sind, sondern auch der Zweck der Übung" (Sen 2000: 350f). Darin angelegt ist die Frage nach dem Maßstab des 'guten Lebens'. Wenn aber die Welt der Dinge, der Güter und Waren, sich über die Welt der Menschen erhebt, für deren Wohlergehen sie gedacht waren, so kann dies nicht im Sinne eines 'guten Lebens' sein, weil es der Verwirklichung der menschlichen Fähigkeiten den Möglichkeiten nach nicht gerecht wird. Um diese Möglichkeiten unter den Bedingungen der Gegenwart zu maximieren, braucht es Menschen, die Verantwortung nicht nur als private sondern auch als eine öffentliche Angelegenheit begreifen, die sich nicht nur im Rahmen gesetzter Optionen bewegen, sondern auch darüber hinaus denken können.[55] Die Entwicklung von Strategien, die im kantischen Sinne jenes Wahlspruchs der Aufklärung „Habe Mut, dich deines eigenen Verstandes zu bedienen!" (Kant 1977: 53), auf die Emanzipation des Menschen statt auf dessen autoritäre Unterordnung unter die neue religiöse Zweifaltigkeit von Markt und Wettbewerb zielen, ist ein Schlüsselelement auf dem Wege der Durchsetzung eines 'Neuen Gesellschaftsvertrags'. In diesem Sinne beginnt die Zivilisierung gesellschaftlicher Arbeit auch bei der Stärkung der Zivilcourage der in Abhängigkeitsverhältnissen handelnden Menschen.

Den Gewerkschaften kann dabei als „Interessenvertreter der lebendigen Arbeit" (Negt) eine wichtige Mobilisierungsfunktion zukommen. Diese auszufüllen erfordert von ihnen allerdings eine praktisch-politische Neuorientierung. Denn, auch wenn es innerhalb der europäischen Mitte-Links-Parteien vorsichtige Zweifel an der Politik des fortgesetzten „Bruch(s) der Sozialdemokratie mit der Arbeiterbewegung" (Zeuner 1999) gibt,[56] ist eine ernsthafte Kurskorrektur nicht in Sicht. Den Gewerkschaften bleibt daher auf längere Sicht keine andere Wahl, als auch auf der politischen Bühne die Durchsetzung gesellschaftlicher Ziele wieder in die eigenen Hände zu nehmen. Dies wird vor dem Hintergrund bereits vollzogener Schritte der Deregulierung des Lohnverhältnisses durch die Hartz-Vorschläge und die Maßnahmen der Agenda 2010 zweifellos nicht einfacher, jedoch unabdingbarer. Denn die Anprangerung der Gewerkschaften als Reform-Bremser, als 'Interessenkartell der Arbeitsplatzbesitzer' usw., wie sie das Bild in der veröffentlichten Meinung bestimmt, verfängt. Sie verfängt einerseits vor allem aufgrund der Hegemonie solcher Deutungsmuster, nach denen der große Tanker Deutschland AG mit vereinten Kräften rund um die Uhr durch die rauen Winde auf dem Ozean der globalisierten Konkurrenz zu manövrieren ist und wo jeder Streik des Personals als dem Gemeinwohl abträgliche gefährliche Sabotage gilt. Aber sie verfängt auch deshalb, weil die Gewerkschaften selber sich in eine schwierige Lage gebracht haben. So hat das Scheitern des Bündnisses für Arbeit in der öffentlichen Wahrnehmung die Glaubwürdigkeit der Gewerkschaften - auch in der eigenen Mitgliedschaft - erheblich mehr infrage gestellt, als die der anderen Akteure in diesem Sozialpaktversuch, obgleich letztere in größerem Maße zu seinem Scheitern beigetragen haben. Das mag mit unterschiedlichen moralischen Ansprüchen zu tun haben, aber auch die gilt es politisch in Rechnung zu stellen. Auf Seiten der Arbeitgeber bestand natürlicherweise von vornherein kein ausgeprägtes Interesse an dieser Veranstaltung und auch die Regierung hat mit ihrer Politik der moderierenden Selbstbeschränkung deren Erfolg nicht eben befördert. Dennoch hat im Ergebnis vor allem das Ansehen der Gewerkschaften gelitten. In Abwandlung des bekannten Adorno-Mottos „Es gibt kein richtiges Leben im Falschen", ließe sich daraus vielleicht die Schussfolgerung ziehen: auf der Grundlage einer theoretisch falschen These ('Lohnverzicht schafft Arbeitsplätze') kann keine problemadäquate politische Praxis gründen.

Der aufbrechende Korporatismus wohlfahrtsstaatlicher Prägung war zwar einerseits das Resultat erfolgreicher sozialer Kämpfe um die Demokratisierung des fordistischen Kapitalismus, der den Einfluss arbeitsorientierter gewerkschaftlicher Positionen gesellschaftlich gestärkt hat und stärken sollte (grundgesetzlich garantierte Koalitionsfreiheit, Tarifautonomie etc.). Das betraf nicht nur Veranstaltungen wie die Konzertierte Aktion oder das 'Bündnis für Arbeit', sondern Einfluss und Mitbestimmungsrechte auf vielen Ebenen, von der Bundesanstalt für Arbeit, die Arbeits- und Sozialgerichtsbarkeit bis hin zu den Rundfunkräten öffentlich-rechtlicher Anstalten. Detlef Hensche (2003: 905f) hat darauf hingewiesen, dass die Gewerkschaften einen Teil ihrer gesellschaftlichen Legitimation aus dieser institutionellen Einbindung in die Staatsstruktur geschöpft haben, der durch die neo-sozialdemokratische Politik der Gegenwart nunmehr sukzessive die Basis entzogen wird. „Eine solche korporatistische Einbettung schafft Anerkennung; doch es ist geliehene Macht. Diese Autorität schwindet, unaufhaltsam. Ein Traumtänzer, wer glaubt, durch Stillhalten auch morgen noch bei Hofe willkommen zu sein und von dessen Glanze etwas mitnehmen zu können!" (ebd.: 906). Die politische Repräsentanz der Interessen der lebendigen Arbeit neu zu organisieren bedeutet dann auch neue Quellen gesellschaftlicher Gestaltungskompetenz zu erschließen oder an alte wieder anzuknüpfen und das Muster der Gleichsetzung von Politik und Konsens nach dem Modell des Co-Managements zu durchbrechen.[57] Eine dieser Quellen ist die Auseinandersetzung um die Lebenschancen und Partizipationsmöglichkeiten der Einzelnen. An das Autonomiebestreben der Menschen anzuschließen bedeutet dabei nicht, die am schlechtesten Gestellten und ihre prekäre Lage zu übergehen oder die Dominanz von Heteronomie in Abhängigkeit zu vergessen. Im Gegenteil. Nur wenn es gelingt, denjenigen wieder eine Stimme zu verleihen, die unter der Wucht des sozial entbetteten Marktes nach Luft und Sprache ringen, wird es auch möglich sein, Bewegung um Ansprüche dort zu entfalten, wo die subjektiven Möglichkeitshorizonte am weitesten sind und die persönlichen Voraussetzungen am tragfähigsten. Insofern ist der erste Schritt zu einem 'Neuen Gesellschaftsvertrag', dass der vorherrschende Trend der Deregulierung, Liberalisierung und Privatisierung aufgehalten wird. Dies trifft insbesondere für den Bereich der öffentlichen Güter zu – der globalen ebenso wie der nationalen bzw. lokalen. Es gilt an die historische Erkenntnis anzuknüpfen, „daß Demokratie und ein hohes Zivilisationsniveau stetes eines breiten Sektors der 'Dekommodifizierung' (d.h. des Zugangs zu öffentlichen Gütern von hoher Qualität für alle) und eines breiten Sektors des 'dekommodifizierten' Arbeitsmarktes – insbesondere im Bereich der Bildung und der Wissenschaft, der Gesundheit, der Infrastruktur usw. – bedürfen" (Deppe 2003b: 93). Die Sicherung dieser Grundlagen menschlicher Emanzipation kann auch in Zukunft nur durch dem Gemeinwohl verpflichtete staatliche Institutionen gewährleistet werden. Denn, so formulierte es Norberto Bobbio (1987: 121), eine Gesellschaft, in der die politischen Beziehungen dem privaten Recht untergeordnet werden, wird am Ende eine dekadente Gesellschaft sein.

6. Zusammenfassung

Die klassischen Theorien des 17. und 18. Jahrhunderts über den Gesellschaftsvertrag waren mit ihren Ideen von Rechtsgleichheit und Selbstbestimmung der Individuen als Basis der Legitimation staatlicher Herrschaft ein Moment der Überwindung der feudalen Ordnung. In der Debatte um einen 'Neuen Gesellschaftsvertrag' im 21. Jahrhundert geht es nicht um diese Ebene des Gesellschaftsvertrags *über* den Staat, sondern ihr Gegenstand ist vielmehr der implizite Gesellschaftsvertrag *im* Staat, d.h. das Verhältnis von individuellen und kollektiven Freiheitsrechten und Rechtsansprüchen zu den möglichen und tatsächlichen Partizipationschancen und ökonomischen Verteilungsverhältnissen. Sie greift die Frage nach den materiellen Konditionen sozialer Kohäsion bzw. nach den Grenzen moralisch legitimierbarer sozialer Ungleichheiten auf, deren Dimensionen sich in den diskursiven Auseinandersetzungen um den Gerechtigkeitsbegriff niederschlagen. Die schrittweise Aufkündigung des wohlfahrtsstaatlichen Modells seit ca. Mitte der 1970er Jahre und die damit einhergehende Rückkehr der sozialen Frage bilden ihren aktuellen Hintergrund. In diesem Sinne ist die derzeitige Vertragsdebatte Teil des Versuchs, den Desintegrations- und Zentrifugalkräften, die durch eine sich ihrer sozialen Verpflichtungen mehr und mehr entledigende globalisierte Ökonomie freisetzt werden, eine normativ unterfütterte, d.h. auf tragfähigen und teilbaren Überzeugungen basierende Politik der zeitgemäßen demokratischen Zivilisierung im Sinne eines konfliktuellen Konsenses entgegenzusetzen. Und sie ist auch ein Ausdruck sich verändernder Motive und Potentiale gesellschaftlicher Selbstkonstitution und -steuerung. Im weiteren Gang der Untersuchung wurden drei mit dieser Entwicklung verbundene Teilaspekte näher betrachtet. Erstens die Frage, wie der angestrebte Zivilisierungsprozess politisch zu denken ist bzw. welche Rolle soziale Konflikte unter den Komplexitätsbedingungen der Gegenwart für die konkrete Formierung des Politischen spielen. Zweitens die Frage, nach dem Stellenwert der mit der Debatte um einen erneuerten Sozialvertrag einhergehenden gerechtigkeitstheoretischen Reflektionen für die Bildung von Hegemonie. Drittens wurde die Frage aufgeworfen, wie die zuvor genannten Teilaspekte in der konkreten politischen Auseinandersetzung um die Zukunft der Arbeit(sgesellschaft), die als exemplarisches Feld für den Prozess der Aufkündigung politisch-institutioneller Arrangements und für die 'neue soziale Frage' gelten kann, zusammenwirken bzw. wie die Ergebnisse dieses Zusammenwirkens zu bewerten sind.

Im Zuge der Untersuchung des ersten Teilaspektes wurden drei theoretische Ansätze dargestellt und hinsichtlich ihrer Erklärungskompetenz diskutiert: die systemische Theorie sozialer Selbstorganisation, das kommunikationstheoretische Modell der deliberativen Demokratie sowie die strukturalistisch inspirierte Theorie der Regulation. Während in der Konzeption von Selbstorganisation die Stärke des Systemgedankens hervorsticht und das Modell der Deliberation die Chancen von Subjektivität und Handeln jenseits systemischer Zwänge betont, öffnet der Ansatz der Regulationstheorie den Blick für die Möglichkeiten politisch-gestaltenden Handelns im System. In diesem Moment liegt ihre besondere Leistungsfähigkeit. Komplexitätsreduktion geht hier nicht zu Lasten der Identifikation konkreter Handlungs- und Gestaltungsoptionen der gesellschaftlichen Akteure oder Akteursgruppen. Weder werden sie durch die Konstruktion autopoietischer und selbstreferentieller Subsysteme analytisch ausgegrenzt, noch verschwimmen die Voraussetzungen der Bewältigung realer sozialer Ungleichheiten und ihrer strukturellen Bedingungen hinter einer normativ aufgeladenen Konzeption von Selbstreflexion. In der Orientierung auf die Identifikation der Artikulationsverhältnisse von Interessen und sozialen Konflikten und die historisch-spezifische Veränderung von Räumlichkeiten als konkreten Ausdrücken des Verhältnisses von Ökonomie und Politik, stellt die Regulationstheorie einen innovativen Rahmen für die Analyse gesellschaftlicher Transformationsprozesse und die Bestimmung von Perspektiven ihrer Zivilisierung dar. Dabei ist der soziale Konflikt selbst dasjenige Moment, worüber sich Prozesse der Zivilisierung vermitteln. Der Konflikt ist der Kompromissfindung als etwas Vorgängiges eingeschrieben. Darüber hinaus ermöglicht die Regulationstheorie die Identifikation und Charakterisierung unterschiedlicher Stadien und Brüche in der Entwicklung der kapitalistischen Gesellschaft im Sinne politisch-theoretischer Interventionen gegenüber konkreten Herrschaftsverhältnissen. Regulation umfasst aber auch die Analyse der in diesem Prozess zum Tragen kommenden Ideologien, sozialen Identitäten, Interessen und Kräfteverhältnisse als Faktoren der Hegemoniebildung. Entgegen der vorherrschenden Vereinseitigung entweder zugunsten normativer oder zugunsten soziologisch-empirischer Betrachtungen und Analysen des Zivilisierungsbegriffs kommt es dabei darauf an, das in der objektiven Welt existierende Spannungsverhältnis zwischen diesen beiden Ebenen aufzugreifen. Dieses Spannungsverhältnis tritt besonders deutlich in der krisenhaften Formierung des Postfordismus und der diesen Prozess begleitenden Wiederbelebung der politischen Philosophie hervor. Hiermit ist der zweite Teilaspekt der Debatte um einen 'Neuen Gesellschaftsvertrag' angesprochen, der Stellenwert gerechtigkeitstheoretischer Reflexionen im Prozess der Ausbildung und Veränderung von Hegemonie.

Deutungs- und Definitionshoheit über Gerechtigkeitsvorstellungen zu erlangen ist in den vergangenen drei Jahrzehnten zu einem zentralen Gegenstand der konfliktuellen Selbstkonstitution der Arbeitsgesellschaft geworden. Die einschlägigen Diskurse haben nicht nur akademischen Charakter, sondern geben Auskunft über Kämpfe und Tendenzen auf der Ebene gesellschaftlicher Hegemonie. Die Begriffe Hegemonie, (Gesellschafts-) Vertrag und Gerechtigkeit lassen sich in einen logisch-historischen Bezug zueinander setzen. Für die Bestimmung des

Verhältnisses von Hegemonie und Vertrag ist vor allem die Frage der Moral von Bedeutung. Denn ein Vertrag kann nur dann bindende Wirkung entfalten, wenn die Gesellschaft ihm einen sozialen Wert zuspricht, ihn an sich als gerecht beurteilt. Dies gilt auch für den in Gestalt eines gesellschaftlichen Konsenses unterstellbaren Gesellschaftsvertrag. Hegemonie kann als eine Dimension interpretiert werden, die diese Gültigkeits- bzw. Legitimitätsbedingungen definiert. Der implizite Gesellschaftsvertrag stellt demnach die konkrete Form gesellschaftlicher Hegemonie dar, vermittels derer sich abstrakte Werte in sozialen Alltagspraxen materialisieren. Auf dieser Ebene betrifft die Frage der Legitimität natürlich zuvorderst die Ebene der Bewertung kollektiver Ordnungen (Polity) und kollektiver Handlungen (Politics). Zustimmungsfähig sind für den mit entwickelten Partizipationsrechten ausgestatteten Bürger nur solche Regeln, denen sie freiwillig und aus rationalen Gründen folgen können. Und die Erfüllung dieser Kondition ist zugleich die entscheidende Bedingung der Legitimität solcher Regeln. Die Auseinandersetzung darum lässt sich in der Theorie als Deliberation beschreiben, ihre praktische Gestalt sind demokratische Bewegungen, die die Aufgabe der Vermittlung in der rechtsstaatlich verfassten Öffentlichkeit übernehmen und dem Prozess der gesellschaftlichen Selbstkonstitution das erforderliche Selbstbewusstsein verleihen. Insofern weist das Verhältnis von Hegemonie und Gerechtigkeit eine Wesensähnlichkeit mit dem Verhältnis von Kapitalismus und Demokratie auf: beide bilden ein stetes Spannungsfeld, das sich wechselseitig immer wieder neu auflädt. Und wenn der Vertrag also als eine abstrakte soziale Form von Hegemonie verstanden werden kann, so lässt sich die Frage der sozialen Gerechtigkeit als Determinante seiner gesellschaftlichen Legitimierbarkeit beschreiben.

Komplexe gesellschaftliche Legitimationskrisen vollziehen sich als säkulare Krisen der Hegemonie im Kontext sozialökonomischer Transformationen. Das „kurze 20. Jahrhundert" (Hobsbawm) ist durch zwei solche Krisen eingerahmt. Die erste Krise der Legitimation nimmt ihren Anfang 1914 mit dem Ausbruch des Ersten Weltkriegs, vertieft sich infolge der Erschütterungen, die die Oktoberrevolution in Russland 1917 in der kapitalistischen Welt auslösten, und mündet schließlich über das Elend der Weltwirtschaftskrise der 1930er Jahre in den Zweiten Weltkrieg, der mit der Niederschlagung des Faschismus endet. Die zweite große Legitimationskrise setzt mit der Weltwirtschaftskrise Mitte der 1970er Jahre und der sukzessiven Aufkündigung des wohlfahrtsstaatlich-fordistischen Grundkonsenses durch eine neoliberal dominierte Gesellschaftspolitik ein und hält bis in die Gegenwart an. Mit dem Aufbrechen der fordistischen Konstellation wird die Auseinandersetzung um die Definition sozialer Gerechtigkeit als gesellschaftlichem Leitbild zu einem zentralen Gegenstandsbereich der Hegemoniebildung im Sinne der Durchsetzung von Kriterien der Legitimität des 'Gesellschaftsvertrags'. Dem amerikanischen Philosophen John Rawls und seiner Theorie der Gerechtigkeit als Fairness kommt dabei das Verdienst eines Stichwortgebers zu. Was das

Verhältnis von Gerechtigkeit, Staat und Ökonomie betrifft, so lassen sich gute Gründe dafür angeben, dass Rawls darüber hinaus hier selbst Vermittler eines 'übergreifenden Konsenses' seiner Zeit ist und in Punkto Verteilungsgerechtigkeit an die Theorie einer makroökonomisch-keynesianischen Globalsteuerung anknüpft, die an dem Ziel der sich nicht selbsttätig vollziehenden Ausschöpfung des produktiven Potentials orientiert ist. Allerdings bleiben die Ausführungen recht holzschnittartig. Diese Schwachstelle in der Rawlsschen Argumentation eröffnet Opponenten aus dem marktorthodoxen Lager bis heute einen dankbaren Einstiegspunkt. Da es ihnen seit nunmehr 30 Jahren nicht überzeugend gelingt, den Rawlsschen Ansatz zu widerlegen, er offensichtlich aber auch nicht zu ignorieren ist, bleibt letztlich nur der Weg der Umdeutung. Dies geschieht einerseits, indem auf das prozedurale Moment und den Aspekt der Regelsetzung als Inbegriff der Gerechtigkeit gegenüber den tatsächlichen Verteilungsverhältnissen abgehoben wird, andererseits durch Versuche, ihn auf der Ebene der ökonomischen Implikationen partiell inhaltlich zu überformen. Die neoliberalen Theorien unterstellen dabei implizit, dass lediglich das Verhältnis der Menschen zu den Dingen einen thematisierbaren Gegenstand darstellt. Bei Rawls hingegen vermittelt sich dieses erst über das Verhältnis der Menschen zueinander. Gemäß der kantianischen Grundlage seiner Theorie zeichnet sich der Mensch als Person zuerst durch seine Vernunftfähigkeit aus und erst auf dieser Grundlage ist Eigentumsbesitz überhaupt denkbar. Die neoliberalen Ansätze erscheinen demgegenüber im schlechtesten Sinne reduktionistisch. Reale Komplexität und die Pluralität menschlicher Motive verkümmern bei ihnen zu einer unterkomplexen Simplizität und motivationalen Eindimensionalität. Sie sind letztlich geistige Anleitungen zur Herbeiführung eines faktisch vertragslosen Zustands, in dem die Dominanz der Eigentumsmächtigen über die -schwachen gilt.

Eine kritisch-zeitgemäße Konzeption des Gesellschaftsvertrags muss aber die Einwände der Kommunitaristen gegenüber dem Individualismus sowohl der liberalen Provenienz à la Rawls als auch der 'methodologischen' Marktorthodoxie à la Hayek, Nozick oder Buchanan in die eigene Betrachtungsweise aufnehmen. Das Soziale ist die konstitutive Bedingung menschlicher Individualität und nicht umgekehrt. Darüber hinaus gibt es allerdings zwei maßgebliche Differenzen zum kommunitaristischen Ansatz. Die erste liegt in der Dichotomisierung von Politik und Ökonomie, die mit einer künstlichen Dichotomie von verteilender und teilhabender Gerechtigkeit einhergeht. Diese Trennng ist konzeptionell fraglich und leistet der Deutungsmacht des Neoliberalismus Vorschub. Es entsteht eine Rhetorik, die sich gleichsam als neoliberal gewendete Lesart der Rawlsschen Theorie interpretieren lässt: Hayek & Co. treten an die Stelle von Keynes und das Pareto-Kriterium – und damit die faktische Ungleichheit – wird zum Indikator von Gerechtigkeit. Und statt der vernunftgeleiteten und mit den Mitteln parlamentarisch-demokratischer Politik betriebenen Ausschöpfung des produktiven Potentials erscheint dann die weitgehende 'Befreiung' des Kapitals von demokratischer Einflussnahme gleichsam als Bedingung der Besserstellung der am wenigsten Begünstigten. Eine Politik der Zivilisierung erfordert stattdessen, sich wieder der politischen Konstituiertheit des Marktes zu besinnen und die Wirtschaft als eine Veranstaltung zu denken, die hinsichtlich ihrer Zweckbestimmung im Dienste der Menschheit stehen und nicht ein umgekehrtes Verhältnis befördert.

Die zweite Differenz liegt in der Frage des Gemeinschafts-Denkens. Unbestritten spielen Gemeinschaften eine wichtige Rolle in der objektiven Welt. Aber ob die Steigerung der ökonomischen Produktivität dazu verwandt wird, soziale Ungleichheit zu mehren, oder sich in einer Steigerung des allgemeinen Wohlstands niederschlägt, die es den Einzelnen erlaubt, ihre Individualität zu entfalten, entscheidet sich nicht auf der Ebene der Gemeinschaften. Ein 'Neuer Gesellschaftsvertrag', der eine Zivilisierung des entfesselten Marktes in den Blick nimmt und auf eine neue Kohäsion von Akkumulation und Regulation zielt, kann nicht auf der Ebene der kleinen, sondern muss auf der Ebene der großen Arrangements, der Makrostrukturen, ansetzen. Zur Frage der Gerechtigkeit kann sich solch ein 'Neuer Gesellschaftsvertrag' in zweierlei Hinsicht verhalten. Entweder er bezieht ausdrücklich das Vertragsargument in die Betrachtung ein, dann ist die Frage der Legitimation, also der Gerechtigkeit, relevant, oder aber er bewegt sich auf der Basis des Pareto-Kriteriums, dann ist Gerechtigkeit quasi (historisch) vorausgesetzt. Letzteres war der Praxis nach das Merkmal des fordistischen Klassenkompromisses. Als gerecht wurde dort letztlich akzeptiert, dass die Verteilungsrelation zwischen Lohn- und Gewinnquote weitgehend stabil blieb und die ökonomischen Zuwächse entsprechend verteilt wurden. Und selbst wenn nur die Beantwortung der Frage der zu verteilenden Zuwächse des gesellschaftlich produzierten Überschusses explizit einem Gerechtigkeitskriterium untergeordnet würde, stellt dies eine Einschränkung gemäß dem Pareto-Argument dar, da dann die in der Vergangenheit gesetzten (Verteilungs-) Verhältnisse stillschweigend als „gerecht" vorausgesetzt werden. Ein 'Neuer Gesellschaftsvertrag' oder 'fairer' Kompromiss, der tatsächlich das Attribut „neu" für sich in Anspruch nehmen will, wäre aber auf der Grundlage einer solchen Einschränkung ein Widerspruch in sich.

Die skizzierte kritische Konzeption eines 'Neuen Gesellschaftsvertrags' ist jedoch nicht egalitär im Sinne der Herstellung weitgehender Einkommensgleichheit. Sie repräsentiert vielmehr einen pluralistischen Standpunkt, indem sie der These von der 'produktiven Funktion der Ungleichheit' die Frage nach den sozialökonomischen Bedingungen der Entfaltung individueller Fähigkeiten und sozialer Kohärenz entgegenhält, ohne dabei die kulturelle Vielfältigkeit menschlichen Lebens aus dem Blick zu nehmen. Gleichheit wird in Anlehnung an Martha Nussbaum vielmehr verstanden als Orientierung an dem Ziel der Herstellung gleicher Möglichkeiten zur Entwicklung der den Menschen auszeichnenden Fähigkeiten als Grundlage seiner eigenen Lebensführung. Rawls Unterscheidung zwischen der gesellschaftlichen Grundstruktur, d.h. denjenigen Regeln, die von den Individuen hinter dem 'Schleier des Nichtwissens' festgelegt werden und für die die Prinzipien der Gerechtigkeit gelten sollen, und der 'realen', gesetzgeberischen Gestaltung gesellschaftlicher Institutionen, wird aus dieser Perspektive infrage gestellt. Das Gute und das Gerechte fallen hier tendenziell zusammen. Eine solche Position teilt mit dem Ansatz der Diskursethik die Überzeugung von den Möglichkeiten moralischer Urteile, unterscheidet sich jedoch von diesem hinsichtlich der zugrundeliegenden gesellschaftstheoretischen Konzeption in Bezug auf die Differenzierung von System und Lebenswelt. Die Welt der Erwerbsarbeit stellt einen Schnittpunkt dar, in dem systemisches in die Lebenswelt und lebensweltliches ins System drängt. Und einen gesellschaftlichen Konsens als Teilmoment von Hegemonie zu denken bedeutet, die dabei auftretenden Machtverhältnisse, Interessenkoalitionen und -kompromisse sowie die systemische Basis ihrer Reproduktion in die Betrachtung einzubeziehen und den Prozess der Regelsetzung nicht bloß als ein Resultat eines 'herrschaftsfreien Diskurses' im Sinne einer allgemeinen Zustimmungsfähigkeit zu abstrakten Moralsätzen zu begreifen. Dieser Zusammenhang lässt sich exemplarisch auf dem Feld der Politik um Arbeit, dem dritten Teilaspekt dieser Untersuchung, nachzeichnen.

Arbeit bzw. Lohnarbeit ist im Kapitalismus immer auch ein Synonym für „die soziale Frage". Galt diese unter den Bedingungen des wohlfahrtsstaatlichen Gesellschaftsvertrags in der fordistischen Periode als weitgehend gelöst oder mindestens entschärft, so ist sie in der Zangenbewegung zwischen neoliberaler Verbetriebswirtschaftlichung sozialer Praxen im Inneren des Staates und dem äußeren Druck entfesselter Konkurrenz in der Globalisierung wieder auferstanden. Die mit der Zunahme der Massenarbeitslosigkeit verbundenen Fragen und Probleme werden seit Anfang der 1980er Jahre in unterschiedlichen Zukunftsdebatten reflektiert. Viele Beiträge darin richten heute in der einen oder anderen Weise den Blick auf die Möglichkeiten der Entwicklung des Verhältnisses von abhängiger bzw. notwendiger Arbeit und freiwilliger Tätigkeit. In dieser Diskussion scheint der Versuch auf, das Gesamt der gesellschaftlichen Arbeit und die durch sie gestifteten Nutzeffekte gegenüber einem rein auf monetäre Tauschwerte gerichteten Blick auf Arbeit hervorzuheben und somit in gewisser Weise Krise und Kultur in einem Zusammenhang zu denken. Das scheint der Problemlage angemessen. Denn nach den empirischen Befunden zum Wandel der Arbeit ist zumindest die These, dass der Gesellschaft die Arbeit ausgeht, nicht haltbar. Allerdings wirkt die hohe Erwerbslosigkeit als Druckmittel in Richtung einer Aufweichung von sozialen und rechtlichen Arbeitsstandards. Während unter Bedingungen des Fordismus eher eine Tendenz zur Einschränkung des Warencharakters der Arbeitskraft vorherrschte, lassen sich die gegenwärtigen Prozesse als Tendenzen ihrer Re-Kommodifizierung charakterisieren. Die sich gleichzeitig vollziehende Aufwertung des subjektiven Faktors in der Erwerbsarbeit wirkt unter diesen Vorzeichen als Verinnerlichung von Selbstzwang und als wachsende Steuerungsmacht des Marktes auf die Lebensführung insgesamt. Für immer mehr Menschen ist diese Entwicklung mit der Zunahme von Risiken verbunden. Sie wirft den Einzelnen auf sich selbst zurück, indem die soziale (Gleich)Gültigkeit selbstreferentiell angelegter Prozesse strukturell ausgedehnt und die Zukunft zunehmend unberechenbar wird. Die Chancen erhöhter Eigenverantwortung und erweiterter Gestaltungsmöglichkeiten treten so – gleichsam ins Gegenteil gewandt – auch als Faktoren einer steigenden Gefährdung der persönlichen Integrität auf und lösen desintegrierend wirkende Formen sozialer Anomie aus.

Die auf der Ebene der politischen Prozesse in den letzten Jahren stattgefundenen Weichenstellungen haben diese Tendenzen verstärkt und nicht zu einem Abbau des Problems der Arbeitslosigkeit beigetragen. So sollte beispielsweise das 'Bündnis für Arbeit' in Deutschland eine Schlüsselstellung bei der reformpolitischen Durchsetzung eines 'Neuen Gesellschaftsvertrags' einnehmen, indem zentrale Akteure von Staat, Kapital und Arbeit sich über die Einleitung arbeitspolitischer Maßnahmen mit dem Ziel des Abbaus von Arbeitslosigkeit und der Schaffung von Arbeitsplätzen verständigen. Dieser Anspruch erfüllte sich jedoch nicht und der ohnehin schleppende soziale Dialog im tripartistischen Bündnis kam nach knapp drei Jahren gänzlich zum Erliegen. Die Ursachen dafür liegen weniger in einem Mangel an gemeinsamer Krisendiagnose als in den hegemonialen Rahmenbedingungen und darauf gerichteten Handlungsweisen der Akteure. Die Unterordnung der (lebendigen) Arbeit unter die (globale) Vorherrschaft des Kapitals und die Ideologie der Lohnzurückhaltung als Ansatz zur Verbesserung der eigenen Position im (Standort-) Wettbewerb und als Bedingung der Schaffung von Arbeitsplätzen waren bereits als konstitutive Bedingung in die politischen Voraussetzungen dieses Sozialpaktes eingeflossen (competitive consensus). Der Staat als Akteur zog sich auf eine eher passive Rolle als Moderator im Prozess der Konsensfindung zurück und hat durch diese politische Selbstbeschränkung zugleich die Verschiebung von hegemonialen Strukturen und Kräfteverhältnissen zu Lasten der lebendigen Arbeit weiter verstärkt. Deren Vertreter im Bündnis, die Gewerkschaften, haben tatsächliche Vor- und Verzichtsleistungen erbracht (u.a. moderate Tarifabschlüsse unterhalb der Produktivitätszunahme; Einwilligung in Niedriglohnversuche), während die Kapitalseite im Wesentlichen Forderungen aufstellte (Einbeziehung der Tarifpolitik in die Agenda des Bündnisses) und Absichtserklärungen abgab (Abbau von Überstunden). Dass nach dem Scheitern dennoch vor allem das öffentliche Ansehen der Gewerkschaften Schaden genommen hat, zeigt, dass das Aufgreifen einer theoretisch falschen These – „Lohnverzicht schafft Arbeitsplätze" – die neoliberale Hegemonie praktisch eher gestärkt als geschwächt hat.

An die Stelle des 'Bündnisses für Arbeit' trat nach dessen Scheitern das Modell des Expertengremiums. Die so genannte „Hartz-Kommission" sollte im Auftrag der rot-grünen Regierung Maßnahmen für den Umbau des Arbeitsmarktes entwickeln, die zu einer erheblichen Reduzierung der Arbeitslosigkeit führen. Im Kern zielten die Vorschläge darauf ab, das Konzept des 'atmenden' Unternehmens als arbeitspolitische Maxime institutionell zu flankieren, d.h. die Fluktuation lebendiger Arbeit in den Unternehmen anders als durch Kündigung von Beschäftigungsverhältnissen zu regeln. Wenngleich einzelne Vorschläge durchaus positiv zu bewerten sind, wurde im Prozess der politisch-rechtlichen Umsetzung die gewollte Richtung der „Reformen" des Arbeitsmarktes rasch deutlich: Stärkerer Druck auf die Arbeitslosen, Deregulierung des Arbeitsmarktes und der -vermittlung sowie Reduktion der Lohnkosten und die Verstetigung konservativer Strukturen in den Geschlechterverhältnissen. Im Einklang mit der weiteren Privatisierung von Lebensrisiken gilt den politisch Verantwortlichen in der rot-grünen Regierung eine Steigerung des Anteils personenbezogener Dienstleistungen im Niedrigeinkommensbereich offenbar als Königsweg einer 'aktivierenden' Arbeitsmarktpolitik. Das Leitbild der 'Dienstbotengesellschaft' ist aber das Gegenteil von einem 'Neuen Gesellschaftsvertrag'. Es befördert Verhältnisse der Dominanz, die es den Bessergestellten ermöglicht, den Schlechtergestellten ihre Kooperationsbedingungen zu oktroyieren. Darüber hinaus vernachlässigt die Fokussierung auf die Angebotseite am Arbeitsmarkt wesentliche Determinanten der Nachfrage nach Arbeit, wie die Massenkaufkraft oder das Niveau des öffentlichen Konsums sowie der Investitionen. Am Beispiel der Niederlande, in denen diese repressive Modernisierung des Arbeitsmarkts bereits weiter fortgeschritten ist, können die langfristigen Folgen heute schon betrachtet werden: Trotz steigender Erwerbstätigenzahl und steigender Produktivität, ist die Lohn- und Gehaltssumme gesunken, d.h. das Kapital kauft gesamtwirtschaftlich betrachtet die Ware Arbeitskraft zu einem geringeren Peis als zuvor. Diese Entwicklung hat die gesellschaftliche Integrationskraft nicht gesteigert sondern weiter erodieren lassen.

In Anlehnung an Rawls wird die Strategie der Senkung des Lohnniveaus und der Deregulierung des Arbeitsmarktes, gemäß den Bedingungen des postfordistischen 'atmenden Unternehmens', in der öffentlichen Darstellung häufig mit der daraus angeblich resultierenden Verbesserung der Lage der am wenigsten Begünstigten legitimiert (Geringqualifizierte, Langzeitarbeitslose etc.). Die Besserstellung derjenigen, die von den skizzierten arbeitsmarktpolitischen Einschnitten am meisten betroffen sind, wird praktisch damit begründet, dass es (für das Individuum als auch für die Gemeinschaft) besser ist, irgendeine Erwerbsarbeit zu haben, als gar keine. Doch selbst wenn es auf dem eingeschlagenen Pfad wie in den Niederlanden auch in Deutschland gelänge, eine entsprechende Umverteilung der vorhandenen Arbeit zu bewirken, können die den am wenigsten Begünstigten am Arbeitsmarkt auferlegten Zumutungen nicht als gerecht bzw. legitim gelten. Denn die Verbesserung der Lage der einen Partei (des Kapitals) zu Lasten einer Anderen (der lebendigen Arbeit) kann nicht einmal nach dem Pareto-Kriterium als 'gerecht' bezeichnet werden, geschweige denn nach den Rawlsschen Kriterien der

Gerechtigkeit. Demgegenüber wird mit den von Nussbaum vorgeschlagenen Ergänzungen zur Rawlschen Theorie zunächst der Katalog der gesellschaftlichen Grundgüter, für die Rawls seine Prinzipien der Gerechtigkeit entwickelt hat, erweitert. Die Schaffung von Verhältnissen, die der Entwicklung menschlicher Fähigkeiten förderlich sind, rückt in den Mittelpunkt. Dadurch ergeben sich auch Optionen der Bewertung von Verhältnissen, die bei Rawls nur auf der praktisch-politischen Sekundärebene, die er aus der gerechten Grundstruktur ableitet, eine Rolle spielen. So wäre nach Rawls die Gestaltung der gesellschaftlichen Arbeitsverhältnisse wohl eine Angelegenheit auf der zweiten Ebene, während es sich aus der Perspektive eines an der Entfaltung menschlicher Fähigkeiten orientierten Standpunktes um zentrale gesellschaftliche Grundstrukturen handelt. Daraus folgt, dass sich Gerechtigkeitskriterien im Rahmen arbeitspolitischer Maßnamen nicht allein auf Verfahren der gerechten Verteilung des Gutes Erwerbsarbeit beschränken können. Umverteilung im Sinne des Zugangs zu Erwerbsarbeit und die konkrete Qualität dieser Arbeit im Sinne der Förderung menschlicher Möglichkeiten stehen vielmehr in einem Zusammenhang. Erst durch den Rückgriff auf qualitative Kriterien kann sich ein gehaltvoller Gerechtigkeitsbegriff ergeben, der dann immer in einem konkreten Bezug zur Verteilung gesellschaftlicher Güter steht.

Arbeit und Gerechtigkeit wieder produktiv miteinander zu verbinden bedeutet auch über den Begriff von Arbeit neu nachzudenken. Eine Kulturdebatte um Arbeit (Negt) könnte dazu beitragen, Arbeit aus der neoliberalen Betriebswirtschaftsperspektive zu befreien und den gesellschaftlichen Horizont in Richtung einer *Zivilisierung gesellschaftlicher Arbeit* zu öffnen. Sie wäre ein Element der Rückeroberung eines Raums gesellschaftlicher Selbstreflexion, der es ermöglicht, gemeinschaftliche und emanzipative Strategien der Krisenbewältigung zu erschließen und die Gesellschaft vor dem weiteren Verlust von Handlungsfähigkeit infolge des Verlusts der Erinnerung an Kulturleistungen zu bewahren. Die Zivilisierung gesellschaftlicher Arbeit als ein Element eines 'Neuen Gesellschaftsvertrags' zielt anknüpfend an Amartya Sen darauf, das ökonomische Denken wieder in den Dienst der Entfaltung menschlicher Möglichkeiten zu stellen und nicht umgekehrt. Wenn die Welt der Dinge sich über die Welt der Menschen erhebt, so kann dies aus dieser Sicht nicht gerecht sein, weil es der Verwirklichung der menschlichen Fähigkeiten den ökonomischen Möglichkeiten nach nicht gerecht wird. Denn die Veränderungen in der Erwerbsarbeit bergen nicht nur individuelle Belastungsrisiken, sondern in Punkto gesteigerter Subjektivitätsanforderungen auch Optionen zur Stärkung sozialer und wirtschaftlicher Rechte der Einzelnen. Diese Perspektive erfordert in neuer Weise eine Stärkung der individuellen Orientierungs- und Handlungsfähigkeit. Insofern sind die Aspekte Bildung und Ausbildung heute zentrale Bestandteile der sozialen Frage.

Letztlich bedeutet an das Autonomiebestreben der Individuen anzuschließen, Bewegung um Ansprüche dort zu entfalten, wo die subjektiven Möglichkeitshorizonte am weitesten sind und die persönlichen Voraussetzungen am tragfähigsten. Für die Gewerkschaften ist dies mit inhaltlichen und organisationspolitischen Lernprozessen im Hinblick auf die Differenzierung zwischen einem durch zunehmende Prekarität deformierten 'negativen Individualismus' und einer positiven Individualität verbunden. Dies legt politische Forderungen nah, die darauf zielen, die mit den Anforderungen an die Einzelnen ebenfalls gestiegene soziale Prekarität durch neue Formen kollektiver sozialer Sicherheit zu stabilisieren. Denn Prekarität ist mehr als nur ein Element eines veränderten Lohnverhältnisses (was Anlass genug zur Kritik wäre). Sie ist Teil eines Herrschaftsversuchs, der auf der Institutionalisierung von Flexibilität, Zufallsabhängigkeit und Zukunftsunsicherheit als Lebensmelodie basiert. Gelingt es nicht, diesen Versuch durch hegemoniefähige Visionen vom 'guten Leben' zu parieren, so besteht die Gefahr der Vertiefung jener Unterordnung der lebendigen unter die vergegenständlichte Arbeit, der Entwicklung menschlicher Möglichkeiten unter die Erfüllung dinglich-abstrakter Sachzwänge. Der erste Schritt zu einem 'Neuen Gesellschaftsvertrag' ist daher, dass der vorherrschende Trend der Deregulierung, Liberalisierung und Privatisierung aufgehalten wird. Die Stärkung des öffentlichen Rechts in den politischen Beziehungen und die Sicherung des allgemeinen Zugangs zu einem qualitativ hochwertigen Angebot öffentlicher Güter sind auch in Zukunft entscheidende Grundlagen eines hohen Zivilisationsniveaus.

Anmerkungen

1. Einleitung

1 Initiiert wurde diese „Erklärung von Sozialwissenschaftlerinnen und Sozialwissenschaftlern" (1994) seinerzeit vor allem durch das Frankfurter Oswald von Nell-Breuning-Institut um den katholischen Sozialethiker Friedhelm Hengsbach, der auch in den Folgejahren die Frage eines 'Neuen Gesellschaftsvertrags' immer wieder aufgenommen hat (vgl. z.B. Hengsbach 1997a, 1997b, 1998, 1999).

2. Kapitalismus und Gesellschaftsvertrag

1 Ich beziehe mich hier und im Folgenden auf die englischsprachige Ausgabe von Bobbio's „Future of Democracy", da das entsprechende Kapitel „Contract and Contractarianism in the Current Debate" in der deutschen Übersetzung leider fehlt.

2 Solch eine Machtübertragung umfasst bei Hobbes die Entscheidungskompetenz über alle Angelegenheiten des Friedens und der Verteidigung, ebenso wie über die Inhalte von Bildung und Erziehung (vgl. Hobbes 1996: 150).

3 Diese Bedingungslosigkeit sollte jedoch nur solange gelten, wie der Souverän in der Gewährung seines Schutzes auch erfolgreich war, und entsprechend bei Misserfolg enden (vgl. Klenner 1996: XXIX).

4 Brandt/Herb (2000: 6) verweisen darauf, dass Rousseau selbst sich bereits zu Lebzeiten eher als konservativen und gesetzestreuen Denker beschreibt und umstürzlerischen oder revolutionären Ambitionen eher ablehnend gegenüber steht.

5 Der Gemeinwille resultiert bei Rousseau aus einem Verständigungs- und Abstimmungsprozess aller mit allen, in dem die unterschiedlichen Einzelinteressen nicht einfach zu einem Gesamtinteresse aufaddiert werden, sondern sich in ihren Extremen aufheben, wobei sich der mit dem Ergebnis identische Teil der Einzelwillen als Allgemeinwille darstellt, der mit dem Willen der Mehrheit identisch und dem Gemeinwohl dienlich ist.

6 Iring Fetscher erinnert daran, dass Rousseau etwa für Polen ein Verfassungsmodell vorschlug, das in Anbetracht der Größe des Landes zunächst eine Aufteilung in 36 kleine Republiken vorschlug, die nach dem Föderalprinzip verbunden sein sollten. Erst hierdurch sah er die Bedingung für die in seiner Vertragstheorie aufgehobene Idee einer durch das Volk selbst und direkt vollzogenen Gesetzgebung gegeben (vgl. Fetscher 1994: 888).

7 Marshall weist allerdings zurecht darauf hin, dass es sich bei diesen Freiheitsrechten vorwiegend um Rechte für den männlichen Teil der Bevölkerung handelte, die im Prozess ihrer geschichtlichen Realisierung für Frauen zunächst nicht in gleichem Maße Geltung fanden (vgl. Marshall 1992: 45).

8 Robert Castel (2000: 296) spricht in diesem Zusammenhang von einem „grundlegenden Wandel der vertraglichen Dimension des Lohnarbeitsverhältnisses".

9 Der Mainstream der ökonomischen Wissenschaften zeichnet sich indes dadurch aus, dass dieser Aspekt analytisch negiert und theoretisch ausgeblendet wird. Vorherrschend ist hier bis heute, so beklagt Stiglitz (2002b: 11), „eine seltsame 'akademische Nichtbeachtung' der möglichen Rolle der Arbeiterbewegung im wirtschaftlichen Entwicklungsprozess".

10 Diese These veranschaulicht Marshall (1992: 81) am Beispiel der Entwicklung des Bildungswesens. Einst Privileg der Begüterten, dann – natürlich auch infolge der Qualifikations-

erfordernisse, die die industrielle Produktionsweise an die Arbeitskräfte richtete – als „Volksschule" zum Massengut und Gegenstand staatlicher Planung aufgestiegen, wurde Bildung aufgrund der innerhalb des Systems stattfindenden (Leistungs-) Differenzierungen und Klassifizierungen sowie der Verschiedenartigkeit von Abschlüssen zugleich auch ein Faktor der Prägung neuer sozialer Schichten. Diese entwickelten eine eigene Wertigkeit neben den fortbestehenden Klassenstrukturen, die auf diesem Feld relativ an Prägekraft verloren.

11 Helmut Dubiel spricht in Anlehnung an Georg Simmel von „gehegten Konflikten". Die kohäsionsstiftende Wirkung dieser Konflikte beruht hiernach darauf, dass sie „in sich ein Potential der Selbstbegrenzung und Zivilisierung enthalten" (Dubiel 1997: 425).

12 Dementsprechend lassen sich zwei verschiedene Formen von Theorien über den Gesellschaftsvertrag unterscheiden: a) vertragsaprioristische Theorien bzw. hypothetische Verträge und b) konsensempirische Theorien bzw. wirkliche Verträge. Dies weist darauf hin, dass sich der Konsens natürlich auch nicht unmittelbar erschließt, sondern nur anhand geeigneter Indikatoren ermittelt werden kann. Als solche gelten im allgemeinsten Sinne entweder explizite konstitutive oder symbolische Zustimmungsakte oder aber implizite Formen der stillschweigenden Zustimmung (vgl. Kersting 1996: 35).

13 Castel 2000: 401.

14 Die Recherche habe ich am 21. Juni 2002 auf der Basis der Katalogdatenbank „ILTIS" durchgeführt: http://z3950gw.dbf.ddb.de/.

15 Damit sind folglich all diejenigen Publikationen noch nicht berücksichtigt, die den Begriff Gesellschaftsvertrag zwar nicht im Titel, aber doch im Text selber bedienen.

16 Dieser Trend schlägt sich u.a. in steigenden Direktinvestitionen nicht zuletzt infolge sprunghaft gestiegener Unternehmenszusammenschlüsse nieder. So betrug der Wert aller grenzüberschreitenden Fusionen 1999 weltweit 3435 Mrd. Dollar – vierzehnmal mehr als sieben Jahre zuvor (vgl. Huffschmid 2000a: 6).

17 D.h. er verfügt über weniger als die Hälfte des Durchschnittseinkommens aller Haushalte.

18 Während sich zwischen 1979 und 1999 der Anteil der Lohnsteuer am Volkseinkommen von 8,9 Prozent auf 9,1 Prozent erhöhte, sank der Anteil der Einkommens-, Körperschafts-, Kapitalertrags-, Gewerbe- und Vermögenssteuer im gleichen Zeitraum von 9 Prozent auf 5,3 Prozent. Insgesamt beträgt der Anteil der Steuern aus Kapital- und Gewinneinkommen am gesamten Aufkommen direkter und indirekter Steuern heute nur noch rund 15 Prozent, der Anteil der Massensteuern, die von den Lohn- und Gehaltsempfängern aufgebracht werden, hingegen 75 Prozent. Eine deutliche Entlastung also zugunsten der Kapitalseite und eine deutliche Trendwende gegenüber den 1960er Jahren, als Kapital und Arbeit noch zu gleichen Teilen (je ein Drittel) die Staatsaufgaben finanzierten (vgl. Ehrenberg 2002, Schäfer 2001). Diese Entwicklung war möglich aufgrund einer schrittweisen steuerrechtlichen Begünstigung der Unternehmen, in deren Folge etwa die Deutsche Bank für das Jahr 2001 trotz eines Milliardengewinns keine Steuern zahlt (vgl. Der Spiegel 2002).

19 Am höchsten ist der Verdienst bei denjenigen Managern, so dokumentiert die Frankfurter Rundschau vom 29.08.2001 mit Blick auf die Vereinigten Staaten unter der Überschrift „US-Manager sahnen ab", die hohe Entlassungen ankündigen. „Diejenigen, die viele Beschäftigte auf die Straße schicken, kamen auf fast 20 Prozent höhere Gehälter und Boni. (...) Wäre der gesetzliche Mindestlohn in den USA, der 1990 bei 3,80 Dollar lag, im selben Maße gestiegen wie die Gehälter der Spitzenkräfte, müsste er jetzt 25,50 Dollar betragen. Er liegt aber nur bei 5,15 Dollar".

20 Unter Exklusion ist in diesem Sinne nicht nur der Verlust von Sozialbeziehungen zu verstehen, „sondern eine Gesamtheit von besonderen Beziehungen zur Gesellschaft, verstanden als einem Ganzen. Es gibt niemanden außerhalb der Gesellschaft, sondern nur eine Gesamtheit von Positionen, deren Beziehungen zum Zentrum mehr oder weniger straff gespannt sind (...)" (Castel 2000: 385).

21 Bei Castel (2000: 359) ist in diesem Zusammenhang die Rede von einem „*Platzmangel* in der Sozialstruktur". Da es im Kern aber um die Auswirkungen von Strukturveränderungen auf das Sozial*verhalten* der Subjekte geht, scheint mir hier eine treffendere Charakterisierung, von Anerkennungspathologien zu sprechen.

22 Émile Durkheim hat den Begriff Anomie vor allem im Rahmen seiner Studie über den Selbstmord 1897 als analytische Kategorie in die sich entwickelnde Soziologie eingeführt. Er bezeichnete damit einen Zustand individuellen Orientierungsverlustes gegenüber sozialen bzw. moralischen Normen und Regeln, in Zeiten da diese entweder nicht (mehr) vorhanden oder starken Veränderungen unterworfen sind. Die Folge ist eine individuell erhöhte Bereitschaft zu destruktivem und sozial desintegrativem Verhalten (vgl. Durkheim 1992).

23 Aus dieser Perspektive veränderter Arbeitsverhältnisse betrachtet ist die Diagnose bei Beck (1998: 77), dass reflexive Modernisierung mit einer Individualisierung von Ungleichheit oder Ungleichheitserfahrungen einhergeht, durchaus treffend. Dass dadurch allerdings ebenso die Voraussetzungen sozialer Klassen aufgelöst werden und gesellschaftliche Großgruppen ihre strukturprägende Bedeutung verlieren, trifft offensichtlich aber nicht zu.

24 Dieser Umstand ist umso bemerkenswerter, als es sich bei dem Autor schließlich um jemanden handelt, den die eigene Geschichte in den neuen sozialen Bewegungen der 1970er und 80er Jahre immerhin bis in die Regierungsverantwortung getragen hat.

3. Zivilisierung des Kapitalismus heute

1 Luhmann betont an anderer Stelle zwar, dass dadurch Segmentierungen und sich selbst verstärkende Ungleichheiten keineswegs abgelöst sind, sondern mit wachsender Komplexität des Gesellschaftssystems eher zunehmen. Jedoch stelle diese eben nicht mehr die Form dar, mit der das heutige Gesellschaftssystem im Inneren seine Kohäsion reproduziere (vgl. Luhmann 1997: 776).

2 „Sinn" ist folglich keine unumstößlich feststehende Größe, sondern etwas, das aus dem Spannungsverhältnis von System und Umwelt im Ergebnis der Speicherung und Reflexion vorangegangener Erfahrungen aus der wechselnden Perspektive von Selbst- und Fremdreferenz – also aus Kommunikation – resultiert (vgl. Luhmann 1997: 44ff). Zum Sinnbegriff bei Luhmann vgl. Reese-Schäfer 2000: 120.

3 Dies jedenfalls erscheint m.E. als eine zulässige Interpretation der Luhmannschen Auslassungen zur Reichweite dieser Kategorie: „Der Begriff strukturelle Kopplung erklärt schließlich auch, daß Systeme sich zwar völlig eigendeterminiert, aber im großen und ganzen doch in einer Richtung entwickeln, die von der Umwelt toleriert wird" (Luhmann 1997: 118).

4 Etwas verallgemeinert ließen sich als strukturelle Kopplungen beispielsweise auch solche Maßnahmen des Staates – also des politischen Systems – anführen, die die Bedingungen eines anderen Systems – etwa des Ökonomischen – strukturell beeinflussen, ohne sie jedoch zu determinieren (etwa Fiskalpolitik, Technologieförderung oder Hermes-Bürgschaften im Außenhandel etc.) (vgl. Willke 1989: 46, Luhmann 2000: 385f).

5 Genaugenommen knüpft die Systemtheorie damit zumindest auf der gesellschaftspolitischen Ebene letztlich doch an eine Vorstellung an, die dem Bild der Einbettung – der kontextuellen wenigstens – zumindest sehr nah kommt.

6 Da die Bearbeitung sozialer Konflikte einem eigenen System der Protestbewegung zugeordnet und als ein weiteres gesellschaftliches Teilsystem neben dem politischen System bzw. dem Staat interpretiert wird, verschwimmt die Bedeutung kollektiver Interessen, sozialer Kämpfe und deren Einfluss auf die Veränderung von Kräfteverhältnissen – in historischer Perspektive ebenso wie für die Zukunft. So wirken auch die Überlegungen bei Helmut Willke (2001) zur Welthandelsorganisation (WTO) in Bezug auf die Demokratiefrage eher euphemistisch. Vor den realen Demokratiedefiziten, z.b. im Hinblick auf die ungleichen Informations- und Koordinationsmöglichkeiten von Industrie- und Entwicklungsländern im Zuge von Liberalisierungs- bzw. Verhandlungsprozessen im Rahmen der WTO, ist dort gar nicht die Rede. Diese Ermöglichungsbedingungen von Demokratie bleiben unsichtbar hinter der Dichotomie von (national-) staatlichen Politiksystemen und „neuen Steuerungsregimes" (vgl. ebd.: 182f), wobei letztere mit der Hoffnung auf inhärente Zivilisierungspotentiale aufgeladen werden. Wenn schon kein Ausweg, dann wenigstens mehr Kontingenz, so die Schlussfolgerung.

7 Luhmann selbst bezeichnet strukturelle Kopplungen mitunter auch als „Institutionen" (vgl. Luhmann 1997: 787), was nun ebenso die Begriffsschärfe nicht unbedingt erhöht.

8 Filippov führt u.a. das folgende anschauliche Beispiel an: „Die weltweite Kommunikation darf in der Tat fast für momentan gehalten werden, wenn es um die Telekommunikation geht. Nicht simultan sind jedoch Ereignisse, die mit einer politischen Aktion verbunden sind. Es kostet die Fernsehzuschauer fast keine Zeit, durch CNN über den Golf-Krieg oder die Strafaktionen im Kosovo informiert zu werden. Doch es kostet die amerikanische sowie die irakische bzw. die jugoslawische Regierung immens Zeit, sich für den Krieg zu entscheiden und diesen vorzubereiten; es kostet die amerikanische Flotte Zeit ins jeweilige Meer zu gelangen, weil der Raum so weit ist" (Filippov 2000: 390f).

9 Zu den Voraussetzungen einer solchen Übereinstimmung nach Habermas, die zugleich Bedingungen ihrer Rationalität darstellen, eine einfache und knappe Formulierung: „Wenn Menschen auf rationale Weise miteinander Übereinstimmung erzielen wollen, dann gehen sie davon aus, daß (1) das, was man jeweils behauptet, *wahr* ist, das bedeutet in Übereinstimmung mit den Fakten; (2) das, was gesagt wird *richtig* ist, das bedeutet, in Übereinstimmung mit den herrschenden Werten, Normen und Rollenerwartungen; und (3) der Sprecher *wahrhaftig* ist, das bedeutet, daß er oder sie tatsächlich meint, was er sagt, und seine wahren Absichten vor dem anderen nicht verbirgt" (van der Loo/van Reijen 1992: 250, vgl. auch Habermas 1992b: 161).

10 Diese Prämissen schließen m.E. bestimmte Ideologien, die in ihren Grundannahmen diese Bedingungen selbst negieren (zu denken wäre hier explizit etwa an faschistische, rassistische oder sexistische Positionen etc.), eo ipso als anerkennungsfähig aus.

11 Angelegenheiten praktischer Vernunft richten sich i.d.R. auf drei Bereiche: a) pragmatische Fragen (Konflikte zwischen Partikularinteressen); b) Fragen des guten Lebens (ethische Probleme/Wertekonflikte, also Gegensätze, die häufig nicht auflösbar sind); c) Fragen der Gerechtigkeit (Normenkonflikte, hier muss/kann allgemeine Zustimmung organisiert werden). Besonders über Diskurse, die sich auf Fragen vom Typ b) oder c) richten, vermittelt sich die gesellschaftliche Selbstkonstitution. Dies kann sich auf zwei Ebenen vollziehen, einerseits „in der Begründung und Erzeugung selbstgesetzter Normen, zum anderen als Selbst-

verständigung über kollektive Identitäten, über die Konzeption des Guten und die gewünschte Lebensform" (Bonacker 1997: 55).

12 Zur Illustration sei hier auf betriebliche bzw. arbeitsrechtliche Konflikte verwiesen. Wer die Praxis in diesem Bereich kennt, wird immer wieder damit konfrontiert, dass Arbeitgeber ihren betriebsverfassungsrechtlichen Pflichten im Hinblick auf die Informations-, Mitwirkungs- und Mitbestimmungsrechte des Betriebsrats nicht nachkommen bzw. diese vorsätzlich zu umgehen versuchen, um ihren Interessen Geltung zu verschaffen.

13 Die strukturalistische Bewegung in Frankreich, in den 1950er Jahren entstanden und in den 1960ern zur intellektuellen Mode geworden, die der existentialistischen Welle (Jean-Paul Sartre u.a.) den Rang ablief, wurde vor allem durch die ethnologischen Arbeiten von Claude Lévi-Strauss angestoßen (vgl. Schiwy 1969: 13ff). Das Anliegen bestand vor allem darin, einer (historischen) Fehlbewertung der objektiven Möglichkeiten des Subjekts entgegen zu treten, indem bei der Beschreibung sozialer Phänomene auch die dahinter liegenden (systemischen) Strukturen und ihre kontextprägenden Wirkungen in die Betrachtung einbezogen werden. Hierzu gehörte auch die Rekonstruktion von Sprache in Bezug auf ihre Bedeutung im Prozess (teil-) gesellschaftlicher Selbstbeschreibungen. Auf dem Gebiet der kritischen Politischen Ökonomie wurde der Strukturalismus vor allem durch Louis Althusser theoretisch fundiert (vgl. etwa Althusser/Balibar 1972).

14 Diese Dynamik beruht in historischer Perspektive knapp zusammengefasst auf folgenden Zusammenhängen: Mit der Durchsetzung des Kapitalismus verändert sich die Organisation gesellschaftlicher Arbeit in grundsätzlicher Weise. Angetrieben vom „Stachel der Konkurrenz" wird wirtschaftliches Wachstum erstmals zum systematischen Prinzip einer Produktionsweise, die insbesondere auf dem Prinzip der Lohnarbeit als „Bedingung des Kapitals" (Marx/Engels, MEW 4: 473) beruht. Der Zwang zur Profitmaximierung, dem jedes Unternehmen unterliegt, das sich am Markt behaupten will, führt dabei über den Prozess der Kapitalakkumulation zu einer steten Zunahme der, wie Marx sie nannte, „technischen Kapitalzusammensetzung" (Marx, MEW 23: 640), d.h. des Verhältnisses von menschlicher Arbeitskraft (variablem Kapital) und den darauf bezogenen Mitteln zur Steigerung der Arbeitsproduktivität, wie Werkzeuge, Maschinen, angewandten Informations- und Kommunikationstechnologien etc. (konstantem Kapital) sowie – in Abhängigkeit von den technischen Möglichkeiten – zu veränderten Formen der Organisation der Arbeit. Diese Grundtendenz der Erzielung von Produktivitätsvorsprüngen auf der Basis der Substitution lebendiger Arbeitskraft durch konstantes Kapital, d.h. durch vergegenständlichte Arbeit und durch die Veränderung der Formen der Integration der lohnabhängigen Beschäftigen in den Arbeitsprozess (Transformation der Arbeitsorganisation), schlägt sich im Entwicklungsprozess der kapitalistischen Gesellschaft bis heute in einem, sich phasenweise mal mehr mal weniger krisenhaft vollziehenden, im Trendverlauf aber kontinuierlichen Strukturwandel nieder. Kapitalistische Entwicklung muss sich allerdings notwendig gegen Hindernisse vollziehen. Die entscheidende Barriere des Akkumulationsprozesses besteht heute dabei nicht in einer relativen Kapitalknappheit, wie am Beginn des Industrialisierungsprozesses, sondern vielmehr in der Realisierung des produzierten (Mehr-) Werts aufgrund der tendenziell ungleichen Entwicklung der beiden Abteilungen gesellschaftlicher Produktion – der Investitionsgüterindustrie und der Konsumgüterindustrie – oder anders ausgedrückt: von Angebot und Nachfrage. Diese, durch Keynes als Problem der effektiven Nachfrage qualifizierte Barriere kann letztlich nur dann überwunden werden, wenn die kapitalistische Produktion die Existenzbedingungen der Lohnarbeiterklasse revolutioniert. Nur aufgrund dieser sozialen Transfor-

mation kann die Güterproduktion einen Expansionsrhythmus aufrecht erhalten, der es am Ende erlaubt jene ausgeglichene Entwicklung der beiden Abteilungen gesellschaftlicher Produktion zu erreichen, die die notwendige Bedingung eines regelmäßigen Akkumulationsrhythmus ist (Aglietta 1979: 60f). Die fortschreitende Steigerung der Produktivität mündet folglich nicht nur in der Veränderung der ökonomischen, sondern auch der sozialen Beziehungen, der Formierung neuer Lebensstile und veränderter Konsummodi und nicht zuletzt auch der Transformation des gesellschaftlichen Naturverhältnisses. Das jeweils historisch-konkrete Gesicht, das die kapitalistische Gesellschaft infolge dieser Umbrüche annimmt, wird daher weniger durch den ökonomischen Strukturwandel, sondern vor allem durch die sich in rechtlich-institutionellen Arrangements und in der Verteilung von Einkommen und Vermögen ausdrückenden Kräfteverhältnisse zwischen den sozialen Klassen bestimmt (vgl. Deppe 2001: 51, Hirsch 1995: 61).

15 Neben dem regulationstheoretischen Modell der fordistischen Phase des Kapitalismus (ab den 1930er/40er Jahren bis Mitte der 1970er Jahre) ist z.b. auch Eric Hobsbawm's Rekonstruktion des „kurzen" 20. Jahrhunderts, dem „Zeitalter der Extreme", ein Beispiel für eine solche Vorgehensweise (vgl. Hobsbawm 1998).

16 Agliettas Einschränkung „innerhalb der Nation" ist hier irritierend. Denn entscheidend ist nicht die Ebene der Nation, sondern der politische Raum staatlich-institutionellen Handelns, in dem diese Vermittlungsleistung praktisch organisiert wird bzw. zu organisieren wäre – etwa das Mehrebenensystem europäischer Politik.

17 Die Theorie der Regulation, so formuliert Aglietta (1979: 72) noch, sei tatsächlich und in ihrem Realitätsbezug eine Theorie der Entwicklung des Lohnverhältnisses.

18 Stabilität entsteht hier infolge der Herstellung von Regelmäßigkeiten in den sozialen Beziehungen sozialer Kollektive und ihren konfligierenden Interessen im Rahmen von politisch-institutionellen Kompromissen (vgl. Demirović 1992: 137).

19 Laclau/Mouffe (1991: 238) sprechen in diesem Zusammenhang daher auch von einer „diskursiven Formation".

20 Dies setzt freilich ein theoretisches Verständnis von Gleichgewicht als Referenzkategorie voraus, welches jedoch nicht als der quasi natürliche Zustand marktwirtschaftlicher Selbstorganisation, sondern eben als evolutives Ergebnis des Zusammenwirkens von strukturellen und institutionellen Bedingungen betrachtet wird (vgl. Hübner 1989: 226).

21 Insofern irrt Marco Revelli (1999: 36), wenn er schreibt, der regulationstheoretische Fordismusbegriff bewege sich „auf der Grundlage des ursprünglichen gramscianischen Verständnisses".

22 Im Hinblick auf die Bewertung der sich seit dieser Zeit vollziehenden Zunahme der Staatsverschuldung im Zusammenhang mit der Entwicklung der Finanzmärkte findet sich bei Aglietta an anderer Stelle eine interessante Überlegung. Am Beispiel der 'Krise der Städte' in den USA, d.h. der sozio-kulturellen Verödung der Innenstädte und raschen Ausdehnung der Vororte, die er als einen Ausdruck des wachsenden Widerspruchs zwischen Lohnverhältnis und Akkumulation interpretiert, kommt er auf die Motive zunehmender öffentlicher Verschuldung in diesem Zusammenhang zu sprechen. Er argumentiert, dass auf eine Politik der Verschuldung dort u.a. deshalb verstärkt zurückgegriffen wurde, weil sie einerseits erlaubte, der gewachsenen Nachfrage nach öffentlichen Dienstleistungen zur Gewährleistung sozialer Partizipation nachzukommen und sich gleichzeitig aber der immer massiver werdenden Forderung der einflussreichen Wohlhabenden nach Begrenzung der Steuern anzu-

passen. Die wachsende Verschuldung und die letztlich dadurch erodierende Legitimität wohlfahrtsstaatlicher Politik sind ebenso wie die beschleunigte finanzielle Zentralisierung in diesem Sinne also auch Folge geringer Konfliktbereitschaft der Regierenden (vgl. Aglietta 1979: 248f).

23 „Jede historische Formation des Kapitalismus hat ihre eigene Krise" (Hirsch 1995: 62).

24 Dies ist beispielsweise – jedenfalls in einem mikropolitischen Sinne – dort das Ziel, wo es um die praktische Implementation von Konzepten wie dem der „lernenden Organisation" o.ä. geht, denen letztlich auch daran gelegen ist, eine bessere Reaktions- und Wandlungs-fähigkeit von Organisationen (Behörden, Betrieben, Verbänden etc.) im Hinblick auf äußere Anforderungsdynamiken zu erreichen.

25 Vgl. hierzu den guten Überblick in dem Sammelband von Brand/Raza 2003.

26 Diese relative Ungenauigkeit des Hegemoniebegriffs – einschließlich der daran gekoppelten Metapher vom historischen Block – ist sicherlich nicht von seiner historischen Genese bzw. deren Verarbeitung durch Gramsci zu trennen. In diesem Prozess kamen ebenso strategisch-taktische Einflüsse der aufstrebenden Arbeiterbewegung und ihrer politischen Ausdifferen-zierung am Beginn des 20. Jahrhunderts zum Tragen, wie sprachwissenschaftliche Elemente (vgl. dazu ausführlich Laclau/Mouffe 1991: 39ff, 109ff, Kebir 1991: 74ff).

27 Das bedeutet noch nicht, bei „einer regulationstheoretischen Fassung der Losung 'Anpas-sen oder Untergehen'" zu landen, wie Röttger (2003: 21) in einer durchaus berechtigten kritischen Auseinandersetzung mit neueren Interpretationen bei Aglietta (2000) anmerkt. Es eröffnet im Gegenteil möglicherweise sogar argumentative Zugänge der Delegitimierung, die das emanzipatorische Potential der Theorie der Regulation im Sinne der Kritik Politi-scher Ökonomie stärken.

4. Hegemonie, Gesellschaftsvertrag und Gerechtigkeit

1 Robinson 1971: 119.

2 Dies betrifft insbesondere das Modell der Hegemoniezyklen, das an die auf den Ökono-men N. Kondratieff zurückgehende Theorie der „Langen Wellen" angeknüpft. Dieser hatte gezeigt, dass sich seit Ende des 18. Jahrhunderts neben den üblichen kurzfristigen konjunk-turellen Schwankungen des Akkumulationsprozesses, auch langfristige Zyklen des Auf- und des Abschwungs in der Entwicklungsdynamik der kapitalistischen Ökonomie vollziehen, die sich über einen Zeitraum von 45 bis 60 Jahre erstrecken. Nach Schumpeter gilt vor allem die Durchsetzung sogenannter Basisinnovationen (Mechanisierung, Elektrizität, Mobilitätssteigerungen etc.) als wesentliche Ursache dieser Zyklizität (vgl. Menzel 1996).

3 Thomas S. Kuhn (1976) hat diese Ausschlussmechanismen in seinem Beitrag über „Die Struktur wissenschaftlicher Revolutionen" ausführlich beschrieben und ihren Einfluss auf die Beharrlichkeit paradigmatischer Annahmen dargestellt.

4 Marx selber führt diese Auseinandersetzung u.a. in seiner Streitschrift „Das Elend der Phi-losophie", in der er sich mit den Positionen Proudhons auseinandersetzt. Hier formuliert er: „Gewiß, die Tendenz zur Gleichheit ist unserem Jahrhundert eigen. Wer nun sagt, daß die vorhergegangenen Jahrhunderte mit vollständig verschiedenen Bedürfnissen, Produkti-onsmitteln etc. providentiell für die Verwirklichung der Gleichheit wirkten, der substituiert zunächst die Mittel und die Menschen unseres Jahrhunderts den Menschen und Mitteln der früheren Jahrhunderte und verkennt die historische Bewegung, mittels derer die aufein-

anderfolgenden Generationen die von den ihnen vorhergehenden Generationen erreichten Resultate umformten. Die Ökonomen wissen sehr gut, daß dasselbe Ding, das für den einen verarbeitetes Produkt, für den anderen nur Rohmaterial zu neuer Produktion ist" (Marx, MEW 4: 139).

5 Engels fasst diese Kritik folgendermaßen zusammen: „Der Arbeitsvertrag soll ein von beiden Teilen freiwillig eingegangner sein. Aber er gilt als für freiwillig eingegangen, sobald das Gesetz beide Teile auf dem Papier gleichstellt. Die Macht, die die verschiedne Klassenstellung dem einen Teil gibt, der Druck, den sie auf den andern Teil ausübt - die wirkliche ökonomische Stellung beider -, das geht das Gesetz nichts an. Und während der Dauer des Arbeitsvertrags sollen beide Teile wiederum gleichberechtigt sein, sofern nicht einer oder der andre ausdrücklich verzichtet hat. Daß die ökonomische Sachlage den Arbeiter zwingt, sogar auf den letzten Schein von Gleichberechtigung zu verzichten, dafür kann das Gesetz wiederum nichts" (Engels, MEW 21: 74).

6 Otfried Höffe spricht in diesem Zusammenhang von dem „Grundsatz der Tauschgerechtigkeit" (Höffe 2001: 4), im Sinne der „Gleichwertigkeit des Nehmens und Gebens" (ebd.), den er als einen der wenigen unumstrittenen Bereiche in der konträren Debatte um Gerechtigkeit beschreibt.

7 Bereits nach dem Ersten Weltkriegs, so Hobsbawm (1998: 145ff), waren alle Regime, die aus dieser Katastrophe wieder auftauchten oder entstanden - von der Sowjetunion abgesehen - gewählte Regierungen in repräsentativen parlamentarischen Systemen - wenngleich sich in dieser Zeit die antiaufklärerischen und antiliberalen rechten Kräfte, insbesondere der Faschismus, bereits auf dem Vormarsch befanden.

8 Dass Demokratie und (wirtschaftlicher) Wohlstand in einer wechselseitig positiven Verbindung zueinander stehen, ist in jüngerer Zeit vor allem durch die Forschungen von Amartya Sen immer wieder betont worden. „Die Verbindungen sind nicht bloß instrumenteller Art - politische Freiheit kann eine eminente Rolle spielen, indem sie die Anreize und Informationen für die Bekämpfung akuter ökonomischer Not liefert -, sie sind darüber hinaus auch konstruktiv. Wie wir ökonomische Bedürfnisse begrifflich fassen, hängt wesentlich von öffentlichen Debatten ab, die jedoch nur dann gewährleistet sind, wenn wir auf elementarer politischer Freiheit und bürgerlichen Rechten bestehen" (Sen 2000: 181f).

9 Bei einem solchen Demokratiebegriff gilt die Gewährleistung menschlicher Lebensbedürfnisse nicht als mögliche Option, sondern als konstitutive Bedingung demokratischer Prozesse, als Grundlage, die überhaupt erst die Ausprägung und Artikulation darüber hinausgehender Bedürfnisstrukturen ermöglicht (vgl. Müller 1993: 29f, ähnlich Segbers 1999: 70ff). Diese Interpretation ist dabei hinsichtlich der historischen Genese des Demokratiebegriffs nicht gänzlich neu: „Demokratie ist nämlich nicht nur die „Herrschaft des Volkes"; sie wurde auch in der Antike schon als 'Mehrheitsherrschaft' und damit auch als 'Herrschaft der Armen' verstanden, da in den meisten griech. poleis die arme Bevölkerung (...) die Mehrheit des freien Volkes (demos) bildete" (Goldschmidt 1999: 1515).

10 Bei der heutigen Lektüre dieses Zitats gilt es zu berücksichtigen, dass zu Beginn der 1920er Jahre mit der Idee des Sozialismus keinesfalls so weitgehend und fast ausschließlich der Bezug auf das sowjetische Modell verbunden war, wie das später in der Phase des kalten Krieges der Fall war. Vielmehr wurden hiermit zunächst höchst unterschiedliche Vorstellungen assoziiert. Ihr gemeinsamer Nenner, soviel lässt sich jedoch sagen, war die Überzeugung von der Unzulänglichkeit des Prinzips des Laissez-faire bzw. von der Erfordernis einer kollektiven, d.h. staatlichen Beeinflussung des Wirtschaftsprozesses (vgl. hierzu ausführlich

die Darstellung bei Hofmann 1971: 169ff, Marshall 1992: 151ff). Jedoch formuliert Milton Friedman noch in den 1960er Jahren ähnliches, wenn er mit Bedauern feststellt: „In den zwanziger und dreißiger Jahren unseres Jahrhunderts waren die Intellektuellen in den Vereinigten Staaten zum Großteil davon überzeugt, daß der Kapitalismus ein defektes System sei, das den wirtschaftlichen Wohlstand und damit die Freiheit behindere, und daß die Hoffnung für die Zukunft in einer Erhöhung der bewußten Kontrolle politischer Instanzen gegenüber den wirtschaftlichen Angelegenheiten läge" (Friedman 1971: 251).

11 Die Essenz dieses aufgeklärten Eigeninteresses fasst Joan Robinson (1971: 85) in einem Satz zusammen: „Ein notleidender Bürger ist ein Vorwurf für die Wirtschaft und ohne Nutzen für die Produktion oder für den Markt verkäuflicher Güter." Sie hat an anderer Stelle allerdings auch auf die problematischen Aspekte der Praxis wohlfahrtsstaatlicher Politik hingewiesen, insbesondere was die Förderung des Nationalismus betrifft: „Jede Regierung muss sich um ihr eigenes Volk kümmern, und die Politik kann nicht unterscheiden zwischen Vorteilen für das Volk, die es absolut sind, und solchen, die auf Kosten anderer Völker gehen" (ebd.: 88).

12 Diese Kennzeichnung ist keine Beschönigung gegenüber den diese Zeit unbestreitbar ebenso prägenden autoritären Strukturen, patriarchalen Geschlechter- oder destruktiven Naturverhältnissen, sondern bezieht sich vor allem auf die spezielle ökonomische Wachstumskonstellation im Verhältnis von Produktivitäts- und Nachfrageentwicklung.

13 Aglietta bezeichnet in seiner US-Studie das Jahr 1966 als den Zeitpunkt, an dem jene Probleme des fordistischen Modus der Akkumulation evident wurden (als Indikatoren bezieht er sich hier u.a. auf die zunehmende Inflation sowie ein erstmals nach dreißig Jahren wieder rückläufiges Volumen der Gesamtheit des fixen Kapitals), die sich schließlich zur Krise des intensiven Akkumulationsregimes auswuchsen (vgl. Aglietta 1979: 99ff).

14 Die Frage der Konfliktbereitschaft betrifft insbesondere die Ebene der Verteilungspolitik. Herbert Schui hat darauf hingewiesen, dass seit den 1970er Jahren etwa steuerliche Maßnahmen, die erforderlich gewesen wären, um die Nachfrage auf einem angemessenen Niveau zu halten, zunehmend durch eine Politik der Staatsverschuldung substituiert wurden. Was konzeptionell ursprünglich als ein Instrument antizyklischer Konjunkturpolitik gedacht war, wurde so zu einer ‚konflikt'kompensierenden' Finanzpolitik umgewidmet. „Besonders die Praxis seit den 70er Jahren hat den Gedanken der Compensatory Finance und die Frage der Platzierung der Staatsschuld so miteinander verbunden, daß anhaltende Staatsdefizite auf dem privaten Kreditmarkt finanziert wurden. So konnte man den Konflikt mit der Unternehmerschaft umgehen und überdies den Banken zu sicheren Zinseinnahmen verhelfen" (Schui 1997).

15 Dies gilt insbesondere für den Modus der Arbeitsteilung bzw. die vorherrschenden Formen der betrieblichen Organisation, betrifft aber auch die ökologischen Grenzen ökonomischen Wachstums sowie die aufbrechenden Widersprüche tradierter und vermittels des Lohnverhältnisses gestützter geschlechtsspezifischer Arbeits- und Rollenteilungen zwischen Mann und Frau.

16 Anknüpfungspunkt ist hierbei vor allem Keynes' „fundamental-psychologisches Gesetz", anhand dessen sich das Zurückbleiben der gesamtwirtschaftlichen Nachfrage im Akkumulationsprozess bzw. die Notwendigkeit staatlicher Einkommenspolitik erklären lässt (vgl. Mattfeld 1985: 55).

17 Rawls 1975: 123.

18 Hayek 1981a: 118.

19 Nussbaum 1999: 35.

20 Die These von den gegensätzlichen Interessen zwischen Arbeitsplatz-Besitzenden und Nicht-Erwerbstätigen wird – bislang allerdings vornehmlich von ausgewiesen konservativ-liberalen Ökonomen! – umso eindringlicher vorgetragen, je mehr die Zahl der Arbeitslosen dauerhaft ansteigt. So schrieb etwa Carl Christian von Weizsäcker (1996): „Der Schutz des „Inhabers" eines Arbeitsplatzes vor Wettbewerb vermehrt die Zahl derjenigen, die keine Arbeit haben. (...) Der sogenannte Sozialstaat, in dessen Namen die Einmischung des Staates in alles und jedes befürwortet wird, führt zur Erstarrung. Die Verteidiger des Status quo haben in der Politik immer einen besonders starken Stand. (...) Die künftigen Inhaber von neuen Arbeitsplätzen haben heute noch keine Gewerkschaft, keine Lobby in Bonn oder Brüssel. Sie werden ihren Arbeitsplatz denen verdanken, die Veränderungen durchsetzen und deshalb die natürlichen Gegner der heutigen Interessengruppen sind".

21 Auch hier soll der Rückgriff auf die Figur des Vertrags zum Ausdruck bringen, dass das Ergebnis auf den rationalen Entscheidungen der Individuen basiert und allen Beteiligten bekannt ist (vgl. Rawls 1975: 33f).

22 Dass bei Rawls in der Reihe der Grundgüter der Aspekt der Erhaltung der natürlichen Umwelt keine Rolle spielt, mag im Hinblick auf seine Theorie der Gerechtigkeit dem Umstand geschuldet sein, dass sich zum Zeitpunkt ihrer Entstehung die Debatte um die Dimensionen anthropogener Umweltbeeinflussungen und deren Folgen selbst noch in Anfängen befand. Rawls hat später dieses Problem durchaus als offene Frage erkannt, jedoch in wenigen Sätzen seine Überzeugung dargelegt, dass auch dieses eine Angelegenheit sei, die im Rahmen des öffentlichen Vernunftgebrauchs zu behandeln ist (vgl. Rawls 1998: 87f/350ff, zur Kritik: Höffe 1998: 177/180f).

23 Zur Frage der Definition von Institutionen vermerkt Rawls: „Unter einer Institution verstehe ich (...) ein öffentliches Regelsystem, das Ämter und Positionen bestimmt mit ihren Rechten und Pflichten, Machtbefugnissen und Schutzzonen u.ä. (...) Eine Institution existiert zu einer bestimmten Zeit und an bestimmtem Ort, wenn die von ihr festgelegten Handlungen regelmäßig ausgeführt werden und dies öffentlich erwartet wird" (Rawls 1975: 74f).

24 In „Politischer Liberalismus" vergleicht Rawls (1998: 95f) diese Form der Darstellung mit der Methode des Rollenspiels, das es den Individuen ermöglicht, zu jedem Zeitpunkt bestimmte Situationen zu simulieren, um daraus Rückschlüsse für die Gestaltung tatsächlicher Verhältnisse zu gewinnen.

25 Man komme bei Verfahrensfragen, so Rawls, in einem gewissen Rahmen nicht um Zweckgerichtetheit herum. „Doch an irgendeinem Punkt darf man praktische Erwägungen ins Spiel bringen, denn früher oder später kann man mit philosophischen Argumenten einfach keine feineren Unterschiede mehr machen" (Rawls 1975: 119).

26 Dass er sich dann in der Darstellung der Anwendungsbezüge seiner Theorie der Gerechtigkeit letztlich fraglos auf eine privat- bzw. marktwirtschaftlich organisierte Demokratie bezieht, begründet Rawls dann auch nicht inhaltlich, d.h. mit den Vorzügen der einen gegenüber der anderen Ordnung, sondern mit der eher pragmatischen Feststellung, „diese dürfte besser bekannt sein" (Rawls 1975: 308). Ähnlich unvoreingenommen argumentiert er in dieser Frage hinsichtlich der Voraussetzungen für die Erfüllung der Bedingungen der Gerechtigkeit als Fairness. Zwar hebt er hervor, dass in sozialistischen Wirtschaftsordnungen die Allokations- und Verteilungsfunktion der Produktpreise weit weniger bedeutsam ist als in marktwirtschaftlichen Systemen, leitet daraus jedoch nicht ab, dass marktwirtschaftliche Systeme hinsichtlich der Erfüllung der Gerechtigkeitsgrundsätze einen entscheidenden Vorteil hätten. Vielmehr stellt er resümierend fest: „Welches der beiden Systeme und der vielen

Zwischenformen am gerechtesten ist, läßt sich nach meiner Auffassung nicht im voraus [also hinter dem 'Schleier des Nichtwissens, JR] entscheiden. Vermutlich gib es keine allgemeine Antwort auf diese Frage, denn sie hängt stark von den Traditionen, Institutionen und gesellschaftlichen Kräften jedes Landes und seinen besonderen geschichtlichen Umständen ab" (ebd.: 307). Vgl. hierzu auch Höffe (1998: 170), der mit Erstaunen feststellt, dass Rawls die Frage 'Kapitalismus oder Sozialismus' offen hält, obgleich er die Vorzüge der Marktwirtschaft ausführlich betont.

27 Es sei hier daran erinnert, dass die Sicherung eines Existenzminimums als praktisches Unterfangen erstmals in England im Rahmen der Umsetzung des sog. Beveridge-Plans in den 1940er Jahren angegangen wurde, der gemeinhin als „Magna Charta des modernen Wohlfahrtsstaats" (Der Spiegel 1999) gilt (vgl. dazu auch: Tarnow 1950, Marshall 1992: 155ff).

28 Diese Aussage schränkt er allenfalls dadurch ein, dass er hervorhebt: „wenn einmal ein angemessenes Existenzminimum durch Umverteilung gesichert ist, kann es völlig fair sein, daß der übrige Teil des Gesamteinkommens durch das Preissystem bestimmt wird (...)" (Rawls 1975: 311).

29 Wenn Höffe (1998: 172) am Ende seiner Auseinandersetzung mit diesem Abschnitt bei Rawls darauf hinweist, dessen Empfehlung, Kulturmittel vor allem durch private Spenden aufzubringen, „entspricht dem 'Modell USA', weicht vom 'Modell Deutschland' ab und dürfte dem 'Modell Frankreich' klar widersprechen", so mag das stimmen, steht jedoch nicht im Widerspruch zu meiner These. Denn, wie an anderer Stelle dargelegt, handelte es sich bei der fordistisch-wohlfahrtsstaatlichen Entwicklungsweise ja nicht um ein monolithisches Gebilde, sondern um eine sozialökonomische Formation mit bestimmten Regelmäßigkeiten im Hinblick auf die Art und Weise der Wahrung sozialer Kohärenz (Massenproduktion, Massenkonsum und die soziale Integration der Lohnarbeit), die aber durchaus Raum ließ für die Ausprägung nationaler bzw. historischer Besonderheiten und Spezifika (vgl. auch Castel 2000: 338f).

30 An der Frage des Wohlfahrts- bzw. Sozialstaates verläuft, so auch die Differenzierung bei Kersting (1998: 116), „die Wasserscheide" zwischen dem egalitären Liberalismus, wie ihn Rawls verkörpert, und den Vertretern neoliberaler Positionen, die er als Libertäre bezeichnet.

31 International bedeutsam ist in diesem Zusammenhang die bereits 1947 (u.a. von Ludwig v. Mises und Milton Friedman) gegründete „Mont Pélerin Society". In Deutschland tut sich vor allem die sog. „Freiburger Schule" des Ordoliberalismus um Walter Eucken bei der theoretischen Weiterentwicklung des Neoliberalismus hervor, in Großbritannien ist es die London School of Economics und in den USA vor allem die Gruppe von Wirtschafts- und Sozialwissenschaftlern der sog. Chicago-School (vgl. dazu ausführlich Walpen 2000: 1072ff). Milton Friedman hat im Zusammenhang mit der Frage nach den Möglichkeiten der Verbreitung der Theorie das neoliberale Credo recht eindeutig formuliert: „In einer kapitalistischen Gesellschaft ist es (...) nur erforderlich, ein paar reiche Leute zu überzeugen: schon hat man die Mittel, um eine Idee zu lancieren – ganz egal, wie merkwürdig sie auch sein mag" (Friedman 1971: 39).

32 Vgl. zum ökonomischen Paradigmenwechsel in der Geldpolitik ausführlich Fiehler (2000: 19ff), der in seinen einleitenden Bemerkungen hervorhebt, dass „Auseinandersetzungen in der Ökonomie (...) auch immer Knotenpunkte für die Gesellschaftstheorie (waren)" (ebd.: 13).

33 Die Originalschrift erschien in den USA bereits 1976, also nur wenige Jahre nach Rawls' „Theorie der Gerechtigkeit".

34 Was für Hayek hier ganz offensichtlich außerordentlich positiv besetzt ist, stellt für Hannah Arendt (1996: 39f) als „Niemandsherrschaft" das Gegenteil, nämlich die vorstellbar „tyrannischste Staatsform" dar, „da es hier tatsächlich Niemanden mehr gibt, den man zur Verantwortung ziehen könnte" (ebd.).

35 Tatsächlich ist auch Hayeks Bezug auf Rawls an dieser Stelle verwirrend bzw. uneindeutig. Zwar betont er zunächst, Rawls habe der von ihm behandelten Problematik „jüngst ein wichtiges Buch gewidmet", bezieht sich dann jedoch nicht auf die „Theorie der Gerechtigkeit von 1971, die tatsächlich zum Zeitpunkt der Publikation Rawls jüngstes Buch darstellte, sondern auf einen Text aus dem Jahr 1963, um schließlich in einer eingefügten Endnote hinsichtlich der „Theorie der Gerechtigkeit" sogar mangelnde Eindeutigkeit bei Rawls zu beklagen (vgl. Hayek 1981a: 232, Anm. 44).

36 Barry verweist hierbei auf ein Zitat Hayeks, das tatsächlich nichts anderes zum Ausdruck bringt, als die utilitaristische Basisprämisse: „Die Gute Gesellschaft", so schreibt er in einer Zwischenüberschrift, „ist eine Gesellschaft, in der es wahrscheinlich ist, daß die Chancen jeder beliebigen Person so groß wie möglich sind" (Hayek 1981a: 178, Barry 1995: 239).

37 Den Gegenpol zur „negativen" Freiheit, verstanden als Freiheit des Individuums *von* staatlichem Zwang, stellt das Konzept der „positiven" Freiheit dar, der Freiheit *zu* einer aktiven Teilhabe an gesellschaftlichen Möglichkeiten und öffentlichen Belangen (vgl. Hirschman 1995: 97).

38 Wenngleich Nozick selber sich in seinen späteren Arbeiten anderen philosophischen Themen zugewendet und diesen Pfad nicht ausgebaut hat, weist Wenzel (2002) in einem Nachruf auf Nozick darauf hin, dass „Anarchy, State and Utopia" von Seiten der Zeitschrift „Times Literary Supplement" als „eines der hundert einflussreichsten Bücher seit dem Zweiten Weltkrieg" eingestuft wurde.

39 Den Begriff des Eigentums versteht Nozick im engeren Sinne als das Recht, über die Verwendung eines Gutes unter Berücksichtigung insbesondere der (natürlichen) Rechte des Menschen an sich selbst und an den Ergebnissen seiner eigenen Arbeit zu verfügen (vgl. Nozick 1976: 160 f).

40 Nozick bezieht sich auf die Beschreibung des Naturzustands in der klassischen Vertragstheorie von John Locke (vgl. Nozick 1976: 23 f). „Der Lockesche Naturzustand, das Vorstadium eines Staates, ist eine Form der Anarchie, in der das individuelle Verhalten bereits durch Rechte und Pflichten geprägt ist" (Rogge 1987: 16). Zu dieser naturrechtlichen Grundausstattung des Menschen zählen das Recht auf körperliche Unversehrtheit, auf Eigentum an den Früchten eigener Arbeit sowie das Recht auf Freiheit, genauer: auf Vertragsfreiheit. Mit diesen Rechten des einzelnen korrespondieren entsprechende Pflichten, die ihm eine Einschränkung der Naturrechte anderer Individuen sowie den Vertragsbruch verbieten (vgl. Koller 1986: 17f). Das Naturrecht gestattet es ferner jedem einzelnen, sich gegen Rechtsbrechungen zu verteidigen, Wiedergutmachung für erlittenen Schaden zu verlangen oder ggf. strafend, d.h. durch Vergeltungsmaßnahmen, durchzusetzen (vgl. Nozick 1976: 25f).

41 Das Modell des „Minimalstaates" entspricht - wie Nozick selbst hervorhebt - dem des Nachtwächterstaates im klassischen Liberalismus (vgl. Nozick 1976: 38). Wie bei diesem sind die Aufgaben des Minimalstaat begrenzt „auf die enge Funktion des Schutzes gegen Gewalt, Diebstahl, Betrug und der Durchsetzung von Verträgen" (Willke 1993: 67).

42 „Eine Erklärung mittels der unsichtbaren Hand erklärt etwas, was wie das Ergebnis eines absichtsvollen Planes aussieht, auf eine Weise, die nichts mit irgendwelchen Absichten zu tun hat" (Nozick 1976: 32).

43 Letztlich greift Nozick damit auf die gängige Definition des legitimen physischen Gewaltmonopols als Kennzeichen des Staates bei Max Weber zurück: „Mit zunehmender Befriedigung und Erweiterung des Marktes parallel geht (...) auch 1. jene Monopolisierung legitimer Gewaltsamkeit durch den politischen Verband, welche in dem modernen Begriff des Staates als der letzten Quelle jeglicher Legitimität physischer Gewalt, und zugleich 2. jene Rationalisierung der Regeln für deren Anwendung, welche in dem Begriff der legitimen Rechtsordnung ihren Abschluß finden" (Weber 2001: 215).

44 Den naturrechtlichen Grundlagen zufolge darf eine soziale Majorität eine Minorität von Außenseitern zwar durch Verbot eigenhändiger Rechtsausübung (Gewaltmonopol) dazu zwingen, mit einer Schutzfirma einen Vertrag abzuschließen. Allerdings hat sie dafür die den Außenseitern nun neu entstehenden Kosten zu tragen, wodurch gewährleistet wäre, dass der entgangene Nutzen eigenhändiger Rechtsausübung entsprechend kompensiert würde (vgl. Kley 1989: 205f).

45 In diese Kategorie ordnet Nozick auch die Argumentation von Rawls ein, dessen Unterschiedsprinzip für ihn „ein besonders starker struktureller Endzustands-Grundsatz" (Nozick 1976: 193) und folglich unvereinbar mit seiner Anspruchstheorie ist.

46 Da die Überführung des 'Ultra'-Minimalstaats in den Minimalstaat im Kern mit der moralischen bzw. naturrechtlichen Verpflichtung der Mehrheit, den entgangenen Nutzen der Minderheit zu kompensieren, begründet wird, stellt dieser Schritt für Nozick noch keine Umverteilung im eigentlichen Sinne dar (vgl. Nozick 1976: 38f).

47 Rawls stellt in seiner späteren Auseinandersetzung mit Nozick sogar die These auf, dass dieser genau genommen gar keine Theorie des Gesellschaftsvertrags vorgelegt habe, da die Konzeptualisierung des Staates als eine private Veranstaltung den Grundgedanken, dass der Vertrag die Basis eines öffentlichen Systems der Rechte und der politischen Autorität sei, faktisch negiere (vgl. Rawls 1998: 375f).

48 Abgesehen davon haben wir es hier ohnehin mit einem wettbewerbstheoretischen Paradox zu tun, denn „die Schutzvereinigung, die sich letztendlich durchsetzt, widerspricht dem freien Marktprinzip, denn Ergebnis des Prozesses ist ein Monopol: der Ultraminimalstaat" (Rogge 1987: 22).

49 Auf diese Argumentation gründet letztlich auch die Theorie des sog. „Staatsversagens" (vgl. Messner 1995: 1341f).

50 Diese wurde nicht nur von bekennenden Konservativen erhoben, wie etwa dem ehemaligen bundesdeutschen Innenminister und CDU-Vorsitzenden Wolfgang Schäuble (vgl. Schäuble 1994: 108f), sondern beispielsweise auch von dem sich ansonsten eher liberal-demokratisch gebenden Ralf Dahrendorf. Noch Anfang der 1990er Jahre forderte dieser in einem längeren Essay: „Eine moralische Offensive tut Not, um der schlanken Staatsverfassung Sinn, ja Legitimität zu geben. Sie wird nicht von den normalen Trägern des politischen Prozesses kommen. Vielmehr verlangt sie ein Element der bürgerlichen Unruhe (...)" (Dahrendorf 1994: 263).

51 Das Buch erschien im amerikanischen Original bereits 1974, im gleichen Jahr also wie die zuvor skizzierte Schrift von R. Nozick.

52 Zur Gleichsetzung von Legitimität und Effizienz siehe auch Buchanan (1984: 239).

53 Vilfredo Pareto gehörte zu den frühen Verfechtern (u.a. neben Walras, Jevons und Menger) der so genannten „subjektiven Wertlehre" bzw. Grenznutzentheorie, die sich gegen die klassisch-ökonomische Auffassung wandten, dass der Wert der Waren objektive Quellen habe,

wie etwa die Arbeit bzw. die Arbeitszeit. Insbesondere richteten sie ihre Kritik gegen die Marxsche Mehrwerttheorie. Für sie lag die Quelle des Werts in der Psyche der Individuen bzw. in ihrer subjektiven Zahlungsbereitschaft im Hinblick auf den Erwerb einer Ware, die zugleich als Ausdruck des Nutzens gedeutet wurde, den der Erwerb für den Einzelnen jeweils darstellt. Nicht der Produktionsprozess (wie bei Smith, Ricardo oder Marx), sondern der Tauschprozess, d.h. Markt selbst, tritt in den Mittelpunkt und wird zur Sphäre der Wertbildung. Zur ideen- und zeitgeschichtlichen Bedeutung und Rolle Paretos vgl. Deppe (1999: 180ff), der sich darin auch ausführlich mit der Soziologie Paretos auseinandersetzt, wie mit dessen antietatistischem und „autoritärem Konservatismus" (ebd.), seiner Kritik gegenüber der repräsentativen Demokratie sowie mit seinen umstrittenen Sympathiebekundungen gegenüber dem italienischen Faschismus in den 1920er Jahren.

54 Obgleich Buchanan hier einen eindeutigen Verweis unterlässt, entspricht diese Position letztlich dem, was Milton Friedman (mit dem Buchanan im Übrigen auch in Person von Frank H. Knight den geistigen Lehrer teilt) bereits in den 1960er Jahren formulierte, als er der Regierung hinsichtlich der Überwachung gesellschaftlicher Regeln die Rolle als „Spielleiter und Schiedsrichter" zuwies (Friedman 1971: 48).

55 Daran, dass es auch ihm darum geht, vor allem die Idee von den segensreichen Wirkungen der unsichtbaren Hand des Marktes gegenüber der wohlfahrtsstaatlichen Praxis wieder zur Geltung zu verhelfen, lässt Buchanan keinen Zweifel. So beklagt er: „Der Regreß ad infinitum, der mit der Einstellung verknüpft ist, was man die 'Gemeinwohl-Attitude' nennt, schreitet voran. Wenn die regulierenden Instanzen versagen, werden neue Eingriffe gefordert usw.. Diese Entwicklung ist zum Teil die unvermeidliche Folge der allgemeinen Unfähigkeit, den einfachen Laissez-faire-Grundsatz zu verstehen, wonach Resultate, die durch unbeeinflußte Interaktion erzielt werden, oft den Ergebnissen direkter politischer Intervention überlegen sein können und es auch sind. Es ist in dieser Hinsicht viel Weisheit verloren gegangen. Wir sind unter das Niveau des 18. Jahrhunderts gesunken. Die Botschaft von Adam Smith muß jeder Generation neu verkündet werden" (Buchanan 1984: 130).

56 Stephen Gill (2000: 43) charakterisierte die Durchsetzung neoliberaler Politiken im Zuge des europäischen Transformationsprozesses daher durchaus zutreffend als einen „neuen Konstitutionalismus", dessen disziplinierende Wirkung die Wandlung vom Modell des keynesianischen Wohlfahrtsstaat zum 'schlanken' Wettbewerbsstaat beschleunigt.

57 Für Rawls gilt dies freilich eher vor dem Hintergrund der Renaissance einer breiten und öffentlichkeitswirksamen Kapitalismuskritik im Zuge der StudentInnen- und Anti-Vietnamkriegsbewegung ab den späten 1960er Jahren. Was die Motive von Keynes angeht, so formuliert Walter (1996: 29): es „trieb ihn die Sorge, daß die in Großbritannien während der gesamten Zwischenkriegszeit anhaltend hohe und dauerhafte Arbeitslosigkeit letztlich die Grundfesten gerade jener Ordnung bedroht, die er schätzte (...)".

58 So mahnt z.B. der konservative Kronberger Kreis in Deutschland, die Reformierung des Steuersystems habe die internationale Mobilität des Kapital zu berücksichtigen, weshalb "Kapitalentnahmen effektiv nicht besonders hoch besteuert werden können. (...) Eine rigorose Rücknahme der Steuerprogression wird von den meisten Menschen nicht als gerecht angesehen. Und doch ist sie nötig" (Frankfurter Allgemeine Zeitung vom 02.10.98, S. 15).

59 So führt beispielsweise Hayek aus, das publizistische und argumentative Bemühen gegen die Vorstellung der Überlegenheit vernunftgeleiteter Entwicklung menschlicher Gesellschaften solle sich nicht, wie bei den Linken, zuerst in Appellen an die breiten Massen erschöpfen. Vielmehr käme es darauf an, an der Quelle des Irrtums anzusetzen, bei den Intellektuellen

und der Intelligenz, um diese davon zu überzeugen (was die neoliberalen Think Tanks immerhin auch mit nicht geringem Erfolg taten), dass Vorurteile gegenüber der Effizienz des Marktes unangebracht seien. Und Überzeugung sei nötig, denn „je intelligenter ein Mensch ist, desto wahrscheinlicher ist es, daß er ein Sozialist ist" (Hayek 1992: 126).

60 Bei Etzioni (1995: 22) heißt es dazu unter der Überschrift „Werden sie Kommunitarier: Werden sie Teil unserer Bewegung", gefordert sei eine Diskussion über gesellschaftliche Zielvorstellungen, „an der alle teilnehmen" und in der das persönliche Engagement des Einzelnen gefordert sei, um „die kommunitarische Idee und Ideale im Gespräch mit Nachbarn, bei Bürgerversammlungen, in politischen Debatten, bei Rundfunkstationen und anderswo [zu] vertreten" (ebd.). Wenngleich dieses zunächst mit Blick auf die USA geschrieben ist, so veranschaulicht es dennoch ein Teil des kommunitaristischen Selbstverständnisses, das zweifellos auch die europäische Rezeption prägte.

61 Der Ordoliberalismus der Freiburger Schule (Eucken, Müller-Armack u.a.) stellt neben der angelsächsischen Variante (Hayek, Friedman u.a.) eine der beiden bedeutsamen Erscheinungsformen des Neoliberalismus in der Gegenwart dar. Seine spezifische Leistung besteht gerade darin, mit dem Ansatz der „Sozialen Marktwirtschaft" einen für die politische Praxis der Nachkriegszeit wie für die wissenschaftliche Debatte bis heute einflussreichen Bezugspunkt geschaffen zu haben (vgl. Ptak 2000: 195f). Dieses Konzept bestreitet im Grundsatz das Konzept des freien Marktes nicht bzw. betrachtet die Wirtschafts- und Sozialpolitik nicht als eine Einheit, wie das wohlfahrtsstaatliche Modell, sondern sieht die Aufgabe des Staates lediglich darin, die Entfaltung der Marktkräfte sozialpolitisch zu flankieren (vgl. Zimmer 2000: 94). Weder ideengeschichtlich noch inhaltlich lässt sich daher die (verbreitete) Ansicht aufrecht erhalten, der Neoliberalismus stehe „in einem diametralen Gegensatz zu Philosophie und Etik der Sozialen Marktwirtschaft" (Belitz 2002: 64).

62 Etzioni war u.a. als Berater für verschiedene US-Präsidenten tätig – demokratische ebenso wie republikanische – und gilt als einflussreicher Stichwortgeber im Prozess der Formierung der amerikanischen New Democrats, wie der britischen New Labour Party.

63 Für die USA empfiehlt er aufgrund der historisch anders gelagerten Ausgangssituation jedoch das Gegenteil. Dort sei es der Markt, den es stärker zurückzudrängen gelte.

64 Als Beispiele verweist Etzioni hier u.a. auf das Arbeitsrecht, die Senkung von Unternehmenssteuern oder die Teilprivatisierung der Sozialversicherungen.

65 Im amerikanische Original zuerst 1983 erschienen.

66 Als unterschiedliche Sphären benennt Walzer (1992) neben dem Markt u.a. die Amtssphäre und die Sphäre der Freizeit, die der Bildung oder auch die Sphäre von Politik und Macht, von Anerkennung oder von Liebe.

67 Wenn ich mich hier, im Rahmen der Bewertung der kommunitaristischen Position, positiv auf Kersting bzw. einige seiner kritischen Anmerkungen zu dieser Frage beziehe, obgleich ich mich an anderer Stelle hinsichtlich seiner Interpretation des Wohlfahrtsstaates bzw. der Rawlsschen Theorie von ihm abgrenze, so liegt das zum einen schlicht daran, dass ich ihm in dem einen Punkt zustimme und in dem anderen nicht. Tiefere Ursache dieser Differenz ist allerdings der Umstand, dass Kersting selber sich inzwischen explizit von früheren Positionen im Hinblick auf die Bewertung normativer Theorien für die Gestaltung der Gesamtgesellschaft und die Verteilungsfragen verabschiedet hat (vgl. Kersting 2000: 6, Fußnote 3). Im Zuge seines an Hayek und Nozick angelehnten Plädoyers für einen „Minimalsozialstaat" (ebd.: 7: 336ff) möchte er nunmehr nur noch von politischer Solidarität sprechen. An die Stelle der Bedeutung von Verteilungskonflikten zwischen Selbständigen resp. Kapital und

Unselbständigen resp. Arbeit, wie in dem hier zitierten Text von 1998, rücken für ihn nun „Ausbeutungsverhältnisse" zwischen kinderunwilligen und kinderwilligen Paaren (sic!), Alten und Jungen, Akademikern und Nicht-Akademikern oder eben (organisierten!) Arbeitenden und Erwerbslosen etc. pp. (vgl. ebd.: 378ff).

68 Reese-Schäfer (1997: 400ff) ordnet Nussbaum innerhalb seines kategorialen Rahmens kommunitaristischer Moraltheorien, wie auch Etzioni, unter der Rubrik „Kommunitarische Praxis" ein.

69 Nussbaum entwickelte diesen Ansatz in wesentlichen Teilen zusammen mit dem Ökonomen und Nobelpreisträger Amartya Sen (vgl. Nussbaum 2002, Sen 2000: 37/92ff).

70 Der Begriff '„Kompetenzen' ('capabilities')", so Nussbaum (2002), „(korrespondiert) mit der Aristotelischen Idee der dunamis (...), ein Nomen, das von dem Verb dunamai abgeleitet ist, 'fähig sein'. Eine Kompetenz bedeutet eine Bedingung zu etwas fähig zu sein."

71 Aufgrund der äußerst komprimierten Form, die diese Liste nach Jahren der sprachlichen Überarbeitungen inzwischen angenommen hat, sehe ich an dieser Stelle von dem Versuch ab, die einzelnen Punkte in eigenen Worten zusammenzufassen. Dies würde wohl nur in sperrigen Formulierungen ausarten. Stattdessen zitiere ich die gesamte Liste unter Auslassung einiger weniger Passagen, die m.E. für das Verständnis weniger zentral sind.

72 Darüber hinaus lässt sich mit guten Gründen sogar argumentieren, dass Freiheit und Gleichheit - in einem radikalen Sinne - begrifflich zusammenfallen können: Christoph Spehr (2000) hat diesen Ansatz in seinem Essay zur „Grundlegung der Freien Kooperation" entwickelt und dort formuliert „*frei* bin ich, wenn ich in meiner Verhandlung mit anderen (...) von keiner Instanz behindert und von niemand durch Zwang beschränkt (bin). Dies bedeutet aber nichts anderes, als dass ich anderen in der Kooperation *gleich* bin: dass meine Kooperation keine erzwungene ist, sondern dass ich darüber mit anderen auf gleicher Ebene verhandeln kann, und dass dabei auch niemand über mir ist, dessen Regeln und Kontrolle ich unterworfen bin" (ebd.: 22).

73 Eine in ihren Schlussfolgerungen der Argumentation von Kersting im Prinzip sehr ähnliche Abhandlung zum Thema Wohlfahrtsstaat, Moral und Solidarität findet sich - obgleich ohne explizite Bezugnahme - bei Wolfgang Streeck (2001). Dieser kommt zu dem Ergebnis, dass ein weiterer Rückbau des Staates und eine entsprechende Politik der Privatisierung nicht nur Effizienzsteigerungen versprechen, sondern obendrein auch eine Politik gegen organisierte Interessen durchzusetzen hilft, die „Solidarität aus staatlicher Planung und Verantwortung entlässt und staatliche Vorsorgung, wenn überhaupt, durch eng begrenzte *public service*-Verpflichtungen privater Anbieter ersetzt" (ebd. : 166, Herv. i. Orig.).

74 Treffender wäre er m.E. als *schonungsloser* Liberalismus bezeichnet.

5. Gesellschaftsvertrag und Arbeit

1 Negt 2001: 135.

2 Wenn ich an dieser Stelle den Aspekt des Lohnverhältnisses als dem konkreten Ausdruck von Regulation im Hinblick auf das Verhältnis von Kapital und Arbeit fokussiere, so ist das vor allem der notwendigen inhaltlichen Beschränkung geschuldet. Möglicherweise ließe sich die wachsende Bedeutung von Selbstkonstitution gerade am Beispiel der Widersprüche und Umbrüche im Geschlechterverhältnis noch drastischer darstellen. Deren Reflexion im Kontext Regulationstheoretischer Analysen steht jedoch erst am Anfang (vgl. Kohlmorgen 2004).

Anmerkungen von Seite 162-167

Die Schwierigkeit bei der Diskussion des Mensch-Natur-Verhältnisses wäre an dieser Stelle u.a. eine methodische. Sie bestünde darin, dass die Natur an sich ja über keine Stimme verfügt, die sie erheben könnte, um sich gegenüber dem Menschen und dessen Art und Weise, seinen Stoffwechsel zu organisieren, zu verwahren. Ihre Interessen müssten also durch andere Menschen, die sich in ihren Dienst stellen, vermittelt werden, was natürlich ganz praktisch auch so geschieht, nur eben im Kontext vertragstheoretischer Überlegungen schwieriger zu adaptieren wäre.

3 Einen guten Überblick liefert Willke (1999: 47ff), der den Wandel der Erwerbstätigkeit im engeren Sinne in fünf Bereichen nachzeichnet: 1. Beschäftigungsstrukturen, 2. Tätigkeiten, 3. Arbeitszeiten, 4. Arbeitsorganisation und 5. Arbeitswelt im Allgemeinen. Noch erheblich breiter angelegt ist der von Jürgen Kocka und Claus Offe herausgegebene Sammelband zur „Geschichte und Zukunft der Arbeit". Darin finden sich ebenso intertemporale wie auch z.B. interkulturelle Reflexionen zum Thema (vgl. Kocka/Offe 2000).

4 So etwa in dem von der Enquête-Kommission Zukunft der Erwerbsarbeit (1998) des Düsseldorfer Landtags vorgelegten Bericht zur Arbeitsmarktlage in Nordrhein-Westfalen.

5 Die Stärke derjenigen, die für eine einschneidende Deregulierung des Arbeitsmarktes plädieren und dieses als den entscheidenden Ansatzpunkt des Beschäftigungsaufbaus verkaufen, basiert allerdings, so der niederländische Wirtschaftswissenschaftler Schettkat (2001: 674), nicht auf empirischer Beobachtung und Analyse, sondern auf der Konsistenz und inneren Geschlossenheit ihres theoretischen Marktmodells. „In der Tat scheinen wohlfahrtsstaatliche Regelungen unnötig oder ineffizient, wenn sie mit dem Modell perfekter Märkte verglichen werden. Gemessen an diesem Modell muss die Realität immer schlecht abschneiden" (ebd.: 675).

6 Diese Veranstaltung unter dem Titel „Krise der Arbeitsgesellschaft" war einer der ersten Kulminationspunkte der Debatte über die *Zukunft der Arbeit* vor dem Hintergrund des seinerzeit relativ jungen Phänomens sich verstetigender Massenarbeitslosigkeit, nachlassender Wachstumsraten und weitreichender technologischer Innovationen (vgl. Schumann 2003: 158).

7 Die Lohnstückkosten geben das Verhältnis von Arbeitskosten zu Arbeitsproduktivität, also dem Produktionsoutput je Arbeitsstunde wieder und geben also Auskunft darüber, wie hoch die Kosten der Arbeit pro Produkt- bzw. Dienstleistungseinheit effektiv für die Unternehmen sind. Im Hinblick auf die Wettbewerbsfähigkeit gilt dabei für die Bundesrepublik Deutschland: „Die vorliegenden empirischen Befunde lassen erkennen, dass Deutschland im europäischen Vergleich hinsichtlich der Entwicklung der Lohnstückkosten eine ausgesprochen günstige Position einnimmt. Seit mehreren Jahren bleiben die Lohnstückkostenzuwächse hinter dem EU-Durchschnitt zurück" (Bäcker 2003: 304).

8 Dass Dahrendorf hier stark den Aspekt des Alternativen betont, muss im Zusammenhang mit der hohen Bedeutung der neuen sozialen Bewegungen am Anfang der 1980er Jahre gesehen werden. Denn diese fanden ihren Ausdruck u.a. auch in einer vermehrten Gründung von Wirtschaftsunternehmen, die ökologisch, sozial und solidarisch, d.h. nach anderen als den gängigen Kommerzkriterien funktionieren sollten.

9 Der Entgrenzungsbegriff bezieht sich hier vor allem auf die bei diesen Arbeitsformen feststellbare Erosion klarer Trennlinien zwischen Erwerbs- und Privatleben und insbesondere auf die damit einhergehende „Entgrenzung der Arbeitszeit" (Geissler 2000).

10 Im Unterschied zu den klassischen Selbständigen zeichnet sich diese Gruppe durch das Fehlen bestimmter Merkmale aus. Sie schreiben zwar Rechnungen und bekommen kein Gehalt gezahlt, jedoch beschäftigen sie zumeist keine Angestellten, verfügen ebenso wenig

über ein signifikant hohes Einkommen und einen entsprechenden Lebensstil wie über eine solide Kapitalausstattung (vgl. Geissler 2000).

11 Der aus den USA stammende Ansatz der negativen Einkommenssteuer wurde in der deutschen Debatte vor allem durch Fritz W. Scharpf popularisiert (vgl. u.a. Scharpf 1993). Zu den Differenzen bezüglich der verschiedenen Vorschläge zur staatlichen Subventionierung von Niedrigeinkommen (ob über die verminderte Anrechnung von Sozialtransfers bei geringen Einkünften, Absenkung von Arbeitgeberbeiträgen zur Sozialversicherung oder direkte Lohnzuschüsse), die in der Diskussion sind, vgl. die Übersicht bei HBS (2000: 98ff).

12 Die lebendige Arbeit, so skizziert Marx in den „Grundrissen" die in diesem Prozess der steten Steigerung der Arbeitsproduktivität liegenden Chancen, „tritt neben den Produktionsprozeß, statt sein Hauptagent zu sein. In dieser Umwandlung ist es weder die unmittelbare Arbeit, die der Mensch selbst verrichtet, noch die Zeit, die er arbeitet, sondern die Aneignung seiner eignen allgemeinen Produktivkraft, sein Verständnis der Natur und die Beherrschung derselben durch sein Dasein als Gesellschaftskörper – in einem Wort die Entwicklung des gesellschaftlichen Individuums, die als der große Grundpfeiler der Produktion und des Reichtums erscheint" (Marx, MEW 42: 601). Für Marx war die Einsparung von Arbeitszeit daher „keineswegs *Entsagen vom Genuß*", sondern Voraussetzung für die Schaffung seiner subjektiven und objektiven Voraussetzungen, „gleich Vermehren der freien Zeit, d.h. Zeit für die volle Entwicklung des Individuums, die selbst wieder als die größte Produktivkraft zurückwirkt" (ebd.: 607, Herv. i. Orig.).

13 Nach Hoffmann/Wallwei (2002: 135) basiert das Normalarbeitsverhältnis „auf einem auf Dauerhaftigkeit angelegten Arbeitsvertrag, einem festen an Vollzeitbeschäftigung orientierten Arbeitszeitmuster, einem tarifvertraglich normierten Lohn oder Gehalt, der Sozialversicherungspflicht sowie der persönlichen Abhängigkeit und Weisungsgebundenheit des Arbeitnehmers vom Arbeitgeber" als charakteristische Faktoren.

14 Die Angabe für 1988 bezieht sich auf Westdeutschland. Wer allerdings vermutet, dass der Rückgang vorrangig auf die Entwicklung in Ostdeutschland zurückzuführen wäre, der irrt. Denn dort liegt der Anteil der Normalarbeitsverhältnisse 1998 bei 65,3 Prozent und damit nur knapp 2 Prozentpunkte unter dem im Westen zehn Jahre zuvor (vgl. Hoffmann/Walwei 2000: 6).

15 Zum Vergleich: in Frankreich betrug die Normalbeschäftigungsquote bei Frauen 66 Prozent und in Dänemark 64 Prozent (vgl. Kaiser 2001: 2).

16 Vgl. hierzu beispielhaft etwa Matthies/Mückenberger u.a. (1994: 26).

17 Willke (1999: 23) beziffert die Zunahme der potentiellen Erwerbspersonen (alte Bundesländer) zwischen 1973 und 1994 auf 3,4 Millionen Menschen, der im gleichen Zeitraum ein Anstieg der Zahl der Erwerbsarbeitsplätze um lediglich 1,2 Millionen gegenübersteht.

18 Für Arendt stand allerdings nicht eine explosive Ausweitung der Arbeitslosigkeit im Vordergrund. Vielmehr befürchtete sie, dass die Arbeitsgesellschaft gar nicht mehr in der Lage ist, die durch die steigende Produktivität gewonnene Zeit in schöpferisch-kreative Tätigkeiten umzusetzen, da sich ihr Horizont der Sinngebung in der (Erwerbs-) Arbeit selbst erschöpft (vgl. Arendt 1996: 12f).

19 Selbst wenn, wie in Statistiken für Deutschland der Fall, leichte Rückgänge in den Materialflussbilanzen nachzuweisen sind (vgl. Statistisches Bundesamt 2002), macht das Bild von einer entstofflichten Wirtschaft in Anbetracht des anhaltend hohen Gesamtniveaus ihres stofflichen Durchsatzes wenig Sinn.

20 Der ehemalige Bundeswirtschaftsminister Müller bezifferte den Anteil der im weitesten Sinne mit Wissens- und Informationsverarbeitung beschäftigten Erwerbstätigen in Deutschland auf 50 Prozent (vgl. Müller 2001).

21 Willke greift darüber hinaus noch auf die so genannte „Vier-Sektoren-Hypothese" zurück, nach der die „Dienstleistungsgesellschaft" sogar in die „Wissensgesellschaft" mündet bzw. der Bedeutungszuwachs des tertiären Sektors noch durch die Expansion eines quartären Sektors übertroffen wird. Ich folge dem hier nicht, da eine solche Differenzierung aus ökonomischer Sicht kaum Sinn macht. Die 'Produkte' des Dienstleistungssektors sind von denen eines 'Wissenssektors' – die zur Veranschaulichung angeführten Beispiele reichen von Bildungseinrichtungen über Software-Hersteller bis zu Wellness-Studios – kaum zu unterscheiden. Auch die des 'Wissenssektors' werden, wie Willke (1999: 49) selber konstatiert, „üblicherweise in der Form von Dienstleistungen und über Dienstleistungsfirmen angeboten".

22 Das Unternehmen, so Peters (2000: 24), stellt die Beschäftigten in Rahmenbedingungen, in denen sie möglichst unmittelbar mit den Voraussetzungen ihrer eigenen Existenzsicherung konfrontiert sind, um darüber indirekt das Handeln des Einzelnen mit den Zielen des Unternehmens zu synchronisieren. „Der Wille des einzelnen Arbeitnehmers ist das Transportmittel für die Ziele und Absichten der Unternehmensführung. Das ist etwas prinzipiell Neues, etwas, das uns in eine völlig neue Situation stellt" (ebd.: 25). Diese Formen indirekter Steuerung zeichnen sich im Kern also dadurch auch, dass sie „die widersprüchlichen Anforderungen an die Beschäftigten nicht auflösen, sondern an sie weitergeben" (Sauer 2003: 261).

23 Zwar lag der Anteil von LeiharbeitnehmerInnen an der Zahl der Erwerbstätigen in Deutschland im Jahr 2000 insgesamt nur bei knapp einem Prozent. Das war jedoch immerhin bereits das Vierfache im Vergleich zu 1985 und es gibt – insbesondere in Anbetracht erleichterter rechtlicher Bedingungen der Arbeitnehmerüberlassung – keinen Anlass, von einer abnehmenden Dynamik auszugehen (vgl. Hoffmann/Walwei 2002: 137).

24 „Das angehäufte implizite Wissen", so formuliert es heute selbst der ehemalige Vordenker der britischen Konservativen John Gray (2000: 425), „das eine Person in ihrem Arbeitsleben sammelt, ist jetzt zumindest in einer wachsenden Anzahl von Kontexten ein Gut von schrumpfendem Wert".

25 Für Deutschland wird die Zahl der Betroffenen auf rund 1 Million Beschäftigte geschätzt, Tendenz steigend (vgl. Peter 2002: 113f).

26 Prominentestes Beispiel ist vermutlich das so genannte Modell „5000x5000" des Volkswagen-Konzerns. Dabei hatte das Unternehmen mit der IG Metall eine Vereinbarung geschlossen, bei dem für die Produktion eines neuen Fahrzeugtyps die Schaffung neuer Arbeitsplätze mit einem (unter dem ansonsten bei VW geltenden Haustarifvertrag liegenden) fixen Bruttolohn und fixen Produktionsvorgaben (hinsichtlich Menge und Qualität) verknüpft wurde (vgl. zur Debatte darum Volkert/Widuckel 2001).

27 Der Titel der deutschen Übersetzung ist weitaus schwammiger im Hinblick auf Sennetts Fazit, als der des amerikanischen Originals. Während „flexibel" ein eher vieldeutiger, in jedem Fall nicht eindeutig negativer Begriff ist, lautet der Ursprungstitel „The Corrosion of Charakter" – sinngemäß also das Zerfressen, die Aushöhlung oder Zerstörung des Charakters.

28 Die konservativ-liberale Regierung durchbrach die 'Spielregeln' tripartistischer Verhandlungsmodi, indem sie den Weg der bilateralen Einigung mit der Arbeitgeberseite an solchen Punkten wählte, die aus Sicht der Gewerkschaften nicht zustimmungsfähig erschienen. Diese faktische machtpolitische Ausgrenzung der Gewerkschaften bewirkte, dass der gewerkschaft-

liche Ausstieg aus dem ersten 'Bündnis für Arbeit' dessen Scheitern letztlich nur im Nachhinein offiziell machte (vgl. Siegel/Jochem 1999: 35).

29 Wenn im Folgenden vom 'Bündnis für Arbeit' die Rede ist, so bezieht sich dieser Terminus sowohl auf das mit dem Regierungswechsel 1998 durch Rot-Grün ins Leben gerufene „Bündnis für Arbeit, Ausbildung und Wettbewerbsfähigkeit", als auch auf dessen Vorläufer, das „Bündnis für Arbeit und Standortsicherung" von 1996.

30 Die exakt identische Formulierung findet sich auch bei dem seinerzeit als Architekten des Bündnisses geltenden ehemaligen nordrhein-westfälischen Wirtschafts- und späteren Kanzleramtsminister Bodo Hombach (1999: 154).

31 Vertreten in den Spitzengesprächen waren a) von Seiten der Regierung: der Bundeskanzler, dessen Staatsminister, der Bundesfinanzminister, der Bundeswirtschaftsminister, der Bundesarbeitsminister, die Bundesgesundheitsministerin sowie die Bundesbildungsministerin; b) von Seiten der Arbeitgeber: der Präsident der Bundesvereinigung der Deutschen Arbeitgeberverbände (BDA), der Präsident des Bundesverbandes der Deutschen Industrie (BDI), der Präsident des Deutschen Industrie- und Handelstages (DIHT); c) von Seiten der Gewerkschaften: der Vorsitzende des Deutschen Gewerkschaftsbundes (DGB), der 1. Vorsitzende der IG Metall, der Vorsitzende der IG Bergbau, Chemie, Energie, der Vorsitzende der Gewerkschaft Öffentliche Dienste, Transport und Verkehr sowie der Vorsitzende der Deutschen Angestellten Gewerkschaft, wobei die beiden letztgenannten ab Frühjahr 2000 in der neu gegründeten Vereinten Dienstleistungsgewerkschaft (ver.di) aufgingen (vgl. PIB 2000: 36).

32 Nach offiziellen Angaben der Bundesregierung wurde mit diesem Sofortprogramm bis 2001 rund 377.000 Jugendlichen ein Ausbildungsplatz, Qualifizierungsmaßnahmen oder Beschäftigung angeboten (vgl. Bundesregierung 2002). Allerdings hielt dieser Ausbildungskonsens auf Seiten der Arbeitgeber nicht lang. Bereits im Jahr darauf bezifferte der Deutsche Gewerkschaftsbund (DGB) einen Rückgang betrieblicher Ausbildungsplätze um 39.000 (-7,1 Prozent) gegenüber dem Vorjahr (vgl. DGB 2002).

33 Dies ist umso erstaunlicher – belegt allerdings noch einmal die These, dass entsprechende Politikempfehlungen nicht auf Empirie, sondern vor allem auf Modellkonsistenz basieren – da in Deutschland seit 1990 nahezu die gesamten Osthälfte des Landes, also die neuen Bundesländer, de facto einen Niedriglohnsektor darstellt, ohne dass dieser Umstand die versprochenen „blühenden Landschaften" (Helmut Kohl) hervorgebracht oder für sich genommen in nennenswertem Umfang den Prozess der De-Industrialisierung gestoppt hat.

34 Während beim saarländische Modell die so genannten Lohnnebenkosten bis zu einer bestimmten (Niedrig-) Einkommensschwelle durch staatliche Subventionierung der Arbeitgeberanteile zu den Sozialversicherungen gesenkt wird, sieht das Mainzer-Modell eine direkte Bezuschussung der Arbeitnehmer vor (vgl. ausführlich Arbeitsgruppe Benchmarking 1999: 44ff).

35 Auftrag und Ziel des Berichts war es, so die Autoren, „den Bündnispartnern und anderen politischen Entscheidungsträgern eine umfassende Datengrundlage zu liefern, die die Arbeitsmarktsituation Deutschlands und deren wichtigste Einflussfaktoren im Vergleich verschiedener Länder beschreibt" (Arbeitsgruppe Benchmarking 2001: 6).

36 Bereits die ursprüngliche Initiative des IG Metall-Vorsitzenden Klaus Zwickel zu einem 'Bündnis für Arbeit' von 1995 sah u.a. vor, dass die Arbeitgeber sich dazu verpflichten, innerhalb von drei Jahren 330.000 neue Stellen zu schaffen, davon rund zehn Prozent für Langzeitarbeitslose, die zunächst untertariflich entlohnt werden können. Im Gegenzug bot der Gewerkschafter moderate Tarifabschlüsse in Höhe der Inflationsrate an und also den Verzicht auf die sachlich angemessene Anrechnung von Produktivitätsgewinnen oder gar einer Um-

verteilungskomponente. Dieser Vorschlag war zugleich als Ansatz einer öffentlichen Prüfung jener Argumentation verstanden worden, derzufolge geringere Lohnsteigerungen positive Beschäftigungseffekte nach sich ziehen (vgl. Schui 1995: 37). Neben der Frage nach den ökonomischen Voraussetzungen eines solchen Vorhabens, die in Anbetracht einer bestimmten technischen Kapitalzusammensetzung, d.h. eines gegebenen Stands der Technik und des damit verbundenen Arbeitskräftebedarfs (insbesondere in der metallverarbeitenden Industrie), vor allem auf die Quellen der Nachfrage nach zusätzlicher Produktion/Beschäftigung zielt, hatte dies, wie sich heute zeigt, aber auch eine fragwürdige öffentliche Wirkung. Denn in Anbetracht der hegemonialen Verhältnisse war es grundsätzlich zweifelhaft, ob „es wirklich Grund für die Überzeugung (gibt), daß die Arbeiterschaft schließlich verstärkt zur gesellschaftlichen Mobilisierung bereit ist, wenn der Test negativ ausgeht" (ebd.: 41).

37 Hier hat sich insbesondere DER SPIEGEL hervorgetan, der etwa auf dem Titelblatt in seiner Ausgabe Nr. 47 im Herbst 2002 den eben erst mit knappem Ergebnis wiedergewählten Bundeskanzler Schröder zum „Kanzler der Gewerkschaften" ernennt und ihn, mit der roten Fahne in der Hand vor dem Hintergrund rauchender Schornsteinschlote, in einer Pose abbildet, die in ästhetischer Hinsicht an bestimmte Formen des so genannten sozialistischen Realismus erinnern, die vor allem aber wohl das Bild des Unzeitgemäßen transportieren soll. Diese Bildpolemik richtet sich weniger gegen den Kanzler als vielmehr gegen die Gewerkschaften, die – ungeachtet aller gegenteiligen Fakten im gewerkschaftlichen Kerngeschäft – als reformunfähig und blockierend gezeichnet werden. Wenige Wochen später zieht dann das andere große deutsche Nachrichtenmagazin, der FOCUS, nach und titelt: DGB – Deutschlands Größte Bremser (vgl. FOCUS Nr. 12, vom 17. März 2003); bemerkenswerterweise verkündete drei Tage vor Erscheinen des Heftes der Kanzler der rot-grünen Koalition in einer Regierungserklärung eines der einschneidendsten Programme für den Abbau sozialer Standards (Abbau des Kündigungsschutzes, Abschaffung der Arbeitslosenhilfe, Ausgliederung des Krankengelds aus den Leistungen der gesetzlichen Krankenversicherung u.a.m.). Diese offene Gewerkschaftsfeindlichkeit scheint umso tragfähiger, je mehr und je hemmungsloser privater Reichtum von einigen Wenigen angehäuft und als (markt-) 'gerechte' Erfolgsbilanz zur Schau getragen wird.

38 Die restlichen Plätze verteilen sich auf Personen aus der Politik, der Wissenschaft und der Verwaltung. Neben Hartz waren die Mitglieder im Einzelnen: Isolde Kunkel-Weber (Mitglied des ver.di-Bundesvorstandes und bemerkenswerterweise die einzige Frau in der Kommission), Norbert Bensel (Vorstandsmitglied DaimlerChrysler Services AG), Dr. Jobst Fiedler (Roland Berger Strategy Consultants), Peter Gasse (Bezirksleiter der IG Metall Nordrhein-Westfalen), Prof. Dr. Werner Jann (Universität Potsdam), Dr. Peter Kraljic (Direktor von McKinsey & Company Düsseldorf), Klaus Luft (Geschäftsführer der Market Access for Technology Services GmbH), Harald Schartau (Minister für Arbeit und Soziales, Qualifikation und Technologie in Nordrhein-Westfalen), Wilhelm Schickler (Präsident des Landesarbeitsamtes Hessen), Hanns-Eberhard Schleyer (Generalsekretär des Zentralverbandes des Deutschen Handwerks), Prof. Dr. Günther Schmid (Wissenschaftszentrum für Sozialforschung), Wolfgang Tiefensee (Oberbürgermeister der Stadt Leipzig), Eggert Voscherau (Vorstandsmitglied der BASF AG), Heinz Fischer (Abteilungsleiter Personal Deutsche Bank AG).

39 Eine weitere Nennung erfolgt – neben dem Abschnitt Jugendarbeitslosigkeit – im Kontext des Themas Geschlechterpolitik. Die Gleichstellung von Frau und Mann in der Arbeitswelt, so heißt es im Koalitionsvertrag, solle „zum fortlaufenden Thema des Bündnis für Arbeit" gemacht werden (SPD/Bündnis90/Die GRÜNEN 2002: 51).

40 Diese beiden Formen des Einstiegs in die selbständige Erwerbstätigkeit zeichnen sich durch pauschalierte und niedrige Steuersätze bei fortlaufender Einbeziehung dieser Personen in die Sozialversicherung über einen befristeten Zeitraum aus, innerhalb dessen die Vollselbständigkeit erreicht werden soll.

41 Bei diesem Modell erhalten Erwerbslose die Möglichkeit eines monatlichen Zusatzverdienstes, der mit einem niedrigen Satz (10 Prozent) pauschal versteuert wird.

42 Einige rechtliche Regelungen zur Umsetzung des Hartz-Konzepts haben allerdings noch experimentellen Charakter. So ist die Förderung für das Modell der Ich-AG/Familien-AG zunächst auf drei Jahre befristet (bis 2005). Diese Befristungspolitik hat auch im 'Bündnis für Arbeit' bereits eine gewisse Tradition erreicht. „Offenbar ist es eine bewährte Strategie der 'Konsenspolitik', umstrittene Regelungen unter der Maßgabe durchzusetzen, man könne die Wirkung ja eine Zeitlang ausprobieren und danach neu entscheiden" (Beier u.a. 2003: 12).

43 Neben den Niederlanden wird vielfach auch auf die Beschäftigungsentwicklung in den Vereinigten Staaten verwiesen. Ich gehe darauf hier deshalb nicht weiter ein, da, wie die Enquete-Kommission Globalisierung (2002: 95) des Deutschen Bundestags feststellt, sich das europäische Modell „insgesamt in der Zielvorstellung vom angelsächsisch-atlantischen Kapitalismusmodell unterscheiden". Eine Auseinandersetzung mit der US-Arbeitsmarktpolitik wird diese Einsicht lediglich bestätigen (vgl. zur kritischen Auseinandersetzung u.a. Negt 2001: 262ff, Lang u.a. 1999).

44 Tarifautonomie existiert in den Niederlanden de facto erst seit Ende der 1970er Jahren und de jure seit 1986. Zuvor konnte die Regierung direkt Einfluss auf die Lohnverhandlungen nehmen (vgl. Schettkat 2001: 676).

45 Dubiel 2001.

46 In diesem Sinne ist die Warnung davor, dass, wie Giddens (1999: 129) formuliert, die Arbeitsethik die Gesellschaft dominiert und letztere darüber ihre Fürsorgepflichten gegenüber denjenigen, die nicht arbeiten (können), vernachlässigt bzw. soziale Vielfalt verhindert, statt zu fördern, eine Sorge, die aus einem engen Begriff von (Erwerbs-) Arbeit gespeist wird. Diesen gilt es mit einem erweiterten Arbeitsbegriff zu überwinden.

47 Das impliziert natürlich höchst vielfältige Konsequenzen, etwa in punkto Geschlechter-, Natur- oder Raum-Zeit-Verhältnissen, die hier aus Gründen der Beschränkung des Umfangs nicht ausgeführt werden können.

48 Giddens stellt diesen Ansatz dem meritokratischen Modell der Leistungsgerechtigkeit entgegen, das er als eine „sich selbst widersprechende Idee" (Giddens 1999: 120) bezeichnet. Denn im Falle erfolgreicher Individuen, deren Leistung durch den freien Markt in Form des 'Verdienstes' gewürdigt wird, treten im Zeitverlauf Privilegierungsprozesse auf, die die Voraussetzungen des Modells in Punkto Chancengleichheit selbst aufheben – oder aber es wird durch permanente Umverteilungsmaßnahmen korrigierend eingegriffen.

49 Die WissenschaftlerInnen der „Arbeitsgruppe Benchmarking" (1999: 16) des Bündnisses für Arbeit gehen sogar so weit, zu behaupten, die Aussichten gering qualifizierter Personen auf dem Arbeitsmarkt lassen sich „nur durch die *Ausweitung der Beschäftigung in niedrig produktiven und entsprechend gering entlohnten Tätigkeiten* erreichen" (Herv. i. Orig.).

50 Wörtlich heißt es bei Streeck/Heinze (1999: 159f): „(Fast) Jeder Arbeitsplatz ist besser als keiner", da „es zu den Solidaritätspflichten der Gemeinschaft gehört, ihr Mitglieder nicht vor Marktzwängen zu schützen, die sie dazu bewegen könnten, sich noch einmal aufzuraffen". Und der SPD-Generalsekretär Olaf Scholz (2003) schreibt: „Unter dem Gesichtspunkt

der Teilhabe und der Chancen ist selbst schlecht bezahlte und unbequeme Erwerbsarbeit besser als transfergestützte Nichtarbeit". Daher müsse „als Gebot der Gerechtigkeit gelten, dass Arbeitslose (...) prizipiell zur Aufnahme jeder Erwerbstätigkeit bereit sein müssen (...)" (ebd.). So liest sich dann das vorangestellt Bekenntnis, dass Arbeit nach wie vor der entscheidende Faktor sozialer Inklusion ist und daher „die vordringlichste Aufgabe sozialdemokratischer Politik" darin bestehen müsse, „sämtliche Register zu ziehen, um die Erwerbsquote zu erhöhen" (ebd.), eher als Drohung denn als Verheißung.

51 Dieser erweiterte Staatsbegriff schließt die nationalstaatliche Ebene ein, umfasst aber durchaus auch supranationale Staatenbünde und institutionelle Mehrebenensysteme wie die Europäische Union und sich herauskristallisierende globale Governancestrukturen.

52 Als „negativ" bezeichnet Castel diesen Individualismus, „weil er in Begriffen des Mangels – Mangel an Ansehen, Mangel an Sicherheit, Mangel an gesicherten Gütern und stabilen Beziehungen – durchdekliniert werden kann" (Castel 2000: 404).

53 Der Ansatz des Bürgereinkommens hätte möglicherweise tatsächlich den Effekt, die Finanzierung staatlicher Leistungen auf eine breitere Basis zu stellen, indem beispielsweise auch diejenigen daran beteiligt wären, die heute in Expertenkommissionen über Wege der Leistungskürzung gegenüber den Beitragszahlern nachdenken. Er könnte im Idealfall, wie von Offe (2003: 816) erhofft, auch ein Ansatz sein, eine Stärkung sozialer Bürgerrechte mit einer Erweiterung des Arbeitsbegriffs im Sinne der praktischen Ermöglichung der Anerkennung nützlicher Tätigkeiten zu verbinden. Stellt man indes die Rahmenbedingungen der Politischen Ökonomie des Postfordismus in Rechnung, so scheint dem Optimismus solchen Vorschlägen gegenüber zumindest Vorsicht geboten. Denn unter den Bedingungen des finanzgetriebenen Akkumulationsregimes könnte die Einführung eines solchen existenzsichernden Bürgereinkommens leicht in das Gegenteil der gewünschten Wirkungen ausschlagen. Wolfgang Fritz Haug stellt hierzu fest: „Wenn die Abkoppelung der Geldgesellschaft von der Arbeitsgesellschaft zu den spezifischen Zügen des gegenwärtigen Systems gehört, würde die Einführung eines arbeitsunabhängigen Grundeinkommens wie ein Schatten dieser Abkoppelung wirken. Es wäre die proletarische Version eines von der Arbeitsgesellschaft abgekoppelten Einkommens. Unterhalb der Klasse der abhängig Erwerbstätigen würde sich eine Klasse der auf sehr viel niedrigerem Niveau abhängig Versorgten herausbilden" (Haug 1999: 201). Entgegen den ursprünglichen Hoffnungen könnte somit ein Grundeinkommen gegenüber den an die Person gebundenen sozialen und Freiheitsrechten weniger emanzipativ als destruktiv wirken, indem es neue Exklusions- und Privilegierungsvarianten eröffnet und die soziale Ungleichheit größer statt geringer werden lässt. Es wäre dann kein Beitrag zu einer Eindämmung von Prekarität sondern Teil ihrer institutionellen Verstetigung.

54 Hierzu, so hat es Hayek (1981a: 159) formuliert, muss der Mensch zunächst einmal lernen, sich den abstrakten Regeln des Marktes zu unterwerfen und darauf zu vertrauen, dass diese ihn dazu veranlassen, „durch den ihm selbst sichtbaren Gewinn (...) Bedürfnissen zu dienen, die ihm selbst nicht sichtbar sind".

55 Negt spricht in diesem Zusammenhang von der Stärkung des „innen-geleiteten Menschen". Dieser verfügt über Bildungsvorräte, „die ihm situationsunabhängige Selbstdeutungen im gesellschaftlichen Zusammenhang ermöglichen" (Negt 2001: 530).

56 So traten im Herbst 2002 die ehemaligen italienischen Regierungschefs Giuliano Amato und Massimo D'Alema mit der Forderung nach einer Neuausrichtung der europäischen Sozialdemokratie an die Öffentlichkeit. Für Wege aus der raumgreifenden Legitimationskrise, so konstatieren Amato und D'Alema, ist es „unabdingbar, dass der sozialistische

Reformismus sich dafür ausspricht, die neue Physiognomie der Arbeitswelt so wie ihre neuen Bedürfnisse mit denselben traditionellen Komponenten zu vertreten. Und dass er deshalb den Schutz zu erweitern versucht so wie auch die Chancen der Individuen, ihre wesentlichen Lebensfragen zu verwirklichen" (Amato/D'Alema 2002).

57 Mit der etwas saloppen Redewendung vom *Contra*-Management charakterisiert z.B. der Betriebsrat des Volkswagen-Werks in Braunschweig seine Interpretation der Aufgaben von Interessenvertretung unter den Bedingungen der veränderten Betriebsweise des Postfordismus. Angestrebt wird dabei die Verbindung aus inhaltlicher Kompetenz im Sinne etwa der Fähigkeit, strategische Ziele und Alternativen zu formulieren, und der Mobilisierungs- und Aktionsfähigkeit im Konfliktfall. Erst durch die Stärke auf beiden Ebenen kann gewährleistet werden, „dass die notwendigen Kompromisse nicht permanent zu Lasten der Arbeitenden entschieden werden, sondern ein Interessenausgleich erreicht werden kann" (Betz/Fritsch 2000: 95).

Literatur

Abendroth, Wolfgang 1968: Antagonistische Gesellschaft und Politische Demokratie. Aufsätze zur politischen Soziologie, Neuwied und Berlin

Afheldt, Horst 1994: Wohlstand für niemand? Die Marktwirtschaft entläßt ihre Kinder, München

Aglietta, Michel 1979: A Theorie of Capitalist Regulation. The US Experience, London

– 2000: Ein neues Akkumulationsregime. Die Regulationstheorie auf dem Prüfstand, Hamburg

– 2002: Ist der Weltkapitalismus regulierbar? Supplement der Zeitschrift Sozialismus 11/2002, Hamburg

Albert, Mathias u.a. 1999: Die Neue Weltwirtschaft, Entstofflichung und Entgrenzung der Ökonomie, Frankfurt a. M.

Althusser, Louis 1987: Machiavelli – Montesquieu – Rousseau, Zur politischen Philosophie der Neuzeit, Schriften Band 2, hrsg. von Peter Schröder und Frieder Otto Wolf, Berlin

–; Balibar, Etienne 1972: Das Kapital lesen, Reinbek

Altvater, Elmar; Mahnkopf, Birgit 1999: Grenzen der Globalisierung – Ökonomie, Ökologie und Politik in der Weltgesellschaft, 4. völlig überarb. u. erw. Auflage, Münster

Amato, Giuliano; D'Alema, Massimo 2002: Wie die Linke aus der Ecke kommen will, in: Frankfurter Rundschau vom 02.10.02 (Dokumentation)

Amin, Samir 1997: Die Zukunft des Weltsystems, Herausforderungen der Globalisierung, Hamburg

Appelt, Erna 1995: Staatsbürgerin und Gesellschaftsvertrag, in: Das Argument 210, Heft 4, S. 539-555

Arbeitsgruppe Alternative Wirtschaftspolitik 1998: Memorandum '98, Bewegung in Europa, Blockade in Deutschland – Kurswechsel für Beschäftigung, Köln

– 2002a: Memorandum 2002, Blauer Brief für falsche Wirtschaftspolitik – Kurswechsel für Arbeit und Gerechtigkeit, Köln

– 2002b: Sondermemorandum, Gegen weiteren Kahlschlag bei der Arbeitsförderung – Hartz-Konzepte lösen Misere auf dem Arbeitsmarkt nicht, Sozialstaatliche Alternativen für mehr Beschäftigung, in: Memo-Forum, Zirkular der „Arbeitsgruppe Alternative Wirtschaftspolitik", Nr. 29, Bremen, S. 1-15

Arbeitsgruppe Benchmarking 1999: Bericht der Arbeitsgruppe Benchmarking über Möglichkeiten zur Verbesserung der Beschäftigungschancen gering qualifizierter Arbeitnehmer (Online-Version), o.O.

– 2001: Benchmarking Deutschland, Arbeitsmarkt und Beschäftigung, Bericht der Arbeitsgruppe Benchmarking und der Bertelsmann-Stiftung, Berlin/Heidelberg

Arendt, Hannah 1996: Macht und Gewalt, München

– 1996: Vita activa oder Vom tätigen Leben, München

Arlt, Hans-Jürgen; Nehls, Sabine (Hrsg.) 1999: Bündnis für Arbeit – Konstruktion, Kritik, Karriere, Opladen/Wiesbaden

Bäcker, Gerhard 2003: Weniger Sozialstaat = mehr Beschäftigung? Anmerkungen zur aktuellen Debatte, in: WSI-Mitteilungen, 56. Jg., Heft 5, S. 300-305

Baethge, Martin 2000: Der unendlich langsame Abschied vom Industrialismus und die Zukunft der Dienstleistungsbeschäftigung, in: WSI-Mitteilungen, 53. Jg., Heft 3, S. 149-156

Barry, Brian 1995: Ist soziale Gerechtigkeit eine Illusion? In: Prokla, Zeitschrift für kritische Sozialwissenschaften, 25. Jg., Heft 99, S. 235-243

Beck, Ulrich 1986: Risikogesellschaft, Auf dem Weg in eine andere Moderne, Frankfurt a. M.

– 1993: Die Erfindung des Politischen. Zu einer Theorie reflexiver Modernisierung, Frankfurt a. M.

– 1999: Schöne neue Arbeitswelt, Vision: Weltbürgergesellschaft, Frankfurt a. M., New York

Becker, Kurt E. (Hrsg.) 1998: Geht uns die Arbeit aus? Beschäftigungsperspektiven in der Gesellschaft von morgen, Frankfurt a. M.

Becker, Steffen u.a. (Hrsg.) 1997: Jenseits der Nationalökonomie? Weltwirtschaft und Nationalstaat zwischen Globalisierung und Regionalisierung, Argument-Sonderband 249, Berlin

Becker, Uwe 1998: Beschäftigungswunder Niederlande? In: Aus Politik und Zeitgeschichte, Beilage zur Wochenzeitung Das Parlament, B 11/1998, S. 12-21

Beier, Angelika u.a. 2002: Halbierung der Arbeitslosigkeit bis 2005? Mit Leiharbeit und Niedriglohn zum flexiblen Kapitalismus, Zur Kritik der Hartz-Kommission, Hamburg

– u.a. 2003: Radikalumbau des Arbeitsmarktes, „Moderne Dienstleistungen am Arbeitsmarkt", Die Folgen der „Hartz-Reform", Hamburg

Belitz, Wolfgang 2002: „Man muss neue Wege beschreiten um soziale Gerechtigkeit zu erreichen." Wir brauchen kein Bündnis für Arbeit – Wir brauchen einen neuen Gesellschaftsvertrag, in: Belitz, Wolfgang; Klute, Jürgen; Schneider, Hans-Udo: Zukunft der Arbeit in einem neuen Gesellschaftsvertrag, Münster, S. 33-82

Benhabib, Seyla 1997: Das demokratische Projekt im Zeitalter der Globalisierung, in: Nida-Rümelin, Julian; Thierse, Wolfgang (Hrsg.): Philosophie und Politik, Kultur in der Diskussion, Bd. 3, Essen, S. 48-62

– 1995: Ein deliberatives Modell demokratischer Legitimität, in: Deutsche Zeitschrift für Philosophie 43, Heft 1, S. 3-29

– 1999: Kulturelle Vielfalt und demokratische Gleichheit. Politische Partizipation im Zeitalter der Globalisierung, Frankfurt a. M.

Berthold, Norbert 1999: Beschäftigung ohne Bündnis, in: Frankfurter Allgemeine Zeitung vom 03.07.99, S. 15

Betz, Heinrich; Fritsch, Uwe 2000: Sachzwänge contra Beschäftigteninteressen, Zur Situation der Interessenvertretung in der Automobilzuliferindustsrie, in: Klitzke, Udo; Betz, Heinrich; Möreke, Mathias (Hrsg.): Vom Klassenkampf zum Co-Management, Perspektiven gewerkschaftlicher Betriebspolitik, Hamburg, S. 76-99

BfA 1999 – Bündnis für Arbeit, Ausbildung und Wettbewerbsfähigkeit, Gemeinsame Erklärung zu den Ergebnissen des 4. Spitzengesprächs am 12. Dezember 1999, http:// www.bundesregierung.de/artikel,-56659/Gemeinsame-Erklaerung-des-Buen.htm

Bieling, Hans-Jürgen; Deppe, Frank 1996: Internationalisierung, Integration und politische Regulierung, in: Jachtenfuchs, Markus; Kohler-Koch, Beate (Hrsg.): Europäische Integration, Opladen, S. 481-511

251

–; Deppe, Frank 1999: Europäische Integration und industrielle Beziehungen – Zur Kritik des Konzeptes des „Wettbewerbskorporatismus", in: Schmitthenner, Horst; Urban, Hans-Jürgen (Hrsg.): Sozialstaat als Reformprojekt, Optionen für eine andere Politik, Hamburg, S. 275-300

Bischoff, Joachim 2000: Arbeit neu denken? www.rosaluxemburgstiftung.de/Einzel/arbeitsver/Bischoff.htm

BIZ 2001: Bank für internationalen Zahlungsausgleich, Quartalsbericht Dezember 2001, Basel

Blair, Tony; Schröder, Gerhard 1999: Der Weg nach vorne für Europas Sozialdemokraten, in: Frankfurter Rundschau vom 10.06.99 (Dokumentation)

BMA 2001: Bundesministerium für Arbeit und Sozialordnung (Hrsg.): Lebenslagen in Deutschland, Der erste Armuts- und Reichtumsbericht der Bundesregierung, Bundesratsdrucksache 328/01, Berlin

Bobbio, Norberto 1987: The Future of Democracy, Cambridge

– 1994: Rechts und Links, Gründe und Bedeutungen einer politischen Unterscheidung, Berlin

Bömer, Hermann 1996: Ökosozialer New Deal als Konzept alternativer Wirtschaftspolitik, in: Z. Zeitschrift Marxistische Erneuerung, Nr. 28, 7. Jg., S. 94-108

Bonacker, Thorsten 1997: Kommunikation zwischen Konflikt und Konsens. Möglichkeiten und Grenzen gesellschaftlicher Rationalität bei Jürgen Habermas und Niklas Luhmann, Oldenburg

Bourdieu, Pierre 1998: Gegenfeuer. Wortmeldungen im Dienste des Widerstandes gegen die neoliberale Invasion, Konstanz

Brand, Ulrich; Brunnengräber, Achim u.a. 2000: Global Governance, Alternative zur neoliberalen Globalisierung? Münster

–; Raza, Werner (Hrsg.) 2003: Fit für den Postfordismus? Theoretisch-politische Perspektiven des Regulationsansatzes, Münster

Brandt, Reinhard 2000: Der Contrat social bei Kant, in: Brandt, Reinhard; Herb, Karlfriedrich (Hrsg.): a.a.O., S. 271-294

–; Herb, Karlfriedrich (Hrsg.) 2000: Jean-Jacques Rousseau, Vom Gesellschaftsvertrag oder Prinzipien des Staatesrechts, Berlin

–; Herb, Karlfriedrich 2000: Einführung in Rousseaus Gesellschaftsvertrag, in: dies. (Hrsg.): a.a.O., S. 3-25

Buchanan, James M. 1984: Die Grenzen der Freiheit. Zwischen Anarchie und Leviathan, Tübingen

– 1989: Die Verfassung der Wirtschaftspolitik. Nobel-Lesung vom 8. 12. 1986, in: Recktenwald, Horst-Claus (Hrsg.): Die Nobelpreisträger der ökonomischen Wissenschaften 1969 – 1988, Düsseldorf, S. 932-947

– 1991: Das Bild der ökonomischen Wissenschaft von morgen, in: Hanuch, Horst; Recktenwald, Horst-Claus (Hrsg.): Ökonomische Wissenschaft in der Zukunft, Düsseldorf, S. 69-73

Bundesregierung 2002: Zwischenbilanz des Bündnisses für Arbeit, Ausbildung und Wettbewerbsfähigkeit, http://www.bundesregierung.de/Themen-A-Z/Arbeit-und-Soziales-,2513/Ergebnisse.htm

Butterwegge, Christoph 2002: Kinderarmut im internationalen Vergleich – Hintergründe, Folgen und Gegenmaßnahmen, in: WSI-Mitteilungen, 55. Jg., Heft 6, S. 326-333

Candeias, Mario 2000: Der Neoliberalismus als neue Entwicklungsweise des Kapitalismus, in: Albert, Michel u.a. (Hrsg.): Ein neuer Akkumulationstyp? Vom Manager- zum Aktionärskapitalismus, Supplement der Zeitschrift Sozialismus 5-2000, Hamburg, S. 20-37.

–; Deppe, Frank (Hrsg.) 2001: Ein neuer Kapitalismus? Akkumulationsregime – Shareholder Society – Neoliberalismus und Neue Sozialdemokratie, Hamburg

Candeias, Mario; Deppe, Frank 2001: Welcher Kapitalismus? In: dies. (Hrsg.): a.a.O., S. 7-14

Castel, Robert 2000: Die Metamorphosen der sozialen Frage, Eine Chronik der Lohnarbeit, Konstanz

Chomsky, Noam 1998: Das beredte Schweigen des Finanzkapitals, in: Le Monde diplomatique/die tageszeitung, vom 11.12.1998, S. 16-17

Clement, Wolfgang 2000: Durch innovative Politik zu gerechter Teilhabe, in: SPD-Parteivorstand: Materialien zur Programmdiskussion, Grundwerte heute: Gerechtigkeit, Berlin, im April 2000, http://www.spd.de/servlet/PB/menu/1010010/index.html, S. 9-16

Crossover (Hrsg.) 1997: Zur Politik zurück, Für einen ökologisch-solidarischen New Deal, Münster

Dahrendorf, Ralf 1983: Wenn der Arbeitsgesellschaft die Arbeit ausgeht, in: Matthes, Joachim (Hrsg.): Krise der Arbeitsgesellschaft? Verhandlungen des 21. Deutschen Soziologentages in Bamberg 1982, Frankfurt a. M./New York, S.25-37

– 1994: Der moderne soziale Konflikt. Essay zur Politik der Freiheit, München

Demirović, Alex 1992: Regulation und Hegemonie – Intellektuelle, Wissenspraktiken und Akkumulation, in: Ders. u.a. (Hrsg.): a.a.O., S. 128-157

– 2001: Hegemoniale Projekte und die Rolle der Intellektuellen, in: Das Argument – Zeitschrift für Philosophie und Sozialwissenschaften Nr. 239, 43. Jg., Heft 1 2001, S. 59-65

– u.a. (Hrsg.) 1992: Hegemonie und Staat. Kapitalistische Regulation als Projekt und Prozess, Münster

Deppe, Frank 1997: Fin de Siècle, Am Übergang ins 21. Jahrhundert, Köln

– 1999: Politisches Denken im 20. Jahrhundert. Die Anfänge, Hamburg

– 2001: Formation – neue Epoche – neue Politik? Anmerkungen zu einer offenen Debatte, in: Candeias, Mario; Deppe, Frank (Hrsg.): a.a.O., S. 48-66

– 2003a: Politisches Denken im 20. Jahrhundert, Band 2: Politisches Denken zwischen den Weltkriegen, Hamburg

– 2003b: Arbeiterklasse und Arbeiterbewegung im 21. Jahrhundert, in: Z. Zeitschrift Marxistische Erneuerung, Nr. 54, 14. Jg., S. 71-96

DER SPIEGEL 2002: Deutsche Bank zahlt keine Steuern, in: Spiegel-Online, 09.03.2002, http://www.spiegel.de/wirtschaft/0,1518,186362,00.html

– 1999: Porträts: William Henry Beveridge – Der Sozialreformer, in: Spiegel-Online: http://www.spiegel.de/spiegel/0,1518,29757,00.html

Detje, Richard 2000: Aktualität des politischen Mandats, Gewerkschaften im Bündnis für Arbeit, in: Urban, Hans-Jürgen (Hrsg.): Beschäftigungsbündnis oder Standortpakt? Das Bündnis für Arbeit auf dem Prüfstand, Hamburg, S. 69-97

Detje, Richard; König, Otto 1999: Bündnis für Arbeit oder Entgewerkschaftlichung? In: Zeitschrift Sozialismus, Heft 7/8, S. 42-45

DGB 2002 – Deutscher Gewerkschaftsbund: Gerade im Wahlkampf für mehr Ausbildungsplätze stark machen, Pressemitteilung PM 186, vom 07.08.2002, www.dgb.de/presse

DIW 2003: Deutsches Institut für Wirtschaftsforschung Berlin, Arbeitskreis Konjunktur, Grundlinien der Wirtschaftsentwicklung 2003/2004, Wochenbericht Nr. 1-2/2003, http://www.diw.de/deutsch/publikationen/wochenberichte/docs/03-01-3.html

Döhl, Volker u.a. 2000: Krise der NormalArbeit(s)Politik, Entgrenzung von Arbeit – neue Anforderungen an Arbeitspolitik, in: WSI-Mitteilungen, 53. Jg., Heft 1, S. 5-17

Döring, Dieter 1994: Anmerkungen zum Gerechtigkeitsbegriff des Sozialstaats mit besonderer Berücksichtigung des Handlungsfeldes Sozialversicherungen, in: Döring, Dieter; Nullmeier, Frank u.a.: Gerechtigkeit im Wohlfahrtsstaat, Marburg, S. 67-113

Dörre, Klaus 2001: Gibt es ein nachfordistisches Produktionsmodel? Managementprinzipien, Firmenorganisation und Arbeitsbeziehungen im flexiblen Kapitalismus, in: Candeias, Mario; Deppe, Frank (Hrsg.): a.a.O., S. 83-107

– 2002: Rückkehr zum Taylorismus oder neues Produktionsmodell? Anmerkungen zur politischen Ökonomie des flexiblen Kapitalismus, in: spw – Zeitschrift für sozialistische Politik und Wirtschaft, Heft 123, S. 13-18

Dubiel, Helmut 1994: Ungewissheit und Politik, Frankfurt a. M.

– 1995: Diskussionsbeitrag, in: Körber-Stiftung (Hrsg.): Ein neuer Gesellschaftsvertrag? Wirtschaftliche Dynamik versus sozialer Zusammenhalt. Bergedorfer Gesprächskreis, Protokoll Nr. 105 Hamburg 1995

– 1997: Unversöhnlichkeit und Demokratie (Für Albert O. Hirschman), in: Wilhelm Heitmeyer (Hrsg.): Was hält die Gesellschaft zusammen? Bundesrepublik Deutschland: Auf dem Weg von der Konsens- zur Konfliktgesellschaft, Frankfurt a. M., S. 425-444

– 2001: Warum ist das Anrufen der Zivilgesellschaft so beliebt? Über die bewussten und unbewussten Unbestimmtheiten eines modernen Begriffs, in: Frankfurter Rundschau vom 23.06.2001

Durkheim, Émile 1990: Der Selbstmord, Frankfurt a. M. (Im Orig. erschienen 1897)

Eder, Klaus 2000: Die Tätigkeitsgesellschaft. Euphemisierung postindustrieller Dienstleistungsarbeit und Normalisierung von Diskontinuität, in: Berliner Debatte INITIAL 11, Heft 4, S. 5-16

Ehrenberg, Herbert 2002: Vom schädlichen Rückzug der sichtbaren Hand des Staates, in: Frankfurter Rundschau vom 02.04.2002 (Dokumentation)

Ehrenreich, Barbara 2001: Arbeit poor, Unterwegs in der Dienstleistungsgesellschaft, München

Ehrlich, Peter u.a. 2002: Kaum Chancen für das Bündnis, in: Financial Times Deutschland vom 25. Januar, S. 1

Elias, Norbert, 1991: Die Gesellschaft der Individuen (Hrsg. von Michael Schröter), Frankfurt a. M.

Engels, Friedrich; MEW 21: Der Ursprung der Familie, des Privateigentums und des Staats, in: Marx, Karl; Engels, Friedrich: Werke, Band 21, Berlin 1962, S. 36-84

Enquete-Kommission Globalisierung 2002: Schlussbericht der Enquete-Kommission „Globalisierung der Weltwirtschaft - Herausforderungen und Antworten", Deutscher Bundestag, Drucksache 14/9200 vom 12.06.2002

Enquête-Kommission Zukunft der Erwerbsarbeit des nordrhein-westfälischen Landtags (Hrsg.) 1998: Bestandsanalyse, Der Arbeitsmarkt in Nordrhein-Westfalen, Teil 1 v. 3, Düsseldorf

Esser, Josef u.a. (Hrsg.) 1994: Politik, Institutionen und Staat; Zur Kritik der Regulationstheorie, Hamburg

-; Görg, Christoph; Hirsch, Joachim 1994: Von den „Krisen der Regulation" zum „radikalen Reformismus", in: Josef Esser u.a. (Hrsg.): Politik, Institutionen und Staat, Zur Kritik der Regulationstheorie, Hamburg, S. 213-228

-; Schroeder, Wolfgang 1999: Neues Leben für den Rheinischen Kapitalismus. Vom Bündnis für Arbeit zum Dritten Weg, in: Blätter für deutsche und internationale Politik, 44. Jg., Heft 1, S. 51-61

Etzioni, Amitai 1995: Die Entdeckung des Gemeinwesens. Ansprüche, Verantwortlichkeiten und das Programm des Kommunitarismus, Stuttgart

- 1996: Die faire Gesellschaft. Jenseits von Sozialismus und Kapitalismus, Frankfurt a. M.

- 2001: Der dritte Weg zu einer guten Gesellschaft. Auf der Suche nach der neuen Mitte, Hamburg

Euro-Memo 1997 - Memorandum europäischer Wirtschaftswissenschaftler und Wirtschaftswissenschaftlerinnen: Vollbeschäftigung, sozialer Zusammenhalt und Gerechtigkeit für Europa - Alternativen zum Austeritätswettlauf, in: MEMO-FORUM Nr. 25, Juli 1997, Bremen, S. 9-52

- 2000 - Memorandum europäischer Wirtschaftswissenschaftler und Wirtschaftswissenschaftlerinnen: Alternative wirtschaftspolitische Leitlinien für Vollbeschäftigung und sozialen Zusammenhalt in Europa, http://www.memo.uni-bremen.de/europe/euromemo/Memolang_Deutsch.pdf

Fetscher, Iring 1994: Volk und Gesellschaftsvertrag bei Jean-Jacques Rousseau, in: Blätter für deutsche und internationale Politik, 39. Jg., Heft 7, S. 886-888

Fiehler, Fritz 2000: Die Gesellschaft der Vermögensbesitzer. Über Geld, Chicago und Milton Friedman, Hamburg

Filippov, Alexander 2000: Wo befinden sich Systeme? Ein blinder Fleck der Systemtheorie, in: Merz-Benz, Peter-Ullrich; Wagner, Gerhard (Hrsg.): Die Logik der Systeme. Zur Kritik der systemtheoretischen Soziologie Niklas Luhmanns, Konstanz, S. 381-410

Fischer, Joschka 1998: Für einen neuen Gesellschaftsvertrag, Eine politische Antwort auf die globale Revolution, Köln

Fleischhauer, Jan u.a. 1999: Die Gerechtigkeitsfalle, in: Der Spiegel, Nr. 37, S. 96-110

French, Steve 1999: A 'Third Way' Through Social Pacts? Trade Union Weakness and the Limits of German Corporatism, in: Funk, Lothar (Ed.): The Economics and the Politics of the Third Way, Essays in Honour of Eric Owen Smith, Münster/Hamburg/London, S. 99-116

Friedman Milton 1971: Kapitalismus und Freiheit, Stuttgart

Geissler, Birgit 2000: Unabhängige Gründer oder neues Proletariat? Anmerkungen zu sozialen Ursachen und Folgen neuer selbstständiger Erwerbsformen , in: Frankfurter Rundschau vom 20./21.04.2000, S. 7

George, Susan 1996: Eine kurze Geschichte des Einheitsdenkens, in: Le Monde Diplomatique/die tageszeitung, August 1996

- 2002: Was ist Attac - und was nicht? Interview in: Blätter für deutsche und internationale Politik, 47. Jg., Heft 4, S. 419-430

Giarini, Orio; Liedtke, Patrick M. 1998: Wie wir arbeiten werden. Der neue Bericht an den Club of Rome, Hamburg

Giddens, Anthony 1999: Der dritte Weg, Die Erneuerung der sozialen Demokratie, Frankfurt a. M.

- 2000: Soziale Gerechtigkeit in der Programmdebatte der europäischen Sozialdemokratie, in: SPD-Parteivorstand: Materialien zur Programmdiskussion, Grundwerte heute: Gerechtigkeit, Berlin, im April 2000, http://www.spd.de/servlet/PB/menu/1010010/index.html, S. 17-23

- 2001: Die Frage der sozialen Ungleichheit, Frankfurt a. M.

Giersch, Herbert 1997: Das Jahrhundert der Globalisierung, in: Frankfurter Allgemeine Zeitung vom 11.01.97, S. 13

Gill, Stephen 2000: Theoretische Grundlegung einer neo-gramscianischen Analyse der europäischen Integration, in: Bieling, Hans-Jürgen; Steinhilber, Jochen (Hrsg.): Die Konfiguration Europas. Dimensionen einer kritischen Integrationstheorie, Münster, S. 23-50

GL 1997 – Die Gruppe von Lissabon: Grenzen des Wettbewerbs, Die Globalisierung der Wirtschaft und die Zukunft der Menschheit, München

Glott, Rüdiger u.a. 1998: Bedingungen der Beschäftigungsentwicklung. Ein Vergleich zwischen den USA, den Niederlanden und Westdeutschland, in: SOFI-Mitteilungen, Nr. 26, http://www.gwdg.de/sofi/mitt26/wilkens.htm

Goldschmidt, Werner 1999: Stichwort: Staat/Staatsformen, in: Sandkühler, Hans Jörg (Hrsg.): Enzyklopädie Philosophie, Hamburg, S. 1508-1539

- 2000a: „Freier Markt" oder „Soziale Gerechtigkeit"? Kritische Anmerkungen zu F. A. v. Hayeks „evolutionärer" Gerechtigkeitstheorie, in: Ders. u.a. (Hrsg.): Neoliberalismus – Hegemonie ohne Perspektive, Heilbronn, S. 177-193

- 2000b: Zum Verhältnis des 'Guten' und des 'Gerechten' in der pluralistischen Gesellschaft, in: Plümacher, Martina u.a. (Hrsg.): Herausforderung Pluralismus. Festschrift für Hans Jörg Sandkühler, Frankfurt a. M./Berlin u.a., S. 277-289

Görg, Christoph 1994: Krise und Institution, in: Esser, Josef u.a. (Hrsg.): Politik, Institutionen und Staat, Zur Kritik der Regulationstheorie, Hamburg, S. 85-132

Gorz, André 1998: Abschied von der Erwerbsarbeit, in: die tageszeitung, 29.08.98, S. 6

- 2000: Arbeit zwischen Misere und Utopie, Frankfurt a. M.

Graf, Georg 1997: Vertrag und Vernunft, Eine Untersuchung zum Modellcharakter des vernünftigen Vertrages, Wien/New York

Gramsci, Antonio 1991ff: Gefängnishefte, Hamburg/Berlin

Gray, John 2000: Die Erosion impliziten Wissens im Spätkapitalismus und die Zukunft der Arbeit, in: Kocka, Jürgen; Offe, Claus (Hrsg.): a.a.O., S. 424-430

Habermas, Jürgen 1976: Zur Rekonstruktion des Historischen Materialismus, Frankfurt a. M.

– 1988: Theorie des kommunikativen Handelns, 2 Bd., Frankfurt a. M.

– 1989: Vorstudien und Ergänzungen zur Theorie des kommunikativen Handelns, Frankfurt a. M.

– 1992a: Drei normative Modelle der Demokratie: Zum Begriff deliberativer Politik, in: Münkler, Herfried (Hrsg.): Die Chancen der Freiheit. Grundprobleme der Demokratie, München und Zürich, S. 11-24

– 1992b: Erläuterungen zur Diskursethik, Frankfurt a. M.

– 1994: Faktizität und Geltung. Beiträge zur Diskurstheorie des Rechts und des demokratischen Rechtsstaates, Frankfurt a. M.

– 1998a: Jenseits des Nationalstaats? Bemerkungen zu Folgeproblemen der wirtschaftlichen Globalisierung, in: Beck, Ulrich (Hrsg.): Politik der Globalisierung, Frankfurt a. M., S. 67-84

– 1998b: Die postnationale Konstellation und die Zukunft der Demokratie, in: Blätter für deutsche und internationale Politik, 43. Jg., Heft 7, S. 804-817

Hartz-Kommission 2002: Moderne Dienstleistungen am Arbeitsmarkt, Vorschläge der Kommission zum Abbau der Arbeitslosigkeit und zur Umstrukturierung der Bundesanstalt für Arbeit vom 16.August 2002, Berlin

Hassel, Anke 1998: Soziale Pakte in Europa – Aussichten für ein Bündnis für Arbeit, in: Gewerkschaftliche Monatshefte, 51. Jg., Heft 10, S. 626-638

Haug, Wolfgang Fritz 1996: Philosophieren mit Brecht und Gramsci, Berlin, Hamburg

– 1999: Politisch richtig oder richtig politisch, Linke Politik im transnationalen High-Tech-Kapitalismus, Berlin/Hamburg

Hayek, Friedrich A. von 1969: Grundsätze einer liberalen Wirtschaftsordnung, in: ders.: Freiburger Studien, Gesammelte Aufsätze von F. A. von Hayek, Tübingen, S. 108-125

– 1981a: Recht, Gesetzgebung und Freiheit Band 2: Die Illusion sozialer Gerechtigkeit, Landsberg am Lech

– 1981b: Recht, Gesetzgebung und Freiheit Band 3: Die Verfassung einer Gesellschaft freier Menschen, Landsberg am Lech

– 1992: Die freie Marktwirtschaft und ihre moralischen Grundlagen, in: Österreichischer Gewerbeverein (Hrsg.): Festschrift 150 Jahre Gewerbeverein, Linz

HBS 2000 – Hans-Böckler-Stiftung (Hrsg.): Arbeit und Ökologie, Verbundprojekt von Deutsches Institut für Wirtschaftsforschung, Wuppertal Institut für Klima, Umwelt und Energie, Wissenschaftszentrum Berlin für Sozialforschung, Abschlußbericht, Berlin und Wuppertal

Hegel, Georg Wilhelm Friedrich 1979: Grundlinien der Philosophie des Rechts oder Naturrecht und Staatswissenschaft im Grundrisse, Werke Bd. 7, Frankfurt a. M.

Heide, Holger 2002: Arbeitsgesellschaft und Arbeitssucht, Die Abschaffung der Muße und ihre Wiederaneignung, in: Ders. (Hrsg.): Massenphänomen Arbeitssucht, Historische Hintergründe und aktuelle Entwicklung einer neuen Volkskrankheit, Bremen, S. 19-54

Heimann, Horst 2001: Mehr Ungleichheit wagen? Zum anhaltenden Boom der Egalitarismuskritik, in: Blätter für deutsche und internationale Politik, 46. Jg., Heft 6, S. 711-718

Hengsbach, Friedhelm 1997a: Der Gesellschaftsvertrag der Nachkriegszeit ist aufgekündigt. Sozio-ökonomische Verteilungskonflikte als Ursache ethischer Konflikte, in: Heitmeyer, Wilhelm (Hrsg.): Was hält die Gesellschaft noch zusammen? Bundesrepublik Deutschland auf dem Weg von der Konsens- zur Konfliktgesellschaft, Bd. 2, Frankfurt a. M., S. 207-232

– 1997b: Ein neuer Gesellschaftsvertrag in den Zeiten der Globalisierung, in: Fricke, Werner (Hrsg.): Jahrbuch Arbeit und Technik 1997, Globalisierung und institutionelle Reform, Bonn, S. 182-195

– 1998: Marktkonkurrenz auf der Grundlage gesellschaftlicher Kooperation, in: Brieskorn, Norbert; Wallacher, Johannes (Hrsg.): Homo oeconomicus: Der Mensch der Zukunft? Stuttgart u.a., S. 47-76

– 1999: Ein erweiterter Gesellschaftsvertrag im Schatten der Globalisierung, in: Döring, Diether (Hrsg.): Sozialstaat in der Globalisierung, Frankfurt a. M., S. 40-88

Hirsch, Joachim 1995: Der nationale Wettbewerbsstaat. Staat, Demokratie und Politik im globalen Kapitalismus Berlin/Amsterdam

– 1998: Vom Sicherheitsstaat zum nationalen Wettbewerbsstaat, Berlin

– 2001: Weshalb Periodisierung? In: Candeias, Mario; Deppe, Frank (Hrsg.): a.a.O., S. 41-47

Hirschman, Albert O. 1995: Denken gegen die Zukunft, Die Rhetorik der Reaktion, Frankfurt a. M.

Hirst, Paul; Thompson, Graham 1998: Globalisierung? Internationale Wirtschaftsbeziehungen, Nationalökonomien und die Formierung von Handelsblöcken, in: Beck, Ulrich (Hrsg.): Politik der Globalisierung, Frankfurt a. M., S. 85-133

Hobbes, Thomas 1996: Leviathan. Hrsg. von Hermann Klenner, Hamburg

Hobsbawm, Eric 1998: Das Zeitalter der Extreme. Weltgeschichte des 20. Jahrhunderts, München

– 1999: Eine gespaltene Welt geht ins 21. Jahrhundert, in Frankfurter Rundschau vom 04.12.99 (Dokumentation)

Höffe, Otfried 1998: Zur Gerechtigkeit der Verteilung (Kapitel 5), in: ders. (Hrsg.): John Rawls, Eine Theorie der Gerechtigkeit, Berlin, S. 169-186

– 2001: Gerechtigkeit als Tausch, Zur Begründung von Recht und Staat, Festvortrag zur Eröffnung der Rechtswissenschaftlichen Fakultät der Universität Luzern, 22. Oktober 2001, http://www.unilu.ch/dokumente/dokus_unilu/Ansprache_Höffe_7811.pdf

Hoffmann, Edeltraud; Walwei, Ulrich 2000: Strukturwandel der Erwerbsarbeit, Was ist eigentlich noch „normal"? In: IAB-Kurzbericht Nr. 16, Aktuelle Analysen aus dem Institut für Arbeitsmarkt- und Berufsforschung der Bundesanstalt für Arbeit vom 25.10.2000

–; Walwei, Ulrich 2002: Wandel der Erwerbsformen: Was steckt hinter den Veränderungen? In: Kleinhenz, Gerhard (Hrsg.): IAB-Kompendium Arbeitsmarkt- und Berufsforschung, Beiträge zur Arbeitsmarkt- und Berufsforschung, BeitrAB 250, S. 135-144

Hofmann, Werner 1971: Ideengeschichte der sozialen Bewegung, Berlin/New York

– 1979: Theorie der Wirtschaftsentwicklung. Vom Merkantilismus bis zur Gegenwart, Berlin

Hombach, Bodo 1999: Das Bündnis für Arbeit, Ausbildung und Wettbewerbsfähigkeit: Fokus für die Politik der Neuen Mitte, in: Fricke, Werner (Hrsg.): Jahrbuch Arbeit und Technik 1999/2000, Bonn, S. 153-161

Huber, Joseph 1995: Nachhaltige Entwicklung, Strategien für eine ökologische und soziale Erdpolitik, Berlin

Hübner, Kurt 1998: Theorie der Regulation, Eine kritische Rekonstruktion eines neuen Ansatzes der politischen Ökonomie, Berlin

Huffschmid, Jörg 2000a: Megafusion und 'neue Ökonomie', in: Verteilungskonflikte im Shareholder-Kapitalismus, Supplement der Zeitschrift Sozialismus 6/2000, S. 4-19

– 2000b: Freier Kapitalverkehr – bedrohter Sozialstaat, in: Goldschmidt, Werner u.a. (Hrsg.): Neoliberalismus – Hegemonie ohne Perspektive, Heilbronn, S. 27-40

Huiskamp, Rien; van Riemsdijk, Maarten 2001: Competitive consensus: bargaining on employment and competitiveness in the Netherlands, in: TRANSFER 4/2001, S. 682-696

Hundt, Dieter 1999: Der Kampf gegen die Arbeitslosigkeit ist zu gewinnen, in: Arlt, Hans-Jürgen; Nehls, Sabine (Hrsg.): a.a.O., S. 57-68

Huster, Ernst-Ulrich 2001: Reichtum in Deutschland, Die Gewinner in der sozialen Polarisierung, in: Stadlinger, Jörg (Hrsg.): Reichtum heute, Diskussion eines kontroversen Sachverhalts, Münster, S. 9-27

Jessop, Bob 1997: Die Zukunft des Nationalstaats – Erosion oder Reorganisation? Grundsätzliche Überlegungen zu Westeuropa, in: Becker, Steffen u.a. (Hrsg.): a.a.O., S. 50-95.

– 2001a: Nach dem Fordismus. Das Zusammenspiel von Struktur und Strategie, in: Das Argument – Zeitschrift für Philosophie und Sozialwissenschaften Nr. 239, 43. Jg., Heft 1, S. 9-22

– 2001b: Kritischer Realismus, Marxismus und Regulation. Zu den Grundlagen der Regulationstheorie, in: Candeias, Mario; Deppe, Frank (Hrsg.): a.a.O., S. 16-40

Kadritzke, Ulf 2003: Leistungsdruck und Zeitnot in der Arbeitswelt – insbesondere bei Angestellten, Beitrag auf der Fachtagung der IG Metall (Bezirk Berlin-Brandenburg-Sachsen) „Arbeitszeit und Gesundheit" am 07.03.2003 in Dresden (Manuskript)

Kaiser, Lutz C. 2001: Unbefristete Vollzeitbeschäftigung nach wie vor dominierende Erwerbsform in Europa, in: DIW-Wochenbericht 9/01, www.diw.de/deutsch/publikationen/wochenberichte/docs/01-09-2.html

Kant, Immanuel 1977: Schriften zur Anthropologie, Geschichtsphilosophie, Politik und Pädagogik 1, Werkausgabe, Bd. XI, hrsg. von Wilhelm Weischedel, Frankfurt a. M.

Kaufmann, Matthias 1999: Stichwort: Legalität/Legitimität, in: Sandkühler, Hans Jörg (Hrsg.): Enzyklopädie Philosophie, Hamburg, S. 761-765

Kebir, Sabine 1991: Gramsci's Begriff der Zivilgesellschaft, Alltag-Ökonomie-Kultur-Politik. Hamburg

Kersting, Wolfgang 1996: Die politische Philosophie des Gesellschaftsvertrages, Darmstadt

– 1997: Herrschaftslegitimation, politische Gerechtigkeit und transzendentaler Tausch, in: Ders. (Hrsg.): Gerechtigkeit als Tausch? Auseinandersetzungen mit der politischen Philosophie Otfried Höffes, Frankfurt a. M., S. 11-60

– 1998: Der Markt – das Ende der Geschichte? Zur sozialphilosophischen Kritik des liberal-ökonomistischen Gesellschaftsmodells, in: Brieskorn, Norbert; Wallacher, Johannes (Hrsg.): Homo oeconomicus: Der Mensch der Zukunft? Stuttgart, S. 93-129

– 2000: Theorien der sozialen Gerechtigkeit, Stuttgart/Weimar

– 2002: Dein ist mein, in: Financial Times Deutschland, 10.05.02 (Weekend-Beilage), S.1

Keynes, John Maynard 1936: Allgemeine Theorie der Beschäftigung, des Zinses und des Geldes, Berlin

Kleinhenz, Gerhard 2002: Befunde zur Massenarbeitslosigkeit, Nur eine umfassende Strategie kann aus der Krise führen, in: IAB-Kurbericht Nr. 16, Aktuelle Analysen aus dem Institut für Arbeitsmarkt- und Berufsforschung der Bundesanstalt für Arbeit vom 01.08.2002

Klenner, Hermann 1985: Gesellschaftsvertragstheorien vom 17. bis zum 20. Jahrhundert, in: Müller, Reimar; Klenner, Hermann: Gesellschaftsvertragstheorien von der Antike bis zur Gegenwart, Sitzungsberichte der Akademie der Wissenschaften der DDR, Gesellschaftswissenschaften, Nr. 2/G, Berlin, S. 31-75

- 1996: Einführung: Hobbes - der Rechtsphilosoph und seine Rechtsphilosophie, in: Hobbes, Thomas: a.a.O., S. XIII-XLI

- 1999: Aufklärungshistorisches zur sozialen Gerechtigkeit, in: Z. Zeitschrift Marxistische Erneuerung, Nr. 40, 10. Jg., S. 24-33

Kley, Roland 1989: Vertragstheorien der Gerechtigkeit - Eine philosophische Kritik der Theorien von John Rawls, Robert Nozick und James Buchanan, Bern/Stuttgart

Kocka, Jürgen; Offe, Claus (Hrsg.) 2000: Geschichte und Zukunft der Arbeit, Frankfurt/ New York

Kohlmorgen, Lars 2004: Regulation, Klasse, Geschlecht - Die Konstituierung der Sozialstruktur im Fordismus und Postfordismus, Münster

Koller, Peter 1986: Theorien des Sozialkontrakts als Rechtfertigungsmodelle politischer Institutionen, in: Kern, Lucian; Müller, Hans-Peter (Hrsg.): Gerechtigkeit, Diskurs oder Markt? Die neuen Ansätze in der Vertragstheorie, Opladen, S. 7-33

Kommission für Zukunftsfragen der Freistaaten Bayern und Sachsen 1997: Erwerbstätigkeit und Arbeitslosigkeit in Deutschland, Entwicklung, Ursachen und Maßnahmen; Leistsätze, Zusammenfassung und Schlussfolgerungen der Teile I, II und III des Kommissionsberichts, Bonn

Krätke, Michael R. 2001: Mythen aus dem Polderland, Das niederländische Modell auf dem Prüfstand, in: Blätter für deutsche und internationale Politik, 46. Jg., Heft 1, S. 95-104

Krugman, Paul 2002: Der amerikanische Albtraum, in: DIE ZEIT Nr. 46, vom 07. November 2002, S. 25-28

Kuda, Rudolf; Lang, Klaus 1999: Perspektiven eines gesamtgesellschaftlichen Reformprojekts, in: Arlt, Hans-Jürgen; Nehls, Sabine (Hrsg.): a.a.O., S. 85-95

Kuhn, Thomas S. 1976: Die Struktur wissenschaftlicher Revolutionen, 2. rev. Auflage, Frankfurt a. M

Laclau, Ernesto; Mouffe, Chantal 1991: Hegemonie und radikale Demokratie. Zur Dekonstruktion des Marxismus, Wien

Lang, Klaus 2001: Bündnis für Arbeit - jenseits von Ausstieg und Anpassung, in: WSI-Mitteilungen, 54. Jg., Heft 5, S. 294-298

Lang, Sabine u.a. (Hrsg.) 1999: Jobwunder USA, Modell für Deutschland? Münster

Leborgne, Danièle 1997: Von der Reorganisation der Arbeit zur regionalen Partnerschaft: Die Europäischen Modelle, in: Becker, Stefan u.a. (Hrsg.): Jenseits der Nationalökonomie? Weltwirtschaft und Nationalstaat zwischen Globalisierung und Regionalisierung, Argument-Sonderband 249, Berlin, S. 123-151

Lepenies, Wolf 1994: „Wäre ich König, so wäre ich gerecht." Gerechtigkeit: Ein Schlüsselbegriff in der gesellschaftspolitischen Auseinandersetzung der Gegenwart, in: Montada, Leo (Hrsg.): Arbeitslosigkeit und soziale Gerechtigkeit, Frankfurt a.M., S. 25ff

Lessenich, Stephan 2003: Der Arme in der Aktivgesellschaft – zum sozialen Sinn des „Förderns und Forderns", in: WSI-Mitteilungen, 56. Jg., Heft 4, S. 214-220

Lipietz, Alain 1997: Die Welt des Postfordismus, Über die strukturellen Veränderungen der entwickelten kapitalistischen Gesellschaften, Hamburg

– 1998: Nach dem Ende des „Goldenen Zeitalters", Hamburg

Locke, John 1977: Zwei Abhandlungen über die Regierung, hrsg. und eingeleitet von Walter Euchner, Frankfurt a. M.

Lösch, Bettina 2000: Deliberative Politik – Beratung als Perspektive, in: Hesselbein, Gabi; Lambrecht, Lars (Hrsg.): Märkte – Staaten – Welt der Menschen, Wie universal ist Globalisierung? Münster/Hamburg/London, S. 221-227

London, Jack 1981: Die Stadt der Verdammten (orig.: The People of the Abyss, 1903), Frankfurt a. Main

Loo, Hans van der; Reijen, Willem van 1992: Modernisierung, Projekt und Paradox, München

Luhmann, Niklas 1984: Soziale Systeme, Grundriß einer allgemeinen Theorie, Frankfurt a. M.

– 1985: Die Autopoesis des Bewusstseins, in: Soziale Welt, 36. Jg., Heft 4, S. 402-446

– 1997: Die Gesellschaft der Gesellschaft, Frankfurt a. M.

– 2000: Die Politik der Gesellschaft (Hrsg. von A. Kieserling), Frankfurt a. M.

Lutz, Dieter S. 2002: Ist die Demokratie am Ende? In: Frankfurter Rundschau vom 15.01.2002 (Dokumentation)

Mann, Michael 1994: Geschichte der Macht, Bd. 2, Vom Römischen Reich bis zum Vorabend der Industrialisierung, Frankfurt a. M./New York

Marshall, Thomas H. 1992: Bürgerrechte und soziale Klassen, Zur Soziologie des Wohlfahrtsstaates, hrsg. von Elmar Rieger, Frankfurt a. M.

Marx, Karl, MEW 40: Ökonomisch-philosophische Manuskripte, in: Marx, Karl; Engels, Friedrich: Werke, Band 40, Berlin 1985

–; Engels, Friedrich MEW 3: Die Deutsche Ideologie, in: Marx, Karl; Engels, Friedrich: Werke, Band 3, Berlin 1978, S. 9-530

–; Engels, Friedrich; MEW 4: Manifest der kommunistischen Partei, in: dies., Werke, Band 4, Mai 1846 – März 1848, Berlin 1990

–; MEW 23: Das Kapital, Kritik der politischen Ökonomie, Erster Band, in: Marx, Karl; Engels, Friedrich: Werke, Band 23, Berlin 1962

–; MEW 25: Das Kapital, Kritik der politischen Ökonomie, Dritter Band, in: Marx, Karl; Engels, Friedrich: Werke, Band 25, Berlin 1980

–; MEW 4: Das Elend der Philosophie, in: Marx, Karl; Engels, Friedrich: Werke, Band 4, Berlin 1972, S. 63-182

–; MEW 42: Grundrisse der Kritik der politischen Ökonomie, in: Marx, Karl; Engels, Friedrich: Werke, Band 42, Berlin 1993, 47-839

Mattfeld, Harald 1985: Keynes, Kommentierte Werkauswahl, Hamburg

Matthies, Hildegard; Mückenberger, Ulrich u.a. 1994: Arbeit 2000, Anforderungen an eine Neugestaltung der Arbeitswelt, Reinbeck

Maturana, Humberto R. 1993: Zur Biologie der Kognition, in: Riegas, Volker; Vetter, Christian (Hrsg.) 1993: Zur Biologie der Kognition: ein Gespräch mit Humberto R. Maturana, Frankfurt a. M.

Meadows, Dennis u.a. 1973: Die Grenzen des Wachstums. Bericht des Club of Rome zur Lage der Menschheit, Reinbeck

Menzel, Ulrich 1996: Lange Wellen und Hegemonie. Ein Literaturbericht. 2. Aufl., Forschungsberichte aus dem Seminar für Politikwissenschaften und Soziologie der Technischen Universität Braunschweig, Nr. 13, hrsg. von K. Lompe u.a., Braunschweig

Messner, Dirk 1995: Staat und Entwicklung; in: Blätter für deutsche und internationale Politik, 40. Jg., S. 1338-1347

Moore, Barrington 1982: Die sozialen Ursachen von Unterordnung und Widerstand, Frankfurt a. M.

Müller, Jörg Paul 1993: Demokratische Gerechtigkeit. Eine Studie zur Legitimität politischer und rechtlicher Ordnung, München

Müller, Werner 2001: „Schlüsselqualifikationen für die Arbeitswelt der Zukunft", Rede des Bundesministers für Wirtschaft und Technologie Dr. Werner Müller zum Thema am 14. März 2001 in Sindelfingen, http://www.bmwi.de/Homepage/Presseforum/Reden%20&%20Statements/2001/1314rede1.jsp

Mutz, Gerd 1997: Die Zukunft der Arbeit. Chancen für eine Tätigkeitsgesellschaft? In: Aus Politik und Zeitgeschichte, Heft B 48-49, S. 31-40

Narr, Wolf-Dieter 1994a: Recht – Demokratie – Weltgesellschaft. Überlegungen anläßlich der rechtstheoretischen Werke von Jürgen Habermas und Niklas Luhmann (Teil 1), in: PROKLA. Zeitschrift für kritische Sozialwissenschaften, Heft 94, 24. Jg., Nr. 1, S. 87-112

- 1994b: Recht – Demokratie – Weltgesellschaft. Habermas, Luhmann und das systematische Versäumnis ihrer großen Theorien (Teil 2), in: PROKLA. Zeitschrift für kritische Sozialwissenschaften, Heft 95, 24. Jg., Nr. 2, S. 324-344

- 1996: Die Antiquiertheit der Demokratie, in: Politische Ökologie, 14. Jg., Heft 46 – Mai/Juni , S. 18-20

-; Schubert, Alexander 1994: Weltökonomie, Die Misere der Politik, Frankfurt a.M.

Negt, Oskar 2001: Arbeit und menschliche Würde, Göttingen

- 2002: Der gute Bürger ist derjenige, der Mut und Eigensinn bewahrt, Reflexionen über das Verhältnis von Demokratie, Bildung und Tugenden, in: Frankfurter Rundschau vom 16.09.2002 (Dokumentation)

Neumann, Manfred J. M. 2000: Korporatismus – eine Gefahr für die marktwirtschaftliche Ordnung, in: Wirtschaftsdienst 2000/IX, S. 538-541

Noetzel, Thomas 1999: Authentizität als politisches Problem. Ein Beitrag zur Theoriegeschichte der Legitimation politischer Ordnung, Berlin

Nullmeier, Frank; Vobruba, Georg 1994: Gerechtigkeit im sozialpolitischen Diskurs, in: Döring, Diether; u.a.: Gerechtigkeit im Wohlfahrtsstaat, Marburg

Nussbaum, Martha C. 1993: Menschliches Tun und soziale Gerechtigkeit. Zur Verteidigung des aristotelischen Essentialismus, in: Brumlik, Micha; Bunkhorst, Hauke (Hrsg.): Gemeinschaft und Gerechtigkeit, Frankfurt a. M., S. 323-361

– 1999: Der aristotelische Sozialdemokratismus, in: dies.: Gerechtigkeit oder Das gute Leben (hrsg. von Herlinde Pauer-Studer), Frankfurt a. M., S. 24-85

– 2002: Eine moderne Interpretation der sozialdemokratischen Idee in Zeiten der Globalisierung, http://www.fr-aktuell.de/fr/160/160004.htm (in gekürzter Form als Dokumentation erschienen in: Frankfurter Rundschau vom 16.02.02)

Offe, Claus; Fuchs, Susanne 1998: Wie schöpferisch ist die Zerstörung, in: Blätter für deutsche und internationale Politik, 43. Jg., Heft 3, S. 295-300

– 2003: Perspektivloses Zappeln, Oder: Politik mit der Agenda 2010, in: Blätter für deutsche und internationale Politik, 48. Jg., Heft 7, S. 807-817

Paetz, Berthold 2002: Peter Hartz zu Ende gedacht, Radikale Privatisierung, In den Niederlanden stehen die letzten Reste einer staatlichen Arbeitsverwaltung zur Disposition, in: Freitag 44, 25.10.02, www.freitag.de

Papcke, Sven 2003: Alles scheint möglich, aber nichts geht mehr..., Benötigen wir einen neuen Gesellschaftsvertrag? In: Gewerkschaftliche Monatshefte, 54. Jg., Heft 1, S. 1-12

Peter, Lothar 2002: Neue Formen der Arbeit, Arbeitskraftunternehmer und Arbeitssucht, in: Heide, Holger (Hrsg.): Massenphänomen Arbeitssucht. Historische Hintergründe und aktuelle Entwicklung einer neuen Volkskrankheit, Bremen, S. 106-115

Peters, Klaus 2000: Die neue Selbständigkeit in der Arbeit, in: Pickshaus, Klaus: Peter, Klaus; Glißmann, Wilfried: „Der Arbeit wieder ein Maß geben", Neue Managementkonzepte und Anforderungen an eine gewerkschaftliche Arbeitspolitik, Supplement der Zeitschrift Sozialismus, Heft 2, Hamburg, S. 20-29

Petrella, Ricardo 1998: Wider eine Gesellschaft, in der alles privatisiert ist, in: Frankfurter Rundschau vom 26.11.98 (Dokumentation)

– 2000: Wasser für alle, Ein globales Manifest, Zürich

Pfeiffer, Hermannus 2001: Zu arm für die Pleite, in: DIE ZEIT 27/2001, http://www.zeit.de/2001/27/Wirtschaft/200127_kapitalmarkt.html

PIB 2000 – Presse- und Informationsamt der Bundesregierung (Hrsg): Das Bündnis: Zwischenergebnisse, Schriftenreihe Bündnis für Arbeit Ausbildung und Wettbewerbsfähigkeit, Berlin

– 2002 – Presse- und Informationsamt der Bundesregierung (Hrsg.): Zweistufenplan der Bundesregierung für kunden- und wettbewerbsorientierte Dienstleistungen, in: Sozialpolitische Umschau, Ausgabe Nr. 8, 87/2002, S. 6-13

Plehwe, Dieter 1994: Markt-Wissenschaft. Entstehung und Wirkung der „Deregulierungswissenschaft", in: Forum Wissenschaft 1/94, S. 11-14

Pohl, Reinhard; Volz, Joachim 1997: Die Niederlande: Beschäftigungspolitisches Vorbild? In: DIW-Wochenbericht 16/97, http://www.diw.de/deutsch/publikationen/wochenberichte/docs/97-16-1.html

Polanyi, Karl 1978: The Great Transformation, Politische und ökonomische Ursprünge von Gesellschaften und Wirtschaftssystemen, Frankfurt a. M.

Poulantzas, Nicos 2002: Staatstheorie – Politischer Überbau, Ideologie, Autoritärer Etatismus, Mit einer Einleitung von Alex Demirović, Joachim Hirsch und Bob Jessop, Hamburg

Ptak, Ralf 2000: Ordoliberalismus – Zur Entwicklung des Neoliberalismus in Deutschland, in: Goldschmidt, Werner u.a. (Hrsg.): Neoliberalismus – Hegemonie ohne Perspektive, Heilbronn, S. 194-212

Rawls, John 1975: Eine Theorie der Gerechtigkeit, Frankfurt a. M.

– 1998: Politischer Liberalismus, Frankfurt a. M.

Reese-Schäfer, Walter 1997: Grenzgötter der Moral, Der neuere europäisch-amerikanische Diskurs zur politischen Ethik, Frankfurt a. M.

– 2000: Politische Theorie heute, Neuere Tendenzen und Entwicklungen, München/Wien

Reitzig, Jörg; Brandl, Sebastian 1997: Vom wohlfahrtsstaatlichen Grundkonsens zum „schlanken Staat", Die marktradikale Wendung der Gesellschaftsvertragstheorie, in: Klages, Johanna; Strutynski, Peter (Hrsg.): Kapitalismus am Ende des 20. Jahrhunderts, Hamburg, S. 54-66

– 1999: Soziale Pakte und soziale Ungleichheit oder: Welche Gerechtigkeit ist modern? Anmerkungen zum Konflikt um einen ‘Neuen Gesellschaftsvertrag’, in: Z. Zeitschrift Marxistische Erneuerung, 10. Jg., Heft 40, S. 45-60

Revelli, Marco 1997: Vom „Fordismus" zum „Toyotismus". Das kapitalistische Wirtschafts- und Gesellschaftsmodell im Übergang, Hamburg

– 1999: Die gesellschaftliche Linke: jenseits der Zivilisation der Arbeit, Münster

Rhodes, Martin 1998: Globalization, Labour Markets and Welfare States: A Future of „Competitive Corporatism"? In: Martin Rhodes; Yves Mény (Edit.): The Future of European Welfare: A New Social Contract? London, S. 178-203

–; Yves, Mény 1998: Introduction: Europe’s Social Contract under Stress, in: Rhodes, Martin; Yves, Mény (Edit.): The Future of European Welfare. A New Social Contract? London/New York, pp. 1-19

Rifkin, Jeremy 1995: Das Ende der Arbeit und ihre Zukunft, Frankfurt a.M.

Robinson, Joan 1971: Die Gesellschaft als Wirtschaftsgesellschaft, München

– 1972: Die Akkumulation des Kapitals, Frankfurt a. M./Berlin/Wien

Rogge, Jan-Gerd 1987: Die neueren Vertragstheorien und ihre wirtschaftspolitische Relevanz. Dargestellt am Beispiel der Bundesrepublik Deutschland, Göttingen

Röttger, Bernd 1997: Neoliberale Globalisierung und eurokapitalistische Regulation – die politische Konstitution des Marktes, Münster

– 2001: New Economy – old theory, Die Regulationstheorie am Ende der Fahnenstange? In: blätter des informationszentrums 3. Welt (iz3w), H. 254, Juli/August, S. 38-41

– 2003: Verlassene Gräber und neue Pilger an der Grabstätte. Eine neo-regulationistische Perspektive, in: Brand, Ulrich; Raza, Werner (Hrsg.): a.a.O., S. 18-42

Rousseau, Jean-Jacques 1978: Über den Ursprung der Ungleichheit unter den Menschen, in: Ders., Schriften zur Kulturkritik, Hamburg

– 1989: Vom Gesellschaftsvertrag oder Prinzipien des Staatsrechts, in: Ders., Kulturkritische und Politische Schriften in zwei Bänden, Bd. 1, hrsg. von Martin Fontius, Berlin

Rüstow, Alexander 2001: Die Religion der Marktwirtschaft, Mit einem Nachwort von Sibylle Tönnies, Münster/Hamburg u.a.

Sandkühler, Hans Jörg 1998: Rechtsstaat und Menschenrechte unter den Bedingungen des ‘faktischen Pluralismus’, in: DIALEKTIK, Heft 3, S. 67-86

Sauer, Dieter 2003: Die neue Unmittelbarkeit des Marktes, Arbeitspolitik im Dilemma, in: Gewerkschaftliche Monatshefte, 54. Jg., Heft 5, S. 257-267

Schäfer, Claus 1999: Umverteilung ist die Zukunftsaufgabe – Zur Verteilungsentwicklung 1998 und den Vorjahren, in: WSI-Mitteilungen, 52. Jg., Heft 11, S. 733-751

Scharpf 1993: Von der Finanzierung der Arbeitslosigkeit zur Subventionierung niedriger Erwerbseinkommen, in: Gewerkschaftliche Monatshefte, 46. Jg., Heft 7, S. 433-443

Schäuble, Wolfgang 1994: Und der Zukunft zugewandt, Berlin

Schettkat, Ronald 2001: Sind Arbeitsmarktrigiditäten die Ursache der Wirtschaftsschwäche in Deutschland? Der niederländische und deutsche Sozialstaat im Vergleich, in: WSI-Mitteilungen, 54. Jg., Heft 11, S. 674-684

Schiwy, Günther 1969: Der französische Strukturalismus, Reinbek

Schmitthenner, Horst 2001: Sturmvögel der Bewegung, in: die tageszeitung vom 23.04.2001, S. 4

– 2003: Alle reden über Hartz, in: Freitag Nr. 8, vom 14. Februar 2003, S. 6

Schneider, Ulrich 2003: Ein Konzept der Ausgrenzung. Mit der Agenda 2010 gibt der Staat die soziale Verantwortung auf, in: Frankfurter Rundschau vom 26.05.2003, http://www.fr-aktuell.de/uebersicht/alle_dossiers/politik_inland/wie_viel_staat_braucht_der_mensch/agenda_2010/?sid=60d70d9c7b911058f46147fa183bfddf&cnt=219567

Scholz, Olaf 2003: Gerechtigkeit und Solidarische Mitte im 21. Jahrhundert, 13 Thesen für die Umgestaltung des Sozialstaats und die Zukunft sozialdemokratischer Politik, in: Frankfurter Rundschau vom 07.08.2003 (Dokumentation)

Schröder, Gerhard 1999: Das Bündnis als Fokus unserer Politik der neuen Mitte, in: Arlt, Hans-Jürgen; Nehls, Sabine (Hrsg.): a.a.O., S. 49-56

– 2003: Agenda 2010, Regierungserklärung am 14. März 2003, in: Blätter für deutsche und internationale Politik (Dokumentation), 48. Jg., Heft 5, S. 616-624

–; Blair, Tony 1999: Der Weg nach vorne für Europas Sozialdemokraten, in: Blätter für deutsche und internationale Politik (Dokumentation), 44. Jg., Heft 7, S. 887-896

Schroeder, Wolfgang; Esser, Josef 1999: Modell Deutschland: Von der konzertierten Aktion zum Bündnis für Arbeit, in: Aus Politik und Zeitgeschichte. Beilage zur Wochenzeitung Das Parlament, B 37/10.09.99, S. 3-12

Schui, Herbert 1995: Innovation – Arbeit – Umwelt, Das „Bündnis für Arbeit" – ein wirtschaftspolitischer Kommentar, in: Zeitschrift Sozialismus, Heft 12, S. 37-41

– 1997: Neoliberalismus: Das moderne Projekt der Gegenaufklärung, Nachfragerestriktion: Das Hemmnis des entwickelten Kapitalismus, in: Z. Zeitschrift Marxistische Erneuerung, 8. Jg., Heft 31, S. 30-44

– u.a. 1997: Wollt ihr den totalen Markt? Der Neoliberalismus und die extreme Rechte, München

–; Blankenburg, Stephanie 2002: Neoliberalismus: Theorie, Gegner, Praxis, Hamburg

Schumann, Michael u.a. 1994: Rationalisierung im Übergang – Neue Befunde der Industriesoziologie zum Wandel der Produktionskonzepte und Arbeitsstrukturen, in: WSI-Mitteilungen, 47. Jg., Heft 7, S. 405-414

– 2003: Metamorphosen von Industriearbeit und Arbeiterbewusstsein. Kritische Industriesoziologie zwischen Taylorismusanalyse und Mitgestaltung innovativer Arbeitspolitik, Hamburg

Segbers, Franz 1999: Die Herausforderung der Tora, Luzern

Sen, Amartya 1982: Rational Fools: A Critique of the Behavioural Foundations of Economic Theory, in: Ders., Choice, Welfare and Measurement, Oxford, pp. 84-107

– 2000: Ökonomie für den Menschen, Wege zu Gerechtigkeit und Solidarität in der Marktwirtschaft, München/Wien

Senghaas-Knobloch, Eva 1999: Von der Arbeits- zur Tätigkeitsgesellschaft? Zu einer aktuellen Debatte, in: Arbeit, 8. Jg., Heft 2, S. 117-136

Sennett, Richard 2000: Der flexible Mensch, Die Kultur des neuen Kapitalismus, Berlin

Siebert, Horst 1997: Die Illusion von der Kooperation – Zum Wettbewerb in der Weltgesellschaft gibt es keine Alternative, in: Möhring-Hesse, Matthias u.a. (Hrsg.): Wohlstand trotz alledem, Alternativen zur Standortpolitik, München, S. 276-293

Siegel, Nico A.; Jochem, Sven 1999: Zwischen Sozialstaats-Status quo und Beschäftigungswachstum. Das Dilemma des Bündnisses für Arbeit im Trilemma der Dienstleistungsgesellschaft. Zes-Arbeitspapier Nr. 17/99, Zentrum für Sozialpolitik Universität Bremen, Bremen

Solidarität am Standort Deutschland 1994: Eine Erklärung von Sozialwissenschaftlerinnen und Sozialwissenschaftlern, in: Blätter für deutsche und internationale Politik, 39. Jg., Heft 6, S. 669-684.

Sommer, Michael 2002: Die Grundsatzrede des neuen DGB-Chefs, in: Frankfurter Rundschau vom 29.05.2002 (Dokumentation)

SPD 1998: Arbeit, Innovation und Gerechtigkeit. SPD-Progamm für die Bundestagswahl 1998, Beschluss des außerordentlichen Parteitags der SPD am 17. April 1998 in Leipzig

–; Bündnis 90/DIE GRÜNEN 1998: Aufbruch und Erneuerung – Deutschlands Weg ins 21. Jahrhundert, Koalitionsvereinbarung zwischen der Sozialdemokratischen Partei Deutschlands und Bündnis 90/DIE GRÜNEN vom 20.10.1998, Bonn

–; Bündnis 90/DIE GRÜNEN 2002: Erneuerung – Gerechtigkeit – Nachhaltigkeit, Für ein wirtschaftlich starkes, soziales und ökologisches Deutschland, Für eine lebendige Demokratie, Koalitionsvertrag zwischen der Sozialdemokratischen Partei Deutschlands und Bündnis 90/DIE GRÜNEN vom 16.10.2002, Berlin

Spehr, Christoph 2000: Gleicher als Andere. Eine Grundlegung der Freien Kooperation, zugleich Beantwortung der von der Rosa-Luxemburg-Stiftung gestellten Frage: „Unter welchen Bedingungen sind soziale Gleichheit und politische Freiheit vereinbar?", Manuskript, Berlin (http://www.rosalux.de/Einzel/Preis/rlspreis.pdf)

Statistisches Bundesamt (Hrsg.): Statistisches Jahrbuch für die Bundesrepublik Deutschland, Wiesbaden, div. Jahrgänge

– 2002: Material- und Energieflüsse (Auszug aus der Umweltökonomischen Gesamtrechung), http://www.destatis.de/cgi-bin/printview.pl

Stiglitz, Joseph 2002a: Die Schatten der Globalisierung, Berlin

– 2002b: Demokratische Entwicklung als Früchte der Arbeit (-erbewegung), in: Wirtschaft und Gesellschaft, 28. Jg., Heft 1, S. 9-41

Streeck, Wolfgang; Heinze, Rolf G. 1999: Runderneuerung des deutschen Modells, Aufbruch für mehr Jobs, in: Arlt, Hans-Jürgen; Nehls, Sabine (Hrsg.): a.a.O., S. 148-166

– 1996: Gewerkschaften zwischen Nationalstaat und Europäischer Union, MPIfG Working Paper Nr. 1, Köln

- 1999: Die Gewerkschaften im Bündnis für Arbeit, in: Gewerkschaftliche Monatshefte, 55. Jg., Heft 12, S. 797-802

- 2001: Wohlfahrtsstaat und Markt als moralische Einrichtungen: Ein Kommentar, in: Mayer, Karl Ulrich (Hrsg.): Die beste aller Welten? Marktliberalismus versus Wohlfahrtsstaat, Eine Kontroverse, Frankfurt/New York, S. 135-196

Tarnow, Fritz 1950: Soziale Sicherheit als Voraussetzung für eine gesunde Wirtschaft, in: Gewerkschaftliche Monatshefte, Zeitschrift für soziale Theorie und Praxis, Ausgabe 1, S. 17-20

Thierse, Wolfgang 2000: Die Gerechtigkeitsfrage ist in die Gesellschaft zurückgekehrt, in: Frankfurter Rundschau vom 20.06.2000, S. 7 (Dokumentation)

- u.a. 1999: Dritte Wege - Neue Mitte. Sozialdemokratische Markierungen für Reformpolitik im Zeitalter der Globalisierung, http://www.spd.de/politik/erneuerung/grundwerte/index.htm

Timpf, Siegfried 2000: Das Ärgernis des Verdachts - Anmerkungen zur „Regulation" als Gegenstand theoretischer Konstruktion, Aus: Goldschmidt, Werner u.a. (Hrsg.): Neoliberalismus - Hegemonie ohne Perspektive, Beiträge zum 60. Geburtstag von Herbert Schui, Heilbronn, S. 232-246

Tönnies, Ferdinand 1991: Gemeinschaft und Gesellschaft, Grundbegriffe der reinen Soziologie (im Orig. erschienen 1887), Darmstadt

Vester, Michael 2001: Von der Integration zur sozialen Destabilisierung: Das Sozialmodell der Bundesrepublik und seine Krise, in: Leggewie, Claus; Münch, Richard (Hrsg.): Politik im 21. Jahrhundert, Frankfurt a. M., S. 75-121

Vobruba, Georg 1998: Ende der Vollbeschäftigungsgesellschaft, in: Eicker-Wolf, Kai u.a. (Hrsg.): Die arbeitslose Gesellschaft und ihr Sozialstaat, Marburg, S. 21-51

- 2000: Alternativen zur Vollbeschäftigung, Die Transformation von Arbeit und Einkommen, Frankfurt a. M.

Volkert, Klaus; Widuckel, Werner 2001: „Das Projekt muss gelingen", in: Frankfurter Rundschau vom 11.08.2001 (Dokumentation)

Vorbereitungsausschuß für den 21. Deutschen Soziologentag 1983: Zum Soziologentagsthema: „Krise der Arbeitsgesellschaft", in: Matthes, Joachim (Hrsg.): Krise der Arbeitsgesellschaft? Verhandlungen des 21. Deutschen Soziologentages in Bamberg 1982, Frankfurt a. M./New York, S. 13-16

Voß, Günter; Pongratz, Hans J. 1998: Der Arbeitskraftunternehmer. Eine neue Grundform der „Ware Arbeitskraft", in: Kölner Zeitschrift für Soziologie und Sozialpsychologie, Heft 1, S. 131-158

Walpen, Bernhard 2000: Von Igeln und Hasen oder: Ein Blick auf den Neoliberalismus, in: UTOPIE kreativ, Heft 121/122, S. 1066-1079

Walter, Herbert 1996: Ökonomische Doktrinen als Werkzeug politischer Legitimation: Das Beispiel des Keynesianismus, in: Eicker-Wolf, Kai u.a. (Hrsg.): Wirtschaftspolitik im theoretischen Vakuum. Zur Pathologie der Politischen Ökonomie, Marburg, S. 19-41

Walzer, Michael 1992: Sphären der Gerechtigkeit. Ein Plädoyer für Pluralität und Gleichheit, Frankfurt a. M.

- 1999: Vernunft, Politik und Leidenschaft. Defizite liberaler Theorie, Frankfurt a. M.

Weber, Max 2001: Gesamtausgabe, Bd. 22/I, Wirtschaft und Gesellschaft, Die Wirtschaft und die gesellschaftliche Ordnung der Mächte, Tübingen

Weizsäcker, Carl Christian von 1996: Die offene Gesellschaft und ihr Arbeitsmarkt, in: Frankfurter Allgemeine Zeitung vom 16.11.96, S. 3

Wenzel, Uwe Justus 2002: Ein anarchischer Liberaler. Zum Tode des Philosophen Robert Nozick, in: Neue Zürcher Zeitung, Nr. 21, vom 26.01.2002

Willke, Gerhard 1999: Die Zukunft unserer Arbeit, Frankfurt a. M./New York

Willke, Helmut 1989: Systemtheorie entwickelter Gesellschaften. Dynamik und Riskanz moderner gesellschaftlicher Selbstorganisation, Weinheim/München

– 1993: Abwicklung der Politik, in: Unseld, Siegfried (Hrsg.): Politik ohne Projekt? Nachdenken über Deutschland, Frankfurt a. M., S. 54-84

– 2001: Atopia. Studien zur atopischen Gesellschaft, Frankfurt a. M.

Wissen, Markus 2000: Die Peripherie in der Metropole, Zur Regulation sozialräumlicher Polarisierung in Nordrhein Westfalen, Münster

Wissenschaftlicher Beirat beim Bundesministerium für Wirtschaft und Technologie 2000: Aktuelle Formen des Korporatismus, Berlin

Zeuner, Bodo 1999: Der Bruch der Sozialdemokraten mit der Arbeiterbewegung, in: Frankfurter Rundschau vom 17.06.99 (Dokumentation)

Ziebura, Gilbert 2001: Triumph der Ungleichheit – Reichtumsproduktion und -verteilung im Prozeß der Globalisierung, in: Stadlinger, Jörg (Hrsg.): Reichtum heute, Diskussion eines kontroversen Sachverhalts, Münster, S. 28-42

Zimmer, Annette 2000: Perspektiven des Wohlfahrts- und Sozialstaates in Deutschland, in: Gerlach, Irene; Nitschke, Peter (Hrsg.): Metamorphosen des Leviathan, Staatsaufgaben im Umbruch, Opladen, S. 91-113

Zinn, Karl Georg 1999a: Arbeit im Umbruch – und das seit 200 Jahren, in: Brieskorn, Norbert; Wallacher, Johannes (Hrsg.): Arbeit im Umbruch, Sozialethische Maßstäbe für die Arbeitswelt von morgen, Stuttgart u.a., S. 37-70

– 1999b: Sozialstaat in der Krise, Zur Rettung eines Jahrhundertprojekts, Berlin

– 2000: Gewinner und Verlierer der Globalisierung, Wirtschaftsentwicklung im letzten Viertel des 20. Jahrhunderts, Supplement der Zeitschrift Sozialismus 7-8/2000, Hamburg

Zwickel, Klaus 1998: Streiten für Arbeit, Gewerkschaften contra Kapitalismus pur, Berlin

Elmar Altvater/Birgit Mahnkopf
Globalisierung der
Unsicherheit
Arbeit im Schatten, schmutziges
Geld und informelle Politik
2002 – 393 Seiten – € 24,80
ISBN 3-89691-513-4

6. Auflage
Elmar Altvater/Birgit Mahnkopf
Grenzen der Globalisierung
Ökonomie, Ökologie und
Politik in der Weltgesellschaft
2004 – 600 Seiten – € 29,80
ISBN 3-929586-75-4

Thomas Atzert/Jost Müller (Hrsg.)
Immaterielle Arbeit und
imperiale Souveränität
Analysen und Diskussionen
zu Empire
2004 – 292 Seiten – € 24,80
ISBN 3-89691-545-2

Hansgeorg Conert
Vom Handelskapital
zur Globalisierung
Entwicklung und Kritik der
kapitalistischen Ökonomie
2. überarbeitete Auflage
2002– 543 Seiten – € 32,00
ISBN 3-89691-428-6

John Holloway
Die Welt verändern, ohne
die Macht zu übernehmen
übersetzt von Lars Stubbe
2004 – 255 Seiten – € 24,80
ISBN 3-89691-514-2

Marco Revelli
Die gesellschaftliche Linke
Jenseits der Zivilisation
der Arbeit
übersetzt von Dario Azzellini
und Jule Schmidt
1999 – 252 Seiten – € 24,80
ISBN 3-89691-459-6

Albert Scharenberg/
Oliver Schmidtke (Hrsg.)
Das Ende der Politik?
Globalisierung und der
Strukturwandel des Politischen
2003 – 381 Seiten – € 24,80
ISBN 3-89691-538-X

Christian Zeller (Hrsg.)
Die globale
Enteignungsökonomie
2004 – 315 Seiten – € 24,80
ISBN 3-89691-549-5

WESTFÄLISCHES DAMPFBOOT

Hafenweg 26a · 48155 Münster · Tel. 0251-3900480 · Fax 0251-39004850
e-mail: info@dampfboot-verlag.de · http://www.dampfboot-verlag.de

Alex Demirović
Komplexität und Emanzipation
Kritische Gesellschaftstheorie
und die Herausforderung der
Systemtheorie Niklas Luhmanns
2001 – 349 Seiten – € 24,80
ISBN 3-89691-494-4

Lars Kohlmorgen
Regulation, Klasse, Geschlecht
Die Konstituierung der
Sozialstruktur im Fordismus
und Postfordismus
2004 – 358 Seiten – € 29,80
ISBN 3-89691-563-0

Hans Jürgen Krysmanski
Hirten & Wölfe
Wie Geld- und Machteliten
sich die Welt aneignen oder:
Einladung zum
Power Structure Research
2004 – 205 Seiten – € 15,30
ISBN 3-89691-602-5

Bettina Lösch
Deliberative Politik
Moderne Konzeptionen von
Öffentlichkeit, Demokratie
und politischer Partizipation
2005 – 274 Seiten – € 29,80
ISBN 3-89691-608-4

Sven Papcke
Gesellschaft der Eliten
Zur Reproduktion und
Problematik sozialer Distanz
2001 – 409 Seiten – € 35,00
ISBN 3-89691-496-0

Jürgen Ritsert
**Sozialphilosophie und
Gesellschaftstheorie**
2004 – 268 Seiten – € 25,80
ISBN 3-89691-577-0

Jürgen Ritsert
Soziale Klassen
(Einstiege Band 8)
1998 – 171 Seiten – € 15,30
ISBN 3-89691-692-0

Rolf Schmucker
Unternehmer und Politik
Homogenität und
Fragmentierung
unternehmerischer Diskurse
in gesellschaftspolitischer
Perspektive
2005 – 319 Seiten – € 29,80
ISBN 3-89691-576-2

WESTFÄLISCHES DAMPFBOOT

Hafenweg 26a · 48155 Münster · Tel. 0251-3900480 · Fax 0251-39004850
e-mail: info@dampfboot-verlag.de · http://www.dampfboot-verlag.de

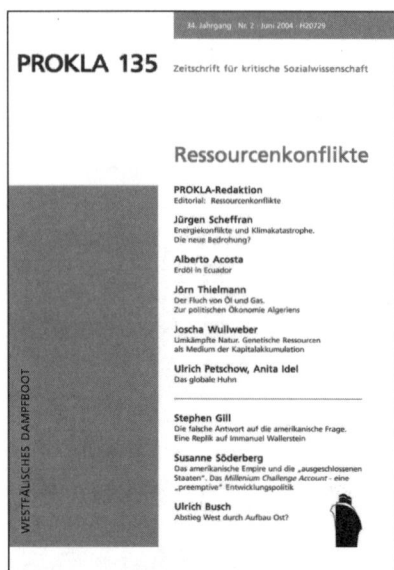

PROKLA
Zeitschrift für kritische Sozialwissenschaft

Einzelheft € 10,50
Apart-Bestellungen jederzeit möglich
ISSN 0342-8176

Eine der wichtigsten theoretischen Zeitschriften der parteiunabhängigen Linken, deren Beiträge noch nach Jahren lesenswert sind. Keine Tageskommentare, kein Organ einer Partei, kein journalistisches Feuilleton: eher eine Anregung zum gründlichen Nachdenken über den eigenen Tellerrand hinaus. Die PROKLA erscheint viermal im Jahr und kostet im Abo jährlich € 33,00 (plus Porto) statt € 42,00. AbonenntInnen können bereits erschienene Hefte zum Abo-Preis nachbestellen (bis einschließlich Heft 85: € 6,80, Heft 86-109: € 7,50). Das Abo kann jeweils bis acht Wochen vor Jahresende schriftlich beim Verlag gekündigt werden.

WESTFÄLISCHES
DAMPFBOOT

Hafenweg 26a · 48155 Münster
Tel. 0251 3900480 · Fax 0251 39004850
e-mail: info@dampfboot-verlag.de
http://www.dampfboot-verlag.de